Norbert Kuntze

WERDER BREMEN:
EINE KARRIERE IM KÜHLEN NORDEN

Für Silke, Tine und Max.

Dankeschön allen, die mitgeholfen haben,
insbesondere Jürgen Jordan,
dem Verlag (Bernd B., Bernd W., und Achim)
dem SV Werder, Marita Hanke
und allen Freunden und Kollegen,
die mich ermuntert und unterstützt haben,
dieses Buch zu realisieren.

Norbert Kuntze

Werder Bremen

Eine Karriere im kühlen Norden

Mit einem Beitrag von
Harald Klingebiel
zur Geschichte des Vereins

Fotos von Andreas Kalka
und Jürgen Stroscher

VERLAG DIE WERKSTATT

Die Deutsche Bibliothek – CIP-Einheitsaufnahme

Werder Bremen : eine Karriere im kühlen Norden / Norbert Kuntze. Mit einem Beitr. von Harald Klingebiel zur Geschichte des Vereins sowie Fotos von Andreas Kalka und Jürgen Stroscher. – 3. Aufl. – Göttingen : Verl. Die Werkstatt, 1997
ISBN 3-89533-109-0 Pb.

Der Verlag dankt allen Freunden und Sponsoren des SV Werder Bremen, die das Erscheinen dieses Buches freundlicherweise unterstützt haben:
Allianz-Agentur Udo Theuer, BREMA-Straßen- und Tiefbaugenossenschaft, Buderus-Heiztechnik, DBV-Winterthur, Gebr. Hellmann GmbH & Co. KG, Kiefer-Tenne, M+S-Transportgesellschaft, Johannes Oltmanns GmbH, Tischlerei Pape, Die Pokalmacher, PUMA, Radio Bremen Hansawelle, Reifen-Center GmbH, Spedition Wilhelm Rosebrock, Die Sparkasse in Bremen, Sportwelt, Restaurant im Überseemuseum, W+D Sportwerbung, Werder-Bremen-Fan-Service GmbH, Werder-Halle sowie der Weser-Park Bremen.

3   4   5   1999   1998   1997

Gesamtherstellung: Verlag Die Werkstatt GmbH
Titelfoto: Jürgen Stroscher
ISBN 3-89533-109-0

Inhalt

Teil 1: Sieben goldene Jahre. 1987 - 1994

Kapitel 1
„Das ist doch das Schöne am Fußball."
Das Meisterjahr '87/88 13

„Die Reichen werden reicher, die Armen ärmer."
Gespräch mit Dr. Franz Böhmert. 33

Kapitel 2
„Berlin, Berlin – wir fahren nach Berlin!"
Die Pokalfinals '89 und '90 39

„Sitzen ist für'n Arsch" – Fans, Logen und Projekte. 67

Kapitel 3
Aufbruch ins zweite Jahrzehnt.
Pokalsieg '91 und Europapokalsieg '92 .85

„Fußball ist wie Theater." – Otto Rehhagel im Porträt 93

Kapitel 4
Die geplante Überraschung: Meister '93. 129

Kapitel 5
„Ziel erreicht, Traum verpaßt!"
Champions League und Pokalsieg '94. 151

„Kontinuität bedeutet vor allem Vertrauen."
Gespräch mit Klaus-Dieter Fischer. 165

Teil 2: Der Umbruch. 1994 - 1997

Kapitel 6
„Wir hatten ein Paradies."
Das Ende der Ära Rehhagel. 191

„Der Fußball wird immer weiter vermarktet."
Gespräch mit Willi Lemke 210

Kapitel 7
Durchs Tal der Tränen.
Mißverständnisse und Neuaufbau. 215

„...da hat es Pfeffer gegeben!"
Gespräch mit Hans-Jürgen Dörner 238

Teil 3: Zur Geschichte des Vereins. 1899-1987

Harald Klingebiel
SV „Werder" – ein Verein, der nicht erst heute
Geschichte macht 247

Anhang

Spielerporträts

Kleines Lexikon wichtiger und weniger
wichtiger Spieler des SV Werder Bremen 305

Statistisches

Daten zum Verein. 331
Vorsitzende, Manager, Trainer 332
Zuschauerzahlen. 334
Top Ten der Spieler und Torschützen. 336
Mannschaftsaufgebote 1963 - 1997. .339
Werder in der Oberliga Nord 1947 - 1963 342
Werder in der Bundesliga 345
Werder im DFB-Pokal. 347
Werder im Europapokal. 355
Werder in der Amateurmeisterschaft .361
Medien- und Fanadressen 363
Literatur. 365
Autoren, Fotonachweis. 367

Vorwort

„Ein Tag ohne Fußball ist ein verlorener Tag."
(Ernst Happel †)

„Die Wahrheit ist 60 mal 110 Meter."
(Otto Rehhagel)

Sie interessieren sich für Fußball? Gut. Sie interessieren sich insbesondere für den SV Werder? Noch besser. Oder ist dies ein Zufallsgriff ins Bücherregal, und Sie wollen jetzt mit Hilfe des Vorworts wissen, worum es geht? Auch in Ordnung.

Im kühlen Norden macht man nicht einfach nur Karriere. Wo die Luft rauh und regengeschwängert ist, wo die Menschen toten Fisch und Grützwurst essen, da spielen Traditionen eine große Rolle. In Bremen, der alten Hansestadt an der Weser, ist das nicht anders. Seit über 960 Jahren wird Freimarkt gefeiert, seit über 590 Jahren wacht der steinerne Roland über das freie Handelsrecht, seit über 100 Jahren rösten Kaufleute Kaffee, seit 1945 stellt die SPD den Bürgermeister, 14 Jahre spielte der SV Werder die kontrollierte Offensive unter Otto Rehhagel – und über all dem wacht der stets wolkenverhangene Himmel.

Neben dem „Sechstage-Rennen", dem „Schaffermahl" oder der „Eiswette" notierten die Geschichtsschreiber zwischen 1991 und 1994 regelmäßig einen offiziellen Empfang für die Kicker des SV Werder durch die Stadtoberen im Rathaus, um dem Verein für frisch errungene Titel zu gratulieren. Man prostete sich mit Bier aus Bremer Brauereien zu, rauchte die über den städtischen Hafen importierten exotischen Tabake und sagte sich beim Abschied: „Bis zum nächsten Jahr!" Zugegeben – seit dem letzten Treffen ist mittlerweile viel Wasser die Weser heruntergeflossen. Die großen Titel blieben aus, andere hatten die Nase vorn. Doch wo Erfolge hart erarbeitet werden, wo sie einem nicht in den Schoß fallen, da ist auch die Zuversicht beheimatet.

Seit mehr als einem Vierteljahrhundert stehen zwei Männer an der Spitze des SV Werder: der Präsident, Dr. Franz Böhmert, und sein Vize, Klaus-Dieter Fischer. In ihrer Amtszeit gelang ihnen zu Beginn der achtziger Jahre der zweifache Glücksgriff; erst mit der Verpflichtung des Trainers Otto Rehhagel, dann mit dem Engagement des Managers Willi Lemke. Fortan entwickelte sich so etwas wie ein kaufmännisches Märchen. Der alte Leitspruch Bremer Geschäftsleute „buten un' binnen – wagen un' winnen" hielt Einzug in die Fußball-Bundesliga. Der Verein bekam eine solide Führung verpaßt und entwickelte sich zu einem der finanziell gesündesten sowie sportlich erfolgreichsten. Die ehemalige „graue Maus" Werder, lange Zeit dem Mittelmaß verpflichtet, gebärdete sich wie die kleine Raupe Nimmersatt und mutierte zu einem wunderschönen Schmetterling.

Im Mittelpunkt dabei der Trainer. Rehhagel konnte über viele Jahre schalten und walten, war der mächtigste Mann im Verein. Ihm zur Seite: das Präsidium und der Manager. Diese vier Personen bildeten die Säulen des Clubs. Als eine davon wegbrach, begann das Gebäude bedenklich zu wackeln, zumal die Person Rehhagel sich nicht nahtlos ersetzen ließ.

Seit dem Erscheinen der Erstauflage von „Eine Karriere im kühlen Norden" ist viel geschehen. Rehhagel hat den Verein verlassen, ging zu Bayern München, wurde dort gefeuert und arbeitet nun beim 1. FC Kaiserslautern. Ihm folgte der Niederländer Aad de Mos, der ein halbes Jahr voller Mißverständnisse hinter sich brachte und als Cheftrainer von Hans-Jürgen Dörner abgelöst wurde. Unter dem ehemaligen DDR-Auswahlspieler und DFB-Trainer versucht der Verein nun den Neuaufbau einer Erstligamannschaft internationalen Formats und den strukturellen Umbruch im Unterbau. Ein schweres Unterfangen, denn nach vielen Jahren der Erfolge muß der SV Werder Bremen erst einmal lernen, auch ohne Titel zu leben. Vielleicht nur vorübergehend. Wenn der Geist der Rehhagel-Ära verraucht ist und andere die Chance erhalten, eine ähnlich kontinuierliche Aufbauarbeit zu leisten – frei von der „hire-and-fire"-Mentalität der täglichen Bundesliga-Showbühne –, dann ist die Rückkehr an die nationale und internationale Spitze möglich.

Dieses Buch versucht aufzuzeigen, warum die sportlichen Erfolge der Vergangenheit nicht beliebig wiederholbar sind, warum sich an der Schwelle zum 21. Jahrhundert Führungsstil und Management verändert haben, warum die Bedingungen, in der obersten Spielklasse mitzuhalten, andere geworden sind, warum der SV Werder wieder ein ganz normaler Bundesligaverein zu sein scheint.

Norbert Kuntze, Frühjahr 1997

Teil 1

Die glorreichen sieben Jahre: 1987 - 1994

PUMA ADVANCED CELL TECHNOLOGIE

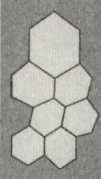

DIE ERSTE SCHAUMFREIE ZWISCHENSOHLE DER WELT

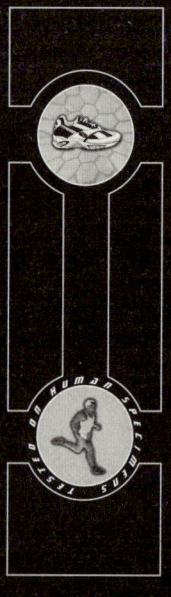

Abb. CELL SPEED

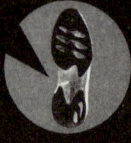

PUMA CELL®

http://www.puma.de

TV - Spot: Musiktitel
"Enough von GRAVITY KILLS" TVT Virgin

GRÖSSERE SECHSECKIGE ZELLEN DIREKT UNTER DER FERSE FÜR EINE ERHÖHTE DÄMPFUNG. KLEINERE ZELLEN AN DER INNEN- UND AUSSENSEITE DES SCHUHS FÜR EINE ERHÖHTE STABILITÄT.

Prolog

Freitagabend in Bremen. Es regnet, und es ist der 13te. Nur wenige fanden den Weg in die große Betonschüssel am Fluß. Marcus Marin hat gerade das 3:1 für die Kickers erzielt, und allmählich formiert sich auf den Rängen der Ruf nach „Uwe, Uwe". Das tut weh. Besonders einem: Otto Rehhagel. Der Bremer Trainer sitzt auf der Bank und schaut genauso entsetzt auf das trostlose Gekicke wie die Zuschauer. Die Rufe sind nicht zu überhören: „Uwe, Uwe" – immer wieder. Der andere, der gefordert wird, ist Uwe Reinders. Früher Spieler an der Weser und in Frankreich; später als Trainer nach Deutschland zurückgekehrt. Presse und Fans scheinen sich einig zu sein: Reinders wäre genau der richtige, Otto kann hier nichts mehr bewegen, schließlich ist er schon mehr als elf Jahre Coach in Bremen, und keiner hat es jemals so lange ausgehalten. Doch seine Erfolge sind beachtlich: Mit Rehhagel ist Werder 1981 wieder in die Bundesliga aufgestiegen; mit Rehhagel wurde die Mannschaft dreimal Vizemeister, einmal Meister und Pokalsieger. Doch in dieser Saison läuft einfach nichts zusammen. Selbst das Präsidium macht sich Gedanken über die Zukunft ihres Angestellten, und darüber, ob er die Mannschaft noch motivieren, ob er noch Impulse geben und neue Spieler aufbauen kann. Das Erfolgsrezept der vergangenen Jahre zieht nicht mehr; die „kontrollierte Offensive" ist zur starren Langeweile verkommen.

Auch am Tag nach dem Spiel sieht sich Rehhagel starker Kritik ausgesetzt. „Fans fordern Signal zur Wende" titelt die Ortszeitung, und weiter: „Rehhagels Abschied kein Tabuthema mehr". Soll er jetzt alles hinschmeißen? Soll jetzt alles vorbei sein? Die lange Aufbauarbeit, das Leben in dieser Stadt, mit dem Verein und den Freunden? Was ist mit den Plänen für die Zukunft? Dem Aufbau einer neuen Mannschaft? Viele Spieler hatte er beobachtet, die in den nächsten Jahren prägend für seine Mannschaft werden sollten.

Nein, das ist nicht seine Art. Die Chance, diesen Verein zu verlassen, hat er häufiger gehabt – erst vor 14 Tagen noch wurde er als Kandidat beim Rekordmeister gehandelt. Wenn er gewollt hätte, säße er jetzt auf einer anderen Trainerbank. In einem anderen Stadion; dort, wo es wärmer ist und nicht so häufig regnet. Also, warum ausgerechnet jetzt. Nur weil die Zuschauer es fordern? Wenn sich der Erfolg wieder einstellt, dann verstummen diese Rufe, da ist er sich sicher. Ein Abschied zu diesem Zeitpunkt wäre ein Eingeständnis, das er nicht machen will. Nicht den Medien nachgeben; nicht vor den Forderungen der Boulevardpresse kapitulieren!

Und er sollte recht behalten. Keine zwei Monate später liegt diesem Mann wieder die ganze Stadt zu Füßen. Keiner ruft mehr nach „Uwe". „Otto, Otto" jubeln die Fans nach dem Gewinn des Europapokals der Pokalsieger. Die Heimkehr aus Lissabon, dem Ort des Endspiels gegen Monaco, wurde ein Triumphzug für Mannschaft und Trainer. Die Fans standen dichtgedrängt auf dem Flugplatz der Hansestadt und keiner wollte sich mehr an den kalten, unerfreulichen Abend im März erinnern. Danach befragt, wie denn dieser Wandel zu erklären sei, würde Rehhagel antworten: „Das ist doch das Schöne am Fußball; daß immer das passiert, womit niemand rechnet."

»Das ist doch das Schöne am Fußball«

Das Meisterjahr 1987/88

Deutschland litt unter einer Hitzewelle. Aber nur kurz. Der Sommer 1987 war insgesamt eine miese Ausgabe und soll nicht weiter erwähnt werden. Andere Ereignisse warfen längere Schatten. Dietrich Thurau stellte bei der Tour de France gedopt das Rad in die Ecke, derweil Udo Lindenberg seine Lederjacke an Erich Honecker verschenkte. Boris Becker flog früh in Wimbledon aus dem Turnier, das später Pat Cash gewinnen sollte und in dem Steffi Graf, erstmals im Finale, an Martina Navratilova scheiterte. Ansonsten sprach man in England mehr über die beginnende Ehekrise von Charles und Diana. Im hessischen Städtchen Herborn raste ein Tanklastzug in eine Eisdiele und hinterließ ein Inferno. Die Aufregung verpuffte viel zu schnell. Und auch das erste Treffen zwischen Michail Gorbatschov und Richard von Weizsäcker in Moskau schreckte die Deutschen nicht aus ihrer sommerlichen Trägheit. Alles wartete auf den Bundesligastart.

Im Vorfeld der neuen Saison waren sich die Trainer einig: Meister wird wieder der FC Bayern München; trotz des neuen Trainers Jupp Heynckes. 15 seiner 18 Kollegen trauten ihm den Titel zu – auch Otto Rehhagel. Werders Coach hatte ganz andere Sorgen. Ihm fehlten drei eminent wichtige Spieler: Bruno Pezzey, Dieter Burdenski und Rudi Völler mußten ersetzt werden. Die Achse der vergangenen Jahre, Garanten unvergessener Uefa-Cup-Spiele und begeisternder Bundesligaauftritte, gab es nicht mehr. Individualist Völler (Rehhagel: „Rudi, wenn du alles allein machen willst, dann gehen wir anderen nach Hause und schauen dann am Samstag in der Sportschau, was du allein so alles geschafft hast.") hatte beim AS Rom angeheuert und seinen alten Club reich und die Fans böse gemacht. Der Günstling der Massen ging ohne angemessene Geste; als beleidigter Tribun verließ er die Arena, hinterließ aber ca. 10 Millionen Ablöse. Pezzey folgte Ernst Happel über die Alpen nach Tirol, und Burdenski nahm auf der Ersatzbank Platz. Sein Nachfolger hieß Oliver Reck. Ein jugendlicher Hüne, Frankfurter Bub, ehemals Jugendnationalkeeper, zuletzt aber arbeitslos, leitete einen Altersumbruch an der Weser ein. Allgemein wurde Rehhagels Passion für ältere Spieler in der Liga wohlwollend belächelt; es sollte Schluß damit sein. Für den reifen Pezzey spielte fortan der außergewöhnlich talentierte Gunnar Sauer Libero. Und Rudi Völler, seit dem teuflischen Augenthaler-Tritt ohnehin nicht mehr ganz der Alte, schuf Raum für ein 21jähriges Sprungwunder aus dem Allgäu, das via Blau-Weiß Berlin für 1,2 Mio. Ablöse an die Weser wechselte: Karl-Heinz Riedle. Rehhagel sah für die kommende Spielzeit seine Hauptaufgabe in der Integration der neuen Spieler, die ein Gerüst für künftige Aufgaben bilden sollten. „Werder '90" hieß die Vision, die auch durch Uli Borowka, erfahrener Neuzugang aus Mönchengladbach, im Abwehrbereich realisiert werden sollte. Einen kräftigen Schuß vor den Bug bekam das Unternehmen dann aber erstmal von der Zeitschrift „Stern": „Antreten zum Abtakeln" war vor Saisonstart ein bitterbös-polemischer Abgesang auf die Werder-Herrlichkeit der frühen achtziger Jahre und die einzig wahre Konkurrenz zum übermächtigen FC Bayern. „Das grün-weiße Fußball-Wunder geht mit einer Bankrotterklärung seines Messias zu Ende", prophezeite der Reporter ohne jede Sachkenntnis. Die jungen Talente wollte er nicht erkennen; selten nahm der Leser eine solche Fehleinschätzung zur Kenntnis.

Neben Rudi Völler ging auch das Frankfurter Jungtalent Thomas Berthold nach Italien (Verona), und Klaus Allofs versuchte sein Glück bei Olympique Marseille. Umgekehrt hielt sich die Liga mit Neuverpflichtungen zurück. Teuerster Einkauf war Lajos Detari von Honved Budapest (3,6 Mio.), der Kalli Feldkamps Frankfurter Eintracht ebenso verstärken sollte wie der aus Bremen geholte Dieter Schlindwein. Das Sorgenkind war da eher der Hamburger SV. Ernst Happel hatte abgedankt und sich in seine Heimat Österreich verzogen. Sein Nachfolger war Josip Skoblar von Hajduk Split. In die Saisonvorbereitung fiel unglücklicherweise das Supercup-Endspiel zwischen Meister Bayern und Pokalsieger HSV. Uli Steins Schlag am 28. Juli gegen Jürgen Wegmann, der 2:1 Sieg der Münchener, Steins Rausschmiß und die mehr als dämliche Verpflichtung von Mladen Pralija als Torwart läuteten dann ein dunkles Kapitel Hamburger Bundesligageschichte ein, das nahezu fünf Jahre andauern sollte und in seiner Trostlosigkeit wohl nur mit dem Verfall politischer Kultur durch die wenig später folgende Barschel-Affäre zu vergleichen ist.

Dem SV Werder konnte das nur recht sein, im Norden bedeutet es einiges, die Nr. 1 zu sein. Die Saisonvorbereitung in Bremen verlief ruhiger und vor allem erfolgreicher. Testspiele gewann die neuformierte Mannschaft nach Belieben. Ob gegen Kreis- oder Verbandsligisten oder beim

Rehhagel nimmt Abschied von Völler, daneben Meier und Otten.

gut besetzten Turnier in Groningen, Werder glänzte. Riedle zeigte Ansätze seiner Gefährlichkeit, Borowka machte die Abwehr sicher, und Frank Ordenewitz spielte befreit im Sturm auf. Der Abgang von Völler tat ihm gut. Eine wunderbare Mischung schien Rehhagel gefunden zu haben. Die jungen neuen Spieler trafen auf erfahrene Kicker, die das Geschäft kannten und ihre Routine einsetzen konnten: Burgsmüller, Neubarth, Schaaf, Wolter, Hermann und Meier. Dr. Franz Böhmert, zu dem Zeitpunkt 17 Jahre Präsident des Vereins, wurde bei solchen Aussichten ganz euphorisch und verlor seine hanseatische Contenance: „Es ist fast beängstigend, welch guten Eindruck unsere Mannschaft in der Vorbereitung hinterließ. Selten gab es eine Werder-Elf mit solch guten Perspektiven für die nächsten Jahre", traute er sich zu prognostizieren, um dann den Fans aus dem Herzen zu sprechen: „Ich habe mich selten so auf eine Saison gefreut wie diesmal."

Sie begann wenig aufregend mit einem 1:0 Sieg bei Aufsteiger Hannover 96 durch ein Tor von Thomas Schaaf. Bemerkenswerter, sportlich betrachtet, verlief der zweite Spieltag. Der HSV zeigte sich erstmals von seiner neuen Seite und verlor in München 0:6, was die Bayern zur trügerischen Ansicht verleitete, ihre Favoritenrolle sei bereits manifest. Dabei hätte ein Blick zwischen die gegnerischen Pfosten genügt. Dort stand, sichtlich erschüttert, Mladen Pralija. Bremen sammelte Punkte. Geradezu schwäbisch fleißig. Hier ein Remis, dort ein Heimsieg, gegen Uerdingen gar zwei Auswärtspunkte. Es lief ganz gut. Werder war auf Platz 4. Im DFB-Pokal gab es in der ersten Runde ein unspektakuläres 4:0 im Derby gegen Ortsnachbar Verden vor immerhin 12.000 Zuschauern. Dann kam Stuttgart.

Bis ins Mark stieß der Schmerz, als der VfB im letzten Spiel der Saison '85/86 dem SV Werder die Meisterschale entriß und sie den Bayern überbrachte. Die Schwaben knieten sich damals mit ganzer Kraft in ein Spiel, das für sie keinerlei Bedeutung hatte; einzig die, zu verhindern, daß Werder Meister wurde. So etwas sitzt tief; das vergißt keiner. (Bis in die Gegenwart halten sich die Ressentiments zwischen den Teams.) Das 5:1 war Genugtuung für die Bremer. Drei Tore des überragenden Ordenewitz brachten erstmals die Tabellenführung in der Saison. Im Kino lief zu der Zeit „Das Geheimnis meines Erfolgs" mit Michael J. Fox, und Werder setzte nach, mit einem Auswärtssieg in Leverkusen und mit einem weiteren begeisternden Heimspiel gegen Dortmund (4:0), das für den alten Manni Burgsmüller mit zwei Toren ein wahres Fest wurde. 14:2 Punkte; 17:3 Tore. Ein Start nach Maß. Dahinter die Kölner mit Sportdirektor Lattek, Paris-Heimkehrer Littbarski und Trainer Daum.

„Spott-Verein" Werder

Mjöndalen IF, eine recht brave Fußballmannschaft aus Norwegen, führte im September zu bisher nicht gekannten Problemen beim SV Werder. Das 5:0 im Hinspiel lullte die Mannschaft offensichtlich ein; das trostlose Rückspiel ging mit 0:1 an die Gäste. Die nächste Runde war zwar erreicht, aber die Pfiffe der Zuschauer klingen einigen heute noch in den Ohren (Böhmert: „Mir tun alle Zuschauer leid."). Radio Bremens Fernsehreporter Jörg Wontorra witterte seine Chance und verriß wortgewaltig das Spiel und die Leistung der Fußballer. Er sprach von „Arbeitsverweigerung", vom „Spott-Verein Werder" und einem „Betrug am Zuschauer" und sorgte für einen saftigen Streit zwischen Verein und örtlicher Sendeanstalt. Werder verhängte ein Interviewboykott und Hausverbot gegen Wontorra. Der Reporter gab sein Privatengagement als Trainer im Verein auf und drohte seinerseits mit verminderter Berichterstattung im Regionalprogramm (das stelle man sich heute vor!!). Berufsverband, Bürgermeister, Direktion des Senders wurden eingeschaltet, bis sich alle darauf einigten, wieder miteinander zu arbeiten; die Atmosphäre blieb freilich frostig. Hätte Werder nicht wie eine beleidigte Diva reagiert, wäre es nicht zu landesweiten Schlagzeilen gekommen. Selbst die treuen Fans rieben sich verwundert die Augen ob der sensiblen Ader ihres Lieblingsvereins.

Für Wontorra war's ein prächtiger Anschub der Karriere mit bundesweiter Popularität. Dabei waren sich die Beteiligten 14 Tage vor dem Spiel recht einig gewesen, als es darum ging, ob und in welcher Form das Hinspiel im Fernsehen übertragen werden sollte. In heute kaum vorstellbarer Art bekniete der Verein die Sendeanstalt. Auch hier wurde der Bürgermeister der Hansestadt eingeschaltet, um eine Direktübertragung ins Programm zu hieven, die an zusätzlichen technischen Kosten in Norwegen scheitern sollte. Von Millionenbeträgen, die Fernsehanstalten mittlerweile für das Senderecht zahlen, waren alle noch weit entfernt.

Nachträglich betrachtet, war dieser Streit zwischen Werder und Radio Bremen ein Stück Pionierarbeit. „Wer zahlt (bzw. sendet), bestimmt auch, was gesagt wird", lautet inzwischen der gemeinsame Nenner, den die Vereine angesichts der Millionen für die Senderechte freudig-zähneknirschend in Kauf nehmen müssen. Die Summen trösten zweifellos über so manches hinweg. Wontorra nahm sich damals eigentlich nur das heraus, was heute gang und gäbe ist: Populismus lautet das Motto in vielen Sportredaktionsstuben; Dreistigkeit gilt als Kompetenz; Kumpelhaftigkeit soll Nähe demonstrieren. Leid tun können einem mitunter nur die Spieler und Trainer, wenn sie den geschlossenen Fragen tumber Mikrofonhalter ausgesetzt werden, die kostbare Sendezeit mit ihrer eigenen Meinung verplempern: „Ich glaube, da haben wir ein ganz tolles Spiel ihrer Mannschaft gesehen, Ändy!?" „Ja, ich glaub schon." „Jetzt fällt ihnen sicher ein Stein vom Herzen!?" „Ja, ganz klar." „Und damit gebe ich wieder zurück."

Deutschland sprach hingegen von anderen Dingen im September 1987. Der „Spiegel" hatte am Wahlsonntag (Bremen und Schleswig-Holstein) veröffentlicht, daß Ministerpräsident Uwe Barschel seinen sozialdemokratischen Herausforderer Björn Engholm bespitzeln ließ. Nun hatten auch die Deutschen ihr „Watergate". Die Wahlen in Bremen verliefen ruhiger und brachten den Sozialdemokraten vier weitere Jahre Alleinregierung; es sollte das letzte Mal sein. Otto Rehhagel zeigte sich allmählich genervt angesichts zunehmender Fragen nach einer Favoritenrolle in der Meisterschaft: „Ich kann es nicht mehr hören, das Thema ist eine Erfindung der Journalisten. Wir wollen guten und sauberen Fußball bieten, alles andere werden wir sehen", steckte er den Reportern, zu denen der

Bremer Trainer schnell ein sehr ambivalentes Verhältnis einging. Den Medien offener gegenüber, geradezu eine symbiotische Beziehung pflegend: Udo Lattek. Kölns redseliger Sportdirektor hatte eine spielstarke Mannschaft aufgebaut. Mit Rückkehrer Littbarski, Thomas Hässler, Flemming Povlsen und Jürgen Kohler wurden alle Untergangsbeteuerungen von Ex-Torwart Toni Schumacher Lügen gestraft. Der „Anpfiff"-Schreiber stand mit seinem neuen Club Schalke zeitweise ganz unten, sein geliebter FC ohne ihn aber ganz oben in der Tabelle. Der Aufschwung der Kölner wurde zudem mit Aberglauben erklärt: Latteks blauer Pullover galt als Glücksbringer, weil die Mannschaft nicht verlor, solange ihr Chef den Pulli trug. Ein Stück Wäsche ging in die Bundesligageschichte ein. Trainer Daum warnte zwar früh („Es wäre zu einfach, alles auf den blauen Pulli zu schieben."), mußte aber eingestehen, daß seine Künste im Hintergrund standen. Schießt sich die Liga einmal auf ein solches Thema ein, bleibt sie auch dabei.

Eine Laune des Schicksals wollte es, daß Anfang November der erste (Werder) gegen den zweiten (Köln) spielen mußte. Ein Gipfeltreffen stand auf dem Programm; im Vorfeld angeheizt durch Auseinandersetzungen zwischen Lattek und Rehhagel. Da blitzte er wieder auf, der leise Klang des Klassenkampfes. Die Reizfigur Lattek schien wie geschaffen dafür, norddeutsches Blut in Wallung zu bringen. So war es nur logisch, daß sich Werder-Fans im Vorfeld des Bundesligaspiels gegen Köln das gräßliche Rückspiel gegen Latteks Bayern in Bremen am 22. April 1986 in Erinnerung riefen.

Die ungeahnten Folgen des Kutzop-Elfers

Ein lauer Frühlingsabend, der Tausende in das Stadion, die Gaststätten, vor die Fernseher und auf die Plätze der Hansestadt trieb. Auf dem traditionsreichen Domshof stand eine Riesenleinwand aus unzähligen Monitoren zusammengebastelt, die das Spiel „live" übertrug. Auf zwei Punkte war der Vorsprung Werders zusammengeschmolzen; ein Sieg über die Bayern würde alles klarmachen an diesem vorletzten Bundesligaspieltag.

Bis zur 77. Minute sah alles nach einem 0:0 aus. Rehhagel reagierte und brachte seinen Joker: Rudi Völler. Nach über vier Monaten das Comeback, nachdem ihm im Hinspiel Klaus Augenthaler, Bayerns Libero, einen unverzeihlichen Tritt verpaßt hatte. Ein Foul, das die Nation in zwei Hälften spaltete und den Nationalstürmer mit einer „weichen Leiste" auf das Krankenlager bannte. Völler sprintete im Bayern-Strafraum neben Sören Lerby

77. Minute: Rehhagel wechselt Völler ein.

zum Ball. Der Pfiff ertönte. Schiedsrichter Roth gab Elfmeter für Werder. Angeblich Handspiel des Dänen. Die Dramatik kannte keine Grenzen. Auf dem Domshof wurde es nach dem ersten Jubel und den Aufregungen still. Die Zuschauer im Stadion schwiegen. Michael Kutzop, der sicherste Elfmeterschütze der Liga, trat gegen den Belgier Jean-Marie Pfaff an. Was sollte passieren? Kutze macht das Ding rein und Grün-Weiß ist Meister... Die meisten hörten zuerst das Klatschen des Balls am Alupfosten. Danach stand die Welt einen kurzen Augenblick still.

„Ich kann es heute noch nicht glauben, daß der Ball an den Außenpfosten ging", beteuerte Kutzop in einem späteren Interview. Dem kann man sich nur anschließen. Werder wurde 1986 nicht Meister, weil die Cleverness fehlte. Die Mannschaft war bärenstark, führte die Saison über immer vor den Bayern, zeigte einen imponierenden, sehr effektiven Fußball und war für viele Fußballfreunde der sympathischere Verein. Nur die Kaltschnäuzigkeit, die, bis auf ganz wenige Ausnahmen in 30 Jahren Bundesliga, nötig war, um den Titel zu holen, die fehlte. Mit dem schusseligen Kick an den Pfosten sorgte Kutzop aber ungewollt dafür, daß diese Kaltschnäuzigkeit den Bremern eingeimpft wurde. „Ich sage immer, daß ich aus den größten Niederlagen auch meine größten Siege gezogen habe. Ich habe am meisten aus ihnen gelernt", klärte Otto Rehhagel die Öffent-

Eine Legende entsteht: der Kutzop-Elfer.

lichkeit nach dem Spiel auf und machte damit deutlich, daß er jetzt erst recht Meister werden wollte. Jetzt, eineinhalb Jahre später, sollte Werder seine neue Nervenstärke gegen Latteks neuen Verein beweisen. Doch vorher stand noch eine Reise nach Moskau auf dem Programm.

Das erste „Wunder von der Weser"

„Aeroflot" – der Name der sowjetischen Fluggesellschaft wurde den Bremern nachhaltig ins Gedächtnis geschrieben. Zum Hinspiel in der zweiten Uefa-Cup Runde bei Spartak Moskau konnte der Flieger gar nicht erst starten, weil in Moskau Nebel und Eisregen das öffentliche Leben lähmten. Nach stundenlanger Verzögerung versuchte der Kapitän es dennoch und kam bis ins litauische Wilna. Moskau zeigte immer noch die kalte Schulter. Übernächtigt und hungrig kehrten Mannschaft und Anhang am nächsten Morgen unverrichteter Dinge zurück nach Bremen, um dann zwei Tage später einen weiteren, diesmal erfolgreichen Flug zu unternehmen.

Spartak, neben Dynamo Kiew ein Vertreter der modernen sowjetischen Spielkultur Mitte der 80er, wartete im riesigen Stadion der verschneiten Hauptstadt. Der Platz war tief, die Zuschauerzahl hoch. Die technisch brillanten Moskauer spielten Katz und Maus mit Werder. Der pfeilschnelle Radionow traf zweimal gegen Oliver Reck, der zuerst die Nerven verlor; der Rest der Mannschaft folgte schnell. Einzig Manni Burgsmüllers Anschlußtreffer ließ am Ende noch ein Fünkchen Hoffnung. 4:1 für Moskau – eine deprimierende Niederlage. Seltsamerweise tankte die Mannschaft dann aber im Bundesligaheimspiel gegen Eintracht Frankfurt (2:0) so viel Selbstbewußtsein, daß die Losung für das Rückspiel am 3. November „alles oder nichts" hieß. Bei einem so hohen Rückstand eine gewagte Einstellung; doch es sollte ein unvergeßlicher Abend werden.

Es war die Zeit, als Fußball noch völlig selbstverständlich öffentlichrechtlich übertragen wurde. Der Werder-Wontorra-Streit beschied den Zuschauern am Bildschirm den drögen Hamburger Peter Jensen. Das typische Bremer „Schmuddelwetter" und die Live-Übertragung sorgten für eine enttäuschende Kulisse; knapp 20.000 waren nur gekommen. Das Weserstadion liegt direkt am Fluß, die Feuchtigkeit, die in der norddeutschen Kälte steckt, kroch in das helle Oval und brachte Nebel mit. Werder legte los wie von den Fans erwartet. Stürmisch, offensiv ohne Kompromisse und mit erfrischender Begeisterung. Otto Rehhagel hatte mit

Ordenewitz, Riedle und Neubarth drei Spitzen aufgestellt. Auf der Bank lauerte Manfred Burgsmüller auf seinen Einsatz. Die Richtung war klar. Rinat Dassajew, sowjetischer Nationalkeeper, mußte schon in der 2. Minute hinter sich greifen. Frank Neubarth gelang nach der ersten Werder-Ecke per Kopf die Führung. Die Stimmung war prächtig. Das Spielsystem der Bremer hatte seine Stärken im schnellen Spiel über links und rechts mit Schaaf und Ordenewitz als Flügelzange: An diesem Abend war es eine Kneifzange. Moskaus Vierer-Abwehrkette mit Kusnetzow und Chidijatulin im Zentrum war hoffnungslos überfordert. Die Angreifer Rodionow und Schmarow standen gegen Bratseth und Borowka auf verlorenem Posten. Immer wieder trieben Meier, Neubarth und Libero Sauer den Ball nach vorn. Auf eine weite Ordenewitz-Flanke erzielte Neubarth nach 10 Minuten sein zweites Tor. Und als der schnelle Linksaußen eine Viertelstunde später selbst zum 3:0 traf, war Werder quasi in der nächsten Runde. Der Rückstand aus dem Hinspiel war mehr als wettgemacht; das Stadion stand Kopf.

Jetzt kam ein anderer Gegner. Langsam, wie von einem Filmregisseur inszeniert, krabbelte der Nebel ins Stadion und blieb bleiern hängen. Die Sicht wurde immer schlechter; der Abbruch durch Schiedsrichter George Sandoz war zu befürchten. Die weiteren Werder-Chancen bis zur Pause konnten von den Reportern nur mit Sichtproblemen kommentiert werden. Immer wieder hieß es: „Das Tor von Rinat Dassajew ist kaum noch zu sehen. Nur die Zuschauer in der Westkurve sind begeistert von den Chancen des SV Werder, die hinter einer Nebelwand bejubelt werden." Nach der Pause wurde die Sicht besser; ein Abbruch kam nicht in Frage. Und das war gut so, obwohl nach der Halbzeit ein Kräfteverschleiß spürbar wurde. Spartak bekam ein spielerisches Übergewicht; auch bedingt durch Ordenewitz' Verletzung. Für ihn spielte Johnny Otten. Prompt schaffte Scherenkow den 3:1 Anschluß. Rehhagel mußte reagieren und brachte den 38jährigen Manfred Burgsmüller für Günther Hermann, um den Angriff zu forcieren. 10 Minuten vor Schluß gelang es dann Gunnar Sauer per Kopfball, Werder in die Verlängerung zu retten. Allein das war mehr, als sich alle nach dem schockierenden Hinspiel erhofft hatten. Es sollten aber noch 30 unglaubliche Minuten folgen. Ein Abend, an dem Legenden geboren wurden.

Neben dem spielerisch eleganten und zweikampfstarken Junglibero Gunnar Sauer wurde die Kopfballstärke des Karl-Heinz Riedle zum spielentscheidenden Element. In der 100. Minute schraubte er sich unnachahmlich in die Höhe, blieb dort scheinbar eine Weile stehen, um auf den Ball zu warten, und ließ Dassajew mit einem plazierten Nicken keine Chance. Das war's für Moskau. Der Widerstand war gebrochen. Dieses Tor war entscheidend. Es folgten noch das 6:1 durch einen cleveren Burgsmüller-Drehschuß und das 6:2 durch Passulko – doch die Tore und der Einsatz des Frank Neubarth bildeten den Mittelpunkt der Gespräche, wenn es um das „Wunder von der Weser" ging; das erste, aber nicht das letzte dieser Art.

„Waschtag in Bremen"

Daß ausgerechnet dieses Spiel der Beginn einer wunderbaren Freundschaft war, konnte natürlich niemand ahnen. Und in der Tat: seit November '87 hecken Spartak und Werder so manches Ding aus. Moskaus Teilnahme an Hallenturnieren, Vermittlung von know-how im kaufmännischen Bereich, Engagement des Hauptsponsors, Kooperation im sportlichen Bereich – das sind die Themen auf dem Zettel dieser bilateralen Beziehung. An der Spitze bisher der Lebensmittelhilfskonvoi aus Bremen Richtung Moskau im Dezember '90 und der Transfer Wladimir Beschastnichs 1994.

Die leidige Geschichte um den blauen Pullover des Kölner Sportdirektors Lattek fand ein jähes Ende. Doppelzüngig kommentierend, freute sich die Boulevardpresse einerseits über die erste Niederlage der Domstädter trotz der Nylonpracht; andererseits ging ihr ein Thema flöten. Es galt, Werder zu feiern. Die Bremer liefern seit jeher wenig Schlagzeilen. Selbst in kritischeren Zeiten lohnte es sich kaum, die Nase in den Sumpf zu stecken. Korrupte Manager, gekaufte Spiele, alkoholkranke Trainer oder liebeshungrige Spieler – solche Dinge fanden immer woanders statt. Sogar die Nationalmannschaft sorgte für mehr Rauschen in den Klatschspalten. Kein Wunder, daß der Ansturm auf den tiefen Graben zwischen Otto Rehhagel und Udo Lattek groß und heftig war. Ausgehend vom traditionellen Nord-Süd-Konflikt, wurde die groteske Ideologisierung nahtlos fortgesetzt mit Latteks rheinischem Engagement. Werder als Gegenpol im Norden mit dem Image des „Arbeitervereins": sozialdemokratisch bis ins Präsidium, grundehrlich, nie überheblich, weder schwerreich noch hochverschuldet, hausbacken und immer mannschaftlich geschlossen. Das öffentliche Bild des FC Köln war (und ist) ein anderes; das unter Lattek noch viel mehr. Nach Werders beeindruckendem 2:1, nur wenige Tage nach dem schweren Moskau-Spiel erzielt, bröckelte ein ganz großes Stück der Aura des nach wie vor erfolgreichsten deutschen Vereinstrainers. Lattek war nicht mehr unbesiegbar. Selbst den Spielern wurde es langsam unheimlich. Gunnar Sauer Anfang Dezember: „Es ist schlicht Wahnsinn, daß wir erst sechs Minuspunkte ... haben. Wer hätte daran vorher im Traum gedacht?" Etwas gelassener reagierte da Jonny Otten: „In diesem Jahr sind wir cleverer, abgebrühter, ruhiger und auch reifer."

Das Weihnachtsfest '87 wäre beinahe eines ohne Frank Neubarth geworden. Die Bayern wollten ihn. Traditionell darum bemüht, die Liga-konkurrenz durch geschicktes Agieren auf dem Transfermarkt zu schwächen, bemühten sie sich um Werders Langen. Kontakte waren geknüpft, Ablösesummen wurden genannt, Neubarths Gehalt errechnet; da erinnerten sich alle an ein ungeschriebenes Gesetz: „Man wechselt nicht von Werder zu den Bayern!" Nur Jürgen Röber hat diesen Grundsatz zuvor durchbrochen, als er im Abstiegsjahr nicht in der 2. Liga kicken wollte. Noch vor dem Freudenfest gab's einen neuen Vertrag für Neubarth. Rehhagel zum Thema: „Er ist bei uns besser aufgehoben." Einer fehlte dennoch: Benno Möhlmann. Der Kapitän ging im Oktober von Bord. Mit 33 Jahren war er sich für die Ersatzbank, auf die Rehhagel ihn immer häufiger setzte, zu schade. Seine sportliche Perspektive suchte und fand Möhlmann dann beim HSV. Beschwingt lag der Rest unterm grün-weißen Tannenbaum und schaute sich die reichhaltigen Geschenke an: Bundesligatabellenführer, im DFB-Pokal nach zwei schmucklosen Spielen in der dritten Runde und im Uefa-Cup Viertelfinale nach dem Sieg über Dynamo Tiflis. Weniger feierlich war dem Hamburger SV zumute. Der Nordkonkurrent hatte sich gerade von Josip Skoblar getrennt und St-Pauli-Coach Willi Reimann verpflichtet. Das Aus im Uefa-Cup konnte der Neue aber auch nicht verhindern. Neben Werder war jetzt noch Leverkusen als deutscher Vertreter unter den letzten Acht. Ausgelost wurde Hellas Verona.

Das „Bermuda-Dreieck"

Die fußballlose Zeit im Januar wissen die Bremer zu nutzen. Ein alljährlicher kultureller Höhepunkt hanseatischen Lebens steht dann auf dem Programm: das 6-Tage-Rennen in der Stadthalle. Es wird geschunkelt und gesungen, gegessen und getrunken, geredet und gebrüllt, man gibt sich zotig und ist allgemein vergnügt. Zwischen Spießbraten und Bierpfützen schlängeln sich die Massen durch die Gänge, stets auf der Jagd nach dem Amusement. In der verqualmten Halle 1 findet der eigentliche Anlaß der Veranstaltung statt: das Rennen. Ein paar Kilometer entfernt schritt der Neubau der Westkurve im Weserstadion mit mächtigen Schritten voran; viele hielten das bei 13 Millionen DM Kosten auch für selbstverständlich. Zum Heimspiel gegen Hellas Verona im März sollte alles fertig sein: 6.000 Sitz- und 3.000 Stehplätze. Im Inneren dann Werders Geschäftsstelle, Presseräume, Umkleidekabinen und das „Sporthep". Das veraltete Stadion hatte dringend eine Renovierung nötig. In der Westkurve gab es zuvor keine überdachten Stehplätze; nun war das Niveau ein bißchen angehoben worden. Längst nicht zur Zufriedenheit aller.

Die Rückrunde begann mit einem Paukenschlag. Udo Lattek stieg beim FC Köln als Sportdirektor aus. Die Begründung war so einleuchtend („...wollte nicht mehr Kasper spielen.") wie unwahr („Es ist mein Abschied für immer von der aktiven Tätigkeit im Fußball..."). Seine Zukunft sah er als Kolumnist der neu den Zeitschriftenmarkt aufmischenden „Sport-Bild." Beim FC reagierte man verstört. Schließlich war Lattek mit großen Worten angetreten, um die Mannschaft zur Bundesligaspitze zu führen. Nun war der 5-Jahres-Vertrag nach nur sieben Monaten Geschichte. Für Trainer Christoph Daum hingegen ergab sich endlich die Gelegenheit zur freien Entfaltung. Werders Start nach der Winterpause war glänzend. Nach einem holprigen Pokalauftritt in Pforzheim, der ein damals noch übliches Wiederholungsspiel erzwang, das nicht nur 3:1 für Werder endete, sondern fast in eine Prügelei zwischen Rehhagel und Pforzheims Alt-Mittelfeldspieler Emanuel Günther mündete, gewann die Mannschaft 5:0 gegen Schalke, so daß sich auch der ehemalige Mitspieler Klaus Fichtel in die Reihe der Titelbeschwörer stellte: „Werder wird Meister" prophezeite die „Tanne".

Die italienischen Zeitungen waren sich einig: Werder ist stark und hat internationale Erfahrung. Außerdem warnten sie vor Sauer, Bratseth und Borowka als „Bermuda-Dreieck", weil dort „jeder Angriff verloren geht". Hart ging es in der schönen Stadt am Etsch zu. Fußball brutal, auch von Thomas Berthold praktiziert. Seiner Mannschaft, Hellas Verona, nutzte das wenig, weil Werder cool blieb. Frank Neubarth köpfte eines seiner unzähligen wichtigen Tore und legte den Grundstein für ein Rückspiel, das etliches an Klasse vermissen ließ und in dem Hellas wieder böse hinlangte. Norbert Meier sah sich veranlaßt, hinterher von einem „Krieg" zu sprechen, um klar festzustellen, daß das Geschehen „bei weitem den Begriff der internationalen Härte" überschritten hatte. Nach Gunnar Sauers wunderschönem Führungstreffer gelang Paclone der Ausgleich vor der Kulisse der neu eingeweihten Westkurve. Werder zitterte, Verona drängte und hätte mit einem weiteren Tor die nächste Runde erreicht. Doch die Veronesen schafften es nicht; gerade auch, weil die meisten Angriffe – ohne Elkjaer-Larsen – im bremischen „Bermuda-Dreieck" untertauchten. Werder im Halbfinale; es war der „größte Erfolg in der Vereinsgeschichte". Im Wettbewerb waren jetzt noch der FC Brügge, Espanol Barcelona und, zweifellos überraschend, Bayer Leverkusen. Erich Ribbeck gewann mit Hilfe seines brasilianischen Stars Tita beim FC Barcelona 1:0. Bernd Schuster hatte auf Seiten der Spanier kurz vor Schluß einen Elfmeter verschossen. Die iberischen Medien waren sich daraufhin nicht zu schade, ihn als „Nazi" zu beschimpfen. Der Weg war also frei für eine rein deutsche Halbfinalbegegnung; und so kam es dann auch.

Der „ewige Zweite"

Der Halbfinaltest fand in der Bundesliga statt. Leverkusen kam im März, um sich einen Punkt beim 3:3 abzuholen. Beim in der letzten Minute erzielten Ausgleich sah Werders Torwart nicht gut aus: Es war Dieter Burdenski. Der 37jährige vertrat Reck, der eine Rotsperre absaß. Die Karte handelte er sich zuvor beim 0:1 in Stuttgart ein. Ein Foul gegen Jürgen Klinsmann, das den Graben zwischen beiden Vereinen nicht gerade schmälerte. Recks unbeherrschte Attacke trieb dem Schwaben die Existenzangst ins Gesicht („Ich bin froh, daß ich nicht zum Invaliden geworden bin."), und Trainer Arie Haan erkannte klar „die Absicht des Fouls".

Sie waren ein bißchen nervös am Neckar. Am Tag darauf waren Wahlen, und die CDU wollte die Alleinregierung in Baden-Württemberg erhalten. Wäre es schiefgegangen, hätte der VfB unter einem Wahlverlierer Mayer-Vorfelder sicher nichts zu lachen gehabt. Nach diesem Spiel und dem verlorenen Heimpunkt gegen Leverkusen kam es, wie von unsichtbarer Hand arrangiert, zum Spiel Werder – Bayern als dem alles entscheidenden. München, aus nationalem und internationalem Pokal ausgeschieden, witterte die Chance: „Jetzt holen wir Werder ein", was sie bis auf zwei Punkte bereits realisiert hatten. Obwohl noch acht weitere Spieltage ausstanden, ließ sich der Endspielcharakter nicht wegdiskutieren. Der SVW bekam angesichts der galoppierenden Bayern Unterstützung durch Kölns Trainer Daum: „Werder muß gegen den Ruf des ewigen Zweiten ankämpfen", machte er Mut. Und diesmal schienen die Bremer ihre Nerven tatsächlich im Griff zu haben. Jonny Otten: „Aus den zweiten Plätzen, den verpaßten Meisterschaften gegen Bayern und HSV, haben wir unheimlich gelernt." Genau das wußten auch die Münchener und verfuhren nach altbewährter Abwiegeltaktik. „Wir wollen auch Deutscher Meister werden, müssen es aber nicht", diktierte Uli Hoeneß den Journalisten auf den Block, wissentlich seinem Kapitän Augenthaler widersprechend. Der bangte: „Nicht auszudenken, wenn wir am Ende mit leeren Händen dastehen." Werder präsentierte sich selbstbewußt wie lange nicht vor einem Nord-Süd-Vergleich. Durch die unterschiedlichen Aussagen hatte sich Jupp Heynckes' Mannschaft als ein Haufen unsicherer Angestellter erwiesen. Ideale Voraussetzungen also für Grün-Weiß.

Und dann nahm Gunnar Sauer in der 26. Minute den Ball im Strafraum in die Hand. Einfach so; unbedrängt. Der Schiedsrichter pfiff Elfmeter – Bayern führte 1:0. Hinterher befragt, gab der Libero zu, daß er sich „tierisch geärgert" hätte, daß kein unparteiischer Pfiff nach einem Rempler ertönt war. Sauer dachte, er wäre gefoult worden – ein folgenschwerer Fehler, der Otto Rehhagel Anlaß zur Regelkunde gab: „Gunnar, im Strafraum darf man niemals den Ball in die Hand nehmen!" Verunsichert fühlte sich auch Schiedsrichter Kautschor durch diesen Fauxpas; noch ganz in Gedanken pfiff er kurz darauf wieder Elfmeter. Diesmal für Werder, den Ordenewitz zum Ausgleich nutzte. Fortan entwickelte sich für die Bayern Unerfreuliches. Noch vor der Pause schaffte Riedle das 2:1 und kurz vor Schluß die Entscheidung mit dem 3:1. Der kleine Allgäuer war der Held des Nachmittags. Die Zuschauer feierten ihn und den Triumph. Aus 40.000 Kehlen erschall es höhnend: „Zieht den Bayern die Lederhosen aus..."; für Michael Rummenigge war es „...die Hölle. Das habe ich hier in Bremen noch nicht erlebt", schob er konsterniert nach und entschwand mitsamt seinen Spielkameraden in den Süden. Dort klangen ihnen die Gesänge noch einige Tage in den Ohren, und es gab Zoff. Lothar Matthäus war beleidigt, weil Heynckes es gewagt hatte, ihn frühzeitig aus dem Spiel zu nehmen. Seit er seinen Wechsel nach Mailand bekannt gegeben hatte, war er in Ungnade gefallen. Auch Andreas Brehme tobte Richtung Trainer und drohte mit seinem Abgang. Im Norden hingegen hing der Himmel voller Geigen. Mit Wonne lasen alle Paul Breitners garstige Worte: „Vor denen braucht Werder keine Angst mehr zu haben." Er meinte die Bayern. Wen sonst?

Der „Fußballgott"

Zu diesem Zeitpunkt stellten sich natürlich einige die Frage: Wie lange hält die Mannschaft das noch durch? Der „Tanz auf drei Hochzeiten" mußte irgendwann seinen Preis fordern. In der Meisterschaft waren es vier Punkte Vorsprung; im Uefa-Cup wartete Leverkusen im Halbfinale; im DFB-Pokal war Werder auch unter den letzten vier und mußte gegen Eintracht Frankfurt spielen. Hier gab es das erste Opfer. Uli Stein und Dieter Pauly in seltsamer Einheit ließen Werders Traum vom Berliner Finale platzen. Ein überragender Frankfurter Keeper und ein wenig überzeugender Schiedsrichter waren die wesentlichen Faktoren. Frankfurts Führung durch Schulz fiel unmittelbar vor dem Pausenpfiff. Werder war überlegen, traf aber nicht. Dann bekam Dieter Schlindwein den Ball. Ansonsten eher ungelenk im Umgang mit der Kugel, verschaffte der ehemalige Bremer dem Leder einen traumhaften Flug, Schulz nahm auf und ließ Reck keine Chance. „Ausgerechnet Schlindwein..." mag so mancher gestöhnt haben. Aus Mannheim kam er an die Weser und verlebte dort eine unglückliche Spielzeit. Mitspieler Johnny Otten: „Dieter kam damals zu einer erfolgreichen Mannschaft mit Europapokalerfahrung. Er hatte enorme Anpassungsschwierigkeiten und wußte nicht genau, wie er sich bewegen sollte. Außerdem bekam er früh eine Verletzung. Da lief alles schlecht. Er hatte nicht den richtigen Einstand und erlitt Schiffbruch. Außerdem war er bei den Fans nicht beliebt." Man kann sich vorstellen, was in Schlindwein vorging, nachdem er mit seiner Mannschaft in Bremen gewonnen hatte. Nach dem Spiel verschaffte er sich Luft: „Ich habe ein Jahr lang in Bremen genug gelitten, da kann man es mir doch wohl verzeihen, daß ich am Schluß eines Spiels (...) Trainer Rehhagel, dem ich dieses schlechte Jahr zu verdanken habe, die Faust zeige."

Werders attraktiver, aber ebenso erfolgloser Ansturm in der 2. Hälfte scheiterte vor allem am brillanten Stein. Kurz vor Schluß erzielte Norbert Meier dann das Tor. Doch Schiedsrichter Pauly erkannte es wegen Abseits nicht an. Damit zog er sich natürlich den Zorn aller Werderfreunde zu, die in Pauly ohnehin ihren Lieblingsfeind sahen. Das letzte bißchen Kredit verspielte er sich nach dem Spiel mit der äußerst ungeschickten Bemerkung: „Die Bremer sollen erstmal lernen zu verlieren." So fühlte sich Alt-Werderaner Horst-Dieter Höttges bestätigt, denn angeblich wußte er „seit langem, daß Pauly etwas gegen Werder hat". Bis heute haben sich die Ressentiments nicht gelegt – auch wenn Pauly in der Liga nicht mehr aktiv ist. Dafür werden andere Schiedsrichter hemmungslos „Pauly, Pauly" beschimpft, wenn sie nach Meinung der Fans auch nur den leisesten Verdacht erwecken, schlecht zu pfeifen – und das soll ja vorkommen. Ob es aber nun wirklich an Pauly lag oder am guten Uli Stein oder vielleicht auch einfach nur an der Abschlußschwäche der

Bremer – auf der Strecke blieb die erste von drei Hochzeiten. Als Trost bekam Rehhagel noch ein paar warme Worte des zutiefst zufriedenen Schlindwein: „Von Trainer Rehhagel stammt doch der Satz, daß es einen Fußballgott gibt, der alles ausgleicht."

Rot gewinnt

„Jetzt können wir uns ganz auf die Meisterschaft konzentrieren", eröffnete Norbert Meier seinen Fans, dachte dabei aber ganz anderes. Er hatte gerade mit seiner Mannschaft im Uefa-Cup gepatzt. Nach dem 0:1 im Hinspiel, erzielt durch ein Zufallstor von Alois Reinhardt trotz Bremer Überlegenheit, schaffte Bayer Leverkusen ein 0:0. Der April war kalt und die Fans sauer nach dem Ausscheiden; es gab Randale in der Bremer Innenstadt – eine äußerst seltene Sache im kühlen Norden. Willi Lemke tröstete sich mit dem Blick auf die Bundeligatabelle, „dann geht's mir wieder gut." Dabei wird ihm der Gedanke an die fast vier Millionen DM Einnahme aus dem Cup geholfen haben, sanft einzuschlafen. Konkurrent Leverkusen durfte noch ein bißchen mehr Geld verdienen. Die Endspiele gegen Atletico Madrid wurden zum Elfmeter-Krimi mit Happy-End für Erich Ribbecks Mannschaft nach einer erstaunlichen Aufholjagd. Werder konzentrierte sich tatsächlich auf die Liga. Was blieb auch anderes? Nachdem Bayern in Hannover verloren und Bremen zeitgleich gegen Homburg gewonnen hatte, betrug der Vorsprung sechs Punkte. Uli Hoeneß machte vorsichtshalber einen taktischen Rückzieher; ihm war klar: „Das war wohl der Titel für Werder." Doch Rehhagel und seine Spieler wollten nicht so recht. „Es kann noch viel passieren" malten sie düster an die Wand. War's die übliche Abwiegelei oder realistische Einschätzung der eigenen Kräfte? Das Ausscheiden gegen Leverkusen kam nicht von ungefähr; Werder wirkte ausgebrannt, ideenlos. Die Angriffe fruchteten nicht mehr, die Spielweise wirkte statisch. Noch waren es sechs Spieltage. Hätte an der Isar nicht Jupp Heynckes auf dem Trainerstuhl gesessen, sondern nach wie vor Udo Lattek – es wäre der richtige Zeitpunkt gewesen, den Psychokrieg zu eröffnen. So blieb es aber ruhig. Den Münchenern steckte der Schock über die zu dem Zeitpunkt schon verpatzte Saison in den Knochen. Kein Titel nach drei erfolgreichen Jahren – eigentlich eine Katastrophe für einen neuen Trainer. Andere wurden aus weitaus geringeren Gründen entlassen.

So gelang es Werder, die restlichen Spiele mit Routine und Können zu überstehen, bis am 3. Mai das 1:0 beim Auswärtsspiel in Frankfurt die vorzeitige Meisterschaft brachte. Es war ein Dienstagabend; viele Bremer saßen zu Hause und lauschten der Radioreportage. Mitte der zweiten Halbzeit sah Neubarth die rote Karte, weil er Schlindwein (!!!) foulte. Bayern führte hoch gegen Bochum und war dabei, einen Punkt aufzuholen. Nur eine Minute nach Neubarths Platzverweis schoß Riedle dann aber das Tor, und eine halbe Stunde später wälzten sie sich auf dem Rasen. Erwachsene Männer weinten vor Freude, hünenhafte Burschen küßten sich herb und blickten einander tief in die Augen, seriöse Geschäftsleute sprangen in die Luft, Worte des Glücks stammelnd. Dann schmissen sie sich allesamt auf den feuchten Rasen und wälzten sich im grellen Flutlicht, um danach stolz das große Oval als würdige Triumphatoren unter tosendem Beifall zu verlassen. Sie waren die Meister! Sie hatten geschafft, was keiner für möglich gehalten hatte. Mit einer umgekrempelten Mannschaft, ohne millionenschwere Neuerwerbung, mit mannschaftlicher Geschlossenheit und viel Energie. Die Synthese aus Jung und Alt, aus Frische und Routine, aus Unbekümmertheit und Cleverneß. Werders Durchmarsch war so klar, so logisch und konsequent. Otto Rehhagel war mit sich im Reinen: „In meinem Leben gab es sieben oder acht herausragende Momente, heute ist einer davon"; sein Präsident hingegen fast ekstatisch: „Puh, das wäre geschafft!"

Als die Mannschaft am Tag darauf mit dem Flugzeug in Bremen ankam, wurde sie von 3.000 Fans erwartet. Der Urschrei, der die Stadt am Abend zuvor erfaßt hatte, hallte noch durch die Straßen. Gefeiert wurde nicht nur eine Fußballmeisterschaft; gefeiert wurde der Austritt aus dem Schattendasein, der Sieg über die Zweitrangigkeit, der Eintritt in den Kreis der Erwähnenswerten. Der kleine Stadtstaat Bremen, finanziell abhängig vom Rest der Republik, politisch unbedeutend, standhaft ignoriert von der Tagesschauwetterkarte, trat ins Rampenlicht der Öffentlichkeit. Schwarze Balkenüberschriften und amtliche Stimmen überbrachten die Botschaft ins ganze Land – auch in den Süden. Ein Autokorso zog sich durch Bremen, begleitet von glückselig feiernden Fans, die nur andeuteten, wozu sie wenige Wochen später in der Lage sein würden. Mit unerschütterlicher Begeisterung wurde sogar die Heimniederlage gegen den HSV weggesteckt. Alles nur, um Ende Mai eine der legendären Marktplatzinszenierungen mitzuerleben, als Mannschaft und Trainer mit der Trophäe bewaffnet auf den kleinen Balkon des altehrwürdigen Rathauses traten, sichtlich genußvoll auf das Volk schauten und zuhören durften, wie fast 50.000 „We are the champions" sangen. Mit Hilfe von 200 Hektolitern Bier wurde der kollektive Vollrausch vollzogen – der Deutsche

Freude über den Meistertitel: Riedle, Schaaf.

war fröhlich. Nicht ganz so berauschend fand Dieter Burdenski die ganze Angelegenheit; seinen Abschied hatte er sich harmonischer vorgestellt. Im letzten Saisonspiel bei Schalke wollte er noch einmal zwischen die Pfosten, doch Rehhagel ließ Budde auf der Bank und brachte einen bitteren Beigeschmack in die Feierstunde. „Ein Zeichen menschlicher Schwäche des Trainers", wertete der Torwart den Vorfall und konnte sich der Sympathien der Fans sicher sein.

Für den Bremer Bürgermeister Klaus Wedemeier war die Meisterschaft seines Lieblingsvereins ein willkommener Anlaß, den Imagegewinn für das kleine Bundesland in den Vordergrund zu stellen. Er wußte schon damals, daß der Name „Werder" ein Zauberwort in der großen Welt der Politik und der wirtschaftlichen Beziehungen sein kann. Zumal sich die deutsche Sozialdemokratie ohnehin auf dem aufsteigenden Ast befand: Neben dem Coup an der Weser und der damit einhergehenden Demütigung des politischen Gegners hatte Björn Engholm in Schleswig-Holstein gerade die Nachwahlen mit einem überragenden Ergebnis jenseits der 50 % gewonnen.

„Die Reichen werden reicher, die Armen ärmer"

Gespräch mit Dr. Franz Böhmert

Solange er sich noch fit fühlt, es weiter Spaß macht, will er weitermachen. Auch über den Jahrtausendwechsel hinaus. Der ehemalige Vereinsarzt, der 1970 zum Vorsitzenden (später: Präsidenten) des SV Werder Bremen gewählt wurde, fühlt sich durch die neuen Aufgaben im europäischen Profifußball herausgefordert. Im Hauptberuf als Chefanästhesist tätig, gehört er aber auch seit Jahren zu den mächtigsten Männern im deutschen Fußball. Er ist 2. Vorsitzender im DFB-Ligaausschuß sowie engster Vertrauter und Freund von DFB-Präsident Egidius Braun.

Kuntze: Sie sind seit 1963 im Bundesliga-Betrieb dabei und müssen sich nun in der zweiten Hälfte der neunziger Jahre zunehmend mit Schreckensmeldungen auseinandersetzen: Die Liga sei vor dem Aus, die Vereine pleite. Sind die Folgen des „Bosman-Urteils" tatsächlich so weitreichend?

Böhmert: Wir hatten immer das Gefühl, daß die Organe des DFB ganz gute Arbeit geleistet haben. Nun haben wir sogar festgestellt, daß diese Arbeit exzellent war. Das System war perfekt, alles war hervorragend geregelt, jeder wußte, was er zu tun hatte und woran er war. Das Chaos, das teilweise in den siebziger Jahren herrschte, war abgelöst von einer Professionalisierung, das Management hatte sich entwickelt, und die wirtschaftliche Situation der Vereine hatte sich konsolidiert. Nun ist es so, daß den Vereinen der Boden unter den Füßen entzogen wurde. Über Nacht verloren alle ihr Stammkapital, also die Transfersummen der Spieler, mit denen ja immer gerechnet werden konnte, wenn ein Verein einmal in eine wirtschaftliche Schieflage geriet. In Deutschland wird die Dramatik zur Zeit noch ein wenig kaschiert. Durch die guten Fernsehverträge und die enormen Zuschauerzahlen konnten wir uns besser auf die Situation einstellen. Aber die Zukunft wird zeigen, daß es für die Vereine immer schwieriger wird, mit Risiko zu planen, weil die Refinanzierungsmöglichkeiten nicht da sind. Die immateriellen Anlagewerte existieren nicht mehr. Die Vereine sind vermögenslos geworden; es sei denn, sie haben andere Vermögenswerte. Immobilien oder ähnliches. Bei den meisten ist das aber nicht der Fall.

Kuntze: Und beim SV Werder?

Böhmert: Wir sind da dank der letzten Jahre noch sehr gut gerüstet. Aber wie das in Zukunft sein wird, ist schwer zu sagen. Sehen Sie, die Spitzenspieler werden ja immer teurer, deren Gehälter immer höher. Und die Vereine, die nicht bereit oder in der Lage sind, diese Summen zu zahlen, bekommen Probleme. Es werden also immer weniger Vereine diese Spieler bezahlen können. Und dabei wird das sogar noch billiger für sie. Sie können einen beliebigen Fall nehmen. Mit dem Verkauf eines Spitzenspielers könnten sich die Vereine, die deren Gehälter nicht mehr zahlen können, gut aus der Affäre ziehen. Wenn der § 11 ausläuft, also die Abfederung des Bosman-Urteils, dann gibt es keine Transferentschädigung für den abgebenden Club. Der neue Verein, der in der Lage ist, ein viel höheres Gehalt zu zahlen, spart die Transfersumme und kann beim Gehalt oben drauflegen. Am Ende wird das noch billiger als die alte Verfahrensweise. Für jeden wirtschaftlich starken Verein in Europa wird es ein leichtes sein, Spieler abzuwerben. Für sie wird das Bosman-Urteil kein solches Problem darstellen. Das heißt also, die Reichen werden reicher und die Armen immer ärmer.

Kuntze: Das klingt ganz so, als ob wir bald nur noch europaweiten Spitzenfußball einiger weniger Vereine erleben dürfen, während Mannschaften wie Bochum oder auch der SV Werder und mit ihnen die nationalen Ligen in der Bedeutungslosigkeit verschwinden?

Böhmert: Man kann da tatsächlich ein Horrorszenario aufbauen. Ich bin zwar ein von Grund auf optimistischer Mensch, aber im Moment bin ich da leider auch eher pessimistisch. Doch wer weiß, vielleicht läßt sich das Rad zurückdrehen. Interessanterweise gibt es gerade von Spielern eine Art Gegensteuerung, indem einige sich beschweren, es würden jetzt zuviel ausländische Spieler geholt und man sollte eine Begrenzung einführen. Auf der einen Seite jubeln sie, daß die Transfersummen weggefallen sind, auf der anderen Seite weinen sie aber, weil es die Ausländerquote auch nicht mehr gibt. Dann wird das Spielerangebot insgesamt in den mittleren und unteren Kategorien breiter. Dadurch sinken wohl auch die Preise, der Markt kommt richtig in Bewegung und gleicht für die Vereine die enorme Verteuerung der Spitzenspieler eventuell aus. Eigentlich müßte die Spielergewerkschaft VdV, die ja über das Bosman-Urteil gejubelt hat, dessen sofortige Abschaffung fordern. Schließlich wird die Masse der Spieler weniger verdienen.

Kuntze: Das Urteil bildet einen fruchtbaren Boden für neue Herausforderungen und Einnahmequellen. Der Wunsch nach einer Europaliga, die auch noch mehr Geld aus internationalen Fernsehverträgen bringen würde, wird mit Macht vorgetragen.

Böhmert: Und das ist völlig kurzfristig gedacht! Ich weiß nicht, ob das aufzuhalten ist, aber eines ist doch klar: Der nationale Gedanke steht beim Publikum immer noch über dem europäischen. Der nationale Meister, egal ob in England, Deutschland oder sonstwo, hat den höchsten sportlichen Stellenwert. In dem Moment, wo die nationalen Ligen durch eine Europaliga entwertet werden, wird in Europa das gleiche eintreten wie in den Nationen. Es wird nachher, wenn z.B. Bayern München gegen Metz oder Budapest spielen müßte, wohl kaum mehr Zuschauerinteresse geben als in den Bundesligaspielen. Bei den Europacupspielen haben wir das doch gesehen, als die Bayern gegen Moskau vor weniger als 30.000 Zuschauern spielten; gegen Uerdingen waren es dann fast doppelt soviele. Und bei unseren Spielen in Bremen gegen Mannschaften wie Glenavon oder Bacau waren wir doch froh, wenn wir ein paar Claqueure hatten. Jetzt leben wir alle von der nationalen Liga, und das nicht schlecht. Europacup war immer ein Zubrot. Wo bliebe dieses Zubrot bei einer Europaliga? Was käme dann danach? Die Weltliga? Irgendwann spielen wir noch gegen den Mars.

Kuntze: Aber offensichtlich steht der Profitgedanke im Vordergrund und nicht etwa die Vernunft

Böhmert: Ja, aber auch der ist zu kurzfristig. Gucken Sie mal, wir haben das doch schon einmal hier in Deutschland erlebt. Als 1963 die Bundesliga kam, gab es eine ähnliche Entwicklung. Von der haben damals nur die Vereine profitiert, die in der Bundesliga spielten. Aber viele Traditionsvereine, Altona, Neumünster, Bremer SV und wer nicht alles, die sind in der Versenkung verschwunden. Es erfolgte im Laufe der Jahre eine klare Konzentration auf einige wenige Vereine. Übrigens ja auch zum Vorteil des SV Werder. Der Unterschied zu heute ist jedoch der, daß die Menschen trotz der Gründung der Bundesliga weiterhin die Identifikation mit den nationalen Clubs behielten. Und eine Identität mit Europa, die gibt es doch heute noch gar nicht. Vielleicht in 30 oder 40 Jahren, aber jetzt doch nicht.

Kuntze: Sie sehen also schwarz für das politische Europa?

Böhmert: Könnte man so auslegen. Ich glaube, Europa muß erst ganz langsam zusammenwachsen. Dazu gehört viel Zeit. Es gibt dann zwar immer noch Franzosen, Engländer und Spanier, also klare Nationalitäten. Aber vielleicht spielen die dann alle in einer Europaliga.

Kuntze: Verliert der Fußball bei all diesen Diskussionen nicht auch etwas von seiner Ursprünglichkeit?

Böhmert: Die Gefahr, daß der Fußball immer stärker kommerzialisiert wird und einen ganz anderen Stellenwert bekommt, ist tatsächlich sehr groß. Ich kann mir vorstellen, daß auf Dauer, bei diesen enormen Summen, die z.B. an die Spieler gezahlt werden, dies der Zuschauer nicht mehr mitmacht. Ich befürchte, daß es zumindest immer schwerer fällt, sich damit zu identifizieren. Als der Effenberg damals seine Fünf-Millionen-Forderung an Mönchengladbach stellte, da hätten Sie mal die Leserbriefe der Fans lesen sollen. Die waren vor allem gegen den Verein orientiert, weil der sich Bedenkzeit erbeten hatte. Mittlerweile, wo die Borussia ganz unten steht, kommt genau die umgekehrte Reaktion. Jetzt fehlt das Verständnis für ein so hohes Spielergehalt. Auch in Italien gibt es diese gegenteiligen Entwicklungen. Dort waren die Fans stolz darauf, wenn ihr Star ein tolles Auto fuhr oder teure Kleidung trug. Jetzt sind die Zuschauerzahlen rückläufig, und es gibt die ersten lauten Stimmen, die sich gegen die hohen Gehälter richten. Ich glaube, wir wären insgesamt ganz schlecht beraten, wenn wir glauben würden, die derzeitige Entwicklung ginge immer weiter nach oben. Wir haben mächtige Krisen erlebt in der Liga, wir wollten 1988 sogar auf 16 Vereine reduzieren, weil die Zuschauerzahlen so niedrig waren. Nun gibt es wieder einen Boom, ähnlich wie nach der Weltmeisterschaft 1974. Aber ich bin mir sicher, daß auch wieder eine Krise kommt. Und für diejenigen, die jetzt nicht vorsorgen, gibt das ein böses Erwachen.

Kuntze: Wie präparieren Sie denn den SV Werder auf die nächste Krise? Versuchen Sie's mit Ihrem Aktienmodell, von dem lange nichts mehr zu hören war?

Böhmert: Kann ich Ihnen auch genau sagen, warum. Ende der achtziger Jahre gab es etliche neue Präsidenten in der Bundesliga. Mit diesen Leuten aus der Wirtschaft kamen auch deren Erfahrungen aus Kapitalgesellschaften. Der DFB hat daraufhin eine Kommission gegründet, die sich mit der Umwandlung der Vereine in Kapitalgesellschaften beschäftigte. Ich war nicht nur Mitglied, ich war sogar einer der Befürworter der Umwandlung. Schließlich haben wir dieses Aktienmodell für Werder Bremen fertig entwickelt hier dort drüben im Schrank stehen. Ich bräuchte den Ordner nur herausholen und könnte an die Börse gehen. Wir haben das insgesamt also sehr positiv diskutiert. Doch am Ende stand als Ergebnis fest, daß sich gar nichts ändern würde. Daß die Nachteile sogar überwiegen würden. Nur ein Beispiel: Angenommen, ich hätte den SV Werder mit 30 Millionen an der Börse notiert. Wenn ich all meine Aktien verkauft hätte, würde ich dieses Geld in Spieler investieren müssen. Die sind aber leider seit dem Bosman-Urteil nicht mehr das wert, was sie mal waren, weil die Transferrechte weggefallen sind. Jetzt kommt's: Dann geht das sportlich in die Hose, und ich muß trotzdem Dividende zahlen. Wo nehm' ich das Geld jetzt her? Das Risiko ist also enorm. Hinzu kommt die unterschiedliche Börsennotierung. Die Vereine, die heute hoch stehen, werden ganz andere Aktienkurse als die Vereine aus den unteren Regionen der Liga erzielen. Die Schere geht bei diesem Modell noch weiter auseinander als sowieso schon. Sie können sich ja mal ungefähr die Aktienkurse ausrechnen, wenn Bayern München und der VfL Bochum an die Börse gingen. Und so kam die Entscheidung zustande, von diesem Modell die Finger zu lassen.

Kuntze: Liegt es jetzt nur auf Eis, oder ist das Thema für Sie erledigt?

Böhmert: Wer weiß. Auch hier gilt, wenn die Zeit einmal dafür reif sein sollte, wird es vielleicht doch noch kommen. Interessant könnte es werden, wenn ein Verein außer Fußball noch andere Bereiche betreibt. So wie die Engländer mit ihren Reisebüros. Oder Bröndby Kopenhagen, die sich mal eine eigene Bank geleistet haben. Leider sind sie damit pleite gegangen.

Kuntze: Der SV Werder macht das doch mit dem Sporthep, der Fanservice GmbH oder den Immobilien.

Böhmert: Ja genau. In solche Dinge, die nicht so risikobehaftet sind, könnte ich dann das Aktienkapital stecken. In Bereiche, die außerhalb des operativen Fußballgeschäftes stehen, die mit guter Rendite neue Märkte eröffnen und dennoch in Beziehung zum Fußball stehen.

Kuntze: Welche mittelfristigen Gedanken machen Sie sich denn zur Zukunft des Clubs? Immerhin wird Werder 1999 einhundert Jahre alt.

Böhmert: Das Haus ist im Moment gut bestellt. Wir haben in den Jahren die wirtschaftlichen Verhältnisse, die Strukturen und die Logistik versucht, optimal an den Verein anzupassen. Wir haben das Stadion gemeinsam mit der Stadt Bremen so ausgebaut, daß es selbst im 21. Jahrhundert attraktiv ist. Wir haben zur Zeit eine sehr gute Bilanz, der Verein ist wirtschaftlich absolut gesund. Diese Konsolidierung möchte ich in erster Linie erhalten, dann können wir im Bundesligageschäft weiter mithalten. Dazu gehört natürlich, daß wir uns täglich den Gegebenheiten anpassen, daß wir die Nachwuchsarbeit wieder verstärken, was wir auch tun. Diese Säulen sind das wichtigste: die Logistik, die solide finanzielle Basis, die Nachwuchsarbeit. Angst habe ich lediglich vor dem Erwartungshorizont unserer Fans, die glauben, daß alles so weitergeht wie in den achtziger und neunziger Jahren unter Otto Rehhagel, was ja nicht möglich ist. Ich fürchte ein wenig, daß die Ruhe, die wir hatten, nicht mehr da sein wird. Weil ich auch weiß, daß die Vereine, die stets Unruhe hatten, große Probleme bekommen haben. Nehmen Sie Frankfurt, Berlin, Hannover, Nürnberg. Überall, wo nur auf den kurzfristigen Erfolg geschielt wurde, kam der freie Fall. Wir müssen uns damit abfinden, vorübergehend kleinere Brötchen backen zu müssen. Ob die Fans das auch so sehen, möchte ich bezweifeln. Die Erwartungshaltung unseres Publikums bezieht sich immer noch auf die Jahre zwischen 1987 und 1994. Doch die Verhältnisse haben sich dramatisch verändert. Und zwar zu unserem Nachteil. Vor dem Bosman-Urteil hatte ich diese Sorge nicht. Nun hoffe ich, daß wir den jetzigen Standard überhaupt halten können, daß wir das Schiff wieder ins Fahrwasser bekommen. ∎

»Berlin, Berlin – wir fahren nach Berlin«

Die Pokalfinals '89 und '90

Gutgelaunt betrat der Mann den Raum. Stundenlang hatte er verhandelt; nun gab es ein Ergebnis zu seiner Zufriedenheit. Die Pressevertreter versammelten sich und bauten ihre Geräte auf. Ein Blitzlichtgewitter prasselte auf den gut genährten Körper nieder. Ein weiterer Mann trat an seine Seite und half ihm beim Lachen. Sie hatten allen Grund dazu; in ihre Taschen würden in den nächsten drei Jahren 135 Millionen DM fließen. Die Verkünder der Botschaft, DFB-Präsident Hermann Neuberger und Liga-Ausschuß-Vorsitzender Gerhard Mayer-Vorfelder, teilten den Beschluß des DFB-Vorstands mit, daß die Übertragungsrechte für die Spiele der ersten und zweiten Bundesliga für drei Jahre an die Bertelsmann-Tochter Ufa gegangen seien. Mit Beginn der Saison '88/89 würden erstmals nicht ARD und ZDF am Drücker sein. Das war die Wende in der Bundesligaberichterstattung. Die alte „Sportschau" hatte ausgedient, die Privaten drängten mit Macht in die erste Reihe. Es sollte aber noch ein bißchen dauern, bis RTL das erste Mal „Anpfiff". Über die höheren Einnahmen freuten sich natürlich auch die Manager der Liga. „Hätten wir die Mehreinnahmen nicht erhalten, hätten wir die Eintrittspreise erhöhen müssen", verriet Gladbachs Grashoff.

Gefühlsecht

Auf dem Zettel hatten die Fußballfreunde im Sommer '88 die Europameisterschaft in Deutschland. Die beherrschenden Figuren des Turniers waren die Niederländer um Gullit, Rijkaard und van Basten. Die beeindruckende Souveränität, mit der sie den Titel holten, ihre Spielkultur und ihr sympathisch-lässiges Auftreten stellten alles andere in den Schatten. Die Deutschen blieben im Halbfinale auf der Strecke, trotz der typisch Beckenbauer'schen Destruktivtaktik. In Pitbull-Manier erteilte der Teamchef wieder eine seiner „Spezialaufgaben" an den braven Mittelfeldrenner Rolff. Der wurde auf Gullits Fährte gesetzt, um letztendlich nur die mangelnde Spielkunst der eigenen Mannschaft zu offenbaren. Einzig der wieselflinke Igor Belanow rannte sich noch in die Herzen der Fans, die in den 14 Tagen neben dem Fußball auch häufig mit ihrer eigenen Situation konfrontiert wurden. Die Angst vor den englischen Hooligans schraubte die Sicherheitsmaßnahmen auf ein Höchstmaß an polizeilicher Präventivkunst. Deutsche Ordner erinnerten an vergangene Zeiten, angestachelt durch eine englische Premierministerin, die ihren Amtskollegen Kohl vor dem Turnier ermutigte, „...daß die deutsche Polizei kräftig durchgreifen soll".

Während der EM verhandelte Werder mit Frank Rijkaard, der sich dann bekanntlich für den AC Mailand entschied. Gleichzeitig war der FC Barcelona an Uli Borowka interessiert. Obwohl der Bremer das Nationalmannschaftsduell gegen Guido Buchwald verloren hatte, wollte Johan Cruyff ihn nach Spanien holen. Stattdessen nahm er aber Ronald Koeman. Geklärt war auch die Nachfolge von Dieter Burdenski. Jürgen Rollman vom FSV Frankfurt, ein naßforscher junger Mann, schaffte den Sprung an den enttäuschten Amateurtorhütern vorbei auf Platz 2. Brasas zog die Konsequenz und verließ den Verein Richtung Bremen-Mahndorf. Das erste Mal im Gespräch war auch ein beim FC Aarau in der Schweiz spielender Stürmer: Wynton Rufer, ein Neuseeländer, der dort ein Tor nach dem andern erzielt hatte. Hinter ihm seien „die halbe Schweiz und auch ausländische Clubs" her, frohlockte Vize Fischer und sorgte so möglicherweise für einen Preisanstieg. Zumindest sollte es noch ein Jahr dauern, bis „Kiwi" nach Bremen kam.

Die Liga blutete weiter aus. Detari, Okonski, Prytz, Tita, Matthäus, Brehme verließen ihre Vereine Richtung Griechenland und Italien, um Millionäre zu werden oder ihr Talent zu verschleudern. Astronomische Summen wurden für mittelmäßige Spieler bezahlt, wobei die Bayern am kräftigsten zugriffen. Knapp 12 Mio. DM für den Schweden Ekström und die beiden Nürnberger Grahammer und Reuter sowie Olaf Thon von Schalke. Die verpaßte Meisterschaft, das frühzeitige Ausscheiden aus den Pokalwettbewerben – München reagierte in üblicher Weise auf die sportliche Pleite der vergangenen Saison. Insgesamt investierten die Clubs 150 Mio. DM in Transfers, soviel wie nie zuvor. Werder hielt sich zurück. Aus dem Kader der Amateure kamen Dieter Eilts und Christoph Hanses, aus Frankfurt Rollmann und aus Norwegen Vegard Skogheim. Trotzdem war der Meister einer der Favoriten auf den Titel, gerade aufgrund der geringen Änderungen. Der immer wieder gern gefragte Fritz Walter ließ sogar seine geliebten Lauterer im Regen stehen und tippte auf Werder, denn

„die Mannschaft ist ungemein homogen und hat gleichwertige Ersatz-spieler." Durch den Supercup-Sieg gegen Pokalsieger Frankfurt wurde sein Tip unterstützt. Bemerkenswert an dem langweiligen Spiel war ein-zig die Tatsache, daß Uli Stein ein Jahr nach seinem Faustschlag wieder dabei war. Doch auch diesmal verlor er; durch Tore von Riedle und Burgsmüller. Richtig Freude hingegen kam auf bei dem Gedanken an Liganeuling St.-Pauli. Der Hamburger Aufsteiger kokettierte mit seiner Hafenstraßennähe und entwickelte sich erfolgreich zum roten Tuch eini-ger etablierter Vereine. Auch der erst 31jährige, seine Spieler duzende Trainer Helmut Schulte. Suspekter war vielen höchstens noch die „Lon-don"-Trikotaufschrift von Absteiger Homburg. Kondomwerbung im Fußballstadion – eine Angelegenheit, die der DFB auf seine Art regelte – mit einem Verbot und 100.000 DM Strafe wegen „unsportlichen Verhal-tens".

Das zweite „Wunder von der Weser"

Traumhaftes Wetter herrschte in Norddeutschland. Die Menschen ver-brachten ihre Ferien auf den Inseln und an der Küste. Es war warm genug zum Baden im Meer, doch niemand wollte, denn die Algenblüte brachte den Meeresbewohnern, insbesondere den Seehunden, den Tod. Der erste Bundesligaspieltag der 26. Saison war angesichts des entsetzlichen Rob-bensterbens von geringerem Interesse; mehrere Zehntausend Urlauber und Küstenbewohner bildeten Menschenketten gegen den Tiertod. Viele verpaßten so den ersten Auftritt von Ulli Potofski in der neuen Sendung „Anpfiff" auf RTL. Sie hätten sich auch nur gelangweilt. Neben Günther Netzer versuchte der wuselige Moderator Bahnbrechendes mit altbe-kannten Mitteln. Neu war einzig und allein die entsetzliche Länge von fast drei Stunden. „Man redet ja soviel in solchen Sendungen" übte Potofski Selbstdiagnose, um sich von Netzer bestätigen zu lassen: „Es hat Riesenspaß gemacht." Die Wahrheit ist: Selbst die Knorr-Familie schuf längere Spannungsbögen in den diversen Werbeunterbrechungen.

Erste Straßenschlachten zwischen Polizei und Studenten kündigten die Olympischen Sommerspiele in Seoul an. Das Spektakel lieferte den Grund für den frühen Beginn der Bundesliga-Saison, weil über drei Wochen Pause im September vorgeholt werden mußten. So war es kein Wunder, daß die Helden recht müde zu Werk gingen. Der zweite Spiel-tag brachte einen Minusrekord mit nur 16 erzielten Treffern, die Zuschauer blieben aus. Werders guter Start und der damit verbundene zweite Tabellenplatz konnten daran auch nichts ändern. Zum Heimspiel gegen Leverkusen, immerhin mit dem neuen Trainer Rinus Michels, kamen nur 19.000 ins Weserstadion. „Die Leute sind durch die vergangene Saison wohl einfach zu verwöhnt", orakelte Willi Lemke und vergaß dabei, daß der Fußball einfach nicht im Mittelpunkt des Interesses stand; andere Geschehnisse beherrschten den Alltag. Das „Gladbecker Geiseldrama" bescherte zwei blutige Tage im August. Die Kidnapper eines Bremer Linienbusses töteten zwei unschuldige Jugendliche und konnten sich im Licht der Öffentlichkeit suhlen. Die Medienpräsenz der Entführer Degowski und Rösner, ihr demonstrativ zur Schau gestelltes Gewaltpotential via Kameras und Mikrophone, ließ die Befürchtung zu, daß hier ein Verbrechen nur um seiner selbst willen unnötig in die Länge gezogen wurde.

„Otto, Otto" hallte es durch das weite Rund. Gemeint war der Besucher aus dem Westen. Bremens Trainer saß im Stadion der Weltjugend in Ost-Berlin und beobachtete den Erstrundengegner im Meistercup. Ausgerechnet die beiden deutschen Mannschaften trafen aufeinander, und zwar – was niemand ahnen konnte – zum letzten Mal. Rehhagel wurde von den Berliner Union-Fans gefeiert, weil er den verhaßten „Stasiclub" Dynamo aus dem Wettbewerb kanten konnte. Die Atmosphäre trug deutliche Spuren von Gefrierbrand und erinnerte an die erste Begegnung zwischen Commander MacLaine und Tamara Jagelowsk auf der „Orion". Der DDR-Meister hatte mit Andreas Thom, Frank Rohde und Thomas Doll drei exzellente Spieler, die Rehhagel Respekt einflößten. Möglicherweise war das der Grund, weshalb Werder ungewöhnlich offensiv in das Hinspiel in Berlin ging: Vergard Skogheim gab sein Debut, und Norbert Meier spielte von Beginn an. Da er zu dem Zeitpunkt schon als „Heimspiel-Meier" galt, war das ausgesprochen verblüffend, schließlich hielt der Trainer überhaupt nichts von seinem Defensivverhalten. Dynamo machte das, was eine Mannschaft gemeinhin immer macht, wenn sie gegen Werder gewinnen will: Hinten reinstellen, abwarten, kontern. Und weil Trainer Jürgen Bogs sich auf seine schnellen Stürmer Thom und Doll verlassen konnte, gab es eine satte 3:0-Packung für den imperialistischen Club; da half auch nicht die ideologische Unterstützung des Werder-Fans Willy Brandt auf der Tribüne. Selbst die zahlreichen Berliner mit Antipathien gegen Dynamo spendeten Applaus für die feine Leistung. Fürs Rückspiel schien alles klar, obwohl die Berliner um Werders 6:2 gegen Moskau wußten. Doch sie hatten „zu null" gespielt, ein einziger Treffer in Bremen würde da sicherlich genügen.

„Warte ab, Werder" titelte die „Münchener Abendzeitung" im Vorfeld eines erneuten Nord-Süd-Gipfels. Diesmal mußten die Münchener zum „amtierenden Meister", der allerdings gerade ein Tief durchmachte und immer noch unter dem Berliner Debakel litt. Ganz so martialisch wie das Blatt waren die Bayern aber nicht. Im Gegenteil – zwischen den Vereinen wurden Nettigkeiten ausgetauscht. Ein gemeinsames Essen der Präsidiumsmitglieder sollte den üblichen Dampf aus dem Spiel nehmen. „So freundlich wie diesmal war die Atmosphäre noch nie", versicherte Willi Lemke, um schnell nachzuschieben: „Hoffentlich bleibt es die nächsten Jahre so." Die Spieler beherzigten den frommen Wunsch und ließen ein friedliches 2:2 folgen.

Danach war Pause. 3 1/2 Wochen kein Fußball – in Süd-Korea begannen die Olympischen Sommerspiele. 14 Tage, die der Präsident des Olympischen Komitees, Juan Antonio Samaranch, als „die besten Spiele, die es je gab" bezeichnete. Er tat dies, nachdem klar wurde, daß die Studentenunruhen, die zwei Monate vor Beginn der Spiele blutig unterdrückt worden waren, keine Fortsetzung gefunden hatten. Dank des massiven Einsatzes von Militär und Polizei präsentierte das geteilte Land der Welt sein gequält lächelndes Antlitz. Die Deutschen holten ihre erste Medaille im Schießen, Ben Johnson's „Lauf des Jahrhunderts" brachte in 9.79 sec. den Begriff „anabole Steroide" in den normalen Sprachgebrauch, Grand-Slam-Siegerin Steffi Graf gewann Tennis-Gold, Box-Ringrichter mußten heimlich außer Landes gebracht werden, gedopte Gewichtheber ihre Medaillen zurückgeben, Kristin Otto schlug sechsmal als beste an den Beckenrand, und „Flo-Jo" gab mit tiefer Stimme hochbezahlte Interviews. Samaranch blieb bei seiner Meinung. Im Fußball gewann die deutsche Mannschaft von Hannes Löhr überraschend Bronze. Aus Bremen waren drei Spieler mit dabei: Sauer, Reck und Riedle, die allesamt kaum oder gar nicht zum Einsatz kamen. Der Star im Team war Wolfram Wuttke, der es tatsächlich schaffte, seine zweifellos vorhandene fußballerische Genialität umzusetzen und über mehrere Spiele zu nutzen. Nur die Brasilianer waren im Halbfinale per Elfmeterschießen als Sieger vom Platz gegangen. Am Ende der Spiele stand zum letzten Mal der Medaillenspiegel eines inzwischen überholten Weltbilds mit der UdSSR vor der DDR und die Bemerkung von Otto Rehhagel: „Wir sind froh, (...) daß es endlich wieder losgeht." Immerhin wartete das Rückspiel gegen Dynamo Berlin auf ihn.

„Diesmal wird es noch schwerer" meinte Uli Borowka und beschwor die Geister des Moskau-Spiels aus dem Jahr zuvor. „Unsere Spieler", so

Willi Lemke zur Ausgangsposition, „haben fünf Wochen gelitten unter dem 0:3." Sie waren heiß und gingen entsprechend selbstbewußt an ihre Aufgabe. Vor dem Anpfiff steckte Günter Hermann den BFC-Spielern, „...daß sie einen Fünfer kriegen". Ähnliche Bemerkungen auch von anderen Bremern verfehlten ihre Wirkung nicht. Der Ost-Meister wirkte nervös. Trotzdem kam für Werder zur Pause nur eine 1:0-Führung per Kutzop-Elfer heraus. Ein bißchen wenig angesichts der Überlegenheit und der vielen Chancen. In der zweiten Halbzeit entwickelte sich das Spiel dann aber zu einem Ereignis, das zu Recht als zweites „Wunder an der Weser" bezeichnet wurde. Norbert Meier und Günter Hermann, die beiden kleinen Mittelfeldspieler, wuchsen über sich hinaus. In unnachahmlicher Art dribbelten, flankten und schossen sie sich in den wolkenverhangenen Fußballhimmel. Das 2:0 von Hermann, ein Volleyschuß genau in den Winkel, den er selbst nicht sah, weil er jubelnd abdrehte, war für ihn persönlich das „schönste und wichtigste Tor, seit ich in Bremen bin". Riedle, Burgsmüller und schließlich Schaaf in der letzten Minute schraubten das Ergebnis auf 5:0.

„Ich habe immer gesagt, daß im Fußball alles möglich ist..." lobpreiste Otto Rehhagel seine Mannschaft, wissend, daß er vor allem dank eines brillanten Norbert Meier die nächste Runde gegen Celtic Glasgow

Wunder müssen gefeiert werden: Schaaf, Bratseth, Otten.

erreicht hatte. Es war ein in seiner Anlage und Ausführung wohltuend undeutscher Triumph des begeisterungsfähigen Fußballs über eine Gruppe ängstlicher Staatskicker. Fast südamerikanisch feierten Fans und Spieler nach dem Abpfiff. BFC-Trainer Jürgen Bogs hingegen gab eine ganz profane Erklärung ab: „Das war hier die totale Scheiße."

Klassenkampf

„Wir sind ein Volk von Nörglern geworden", stellte Otto Rehhagel bei dem Gedanken an die sinkenden Zuschauerzahlen fest. Da hatte seine Mannschaft nun gerade dieses sensationelle Weiterkommen im Meistercup gesichert, und trotzdem kam das Volk nicht ins Stadion. Die durch die Erfolge der 80er Jahre verwöhnten, in ihrer hanseatisch-kaufmännischen Art bedächtigen Bremer überlegen es sich eben ganz genau, wofür sie in der krisengeschüttelten Region das knappe Geld ausgeben – für europäischen Glanz oder tristen Ligaalltag, der mit Platz 11 und zuletzt 4:8 Punkten nur noch Mittelmaß bot. Insgesamt paßte Werder sich dem allgemeinen Niveau an. Nach der bemerkenswerten zwischenzeitlichen Tabellenführung von Bayer Uerdingen hatten die Bayern mal wieder die Nase vorn, vor dem erstarkten HSV mit dem „Dream-Team" im Mittelfeld, Thomas von Heesen und Uwe Bein. Die klassische Auseinandersetzung zwischen Werder und Bayern fand, zumindest in dieser Phase der Saison, nicht mehr statt.

Werders Rolle in der von beiden Seiten immer gern ideologisierten Stammesfehde hatte der Aufsteiger FC St. Pauli übernommen. Und wie. Da prallten wirklich Welten aufeinander. Während bei der Polarisierung Werder-Bayern immer – zu Recht – der Eindruck entsteht, der Robin Hood dieser Inszenierung ist in Wahrheit selber steinreich und schlüpft nur vorübergehend in die Rolle des Märtyrers, ist das Beziehungsgeflecht zwischen den Münchenern und den Hamburgern einfacher, klarer und in seiner Erscheinung auch logischer. Allein die Nähe zur Reeperbahn ist dem Rest der Republik suspekt; jedenfalls tagsüber. Das Stadion am Millerntor ist eng und alt, die Musik und der Rhythmus der Zuschauer laut, schnell und hart. Die hitzige Stimmung wird von vielen als positiv empfunden – vom Gegner weniger. Beim Spiel gegen die Bayern Anfang November war die Atmosphäre entsprechend aufgeladen. Eier flogen auf das Spielfeld, Geldstücke Richtung Bayernbank. „Was hier abgelaufen ist, darf nicht passieren", schulmeisterte Jupp Heynckes im Anschluß an das 0:0, nicht ahnend, daß etwas ganz anderes geschehen war. St. Pauli hatte

Werder als klassischen Gegenpart des Münchener Nobelclubs abgelöst. An die Stelle der bieder-sozialdemokratischen Bremer traten die schrillen und bunten St.-Paulianer mit Kiez, Davidwache, Hafenstraße, Klassenkampfparolen und „Ton-Steine-Scherben"-Image.

Werder konnte das nur recht sein. Ohnehin lieber im Verborgenen arbeitend, bereitete Otto Rehhagel seine Mannschaft auf das Meistercupspiel gegen Celtic Glasgow vor. Eine beinharte Truppe aus dem kalten Norden, durch die ständige Konkurrenz zum protestantischen Stadtrivalen Rangers sportlich und politisch gestählt. „Wir wollen unbedingt ein Tor erzielen", faßte Frank Neubarth Wünsche in Worte. Als Thomas Wolter dann tatsächlich das 1:0 nach einem phantastischen Solo schoß, kehrte Stille unter den 50.000 im „Parkhead"-Stadion ein. Es war eines der besten Europapokalspiele des SV Werder, eine taktische Meisterleistung, perfekt und diszipliniert auf dem Platz umgesetzt. Es war kein schönes Spiel; dafür ein ungeheuer erfolgreiches. Und irgendwie erinnerten sie an die Bayern, wie sie, eingehüllt in rote Ersatz-Trikots, triumphierend über den grün-weißen Gegner, mit kühlem Kopf den Sieg souverän über die Zeit brachten. Die „Daily Mail", spürbar im Schmerz der Niederlage Gift und Galle spuckend, schrieb von „überlegener teutonischer Technik". Im Rückspiel versuchten die Schotten, mit Härte das nachzuholen, was sie zuvor verpaßt hatten; außer einer Gehirnerschütterung bei Frank Neubarth erreichten sie aber nichts. Werder stand im Viertelfinale, und die Auslosung des nächsten Gegners bescherte den AC Mailand. Der italienische Meister mit van Basten, Rijkaard und Baresi. Die Mannschaft, die auch Otto Rehhagel zum Schwärmen brachte und so manches Mal als Vorbild diente. In Bremen brach sofort das akute Fußballfieber aus. Karten für das am 1. März '89 stattfindende Spiel verkauften sich in Windeseile; knapp drei Stunden nach der Auslosung gab es Signale aus der Vereinsgeschäftsstelle, daß der Ausverkauf nicht mehr fern sei. Nur fünf Tage später war es dann soweit. In der norditalienischen Metropole blieben alle ein wenig ruhiger, der Deutsche Meister riß dort niemanden vom Hocker. Ruud Gullit meinte lakonisch: „Werder ist das kleinere Übel."

Fußball vs. Autos

„Mach' du dat, du hass' Kohle!" – Günther Eichberg klingeln die Worte heute noch in den Ohren. Der Klinikbesitzer aus Düsseldorf mit Gran-Canaria-Appeal übernahm Anfang '89 in Gelsenkirchen die Verantwortung. Die Inthronisation des „Sonnenkönigs" verbreitete Glanz und

Pomp im Ruhrpott, ganz so wie die wenig später stattfindende alljährliche Oscarverleihung im ebenso versmogten Los Angeles. Schalke war in der 2. Liga zielstrebig auf dem Weg nach unten, hielt den freien Fall dann aber mit dem neuen Trainer Peter Neururer auf. Der Habitus des solargegerbten Präsidenten wurde von den Traditionalisten des Vereins in Kauf genommen; schließlich war der Mann steinreich und versprach, den Club nach oben zu bringen. Dorthin, wo der SV Werder stand, dorthin, wo die Gegner aus Mailand und nicht aus Meppen kommen.

Dafür kamen sie auch gleich mit 3.500 Anhängern, eigenen Köchen und Privatmaschine. Italiens Meister eroberte Bremen mit seiner Aura, seinem Flair und seiner Arroganz. „Wir richten uns wenig nach dem Gegner, der Gegner hat sich nach dem AC Mailand zu richten", offenbarte Trainer Arrigo Sacchi; und Libero Franco Baresi gab sich noch entrückter, als ihm auf Nachfrage nach Bremer Spielernamen lediglich ein „Ich muß mal überlegen" einfiel. Liebenswürdiger waren da zweifelsohne die Tifosi. Mit Sonderzügen trudelten sie seit dem Vormittag ein und machten die Stadt bunt, bis sie sich am Nachmittag zu einem riesigen Happening mit den Bremer Fans in einem Bürgerhaus nahe des Stadions trafen. Ein „deutsch-italienisches" Fest war dort vom örtlichen Fanprojekt organisiert worden, mit Musik und Minestrone, guter Laune und Gesprächen. Und als hätten sie sich im Zuge der Verbrüderung auf das Ergebnis geeinigt: Es wurde ein 0:0 in einem ausgesprochen guten Spiel. Interessant zu beobachten, weil eine Mannschaft mit großer Überlegenheit und großartiger Spielkultur ihr System umsetzte, die andere taktisch klug mit Mut zur Offensive dagegenhielt. Europäischer Spitzenfußball, der auch Franz Beckenbauer begeisterte: „Viel Tempo und Klasse, ein hervorragendes Spiel."

Die Chancen für ein Weiterkommen waren aber gering. Die Art, wie der AC das Spiel bestimmt hatte, ließ für das Rückspiel düsteres ahnen. Einzig die Einnahme von ca. zwei Millionen Mark durch die Fernsehübertragung dürfte ein wenig getröstet haben. Auch darüber, in der Liga den Anschluß durch eine 0:1 Niederlage in Leverkusen an Tabellenführer Bayern verpaßt zu haben. „Wir haben es immerhin einige Jahre geschafft, den Bayern Paroli zu bieten", resümierte Otto Rehhagel und gab den Ball an die Kollegen weiter: „Jetzt sind die anderen dran." Werder stand also am Scheideweg: In der Liga Vierter ohne Chancen auf die Titelverteidigung, im nationalen Pokal im Viertelfinale mit wenig Aussichten beim schweren Spiel in Hamburg und im Meistercup mit geringen Erwartungen vor dem Rückspiel gegen Mailand. Eine Situation, die

die Mannschaft noch aus dem vergangenen Jahr kannte und die durch die beiden Halbfinalniederlagen in den Pokalwettbewerben aufgelöst wurde. Die nächsten Wochen würden die entscheidenden der Saison sein.

Das wußte auch Willi Lemke; er war aber mit ganz anderen Dingen beschäftigt. Der Manager wurde gerade seinem Ruf als ideenreicher Kopf gerecht – auch wenn er sich dadurch den Zorn der Kollegen zuzog. Vier Dinge gingen ihm nicht aus dem Sinn; für ihn die Ursachen des dramatischen Zuschauerrückgangs in der Liga: die Übersättigung mit Fußball im Fernsehen, mangelnder Stadionkomfort, Führungsprobleme vieler Sportvereine und zu hohe Eintrittspreise. An letzterem wollte er etwas ändern. Für das Heimspiel gegen Waldhof Mannheim konnte Lemke eine französische Autofirma als Sponsor gewinnen, die das gesamte Kartenkontingent für die Festsumme von 120.000 DM übernahm, die Tickets zu Billigpreisen an die Zuschauer weiterverkaufte und hinterher tapfer behauptete: „Wenn man neue Wege beschreitet, ist es ein Fehler, sofort nach dem Gewinn zu fragen." Die Resonanz war enorm: 37.000 strömten zu einem Spiel der Mittelklasse, es kamen mehr als gegen die Bayern. Die Eintrittspreise konnten durch das Sponsoring auf ca. ein Viertel des üblichen Preises (3 DM für Steh- und 8 DM für Sitzplätze) gesenkt werden, hinzu kam wunderbares Sonnenwetter, Rehhagels Interesse am Mannheimer Bokkenfeld und viel Unterhaltung im Rahmenprogramm. Kritik gab es im Vorfeld von vielen Seiten. Der DFB meldete durch den Ligasekretär Straub Bedenken an: „Der Zuschauer ... wird verärgert reagieren, wenn er das nächste Mal wieder den vollen Preis an der Kasse abliefern soll." Der damalige HSV-Geschäftsführer Albrecht machte gar ein Politikum daraus: „Das ist eine Zweiteilung der Klasse, bei der die schwächeren Mannschaften als minderwertig gebrandmarkt werden."

Willi Lemke konnte diese Kritik nicht anfechten, er ging beharrlich seinen Weg. „Dann habe ich mein Geld, das Fernsehen darf auch übertragen, und es ist Stimmung im Laden", machte er Mut und begeisterte auch seine Spieler, wie Norbert Meier: „Ein dicht besetztes Stadion ... beflügelt ungeheuer...". Und darauf kam es letztlich an. In Bremen gab es den Versuch, die Zuschauer über geringere Preise und ein familienfreundliches Rahmenprogramm zu ködern. Lemke fühlte sich vom Gelingen der Aktion beflügelt: „Ich hätte nichts dagegen, alle 17 Bundesliga-Heimspiele vorab an Firmen zu verkaufen, jeweils entsprechend der Wertigkeit des Gegners. Da würden die Bayern natürlich einiges mehr kosten als Bochum." Es sollte aber bis heute sein einziges geblieben sein, weil er keinen Sponsor fand, der sich so engagieren wollte, obwohl der Manager noch im März '89 so zuversichtlich war: „Schon jetzt haben mich übrigens einige Herren aus den Vorstandsetagen großer Unternehmen auf unsere Aktion angesprochen. Und dabei klang immer wieder Bedauern durch, daß man sich ein solches 'Sahnestück' hat entgehen lassen."

Die goldene Uhr

3.500 – so viele Fans waren noch nie zu einem Europapokal-Auswärtsspiel unterwegs gewesen. Der Gegner hieß aber AC Mailand, und das war eine Reise wert. Die Ausgangsposition war klar. Nach dem torlosen Hinspiel briefte Rehhagel seine Jungs, aus einer verstärkten Abwehr schnelle Konter über die Flügel zu spielen. Doch das würde ohne Riedle und Schaaf schwer werden, zumal der Gegner nicht nur auf dem Rasen stand. „Euch werden die Knie weich werden", warnte Rudi Völler seine ehemaligen Mitspieler im Vorfeld. Und in der Tat, es war mehr als beeindruckend, was die 71.000 Zuschauer im ausverkauften Meazza-Stadion an Stimmung verursachten. Bengalische Feuer, Konfettiregen und Gesänge in nie gekannter Begeisterung. Ein Höllenlärm stürzte auf die Bremer ein, von dem sich die Spieler aber nicht sonderlich verunsichern ließen. Verblüffend ruhig spielten sie ihren Stiefel runter und bemühten sich, nicht in Rückstand zu geraten.

Der AC machte Druck, blieb phantasielos und bis auf einen Gullit-Kopfball auch harmlos. Dann setzte sich der niederländische Kultfußballer in der 31. Minute gegen Otten durch, flankte nach innen, van Basten verlängerte zu Donadoni, der drehte sich, mit dem Rücken zum Tor, und versuchte zu schießen. Das mißlang ihm gründlich, wobei er auch noch Gunnar Sauer umriß. Schiedsrichter John Smith aus Schottland wurde spontan von Entscheidungsfreude durchflutet. Er fällte sein Urteil, führte die Pfeife zum Mund, blähte die Wangen, stieß energisch die Luft aus, rannte in den Strafraum der Bremer und zeigte gestenreich auf den Kreidepunkt. Als er seinen Blick nach oben richtete, wurde ihm bewußt, daß etwas nicht stimmte. Grün-Weiß gekleidete Spieler stürmten auf ihn zu, ihre Gesichter verzerrt; teils aus Entsetzen, teils aus Wut, vor allem aber aus Unverständnis. Die Spieler der anderen Mannschaft drehten sich ab, jubelten, lächelten verstohlen oder schauten ebenso ratlos in die Runde. Es war laut geworden im Stadion. Mr. Smith blieb hart, mußte er auch. Schlimmer als das, was er gerade entschieden hatte, wäre nur noch die Rücknahme dieser Entscheidung gewesen. Marco van Basten vollendete den Streich des Schotten und machte die Veranstaltung zur Farce. Sämtliches weiteres Anrennen des SV Werder erwies sich als zwecklos. Die Mailänder Abwehrkünste genügten, Werder war raus aus dem Rennen, das der AC Mailand ein paar Wochen später im Endspiel gegen Steaua Bukarest mit einer Galavorstellung in Barcelona 4:0 gewinnen sollte.

Deutungsmangel herrschte nach dem Spiel keineswegs. Nur die wahren Gründe wurden bis heute nicht gefunden. „Ein Blackout, wie er vorkommt", vermutete Willi Lemke. Einen Schritt weiter wagte sich Reporter Wontorra im ARD-Studio: „Entweder er hatte einen Blackout, oder er brauchte eine goldene Uhr. Und die goldenen Uhren in Mailand sollen ja besonders hervorragend sein." Recht sachlich hingegen blieb der offizielle Uefa-Beobachter, der den Smith-Pfiff für „eine schlimme Fehlentscheidung" hielt. So elendig das Ausscheiden auch war, „die Mailänder sind verdient weitergekommen, sie waren die insgesamt bessere Mannschaft", urteilte ein gefaßter Otto Rehhagel. Und Gunnar Sauer entschloß sich zu einem positiven Fazit: „Ich war dankbar, daß ich so etwas erleben durfte."

Sheffield Steel

Was blieb, war der Pokal. „Ich glaube, jetzt wird in ganz Ostfriesland gefeiert", vermutete Otto Rehhagel, nachdem die Mannschaft sich 10 Tage später mit einem überragenden Dieter Eilts durch ein 1:0 beim Hamburger SV für das Pokalhalbfinale gegen Bayer Leverkusen qualifizieren konnte. Das war auch bitter nötig, der Abstand zur Spitze vergrößerte sich, und das Mailand-Spiel lag schwer im Magen. Das zweite Halbfinale wurde von Dortmund und dem VfB Stuttgart ausgetragen. In der Bundesliga lief alles auf einen Zweikampf zwischen Köln und Bayern um den Titel hinaus. Für die restlichen Wochen der Saison würde diese Auseinandersetzung, vor allem unter den Trainern Daum und Heynckes, den höchsten Unterhaltungswert auf unterstem Niveau liefern.

Die Augen der Fußballwelt richteten sich in den Tagen aber nicht auf Bremen, München oder Köln. Der Blick ging über den Kanal nach England. Dort herrschte Jubel nach der Entscheidung der Uefa, englische Teams ab 1990 wieder zum europäischen Wettbewerb zuzulassen. Nach der Tragödie von Brüssel regierte in Europa weiterhin die Angst vor den Fans von der Insel; aus finanziellen und politischen Gründen mußte die Sperre aber allmählich aufgehoben werden. Die Hooligans riefen vor Freude gerade „Oi!", als die Polizei im Hillsborough-Stadion in Sheffield wegen des ungeheuren Andrangs beim Ligapokalspiel am 15. April '89 zwischen Liverpool und Nottingham die Tore öffnete. Immer mehr strömten auf die kleine, alte Tribüne, die vorn mit Gittern abgesichert war. Es gab kein Entkommen. Wie in einem Käfig wurden die Fans in der ersten Reihe an die Zäune gequetscht. Die Bilanz des Horrors: 95 Tote, 200 Verletzte.

Die Reaktionen auf das Entsetzen konnten unterschiedlicher nicht sein: DFB-Präsident Neuberger und FIFA-Generalsekretär Blatter stellten die Forderung nach mehr Sicherheit durch Sitzplätze in den Stadien. Die Fanprojekte begannen vor reinen Sitzplatztribünen und der Installation „kilometerlanger" Zäune zu warnen und verlangten vielmehr deren Abbau. Es ist die grausame Erkenntnis solcher Ereignisse, daß nur durch sie Lernprozesse in Gang gesetzt werden. Das „Konzept Nationale Sicherheit" des DFB war ein Ergebnis der Diskussionen um die Sicherheit in den Stadien; für die Fans eine denkbar ungünstige Reaktion, denn wieder einmal wurde dadurch deutlich, wer in den Augen der Fußballfunktionäre „schuld" an Krawallen im Stadion war und daß der DFB gedachte, ausschließlich sicherheitspolitisch damit umzugehen. Die harte Linie des DFB zog sich bis weit in die 90er. Unzählige Aktionen, gerade auch der Bremer Fanszene, haben jedoch allmählich den Beton bröckeln lassen, und das Schlüsselerlebnis schlechthin gab es dann ausgerechnet in England. Als während der EURO 96 der amtierende DFB-Präsident Egidius Braun die phantastische und friedliche Stimmung in den Stadien ohne Zäune erlebte, begann kurzerhand die Diskussion, ob es denn in der Bundesliga nicht auch ohne gehen würde.

Nur elf Tage nach dem Hillsborough-Drama kam es am Rande des WM-Qualifikationsspieles Niederlande – Deutschland in Rotterdams Innenstadt zu wüsten Schlägereien zwischen Polizei und Fans beider Mannschaften. 1.600 Uniformierte konnten nicht aufhalten, was geschehen mußte; die berühmte Einkaufszone Lijbaan bildete die Kulisse für staatliche Repressalien und jugendlichen Haß. In das Stadion kamen die Fans nur durch eine schmale Gasse aus Stacheldraht. Das ebenso hitzig geführte Spiel endete 1:1 und fand mehr als ein Jahr später, bei der Endrunde in Italien, seine spektakuläre Fortsetzung im Achtelfinale.

Schneegestöber

Der Schweiß stand ihm auf der Stirn. Hochkonzentriert sah er den Männern in die Augen. Tief und lange dauerte sein Blick. Es war still im Raum. Nur das Scharren der Stollen auf dem kalten Beton durchschnitt die Ruhe. Draußen brodelte es. Dort warteten die Massen auf ihren Auftritt, und er spielte eine der Hauptrollen. Bevor sie die Arena betraten, mußte er mit ihnen reden, sie beschwören. Ein letztes Mal, bevor der Pfiff ertönte und es kein Zurück mehr gab. Er spielte seinen Trumpf aus. Die Hand griff nach einer Papierrolle, entfernte das umschließende Band, ließ ein Plakat erscheinen, auf dem 35 1000-Mark-Scheine abgebildet waren. Die Siegprämie. Scheinbar unbeteiligt registrierte er die verblüfften Gesichter und stieß dann seine Worte hervor: „Die Bremer wollen Euch das Geld wegnehmen. Wehrt Euch!"

Der Kampf um die Meisterschaft reduzierte sich auf das Duell Köln vs. Bayern. Immer wenige Punkte hinter den Münchenern, hechelte Christoph Daum's Mannschaft durch die Saison. Motivation war somit gefragt, umso mehr als der FC in Bremen spielte. Die Aktion, seinen Spielern Beine zu machen, indem er die Angst vor einer verpaßten Siegprämie schürte, wirkte Wunder. Der amtierende Meister ging zwar schnell durch Ordenewitz in Führung, doch die Kölner hatten ihrem Trainer geglaubt; sie wollten das Geld behalten. Daß ausgerechnet der Bremer Jungnationalspieler das Tor erzielte, wäre beinahe ein böser Streich des Schicksals geworden. Aber Littbarski und Povlsen sorgten mit ihren Toren dafür, daß die Kölner nicht durch den Treffer ihres neuen Mannschaftskollegen verloren. Ordenewitz hatte erst kurz zuvor seinen Wechsel an den Rhein bekannt gegeben. 1,6 Millionen kassierte Werder für einen, der acht Jahre zuvor für knapp 30.000 vom TSV Dorfmark kam. Ein lohnendes Geschäft also, das beinahe geplatzt wäre. Der schnelle Stürmer, eher ein unauffälliger Typ, rückte urplötzlich in den Mittelpunkt des Boulevardinteresses, durch eine feine weiße Spur, die er hinter sich her zog. Kokain war das Stichwort, und Otze beinahe der Dumme. Seine angebliche Beteiligung an einem Drogendeal erwies sich jedoch als haltlose Anschuldigung; der Verdacht, die Nase in den Schnee gesteckt zu haben, blieb hingegen. Sein zukünftiger Trainer beurteilte die Angelegenheit wie ein waschechter Großstädter: „Solche Räuberpistolen kann man bei uns in Köln an jedem zweiten Tag lesen." Welche Aussichten für einen Fußballspieler!

Daß an dieser Episode die Öffentlichkeit überhaupt Anteil nahm, lag nicht zuletzt daran, daß die unter phantasiearmem Ballgeschiebe leidende Liga sonst nicht viel bot. Die Besucherzahlen gingen immer weiter in den Keller, der Katzenjammer war groß. Keine sechs Millionen guckten sich in der Saison '88/89 die Spiele der ersten Liga an; fast alle Vereine meldeten Schwund, auch Werder mit ca. 2.000 weniger pro Spiel. Ein Allheilmittel gab es natürlich nicht, viele verschiedene Gründe galten als

Ursache. Neben der mangelnden Attraktivität auf dem Platz, den nach Italien abwandernden Stars, einer zunehmenden Entfremdung von Fans und Vereinen, unverständlichen Steigerungsraten der Spielergehälter und einer von Managern wie Gladbachs Grashoff immer wieder monierten Übersättigung durch Fernsehübertragungen fehlten nicht zuletzt auch ganz einfach die „Stories" und die „Typen", die sich gut verkaufen ließen, die die Massen in den Bann zogen, die für Spannung über mehr als 90 Minuten sorgten.

Kein Wunder, daß sich Zuschauer und Medien mit Wonne auf das Duell Daum–Heynckes stürzten. Zwei dafür bestens geeignete Protagonisten. In ihrer Eitelkeit preschten sie aufeinander los, ohne zu merken, welchen Spielball sie in der Gesamtinszenierung abgaben. Das Schmierentheater lieferte alle Facetten humanoider Bösartigkeiten – im Stadion, in den Zeitungen, im Fernsehen. Einen seiner seltenen Höhepunkte erlebte das „Aktuelle Sportstudio" mit singenden Zuschauern („Zieht den Bayern die Lederhosen aus..."), die den neben Daum und Heynckes eingeladenen Uli Hoeneß und Udo Lattek den passenden Rahmen gaben. Der Bayernmanager lag in der Streitrunde als einziger richtig, als er seinem Kölner Konkurrenten androhte: „Am Donnerstag ist dein Weg zu Ende." Stürmer Roland Wohlfahrt sah sich dann veranlaßt, Worte in Taten umzusetzen, entschied mit drei Toren zum 3:1-Sieg der Bayern vor 60.000 im Müngersdorfer Stadion das Spiel und die Meisterschaft und ließ Hoeneß jubeln: „Wir sind die beste Mannschaft Deutschlands – mit Abstand."

Im Pokalhalbfinale erfüllte der SV Werder sich einen großen Wunsch und gewann auch mal ein wichtiges Spiel gegen Bayer Leverkusen. Gegner in Berlin würde Borussia Dortmund sein. Die Mannschaft setzte sich gegen den VfB Stuttgart durch und war auf dem Weg, nach dem Europapokalsieg 1966 ihren Fans endlich wieder ein Erfolgserlebnis zu bieten.

Während sich in Deutschland die Entscheidungen im bezahlten Fußball anbahnten, wurde die Welt von einem Blutbad auf dem „Platz des himmlischen Friedens" erschüttert. Chinas Militär schlug unbarmherzig zu, als Studenten in der Hauptstadt ihrem politischen Unmut mit der Regierung versammelt Ausdruck verliehen. Panzer richteten ein Massaker an, töteten unbewaffnete Frauen und Männer. Erste vorsichtige Schätzungen sprachen von mindestens 5.000 Opfern. Still und beeindruckend in seinem Protest, spielte sich zur selben Zeit ein kleiner US-Amerikaner chinesischer Abstammung in die Herzen der Sportwelt und der Zuschauer im Stade „Roland Garros" in Paris. Übermächtige

Gegner, widrige Bedingungen, Krämpfe in den Waden – nichts konnte diesen stillen Kämpfer von seinem Weg abbringen. Während in der Heimat seiner Vorfahren der Freiheitswille der Bevölkerung blutig unterdrückt wurde, stand er auf dem Tennisplatz und zeigte sich unbeugsam. Der 17jährige Michael Chang besiegte bei den French Open nicht nur Lendl und Edberg, er verpaßte dem Terrorregime in Peking beidhändig kräftige Ohrfeigen. Mit seinem Turniersieg zeigte er dem Rest der Welt, daß sich sein Volk nicht unterdrücken ließ.

Angesichts dieser dramatischen Ereignisse wurde der FC Bayern fast unbemerkt Deutscher Meister. Zwei Spieltage vor Saisonende war das Rennen entschieden, der Nachfolger des SV Werder stand fest, es gab Champagner an der Isar; etwas, was der Drittplazierte aus Bremen auch noch trinken wollte.

Ringelsocken

Die Luft war schlecht und die Gespräche laut. Das kleine Hinterzimmer in den „Ratsstuben" hatte lange nicht mehr so viele Menschen gesehen. Die Anwesenden debattierten erhitzt, aber freundschaftlich, denn sie waren sich einig: Bei dem, was vor ihnen lag, ging es vor allem darum, Gewalttätigkeiten zu vermeiden. Es sollte ein fairer, sportlicher Wettkampf werden, und hier wurden die Grundlagen gelegt. Neben Lemke, Rehhagel und Votava sowie Köppel, Helmer und Zorc waren natürlich auch Fans anwesend. Das „Friedenstreffen" auf halbem Weg zwischen Bremen und Dortmund, in Lotte bei Osnabrück, war der Versuch, im Vorfeld des Pokalendspiels Aggressionen abzubauen. Mehr als Absichtsbekundungen der ohnehin Engagierten konnte dabei nicht herauskommen, und wieviel die Veranstaltung letztendlich tatsächlich zum friedlichen Happening beigetragen hat, vermochte niemand zu beurteilen.

Zehn Tage später. Samstag, 18.00 Uhr. Olympiastadion Berlin. Das Pokalfinale zwischen Werder und der Borussia begann selbstverständlich pünktlich. Keine Viertelstunde später lagen sich 11.000 Grün-Weiße im Stadion in den Armen. Werder war auf dem besten Weg, ein Jahr nach der Meisterschaft, erneut einen Titel zu gewinnen. Borussia Dortmund konnte einem fast leid tun. Denkbar knapp hatten sie einen Uefa-Cup Platz verpaßt, jetzt war der Pokal die letzte Chance, international ins Geschäft zu kommen. Und nun der schnelle Rückstand. Dabei hatten sie alles Menschenmögliche getan. Sie hatten sich sogar dazu überreden lassen, in Nostalgietrikots aufzulaufen: extra weite Hemden, verlängerte

Hosen und Ringelsocken. Das sah im Falle des Erfolgs charmant aus, bei einer Niederlage war die Wirkung eher lächerlich. Als Außenseiter setzten sie auf ihre kleine Chance, mit Möller, Mill und Rummenigge über Konter zum Erfolg zu kommen. Werder mußte auf Norbert Meier und Uli Borowka verzichten. Die Abwehr war dadurch keineswegs geschwächt, denn Rehhagel hatte Johnny Otten auf die linke Seite gestellt, und der hatte einen guten Tag erwischt. Nur sieben Minuten nach der Bremer Führung durch Riedle schaffte Norbert Dickel den Ausgleich. Die riesigen gelben Bananen tanzten auf den Rängen, als die 35.000 BVB-Fans jubelten. Dickel sollte eigentlich gar nicht spielen, war aber nach einer Meniskusoperation rechtzeitig fit geworden, um in die Heldenrolle des Abends und den Höhepunkt seiner Karriere zu wachsen. 1:1. Pause. Rehhagel brachte Ordenewitz für Otten. Ein böser Schnitzer, wie sich schnell herausstellte. Die linke Seite war offen, der erhoffte Angriffsdruck blieb aus, die Hintermannschaft machte Fehler. Zwar blieb Werder überlegen, für die Dortmunder ergab aber jeder Schuß einen Treffer: 2:1 Mill, 3:1 Dickel, 4:1 Lusch. Aus.

„Ich bin natürlich traurig", gab Werder-Präsident Böhmert zu, und Trainer Rehhagel fiel auch nichts Besseres ein als: „Es war für die Leute ein großartiges Spiel in einer begeisternden Atmosphäre." Womit er wohl recht hatte; später sprach er dann etwas geheimnisvoll vom „Prominentenfußball" seiner Mannschaft. Willi Lemke versank sogar in einer „unendlichen Traurigkeit über eine Niederlage, die weh tut und die in dieser Form nicht sein mußte". Sauer war Johnny Otten. Bis zur 53. Minute spielte er prächtig und mußte dann der Taktik wegen weichen. „Ich bin sprachlos", verkündete er nach dem Spiel und machte deutlich, daß er die Variante seines Trainers für einen Fehler hielt. Im Trubel des Dortmunder Jubels schnappte Otten sich kurz die verpaßte Trophäe, um in den flüchtigen Genuß des scheinbaren Triumphes zu kommen, fing sich aber einen Rüffel von DFB-Funktionär Schmidt ein, der ihn überflüssigerweise darauf hinwies, daß der Pokal „den anderen" gehöre.

Die „Hand Gottes"

Ein Pokalfinale zu verlieren, ist immer eine unbefriedigende Angelegenheit. Darüber kann auch der Uefa-Cup-Platz nicht hinweghelfen. Hätte es bei so manch anderem Verein spätestens zu diesem Zeitpunkt einen Trainerwechsel, teuren Neueinkauf oder eine Vorstandskrise gegeben, blieb in Bremen alles ruhig. Wie üblich. Im Gegenteil, man sprach von einer „Erfolgsbilanz, die sich sehen lassen kann". Otto Rehhagel konnte sich glücklich schätzen, in dieser Stadt, bei diesem Verein gelandet zu sein. Er durfte in Ruhe weiterarbeiten und besaß das Vertrauen des Präsidiums. Sie alle setzten auf die Mannschaft, die weitestgehend zusammenbleiben sollte.

Nur im Sturm mußte etwas geschehen; wer in einer ganzen Saison lediglich 55 Tore geschossen und aufgrund dieser Schwäche den einen oder anderen Punkt verloren hat, muß sich Gedanken über die Zukunft machen. Ordenewitz hatte den Verein verlassen, als Neuzugang stand Bockenfeld aus Mannheim fest, und von den Amateuren rückte der „Oberligaspieler des Jahres", Uwe Harttgen, ins offensive Mittelfeld. Norbert Meier wollte gehen, weil Besiktas Istanbul um ihn buhlte und ihn nicht nur in Heimspielen einsetzen wollte. (Am Ende scheiterte dieser Transfer aber an einer Achillessehnenverletzung Meiers.) Und angesichts einer Leistenoperation bei Karl-Heinz Riedle wurde es nun wirklich Zeit, die Mannschaft zu verstärken. Verhandlungen liefen mit dem Neuseeländer Rufer; schon einmal mit Werder in Verbindung gebracht, mittlerweile in Zürich spielend, bot sich die Chance, einen außergewöhnlichen Stürmer zu verpflichten. Im Sommer '89, kurz nachdem Steffi Graf und Boris Becker in Wimbledon ihre gesamte Konkurrenz besiegten, wurde voreilig Vollzug des Transfers gemeldet. Der Stürmer trainierte bereits mit der Mannschaft. Doch als die Fotografen zum üblichen Klassenfoto erschienen, schickte Rehhagel Rufer schnell in die Umkleidekabine, weil er nicht wollte, daß vor Vertragsabschluß ein offizielles Bild mit dem neuen Mann entstand.

Ein paar Tage später konnten sie trotzdem ihr Foto mit dem Neuseeländer machen, der in einer einmaligen Aktion von den Grashoppers für ca. 500.000 DM ein Jahr ausgeliehen wurde. Ein Kauf war nicht zustande gekommen, weil die 2-Millionen-Franken-Forderung der Schweizer von Rufer selbst als „Witz", von Willi Lemke schlicht als „zuviel" bezeichnet wurde. Rehhagel wollte den Stürmer aber unbedingt in seiner Mannschaft spielen sehen, deshalb diese Entwicklung, die so gar nicht typisch für die sparsamen Bremer schien. „Ich beobachte Wynton Rufer schon über ein Jahr lang", bekannte Rehhagel seine Interessen, „und gerade diesen Transfer habe ich von langer Hand vorbereitet. Länger als bisher jeden anderen. Wir haben mit ihm sicherlich einen ganz großen Fang gemacht und werden noch viel Freude an ihm haben." „Kiwi", ein Spitzname, den er schnell von seinen Kollegen verliehen bekam, bedankte sich für das freundliche Willkommen mit reichlich Toren in der Vorbereitung, was sein neuer Coach gerne sah; auch wenn sechs Stück im Spiel gegen Reh-hagels alten Stammclub TUS Helene Essen dabei waren.

Richtig Freude kam bei den Bremern dann im Bundesligaspiel gegen Dortmund auf. Nach zwei Unentschieden zum Saisonauftakt gab es sie-ben Wochen nach dem Finale ein überzeugendes 2:0 für Werder, das Trai-ner Köppel vorausgeahnt hatte: „Manche bei uns jubeln immer noch." Daß Rufer das 1:0 mit der Hand erzielte, sorgte für den eigentlichen Ge-sprächsstoff nach dem Spiel. Listig und fast maradonahaft, für den Schieds-richter und alle anderen Anwesenden im Stadion nicht zu erkennen, strei-chelte er den Ball über die Linie. Nur hechelnde Reporter entlarvten ihn: „Ja, da war wohl die Hand im Spiel", war er später geständig.

Deutsch-Deutscher Herbst

Diesen Reportern hörte am Tag danach kaum noch jemand zu. Der Grund: mehr als 180 DDR-Bürger flüchteten in die Botschaft der Bundes-republik Deutschland in Budapest. Weitere fanden Unterschlupf in Ost-Berlin, Prag und Warschau. Eine Lawine kam ins Rollen. Die Opposition formierte sich immer massiver im Honecker-Staat; nur wenige Tage dar-auf fanden 900 Menschen via Ungarn den Weg nach Österreich. Bis zum September stieg die Zahl auf mehr als 16.000, im Oktober, als die DDR ihren 40. Jahrestag mit dem üblichen Pomp feierte, waren es gar 50.000, die den Paraden den Rücken kehrten. Gorbatschov drängte Honecker zu Reformen; das trotzige „Nein" überbrachte die Fußballnationalmann-schaft der DDR mit einem 2:1 über die UdSSR in der WM-Qualifikation.

Spätestens als die Leipziger Montagsdemos nahezu 300.000 Menschen mobilisierten, wurde klar, daß nichts mehr so sein würde, wie es mal war. Selbst Erich Honecker begriff endlich und trat zurück; und auch sein Nachfolger, Egon Krenz, konnte den historischen 9. November nicht ver-hindern. Die DDR öffnete ihre Grenzen und garantierte den Bürgern freie Fahrt in den Westen, was die Bonner Bundestagsabgeordneten ver-anlaßte, sich zu erheben und die Nationalhymne-West stilsicher wie die Nationalmannschaft zu intonieren. Einen Tag später wurden die Grenz-sperren an der Mauer gänzlich abgezogen. Eilige westdeutsche Hände erleichterten den ehemaligen „Antifaschistischen Wall" um ein paar Steine, und vor dem Schöneberger Rathaus gab es die ersten Reden und Pfiffe für Politiker aus Bonn, die tapfer erneut Einigkeit, Recht und Frei-heit beschworen, diesmal klang es jedoch eher nach dem Gefangenenchor von Nabucco. Der Gefühlsduselei folgte allzu bald die bilaterale Ernüchterung, aus der Vereinigung wurde die Vereinnahmung inklusive Solidaritätszuschlag.

Zeitgleich mit dem gesamtdeutschen Aufschwung der politischen Rechten im Herbst '89 nahm sich die fußballerische Linke ihre Krise in der Liga. Als der Kanzler zufrieden die Zukunft seiner Person und seiner Partei gesichert sah, hielt Borussia Mönchengladbach die „rote Laterne" in der Hand. Die ehemals geniale Konterelf lag zerstört am Boden und ersetzte den einfallslosen Wolf Werner durch einen langfristig kaum erfolgreicheren Gerd vom Bruch. An der Weser konnte auch kein Gegenpol gebildet werden. Bayern München stand ganz oben, während der SV Werder zu Hause sogar gegen Waldhof Mannheim verlor. Es waren mal wieder die Pokalwettbewerbe, mit denen die Fans erfreut wurden, der Ligaalltag bot maximal Durchschnitt, mitunter „…ein Bild des Jammers", wie nach dem 0:4 beim HSV. Das zu der Zeit grassierende, durch den Tim-Burton-Film ausgelöste „Batman"-Fieber riß mehr Menschen in den Bann als die Kicker-Künste der Bremer. Erst als sich der VfB Stuttgart eine 6:1-Niederlage abholte, konnte das hanseatische Selbstbewußtsein für ein dringend benötigtes Zwischenhoch gesteigert werden. Nach vier Niederlagen in Folge lag die Mannschaft mit 9:13 Punkten auf Platz 12. Riedle war seit etlichen Wochen verletzt, Bratseth fiel aus, Meier war noch nicht wieder der alte; die in die Lücke gesprungenen Nachwuchskräfte konnten den Dauerstreß der Dreifachbelastung nicht länger auffangen. Marco Bode, frischer U-21-Nationalspieler, war ins kalte Wasser gesprungen und bewährte sich mit Toren. Aber das allein genügte nicht. Es fehlten Spontaneität und Kreativität, Werder spielte, wie so häufig in schlechteren Zeiten, müde, starr und schematisch. Auch der Trainer zeigte sich ratlos, ließ aber keinen Zweifel an seinem Glauben in die begrenzte Dauer der Krise: „Das Werder-Schiff sinkt nicht, wir haben im Augenblick nur eine schlechte Phase." Daran erinnert, ob es möglicherweise ohne ihn besser weitergehen könnte, konterte er: „Es wäre fatal, wenn ich jetzt gehen würde. Ich lasse in dieser Situation die Mannschaft nicht im Stich." Selbstredend, daß das Präsidium genauso wenig an einer Vertragsauflösung interessiert war.

Willi Lemke betrieb zu der Zeit gerade Entwicklungshilfe in Sachen Fußball und lud den Vorsitzenden von Dynamo Berlin nach Bremen ein. In alter Freundschaft wurde geplaudert, laut Lemke „nicht über einen Transfer von Andreas Thom oder eines anderen Spielers". Das glaubte ihm kein Mensch. Im Gegenteil, die Fans hofften auf einen wie Thom. Doch der Berliner ließ sich bekanntermaßen nach Leverkusen locken

Marco Bode

und wechselte als erster DDR-Kicker in die Bundesliga. Geschätzte Ablösesumme: 4,8 Millionen, die der Pillenkonzern dem Staatssicherheitsdienst zubutterte. Ob sie's wußten?

Viele sollten ihm folgen. Sammer, Doll, Kirsten, Ernst, Steinmann – und obwohl Werder und Lemke mit die ersten waren, die Kontakte knüpften und Namen ins Gespräch brachten, kam keiner nach Bremen, was wiederum weniger am zweifellos vorhandenen Verhandlungsgeschick Lemkes lag, sondern eher an überzogenen Ablöse- und Gehaltsforderungen.

Viel glücklicher war der Verein über seinen jüngsten Sprößling, Marco Bode. Aus dem Harz vom VFR Osterode wechselte der Stürmer in der Meisterschaftssaison '88 nach Bremen, um in Karl-Heinz Kamps Oberligaelf schnell anzudeuten, was in ihm steckt. Noch bei der 1:4-Pokalniederlage der Amateure gegen Bayer Leverkusen im August '89 erzielte er den Treffer, danach forderte Rehhagel ihn an, weil bis auf Rufer der gesamte Sturm ausfiel. Seinem zwar torlosen, aber starken Debüt neben Uwe Harttgen folgten zwei Kopfballtreffer gegen Köln und zwei weitere Tore im Europapokal in Lilleström. Vizepräsident Fischer jubelte angesichts der preisgünstigen Torfabrik, denn damit war für ihn klar: „daß jede Mark für unsere Nachwuchsarbeit reiche Zinsen trägt." Bode lernte aber auch genauso schnell die grausamen Seiten des Profifußballs kennen. Entsetzt wie die Zuschauer im Stadion und am Bildschirm, mußte er beim Spiel in Hamburg hilflos mit ansehen, wie sich HSV-Verteidiger Ditmar Jakobs bei der spektakulären Abwehr eines Rufer-Hebers im Karabinerhaken der Tornetzbefestigung verfing. Nach 26 Minuten hektischer Hilfe war Jakobs endlich befreit; unter der Verletzung leidet er noch heute.

„La Ola"

Bei der Auslosung zur nächsten Europapokalrunde in Zürich war Willi Lemke wie üblich dabei. Auch an diesem 3. November 1989. Nach Lilleström und einer überschätzten Wiener Austria hoffte der Manager nun auf ein attraktiveres Los, das ihm das Stadion füllen und sportlich nicht zu schwer sein würde. Er dachte gerade das, was die meisten denken: „Bloß nicht in den Osten", als das kleine Kärtchen mit dem Namen seines Clubs dem italienischen Tabellenführer SSC Neapel zugeordnet wurde. Sofort begann sein Herz zu klopfen. „Maradona!" schoß es ihm durch den Kopf. Er ordnete sich der ausbrechenden Betriebsamkeit unter und ging schnurstracks zum nächsten Telefon. Der Anruf galt Radio Bremen. Die örtliche Rundfunkanstalt nahm ihn sofort auf Sendung und überbrachte die Botschaft an die Hörer. Von einer Minute auf die andere wirkte die Stadt elektrisiert. „Bremen brennt", traf Lemke die Stimmung und sah dem Ansturm auf die Kassenhäuschen freudig entgegen. Eine Stunde nach der Auslosung bildete sich eine lange Schlange vor der Geschäftsstelle; doch erst am Montag darauf gab es die begehrten Tickets, die innerhalb von nur drei Stunden ausverkauft waren und die Einnahme von 1,3 Millionen sicherten. (Durch den Verkauf der Fernsehrechte und der Werbung gesellten sich später noch ca. 2 Millionen dazu.) Auf einen Schlag war die Vereinskasse gefüllt und die nähere Zukunft finanziell geregelt.

In der süditalienischen Hafenstadt stieß das Spiel auf nicht ganz so starkes Interesse. Knapp 50.000 Zuschauer, die üblichen Vorberichte und eine vor Selbstsicherheit strotzende Mannschaft um Maradona, Careca, Alemao und Carnevale. Womit sie nicht rechnen konnten: Werder schlüpfte in die Lieblingsrolle und erinnerte sich an den ideologischen Auftrag. Als kleiner Verein bot sich die prächtige Gelegenheit, dem mächtigen und reichen Klub aus dem Süden eins auszuwischen – und da ließen sie sich nicht zweimal bitten. Die Tore fielen wie Wespenstiche, kurz vor und kurz nach der Halbzeit – da tun sie besonders weh. Sie trafen ins Herz des Favoriten und seines argentinischen Impressario. Neubarth und

Riedle schafften einen 2:0 Vorsprung, bevor Alemao und Careca den Ausgleich erzielten. Dann wurde es gefährlich. Neapel entfachte immensen Druck, Maradona fand endlich seine Anspielstationen, und Werder lief Gefahr, den sicher geglaubten Sieg zu verschenken. Als nur noch ein paar Sekunden zu spielen waren, schickte Bockenfeld den Ball auf seine letzte Reise. Rufer schloß sich an und erzielte das 3:2. Tränen standen den Fans und Spielern des SSC in den Augen, die 2.000 Mitgereisten aus dem Norden konnten ihr Glück kaum fassen und feierten ausgiebig im Stadion, bis die italienische Polizei endlich die Blocktore öffnete. Nicht nur die gesamte Fußballwelt zollte Respekt, auch die Spieler waren selbst schwer beeindruckt von ihrer Leistung. Dieter Eilts: „So gut wie diesmal waren wir wohl noch niemals auf einen Gegner eingestellt." Damit meinte er in erster Linie den Schachzug, Votava gegen Maradona zu stellen. Kein Beißer, der seinem Gegner immer nur in die Hacken tritt, sondern einer, der auch die Raumdeckung beherrscht. Votava nervte den großen Diego bereits bei der Ballannahme; ein vernünftiges Anspiel klappte auch nicht, weil die Spitzen Careca und Carnevale von Borowka und Otten abgemeldet wurden. Der Argentinier blieb wirkungslos.

Voller Hoffnung auf den Spruch ihres Sponsors „Mars" („…macht mobil") pflasterten die Werbestrategen das gesamte Weserstadion zum Rückspiel mit ihrem Logo zu. Es gab Schokoriegel satt für die Zuschauer, und auch Maradona sah so aus, als ob er genügend davon in seiner Kabine hätte. 39.000 waren frohen Mutes, daß Werders Vorsprung ausreicht. Dafür sprach nicht zuletzt auch das ekelhafte Wetter; es regnete bei Temperaturen knapp über 0 Grad und einer frischen Brise – selbst für Bremer unangenehm, für Italiener eine Katastrophe. Der SSC war anfangs bemüht, ein frühes Tor zu erzielen. Werder konterte brandgefährlich und schaffte nach 25 Minuten durch ein überraschendes Riedle-Tor die Führung. In der zweiten Halbzeit gab es weitere verzweifelte, dennoch sinnlose Versuche, das Blatt zu wenden. Rufer, erneut Riedle, Sauer und Eilts, bei einem Careca-Ehrentreffer, sicherten das bittere 5:1. Jubel ohne Ende im Stadion, „La Ola" am Nikolaustag.

Otto Rehhagel zeigte sich ein kleines bißchen überwältigt: „Das war einer der schönsten Abende, die hier überhaupt abgelaufen sind". Er hatte in der Tat ein gutes Europapokalspiel mitgestaltet. Keineswegs eines, in dem eine dumpf-deutsche Kampfmaschine filigrane Techniker aus dem Süden niederzuwalzen drohte, wie so oft in der Vergangenheit auf Länderspielebene, wenn der Gegner Maradona hieß. Der SV Werder bot die wesentlich interessantere Spielanlage, die intelligentere Taktik, das bessere Zweikampfverhalten und die größere Ballsicherheit ob der widrigen Bedingungen. Und das 4:1 von Gunnar Sauer gehörte zu den schönsten und technisch besten Toren, die der SV Werder je erzielt hat. Es war, wie Rehhagel anschließend analysierte, „die Strategie, mit einem Kollektiv" den Sieg zu erzielen. Und so ganz nebenbei hatten alle im Stadion etwas neues entdeckt: Werder wirkte phasenweise cool und abgeklärt. Nur kurz blitzte das bisher unbekannte Wesensmerkmal Bremer Spielweise auf; erst später sollte sich diese international notwendige Art zu spielen mehr und mehr durchsetzen.

Abschiedstränen

Nicht Mitglied in diesem Kollektiv war einmal mehr Norbert Meier. Die Spiele gegen Neapel beobachtete er auf der Auswechselbank, denn nach längerer Verletzung war er um den Anschluß bemüht. Es stellte sich aber die Frage nach dem Sinn dieses Unterfangens. Der Name „Heimspiel-Meier" ging ihm ziemlich auf den Geist, der Zustand umso mehr. Seit einigen Wochen brodelte es hinter den Kulissen, die Verhandlungen mit Borussia Mönchengladbach liefen und standen kurz vor dem Abschluß. Noch Mitte Dezember, beim Heimspiel gegen Nürnberg, verriet er nichts: „Kein Kommentar." Er wußte nicht, daß es sein letztes Spiel im Weserstadion war. Die Hälfte davon verbrachte er auf der Bank, die andere Zeit lief er sich warm, und die Fans skandierten, unterbewußt das Ende ahnend, „Meier, Meier", weil sie ihn gern noch einmal gesehen hätten; noch einmal seine unnachahmlichen Flanken von links in den Strafraum, hart, präzise, immer ein bißchen wegdrehend vom Torwart; noch einmal seine Doppelpässe mit Günther Hermann im Mittelfeld, um das Spiel anzutreiben; noch einmal seine Dribblings auf engstem Raum; noch einmal diese kleine Spielerpersönlichkeit auf dem Platz.

Um sich zu verabschieden, mußten sie bis zum Hallenturnier warten. Der Wechsel zum Bökelberg war mittlerweile amtlich, und sie hatten sich wunderbare Worte ausgedacht: „Otto Rehhagel ist für uns der beste Trainer der Welt. Aber wie er mit Norbert Meier verfahren ist, war nicht gut. Mit ihm verliert Werder nicht nur einen guten Spieler, sondern vor allem einen guten Menschen. Er hatte immer Zeit für die Fans und kehrte nie den Star heraus." 242 Spiele hat der gebürtige Hamburger für Werder und 16 für die Nationalmannschaft gemacht. 1980 kam er aus der Verbandsliga von Bergedorf 85 an die Weser und war einer der prägenden Figuren bei Werder in den achtziger Jahren.

Norbert Meier

Werders Weg mit Meier

▶ 1981/82: Nach dem Bundesligaabstieg 1980 übernahm Otto Rehhagel die Mannschaft von Kuno Klötzer und führte sie auf Anhieb wieder ins Oberhaus. Im ersten Heimspiel erzielte Meier gleich sein erstes Bundesligator gegen Arminia Bielefeld, das Spiel, das traurigen Ruhm durch das „Schlitzer-Foul" von Siegmann an Ewald Lienen errang; Werder wurde am Ende Tabellenfünfter und schaffte direkt den Sprung in die Uefa-Cup-Ränge.

▶ 1982/83: Die Saison begann mit einem weiten Einwurf von Uwe Reinders geradewegs in das Tor des FC Bayern, am Ende fehlten Werder nur ein paar Treffer an der Meisterschaft, die der HSV gewann.

▶ 1983/84: Wurde der VfB Stuttgart Primus, Werder belegte Platz 5, schaffte es aber, ins DFB-Pokalhalbfinale zu kommen.

▶ 1984/85: Wieder hieß es international „raus mit Applaus!", diesmal gegen Anderlecht durch drei Sidka-Tore (davon ein Eigentor), der FC Bayern gewann die Schale vor Werder.

▶ 1985/86: Der Kutzop-Elfer war Schluß- und Höhepunkt der unglücklichen erneuten Vizemeisterschaft hinter den Münchenern.

▶ 1986/87: Die Monate des Abschieds von Völler, Pezzey und Burdenski; es war ihre letzte Saison, die mit Platz 5 abgeschlossen wurde.

▶ 1987/88: die Außenseiter-Nachwuchsmannschaft von der Weser wurde Meister und schaffte zuvor das erste „Wunder von der Weser" gegen Spartak Moskau.

▶ 1988/89: folgte gleich das zweite „Wunder" gegen Dynamo Berlin und das spätere Aus beim AC Mailand, die Liga ergab Platz 3, im DFB-Pokal unterlag Werder der Dortmunder Borussia erst im Berliner Finale.

Es gibt nicht wenige, die glauben, Norbert Meier hätte es in einem anderen Verein persönlich weiter gebracht. Seine viel zu kurze National-elfkarriere litt natürlich unter den zeitweilig geringen Ligaeinsätzen. Aber selbst Teamchef Beckenbauer verlangte von Techniker Meier, was der nicht leisten konnte: die obligatorische deutsch-tugendhafte Beißer-mentalität; kurz: das „Abwehrverhalten". So betrachtet, war Meier ein ziemlich altmodischer Spielertypus; aber immer einer, der die Gunst der Massen sicher hatte. Kein Tribun, der die Anhängerschar in Ehrfurcht erstarren ließ, sondern eher einer, von dem die Mädchen zu Hause auch ein Kuscheltier haben und dessen Ortszeitung stolz schrieb: „Der berühmteste Meier Deutschlands wohnt in Delmenhorst." Es war in gewisser Weise konsequent, daß Norbert Meier noch vor Anbruch der 90er Jahre den Verein verließ. Es gab ein baldiges Wiedersehen.

Zarte Versuchungen

Werder mußte gleich zum ersten Spiel nach der Winterpause nach Mön-chengladbach. Meiers Auftritt war superb. Er gab exzellente Vorlagen zu zwei von vier Toren und sorgte mit seinem prächtigen Einstand dafür, daß einer der meistgesprochenen Sätze der deutschen Fußballreportage auch an diesem Tag seine Anwendung fand: „Gladbach stark durch Konter". Auf die Nachfrage, wie er denn Meiers Leistung gesehen hatte, antwor-tete Rehhagel zerknirscht: „Er ist nicht mehr mein Spieler, den muß mein Kollege von Gladbach beurteilen." Beurteilen mußte Rehhagel vor allem seine eigene Situation. Die Perspektiven der Mannschaft waren nicht rosig: Riedles Abgang zeichnete sich mehr und mehr ab, auch Bratseth und Rufer („Wenn ich kein gläubiger Christ wäre, hätte ich schon längst bei Lazio unterschrieben") waren umworben, Kutzop und Burgsmüller standen vor dem Karriereende, Meier war weg, Neubarth häufig verletzt, Skogheim ein Fehleinkauf. Was lag da näher, als eine Verstärkung aus der DDR-Oberliga. Die Bundesligamanager nutzten die Winterpause, um den neuen Markt im Osten weiter abzugrasen. Werder ließ sich aber nach wie vor nicht auf die erhöhten Preise ein. Neben Sammer und Doll war es Rico Steinmann aus Karl-Marx-Stadt (später: Chemnitz), der Rehhagels Aufmerksamkeit genoß. Doch aus diesem Flirt sollte nie etwas Festes werden. Auch an Ulf Kirsten bestand Interesse; doch die Bremer überlie-ßen Bayer Leverkusen den Coup. Die Begründung lieferte Willi Lemke: „Das lief nicht mehr korrekt, da wollten einige Leute mitverdienen, mög-lichst steuerfrei."

Otto Rehhagel gibt temperamentvoll Anweisungen an die Spieler.

Lemkes Aktivitäten hatten sich anderweitig ausgedehnt. Wenn schon nichts auf die Schnelle zu machen war, dann galt es, langfristige Planungen für die Zukunft umzusetzen. Er arrangierte einen (nicht lange existenten) Kooperationsvertrag mit DDR-Oberligist Hansa Rostock, der ein Vorkaufsrecht für Werder einräumte, auch wenn kein Spieler für Rehhagel ernsthaft in Frage kam. Den würdevollen Rahmen für die Unterzeichnung lieferte ein Spiel zwischen beiden Mannschaften im Ostseestadion, eine Veranstaltung, die von Lemke im Hinblick auf Marketing genauestens geplant war. Der Bremer Süßwarenkonzern Jacobs-Suchard war beteiligt und verteilte eine Million Schokoriegel in der Partnerstadt, insgesamt 35 Tonnen. (In früheren Zeiten wäre das als eine besonders abgefeimte Art des Klassenkampfes gewertet worden.) Für 20 Ost-Mark gab es einen kariösen 60er-Pack, und wie nicht anders zu erwarten, bildeten sich lange Schlangen. Schiedsrichter Siegfried Kirschen leitete komplett in lila Stoff gehüllt das Spiel; mangels Erlaubnis, Werbung auf der Brust tragen zu dürfen, griff der Sponsor zum bekannten Outfit.

In den üblichen grün-weißen Trikots gestaltete Werder weiterhin seine Spiele in der Liga und den Pokalwettbewerben. National hatten sie sich nach Siegen über St. Pauli, Stuttgarter Kickers, 1860 München und den VfB Stuttgart erneut für das Halbfinale qualifiziert. Doch zuvor wartete der FC Lüttich im Uefa-Cup-Viertelfinale, eine Mannschaft, die den Bremern nicht viel Furcht einjagte. Zum 4:1-Sieg genügte eine hochkonzentrierte Leistung gegen die völlig überforderten Belgier. Davon durchaus beeindruckt, zeigten sich die Werder-Verantwortlichen hingegen von einer ganz anderen Sache im Stadion richtig begeistert: von den Logen. 20 großzügige Kabinen, komfortabel ausgestattet, beheizt und medienvernetzt, boten sie für 35.000 DM pro Jahr den Fußballgenuß ganz anderer Art. Der Hauch der Exklusivität und der Atem der High-Society brachten das Kaufmannshirn auf Trab. Im Blick den frisch genehmigten Neubau der alten Südtribüne des Weserstadions, beeilte Franz Böhmert sich mit seinem Urteil: „Die Zeiten, da die Klubs vor allem durch ihre normalen Zuschauer finanziell über die Runden kommen, gehören schon heute der Vergangenheit an." Damit hatte er einerseits recht, andererseits verschaffte sich der Präsident in der Ostkurve dadurch nicht gerade viele Freunde.

14 Tage später leistete sich die Mannschaft im Rückspiel ebenfalls einen Ausrutscher und verlor mit 0:2, was ebenso ohne Auswirkungen blieb wie der kleine Spaß, den Willi Lemke sich mit dem Schiedsrichter leistete, indem er 20.000 über Sponsoren organisierte Trillerpfeifen an die Zuschauer verteilen ließ. Uwe Reinders, Trainer des Pokalhalbfinalgegners Eintracht Braunschweig, vermutete hinter der Niederlage augenzwinkernd Absicht: „Die haben sich nur verstellt, um mich zu täuschen."

»Sitzen ist für'n Arsch!«

Fans, Logen und Projekte

HSV gegen Werder – der alte Klassiker im Norden. Wenn die Rivalen aus den Hansestädten aufeinandertreffen, dann ist das seit jeher etwas besonderes. Durchaus vergleichbar mit Dortmund und Schalke oder Nürnberg und Bayern. So war es auch beim Pokalspiel am 16. Oktober 1982 im Volksparkstadion: Unter den Fans aus Bremen befand sich Adrian Maleika. Als Gründungsmitglied der „Treuen" war er selbstverständlich bei diesem Auswärtsspiel dabei. Adrian und seine Freunde zogen Richtung Volkspark; die Stimmung war gut, obwohl sie wußten, daß Werder mit der stark ersatzgeschwächten Mannschaft kaum Chancen auf einen Sieg hatte. Plötzlich kam Unruhe auf. Sie trafen eine Gruppe HSV-Anhänger, im wesentlichen „Löwen", die ihre neonazistische Gesinnung und ihre Aufgabe als Schlägertruppe der rechten „Aktionsfront Nationaler Sozialisten" (ANS) des inzwischen verstorbenen Michael Kühnen gern auf die Bühne der Bundesliga ausdehnten. Die gegenseitige Provokation endete in der Flucht der unterlegenen Bremer in ein kleines Wäldchen. Steine flogen, suchten ihren Weg durch das Gebüsch, fanden ihr Ziel. Adrian brach blutend zusammen. Mit einem Schädelbasisbruch und Gehirnblutungen wurde er in das Altonaer Krankenhaus eingeliefert. Einen Tag später erlag der 16jährige seinen Verletzungen.

Die Szene war erschüttert, Fans und Verantwortliche trauerten, Schuldige wurden gesucht, Ideen für die Zukunft diskutiert. „Für mich gibt es nur zwei Lösungsmöglichkeiten, um in Zukunft so etwas Schreckliches zu unterbinden", rang Willi Lemke um Fassung, „die Appelle an die Vernunft der Fans müssen verstärkt, außerdem muß das Polizeiaufgebot erhöht werden." Der damalige HSV-Präsident Wolfgang Klein machte es sich sehr viel einfacher, indem er „Anzeichen" erkannt haben wollte, daß „kriminelle Gruppen" beteiligt waren, die „mit dem HSV nichts mehr zu tun" haben. Er schob die Verantwortung Richtung Polizei, die wenige Tage nach der von

600 Fans besuchten Beerdigung die ersten Verdächtigen festnahm. Es dauerte noch mehr als ein Jahr, bis acht Anhängern des HSV-Fanclubs „Die Löwen" der Prozeß gemacht wurde. Schließlich gab es fünf Freisprüche, drei Täter wurden wegen schweren Landfriedensbruchs in Tateinheit mit gefährlicher Körperverletzung und Beteiligung an einer Schlägerei verurteilt; einen „Tötungsvorsatz" verneinte das Gericht.

Ebenfalls mit nach Hamburg gereist, aber nicht am Tatort anwesend, waren die beiden damaligen Mitarbeiter des Fanprojekts Bremen, Lutz Linnemann und Manfred Knaust. Für sie war klar: „Wenn der Tod von Adrian überhaupt einen Sinn gehabt hat, dann den, daß er einen Denkprozeß in den Köpfen der Jugendlichen in Bewegung setzt." Anlaß für ihre Hoffnung war das historische Treffen Hamburger und Bremer Fans auf halbem Wege zwischen den Städten in Scheeßel im Dezember '82. Unter Teilnahme der Manager Lemke und Netzer trafen sich über 200 „Delegierte" der Fangruppen und beschlossen ein „Stillhalteabkommen", um Eskalationen im Zuge des Ligaspiels Ende Januar '83 in Bremen zu vermeiden. (Besonders bemerkenswert: es funktionierte. Trotz starker polizeilicher Präsenz gab es keinerlei Ausschreitungen.)

Der tragische Tod von Adrian Maleika war die erste Bewährungsprobe der Mitarbeiter des noch jungen Fanprojekts. Entwickelt an der Bremer Universität aus einer sozialwissenschaftlichen Forschungsgruppe unter Anleitung von Dr. Narciß Goebbel (dem heutigen Vorsitzenden des seit 1984 existierenden „Vereins Bremer Fanprojekt"), wurden Ende der 70er Jahre Studien im Stadion über Fanverhalten und Gruppendynamik gemacht. Die Bremer Sportjugend (BSJ) trat im Frühjahr 1981 an die studentische AG heran, um eine Zusammenarbeit zu erwirken. Mit Hilfe der Fans, der Polizei und des Jugendamtes wurde dann Anfang 1982 das Fanprojekt mit zwei hauptamtlichen Mitarbeitern gegründet. „Das Fanprojekt Bremen hat sich seit seiner Entstehung als soziale Institution verstanden, die neben konkreter und aufsuchender Jugend- und Sozialarbeit auch die vom Phänomen 'jugendliche Werder-Fans' tangierten gesellschaftlichen Institutionen in die Arbeit miteinzubeziehen versucht"; dieser umständliche Kernsatz, zweifelsfrei ohne Hilfe der Fans zustande gekommen, macht schon deutlich, in welchem Wechselbad der Gefühle und Mißverständnisse die Soziologen und Pädagogen sich mit ihrem Konzept von vornherein bewegten. Für die

Behörden und die Öffentlichkeit eine Art Sprachrohr und Vorturner der Fangruppen, zum Teil verantwortlich gemacht für Krawalle und gerügt ob ihres Widerstands gegen polizeiliche Hilfsdienste als verlängerter Arm der Behörde, hätte der SV Werder sie viel lieber in der Rolle als Organisator von Busfahrten zu Auswärtsspielen (was sie auch bis '93 gemacht haben) oder Wimpelverkäufer gesehen. Die Intentionen der Mitarbeiter hingegen waren (und sind) andere, in „vier Arbeitsebenen" näher bezeichnet:

▷ „Eine Art 'Fußball-Streetwork'/teilnehmende Beobachtung"
▷ „Fanclub- und Fangruppenbetreuung"
▷ „Mittlertätigkeit zwischen der Welt der Jugendlichen und der der Erwachsenen"
▷ „Offene Jugendarbeit",

das alles basierend auf dem drei Punkte umfassenden Selbstverständnis ihrer Arbeit:

▷ Professionalität
▷ sozialpädagogischer Ansatz
▷ Unabhängigkeit vom Verein.

Von vornherein war die Mittelknappheit ein ständiger Begleiter des Projekts. Finanziert als AB-Maßnahme, hieß es alljährlich zittern, ob es eine Verlängerung gibt oder nicht. 1989 war es dann soweit, der Verein stellte keinen Antrag mehr und wollte auf diesem Weg eine politische Entscheidung herbeiführen, beide Stellen in unbefristete umzuwandeln. Sie bekamen keine Antwort und mußten ihre Arbeit einstellen. Nach langen Verhandlungen und öffentlichem Druck einigten sich Jugendsenat und SV Werder, zwei feste Stellen zu finanzieren. Seit August '93 hat sich auch der DFB durch sein „Konzept: Nationale Sicherheit" an der Finanzierung der Fanprojekte über die Koordinationsstelle beteiligt.

Zu den Geldsorgen gesellte sich 1990 kurzfristig die Raumnot. Im Zuge des Neubaus der Südtribüne des Weserstadions mußte das Projekt die ohnehin kleinen Büros in Stadionnähe verlassen und mitsamt Mobiliar in einen Baucontainer ausweichen. 1 1/2 Jahre Notunterkunft, an dessen Ende aber eine Idee stand: das „Projekt Ostkurve".

Projekt:
Sitzen ist für'n Arsch
Ostkurve Weserstadion
Ein Modellfall

Das „Projekt: Ostkurve"

Die Vorgaben sprechen eine eindeutige Sprache: In ihren Richtlinien zur „Verbesserung der Sicherheit bei Bundesligaspielen" legte die DFB-Sicherheitskommission im Juni 1990 das neue Outfit der Fankurven fest: „Die Zuschauerbereiche sind durch Trenneinrichtungen in Blöcke, in der Regel für höchstens 2.500 Zuschauer zu unterteilen. Zwischen Sitz- und Stehplätzen sowie an den Grenzen der Sektoren (Kurven, Haupt- und Gegengerade) müssen Trennzäune oder Zäune aus Verbundsicherheitsglas, stabil, nicht übersteigbar und so eingerichtet sein, daß ein Wechsel von Zuschauern in einen anderen Block verhindert wird." (§ 9,1) Und um es noch deutlicher zu machen: „In Erfüllung der Auflagen von FIFA und Uefa sollen die von den Vereinen der Bundesliga genutzten Platzanlagen ab Beginn der Spielzeit '93/94 ausschließlich mit numerierten Einzelsitzen ausgerüstet sein."

Es waren die Ereignisse von Brüssel, Sheffield und Dresden, die bei den Fußballfunktionären zu einem verhärteten Denken führten. Die Katastrophe in der belgischen Hauptstadt im Mai 1985, die zu 39 Toten und 400 Verletzten im Heysel-Stadion beim Europapokal-Finale der Landesmeister zwischen Juventus Turin und dem FC Liverpool führte, und das entsetzliche Unglück im Hillsborough-Stadion zu Sheffield im April 1989 mit 95 Toten und 200 Verletzten beim Liga-Cup-Halbfinale zwischen Liverpool und Nottingham erhöhten die Bereitschaft, Sanktionen durchzuführen und die Stadien durch Abschaffung der Stehplätze und Segmentierungen der Fangruppen „sicherer" zu machen. Anstatt sich auf die Suche nach gesellschafts- und sportpolitischen Ursachen und Lösungen zu begeben, wurde der Ruf nach „Law and Order" forciert. (Uwe Reinders, damaliger Hansa Rostock-Trainer: „Behandelt die Krawallmacher wie Verbrecher. Setzt Schnellgerichte ein.")

Als Schuldige all dieser Ereignisse wurden schnell die „Hooligans" ausgemacht. „Rude boys" der Szene, viele schwerst bewaffnet von Stadion zu Stadion reisend, ohne Scheu vor der Auseinandersetzung, oft ohne Liebe zum Fußball – auch in Bremen. Insider schätzen ihre Zahl auf max. 150. Die sicherlich noch existente, aber mittlerweile breit gestreute Hooligan-Szene hat sich in jüngerer Zeit zunehmend andere Betätigungsfelder gesucht. Die Düsseldorfer „Handy-Aktion" im Herbst 1996 hat gezeigt, wie sich die Auseinandersetzungsebene verändert hat; wie aber auch Polizei und SEK's hinzugelernt haben.

Der Fußball bleibt jedoch die Nahtstelle, selbst wenn die Aktionen längst nicht mehr die zweifelhafte „Anerkennung" vergangener Jahre erfahren. Das gilt auch für die Ostkurve. Zwischen den „Hools" und den „Kutten" gibt es dort, ebenso wie außerhalb des Stadions, kaum Ärger. Der Kampf ist eher einer zwischen den privaten und staatlichen Ordnungsfaktoren und den Hooligans. Dafür sprechen auch die guten überregionalen Kontakte – RW Essen-Hools – und die Verbindungen zu fußballfremden Straßengangs, die sich an den Krawallen beteiligen, z.T. aber nicht im Stadion sind.

Die Tendenz zur pauschalen Kriminalisierung der Fanszene, gerade auch durch die großen Fachverbände (DFB, Uefa, FIFA), hat in der Vergangenheit nicht sonderlich dazu beigetragen, sozialen und politischen Sprengstoff aus der Diskussion zu nehmen. Der immer wieder ertönende Ruf in Teilen der (Boulevard-)Presse nach Ausgrenzung gewaltbereiter Jugendlicher aus den Stadien unterstützt diese Haltung. Nach Ansicht der Fanprojekte ist das aber genau der falsche Weg: „Es trifft nicht zu, daß die Mehrzahl der gewalttätigen Fans mit dem Fußball nichts zu tun hätte. Es trifft nicht zu, daß die Gewalt im Sport nur eine gesellschaftlich verursachte, sportexterne sei." Sie gehen davon aus, „daß durch die Verschärfung gesetzlicher Bestimmungen zur Verfolgung und Bestrafung von gewalttätigen Fans das Problem nicht zu bewältigen ist. Dies führt höchstens zur Kriminalisierung und zu einer weiteren Eskalation von Gewalt und staatlicher Gegengewalt." An dieser Nahtstelle arbeiten die Fanprojekte, indem sie sich zunächst bemühen, „die Versuche der Jugendlichen, von der Gesellschaft ernstgenommen zu werden, ohne Bedingung zu akzeptieren. Ihr Verhalten wird als subjektiv angemessene Reaktion auf ihre konkreten widersprüchlichen Lebensbedingungen angesehen. Die Sozialpädagogen begreifen sich dann als notwendig gewordenes kulturelles Bindeglied zwischen der jugendlichen Subkultur und der Gesellschaft." Klingt furchtbar, kann aber in der praktischen Umsetzung gelingen. In Bremen heißt das nichts anderes als z.B. die aktive gemeinsame Arbeit am Modellprojekt „Ostkurve – Sitzen ist für'n Arsch".

„VIP, VIP, Hurra!"

„Ich würde es sofort gegen das Weser-Stadion eintauschen" – Werders Vizepräsident Klaus-Dieter Fischer zeigte sich begeistert beim Anblick des Constant-Vandenstock-Stadions in Anderlecht vor dem Rückspiel in der Champions League. Eine kleine, aber feine Arena lag dort vor seinen Augen. Platz für 28.000 Zuschauer, davon 2.400 auf „Business-Plätzen". Diese eleganten, überdachten, verglasten und klimatisierten Luxussitze kosten pro Saison 4.000 DM und sind „alle auf drei Jahre hinaus ausgebucht und im voraus bezahlt", erklärte Willi Lemke und rechnete schnell aus, daß dabei 9,6 Millionen DM unterm Strich stehen. Wesentlich mehr also, als sich mit den Logen im Bremer Weserstadion verdienen läßt. „Anderlecht", so der Manager, „ist eben eine Weltstadt, in Bremen können wir so etwas nicht machen." Das, was gemacht wurde, kann sich dennoch sehen lassen. 37 Logen, erstklassig ausgestattet mit TV, Telefon, Fax und bequemem Mobiliar für jeweils acht bis zwölf Personen zum Preis zwischen 25.000 und 60.000 DM pro Saison zzgl. Mehrwertsteuer (je nach Lage der 1992 fertiggestellten Logen). Im Preis inbegriffen sind folgende Leistungen:

▷ Eintritt zu allen Werder-Spielen (incl. DFB- und Europapokal) plus Parkschein
▷ Möglichkeit der Lautsprecherdurchsagen vor und nach dem Spiel sowie während der Halbzeit
▷ Möglichkeit eines Interviews mit ausgewählten Werder-Spielern
▷ evtl. PR-Aktionen mit Spielern/Manager
▷ weitere werbliche Aktivitäten nach Absprache.

Alles in allem ein stattliches Paket, das ergänzt wird durch die neuen „Business-Logen" in der Ostkurve. Direkt über den Kombi-Steh- und Sitzplätzen für die traditionellen Kurvenbesucher entstand ein neuer wohltemperierter Bereich mit 700 bequemen Sesseln mit Panoramasicht. 1.700,– DM kostet der Spaß pro Saison, reservierte Plätze, Buffet und TV-Monitore eingeschlossen. Zur Zielgruppe gehören Geschäftsleute jeglicher Branche: Ärzte, Kulturmanager, Unternehmer, Politiker. Damit soll die Lücke zwischen 50 DM-Plätzen und den überirdischen Logenpreisen geschlossen werden. Ganz allmählich findet die Umwandlung der Zuschauerstruktur eine Fortsetzung.

So wird es in den „Business-Logen" aussehen.

Wichtig und durch den Logenservice nahezu garantiert ist die Nähe zu den Spielern, den Vereinsverantwortlichen und der „Prominenz". Bremens Schickeriaszene ist zweifellos kleiner und provinzieller als in München oder Hamburg; was aber niemanden daran hindert, sich trotzdem außerordentlich wichtig zu nehmen. Auch an der Weser gibt es die „very important persons", die wie die Ferenghis der Mannschaft und den Erfolgen hinterherhecheln. Häufig sind diese „VIP's" in der Öffentlichkeit völlig unbekannt; hinter den in Klatschspalten fettgedruckten No-Names verbergen sich zumeist Geschäftsführer oder Inhaber mittelständischer Unternehmen (und deren Anhang). Für das Unternehmen „Werder" sind diese Leute aber von unschätzbarem Wert. Sie bringen nicht nur Geld in die Kassen, sie fördern und prägen das Image.

In der Bundesrepublik und in der ganzen Liga als „linker", sozialdemokratischer Club angesehen, hat Werder in seiner Heimatstadt eine ganz andere Position. Von jeher ein bürgerlicher Sportverein, hat sich im Laufe der 80er Jahre, bedingt durch die Erfolge und das gewachsene regionale, nationale und internationale Ansehen, auch im Umfeld der unternehmerische und geistige Mittelstand eingenistet. Die „Kaffeesäcke" sind allgegenwärtig – selbst Auswärtsspiele im europäischen Wettbewerb nutzten sie zu touristischen Erkundungstouren mit integriertem Stadionbesuch – und pflegen ihr teures Hobby, das die Möglichkeit einer „steuerlichen Nutzbarkeit" beinhaltet.

Schräg gegenüber, nur wenige Meter entfernt, froren bis 1995 die durchnäßten Stehplatzbesucher auf den Rängen der alten Ostkurve. Die traditionelle Heimat der Werder-Fans war über und neben dem Marathontor. Von dort hatten sie den Verein schon immer angefeuert; als „graue Maus" der Liga, als Absteiger, als glanzvollen Europapokalsieger. Vor über 80 Jahren, 1909, jubelten hier in der Pauliner Marsch, ganz nahe an der Weser, erstmals die Anhänger des „Bremer Sport Clubs von 1891". Den SV Werder gab es noch nicht, und sein Vorläufer kickte zu der Zeit noch auf der anderen Seite des Flusses. In den 20er Jahren wurde aus dem Sportplatz mit Holztribüne eine „Kampfbahn" mit benachbartem Schwimmbad und (später) Tennisplätzen; in den Jahren der nationalsozialistischen Diktatur hallten Befehle und Parolen über die Plätze auf dem Peterswerder; es wurde exerziert und öffentlich vereidigt.

Der Sport zog 1947 wieder in das dann „Weserstadion" benannte

Oval ein, bis die ersten großen baulichen Maßnahmen den Beginn der Fußballbundesliga 1963 ankündigten. Nach und nach wurde die Arena vervollständigt; 1987/88, im Zuge der Erfolge des SV Werder, schließlich die Westkurve komplett neu gebaut, mit der Geschäftsstelle und dem Therapiezentrum als Innenleben. Vier Jahre später war die neue Südtribüne fertig, mit den Logen, der Restauration und einer Leichtathletikhalle im Inneren. Die große Chance, im Anschluß direkt die Ostkurve zu erneuern, wurde allerdings verpaßt; das Vorhaben scheiterte nicht nur an der fehlenden Finanzierung (Kalkulation: ca. 25 Millionen DM), sondern auch am mangelnden politischen Willen. Der damalige SPD-Fraktionschef Dittbrenner steckte Lemke zwar nach Gutsherrenart zu: „Wenn ihr alle drei Töpfe holt, Willi, dann machen wir das Stadion komplett. Dann gibt es zur neuen Südtribüne auch noch eine neue Ostkurve." Doch insgesamt dauerte es noch bis zum März 97, bis tatsächlich eine überdachte, komfortable und mit einigen Wünschen der Fans gespickte Ostkurve im Weserstadion eingeweiht wurde.

Am 9. Januar 1991 fand im Kulturzentrum Schlachthof in Bremen das erste Treffen der „Projektgruppe: Ostkurve" statt. „Als wir gesehen haben, wie die Westkurve umgebaut worden ist, haben wir gesagt: So wollen wir das nicht." – Die Pädagogen, Kulturschaffenden und Fans rauften sich zusammen und erstellten in Kleinarbeit in der „Mittwochs-Baugruppe" nach eigenen Plänen und Ideen ein Modell (Maßstab: 1:50), wie ihre Kurve im Stadion in Zukunft aussehen soll. Dabei konnten sie von vornherein Fehler vermeiden, die beim Bau der Westkurve begangen wurden. Dort bieten die Stehplätze im unteren Bereich eine äußerst schlechte Sicht und schützen zudem nur unzureichend vor Regen.

Die parallel geführte Öffentlichkeitsarbeit sorgte für eine Diskussion in der Stadt, den Medien, im Verein und bei den zuständigen (sport-)politischen Stellen. Mehrfach gab es Veranstaltungen, auf denen die beteiligten Gruppen aufeinandertrafen und (oberflächlich) einen gemeinsamen Nenner fanden. Es wurden ca. 1.000 Unterschriften gesammelt (u.a. Christoph Daum und Dieter Hoeneß) und übergeben. Am 14. August '91 griffen die Fans zu einem außergewöhnlichen Mittel: Sie streikten! Den ersten 20 Minuten des Heimspiels gegen den VfB Stuttgart blieben sie fern und protestierten unter dem Motto „Sitzen ist für'n Arsch" nachhaltig gegen die Pläne, die Stehplätze abzuschaffen.

Vor dem Spiel gegen Duisburg übergibt der Dachverband Bremer Fan-Clubs dem Sportamtsleiter Hoffmann (Geschäftsführer der Betreibergesellschaft „Bremer Sport und Freizeit GmbH") und Willi Lemke etwa 1.000 Unterschriften für den Erhalt von Stehplätzen in der Ostkurve des Bremer Weserstadions.

Die Fanclubs

Werder gegen Freiburg. Knapp 20.000 im Stadion erleben in der 90. Minute den 2:3-Anschluß für den Gast. Doch es reicht nicht mehr, das Spiel ist vorbei. Nach einer längeren Durststrecke in der Liga und dem üblen Ausscheiden in der Champions League, bedeutet dieser Sieg für Werder Balsam auf die wunde Seele. Doch die Zuschauer pfeifen. Sie sind unzufrieden, weil sie gern einen höheren Sieg erlebt hätten.

Eine Szenerie, die für das Weserstadion durchaus normal ist, in Dortmund oder Gelsenkirchen hingegen undenkbar wäre. Und diejenigen, die pfeifen, sind auch nicht die Fans der Ostkurve, denn dort wird, wie in jedem anderen Stadion der Welt, gefeiert. Ein eigenartiges Verhalten, das der Mannschaft von den Sitzplätzen entgegenschlägt und das vereinsintern damit erklärt wird, daß die Zuschauer

„übersättigt" und „verwöhnt" sind durch die Häufung der Erfolge. Würde diese Formel allein gültig sein, dürfte in München beim Rekordmeister gar keiner mehr kommen. Es muß also noch mehr dahinterstecken. Möglicherweise die dröge (= trockene) Art der Norddeutschen mit der spröden hanseatischen Zurückhaltung, die spontane oder gar unreflektierte Begeisterung kaum zuläßt (es sei denn, die Bayern werden besiegt).

Möglicherweise aber auch das Verhältnis zwischen Spielern, Verein und den Fans. Ein Großteil der Besucher stammt aus dem riesigen Umland der Hansestadt. Viele reisen mit dem Auto aus Ostfriesland, dem Emsland oder dem Großraum um Oldenburg an. Im gesamten Weser-Ems-Gebiet haben sich mittlerweile viele Fanclubs mit großem Zulauf gebildet. Durch ihre jeweilige Größe und durch ihre Gesamtzahl hat sich die Gruppe der Fans aus dem Umland zu einem potenten, zahlungskräftigen Faktor entwickelt. Entsprechend werden sie vom Verein umworben. Besuche des Managers Lemke oder des Marketing-Managers Blöhm in der Provinz gehören zum Programm, genauso wie Gegenbesuche und Besichtigungen des Stadions und der Geschäftsstelle. Werder betreibt, insbesondere seit Blöhms Einstellung 1992, professionelle Kundenbetreuung, die sich die Mitglieder der städtischen Fanclubs und die Besucher der Ostkurve auch wünschen. Gegenüber den „Landeiern" fühlen sie sich so manches Mal im Stich gelassen und führen dieses unterschiedliche Verhalten auf den verschiedenartigen finanziellen Hintergrund und die geringeren Mitgliederzahlen zurück.

Uwe Jahn, genannt „Hornsby", beklagt diese Situation, indem er dem Verein generell „mangelnde Volksnähe" vorwirft. Seit 1974 ist der Wilhelmshavener Berufssoldat Fan, seit 1977 Mitglied des SV Werder, seit 1990 Autor der „Fan-News" in der Stadionzeitung, die zu den Heimspielen erscheint. In seiner halbseitigen Kolumne erzählt Hornsby Geschichten aus der Kurve und informiert die Szene über Neuigkeiten. Für ihn ist die Distanz des Vereins zu den Anhängern nur zum Teil eine „Sache der Mentalität"; viel mehr scheint ihm die Imagepflege ein Grund zu sein. „Die Logen und die VIP's, Äußerungen von Willi Lemke über Zuschauereinnahmen, die Haltung in der Ostkurven-Sache" sind die sensiblen Themen, wenn es um das Verhältnis zwischen Werder und den Fans geht. „Der Trainer und die Spieler sind ansprechbar nach dem Training; sie geben Autogramme und reden auch kurz mit uns – alles o.k., aber häufig", so Hornsby, „verprellt Werder die kleinen urbanen Fanclubs aus Bremen zugunsten der Ossi-Clubs".

Diese Sorgen der Fans waren ein Hauptgrund für die Gründung des „Dachverbandes Bremer-Fanclubs" im April 1991. Zunächst waren es nur vier, inzwischen sind es 60 Fanclubs, die ständig mitarbeiten. Neben den Aktivitäten um das „Projekt: Ostkurve – Sitzen ist für'n Arsch" versucht der Dachverband in intensiver Kooperation mit dem Fanprojekt Bremen, „Forderungen gegenüber dem Verein zu konkretisieren und die Fan-Clubs näher zusammenzubringen". Zu letzterem gehört das Organisieren von Feten, Busfahrten und Kontakten zu anderen Clubs. In der letzten Zeit ist ohnehin eine zunehmende Vernetzung der Szene zu beobachten. „Die schicken sich Fanzeitungen zu", weiß ein Bremer Projektmitarbeiter zu berichten, „es gibt neue Verbindungen zwischen den Fans in verschiedenen Bundesligastädten, es lernen sich viel mehr Leute kennen, und das führt dazu, daß die Randale im Stadion weniger wird."

Insbesondere die Pflege der Beziehungen zu den Fans des 1. FC Kaiserslautern steht dabei auf dem Programm. Traditionell verbindet die „Grün-Weißen" mit den „Roten" eine Freundschaft, die ihren Ursprung in den 70er Jahren hat, als der SV Werder mitsamt Fans zu einem Freitagsauswärtsspiel anreiste, das Spiel aber wegen der vereisten Ränge auf dem Betzenberg kurzfristig abgesagt werden mußte. Knapp 80 Fans wurden von ihren Lauterer Kollegen zur gemeinsamen Feier eingeladen, die sich zu einem ausgedehnten Kneipenbummel und abschließenden Bekundungen ewiger Freundschaft entwickelte. Mittlerweile gibt es gute Kontakte zwischen den Fanbeauftragten und den Vereinen; vor den gegenseitigen Ligaspielen trafen immer zwei Fanmannschaften aufeinander, und viele verknüpften das Auswärtsspiel mit einem langen Wochenende. In den 80ern schliefen die Kontakte ein bißchen ein, wurden aber durch das Pokalfinale 1990 und das gemeinsame Zeltlager neben dem Olympiastadion aufgefrischt. Wer erinnert sich nicht an das Meer von grün-weiß-roten Farben im Berliner Olympiastadion, das damals eines der schönsten Fußballfeste erlebte. Anlaß genug für manche Fans, ihre frische Freundschaft per Hochzeit zu besiegeln. ∎

Rote Teufel

Die Freundschaft zwischen dem 1. FC Kaiserslautern und Werder Bremen stand vor einer ganz harten Probe. Durch ein mühsames 1:0 bei den Offenbacher Kickers hatten die Pfälzer das Pokalfinale 1990 erreicht, Werder schickte Uwe Reinders und seine Braunschweiger mit 2:0 auf den Heimweg und konnte sich somit ebenfalls auf Berlin vorbereiten. Zum zweiten Mal hintereinander im Endspiel, diesmal noch größerer Favorit gegen eine Lauterer Mannschaft, die mit dem neuen Trainer Feldkamp in erster Linie darum bemüht war, nicht abzusteigen. Es sah so aus, als ob es reichen würde. Zumal die Notwendigkeit des Sieges immer dringlicher wurde. In der Liga nicht auf einem Uefa-Cup-Platz schloß Werder sich im April dem kompletten deutsch-italienischen Desaster an: Bayern verlor gegen Milan, Köln gegen Juve, Werder spielte nur 1:1 gegen Florenz. Die brandgefährlichen Italiener führten bis zur letzten Minute, ehe ihrem Torwart Landucci bei einer Eilts-Ecke der Ball durchrutschte. Zuvor hatten alle im Stadion verwundert beobachten dürfen, wie konterstark der AC mit seinem ausgesprochen talentierten Spielmacher Roberto Baggio war. Schlechte Aussichten also für das Rückspiel in Perugia.

„Italien ist für mich in jeder Beziehung eine Herausforderung" – Karl-Heinz Riedle meinte damit nicht so sehr das Halbfinale gegen Florenz, er sprach von seiner eigenen Zukunft. Nach fünf Stunden Verhandlung in einem Bremer Hotel setzte Riedle seine Unterschrift unter einen 3-Jahres-Vertrag mit Lazio Rom. 15 Millionen DM kostete der Stürmer, wovon er ein Drittel in die eigene Tasche stecken konnte. Für Werder ein gutes Geschäft; an Blau-Weiß 90 zahlten die Bremer drei Jahre zuvor lediglich 1,2 Millionen Ablöse. Sportlich kam dieser Vollzug endgültig einer Bankrotterklärung gleich. Mit Riedle ging der beste Bundesligaangreifer, und es war kein Spieler in Sicht, der diese Lücke schließen konnte. Wie dringend ein Riedle benötigt wurde, machte das 0:0 im Rückspiel gegen Florenz deutlich. Ein furchtbares Spiel, das nur wegen zwei häßlicher Szenen in Erinnerung blieb. In der ersten Halbzeit brach Borowka Pioli mit einem harten Tritt das Bein, und die zweite Hälfte begann fast zehn Minuten später, weil Oliver Reck hinter seinem Tor von einem Tifosi geschlagen wurde. Sein bühnenreifer Zusammenbruch hätte jedoch keine Chance vor der Uefa-Kommission gehabt. Werder schied im Halbfinale des Uefa-Cups aus, ohne verloren zu haben. Es blieb nur noch die Hoffnung auf den 20. Mai, auf das Pokalendspiel. Für vier Spieler der letzte Arbeitstag in Grün-Weiß.

Christoph Hanses, Michael Kutzop, Manfred Burgsmüller und Karl-Heinz Riedle – Blumen zum Abschied bekamen sie bereits vor dem Heimspiel gegen Bayern München. Vier Spieler, die auf unterschiedlichste Weise wichtig für den Verein waren. Hanses darf dabei als Pechvogel bezeichnet werden; der Offensivspieler erholte sich nie von seiner schweren Verletzung beim Europapokalspiel in Mailand, wurde aber für seinen neuen Verein Meppen in der 2. Liga später eine große Stütze. Der Name Kutzop wird für alle Zeiten mit dem legendären „Elfer von Bremen" in Verbindung gebracht werden. All die Strafstöße, die der frühere Offenbacher traumhaft sicher verwandelte, sind Schall und Rauch. Damit muß er leben. Burgsmüller, der von seinem Trainer völlig zu Recht als einer der besten Fußballer aller Zeiten bezeichnet wurde, erlebte beim SV Werder späten und gerechten Ruhm. Den Meistertitel, der dem Techniker immer fehlte, holte er mit seinem ewigen Fan Rehhagel. Riedle entwickelte sich in Bremen zu einem internationalen Top-Stürmer, der den großen Fehler beging, dem Geld nach Italien zu folgen. Das sportliche Fiasko, das er in Rom erlebte, ist in seinen Dimensionen noch heute nicht ganz auszumachen. Trotz seines späteren Wechsels zur Dortmunder Borussia und der Erfolge, die er mit der Mannschaft feiern konnte: Seine alte, ursprüngliche Torgefährlichkeit erreicht Riedle nie mehr. Der Stammplatz in der Nationalmannschaft glitt ihm aus den Händen, und selbst beim BVB blieb er umstritten, vor allem aufgrund seiner Verletzungsanfälligkeit.

Zunächst wurde die Geschichte bemüht: 1961, Pokalfinale in Gelsenkirchen zwischen Werder Bremen und dem 1. FC Kaiserslautern. Der Pfälzer Favorit (ohne Fritz Walter) stürzte mit 0:2 über den Außenseiter Werder (mit Pico Schütz, Max Lorenz und Sepp Piontek). Jede Mannschaft wertete das auf ihre Art. Dann schickte Otto Rehhagel seine Jungs in die Abgeschiedenheit einer Sportschule am Berliner Wannsee. Ein Jahr zuvor residierten sie noch in der pulsierenden Innenstadt, diesmal gab es Ruhe und Idylle wie in einem tibetanischen Kloster. Außerdem dachte der Trainer sich eine ganz spezielle Taktik aus. „Wir werden sicher nicht so in die Lauterer Konter hineinlaufen wie im letzten Jahr gegen Dortmund", ließ Kalle Riedle durchblicken. Frank Neubarth gab sich im Hinblick auf die Aufstellung rätselhafter: „Ich weiß es, aber ich sage nichts." So mußte Fußball-Deutschland bis zum Anpfiff warten, um zu erfahren, daß Neubarth zunächst auf der Bank saß, Borowka gegen Kuntz, Otten gegen Labbadia und Riedle gegen Foda spielten. 77.000 Zuschauer sorgten für eine prächtige Stimmung, die vor allem durch die freundschaftliche Verbindung zwischen SVW- und FCK-Fans getragen wurde.

Werder machte das Spiel. Ruhig und besonnen lief der Ball durch die Reihen, bis sich die Chance zum Angriff bot. Erst nach 19 Minuten tauchten die Lauterer vor Reck auf. Den Labbadia-Schuß konnte der Keeper noch zur Ecke abwehren, doch dessen anschließenden Kopfball hörte er nur hinter sich in die Maschen klatschen. 0:1. „Nein, nicht schon wieder", ging es da durch die Köpfe der Bremer in grausamer Erinnerung an das vergangene Jahr. „Jetzt nur nicht verkrampfen! Ruhig weiterspielen, die Chance suchen und den Ausgleich erzielen!" Auch durch Oliver Reck ging ein Ruck. „Ab sofort", dachte er sich, „halte ich hier jeden Ball. Die kriegen keinen mehr rein!" Da tauchte schon wieder dieser Labbadia am Strafraum auf und schoß. „Warum passen die nur nicht auf?!" Reck wurde sauer auf seine Kollegen und wollte ihnen seine Meinung zurufen. Er überlegte noch kurz, was er denn wohl sagen würde, als er sich auf den schlaff trudelnden Ball stürzte. „Johnny, paß besser auf!" oder „Enger dekken!" wäre möglich... Da wurden seine Gedanken abrupt unterbrochen. Der Ball war durch Arme und Beine gerollt, hatte die Linie überquert und eine weitere Jubelorgie im Stadion ausgelöst. 0:2.

Reck war entsetzt. Jetzt fiel ihm gar nichts mehr ein. Neubarth bekam sofort das Zeichen zur Einwechslung. Er zog die Jacke aus, der Schiedsrichter pfiff an, er zog die Hose aus, Werder griff an, er machte ein paar Kniebeugen, die Lauterer fingen den Ball ab, er zog das Hosenband stramm, der Konter lief über Lelle, er ging zur Seitenlinie, Stefan Kuntz bekam das Zuspiel, er begriff was geschah, Kuntz traf. 0:3. Otto Rehhagel starrte erschüttert auf das Spielfeld. Das konnte er gar nicht glauben, was er dort sah. Das Spiel war erst eine halbe Stunde alt, vor zehn Minuten stand es noch 0:0 – und jetzt wälzten sich zum dritten Mal zehn rote Trikots auf dem Rasen.

Erstaunlich gefaßt machte Rehhagel seiner Mannschaft in der Pause klar, in welcher Lage sie steckte. Um dem Nachdruck zu verleihen, brachte er Burgsmüller für Borowka. Das war das Signal. Wie verwandelt spielte Werder in der zweiten Halbzeit. Endlich kamen die Pässe an, ergaben sich die Chancen. Die Lauterer ließen deutlich nach und machten ihren Gegner dadurch noch stärker. In der 54. Minute erzielte Neubarth das 1:3. Der lange Stürmer war neben Uwe Harttgen und Dieter Eilts die spielbestimmende Figur auf dem Platz geworden. Der Druck wurde immer größer und führte in der 72. Minute zum 2:3 durch den 40jährigen Burgsmüller. Es war das letzte Profi-Spiel seiner langen bewegten Karriere, und beinahe hätte er sich selbst das schönste Geschenk gemacht, indem er keine zwei Minuten später auch noch den Ausgleich erzielt hätte. Doch er vergab die größte Chance („Das darf einem in meinem Alter eigentlich nicht mehr passieren"), was besonders bitter war, weil alle im Stadion wußten, daß Feldkamps „Buben" das nicht verkraftet hätten. Die Wende wäre möglich gewesen, es sollte nicht sein. Zum zweiten Mal hintereinander verlor der Favorit aus Bremen das Pokalendspiel, und zum ersten Mal nach neun Jahren war Werder nicht für das internationale Geschäft qualifiziert, was nicht nur Willi Lemke traurig stimmte: „Europa muß ein Jahr ohne uns auskommen."

Das Entsetzen ob der Niederlage war groß. Die Fassungslosigkeit angesichts des zehnminütigen Blackouts wurde gar nicht erst in hilflose Erklärungsversuche verpackt. Für Kalle Riedle eindeutig „der schwärzeste Tag meiner Laufbahn" und für Thomas Wolter noch heute „das schlimmste Spiel meiner Karriere", ließen sie ihren Emotionen freien Lauf. Die Reaktionen in der Öffentlichkeit drückten in erster Linie Freude für Kaiserslautern und Mitleid für Werder aus. Auch in der Presse fehlten Hohn und Spott, obwohl Otto Rehhagel vor dem Spiel befürchtete: „Wenn wir verlieren, dann karrt ihr reihenweise die Kübel Mist nach Bremen, die vor euch stehen."

Pampa

Francois Omam-Biyik, Thomas N'Kono, Roger Milla. Einige Namen der Nationalspieler aus Kamerun prägten sich schnell ein. Das 1:0 der Afrikaner gegen den amtierenden Weltmeister Argentinien, war der spaßigste WM-Auftakt aller Zeiten. „Italia 90", das größte Fußballspektakel der Geschichte, begann mit einem Paukenschlag, der nur durch das erstaunliche Gesamtniveau der Mondiale übertroffen wurde. Bis auf wenige Ausnahmen gab es vier Wochen guten Fußball zu sehen, der den Glauben an offensive Spielweise und Technik zurückbrachte. Zum Favoritenkreis zählten natürlich auch die Deutschen. Michel Platini legte sich von vornherein auf Franz Beckenbauers Elf fest: „Sie haben das beste Team, die besten Spieler, den besten Trainer, kurzum: die beste Chance." Er hätte noch ergänzen können: „...und das meiste Glück." Die Rolle der Deutschen Fußballnationalmannschaft bei den WM-Endrunden war stets die des „Hans im Glück". Kraft, Ausdauer und Wille siegten über Technik, Spielwitz und Freude am Sport. Im deutschen Lager wird so etwas von jeher gerne mit dem Begriff „Turniermannschaft" umschrieben. Der Prototyp, der diese Tugenden auf dem Platz zeigte, war (und ist) Lothar Matthäus. Jahrelang trotz schlechter Leistungen durchgeschleppt, war er für den „Kicker" durch seinen Meistertitel mit Inter Mailand „zur Persönlichkeit gereift". In ihm hatten die Medien einen idealen Partner gefunden. Immer zur Auskunft bereit, mit der wundersamen Eigenschaft ausgestattet, auf jede auch nur halbwegs suggestive Frage hereinzufallen. Wenn es ihn nicht gegeben hätte, sie hätten ihn erfunden.

Umso überraschender gestaltete sich dann aber der Verlauf des Turniers. Beckenbauer war es offensichtlich gelungen, sein Fußballverständnis zu vermitteln. Mit einer solch torhungrigen Spielweise hatte niemand gerechnet; die Deutschen hatten ihr „bad-boy"-Image an die Argentinier mit dem ideen- und kraftlosen Maradona weitergegeben. Absoluter Höhepunkt wurde dennoch ein Negativereignis: das Achtelfinalspiel gegen die Niederlande. Im Vorfeld zur Staatsangelegenheit hochgekocht, schäumten die Emotionen über. Die Boulevardblätter geiferten deutschnational, blanker Haß und purer Rassismus beherrschten die Schlagzeilen. Kein Wunder, daß sich die späteren Spielberichte wie Drehbücher früher Wes-Craven-Filme lesen. Rijkaards Rotzer und Völlers Verbalinjurie, für so manchen Reporter einer Kriegserklärung mit dem Nachbarstaat gleichbedeutend, wurden nur noch von der epochalen Reporterleistung in den Schatten gestellt. Heribert Fassbender, in der Regel ein seltsam korrekter Mikrophonverwaltungsbeamter, flippte völlig aus: „Schick' den Schiedsrichter doch in die Pampa!", flehte er hysterisch und dokumentierte gleichzeitig, daß er die Dimensionen dieser Auseinandersetzung überhaupt nicht begriffen hatte. Für ihn war das immer noch ein Fußballspiel dort unten auf dem Rasen.

Der SV Werder hatte drei WM-Beobachter nach Italien geschickt. Willi Lemke kümmerte sich um seinen Sponsorenvertrag und betreute eine Gruppe Jugendlicher, Otto Rehhagel beäugte Spieler und Spielsysteme, Günther Hermann machte gute Miene zum bösen Spiel und erfüllte seine Rolle als „Edelreservist". Der Bremer hatte immer die Hoffnung, daß Beckenbauer „mit mir etwas Besonderes vorhätte." Im Spiel gegen Kolumbien wäre es beinahe soweit gewesen, als Brehme verletzt ausfiel. Der Teamchef konnte jedoch nicht aus seiner Haut schlüpfen und stellte den ungelenken Pflügler auf die linke Seite. Hermann wurde ein Opfer bajuwarischer Vetternwirtschaft, nicht mal auf die Bank durfte er sich setzen. Den Rest des Turniers verfolgte er als Sparringspartner und setzte so eine Tradition fort: Werder und die Nationalmannschaft. Ein ganz spezielles Kapitel, das geprägt ist von Nichtberücksichtigungen. Selten genug konnten sich Bremer in den DFB-Kader spielen, und wenn es einer geschafft hatte, dann gab es dennoch kaum eine Chance auf feste

Positionen und häufige Einsätze (Ausnahmen: Höttges, Völler, Eilts). Zu den bedauernswerten Fällen gehörte u.a. Norbert Meier, der von Jupp Derwall berufen, unter Beckenbauer wieder abgeschoben wurde. Später kämpfte dann Uli Borowka gegen Buchwald und den Teamchef; Frank Ordenewitz wurde quer über den Erdball gejagt, um sich aus dem Kader zu spielen; Thomas Wolter machte in Südamerika zwei Länderspiele gleichzeitig, sein erstes und sein letztes, und wurde Opfer einer desolaten Personalplanung; schließlich Frank Neubarth, der an Dieter Honeneß' Vorzug scheiterte. Während sich der Eindruck aufdrängt, jeder Bayern-Spieler, der leidlich geradeauslaufen kann, werde berufen, blieb Werder weiterhin unterrepräsentiert.

Die Weltmeisterschaft in Italien endete schwächer als sie begann. Die Enttäuschung über das Scheitern der Gastgeber im Halbfinale war riesig, die Tifosi hatten große Hoffnungen in Schillacci, Vialli und Baggio gesetzt. Doch der kleine, dicke Maradona versetzte ihnen, ausgerechnet in Neapel, den Todesstoß im Elfmeterschießen, womit wohl auch klar wäre, warum die römische Freude über den teutonischen Sieg so groß war. Die Deutschen als Racheengel, beinahe an einem Gegner gescheitert, der genauso destruktiv spielte, wie sie selbst in all den Jahren zuvor.

Aufbruch ins zweite Jahrzehnt

Pokalsieg '91 und Europapokalsieg '92

Schwarze, hochhackige Lederschaftstiefel, kurze Hose, viel zu enges Oberteil, das den Bauchnabel freiließ und dazu eine blonde Perücke. Auffällig bekleidet betrat die junge Frau die Halle des noblen Hotels. Der irritierte Portier verriet ihr dennoch die Zimmernummer des männlichen Gastes, schließlich hatte der viel Geld für seine „Pretty Woman" bezahlt. Filmriß.

Endlich mal wieder ein richtiger Sommer! Europa stöhnte 1990 unter der Hitze, die bis September anhielt und die Menschen zum Schwimmen in die Freibäder oder zum Sonnenbaden ans Meer trieb. Deutsche wollen eben braun sein, das kennen wir nicht nur aus der Geschichte. Dabei sprachen sie über die Währungsunion, den Mord an Walter Sedlmayr, das „The Wall"-Konzert in Berlin und Julia Roberts, die in der Rolle einer Prostituierten zum Weltstar aufstieg. Pferdefreunde lernten, daß „fachgerechtes Barren" für Paul Schockemöhle nichts mit Tierquälerei zu tun hat; Tennisfreunde begriffen, warum Monika Seles laut stöhnen mußte, und am Persischen Golf besetzten irakische Truppen mit deutschen Hubschraubern den Nachbarstaat Kuwait, was Präsident Hussein veranlaßte, den „Heiligen Krieg" auszurufen.

Aber das war noch weit, weit weg... Deutschland war Fußball-Weltmeister und befand sich in der Saisonvorbereitung. Nachdem Otto Rehhagel seine Mannschaft durch die schläfrige Provinz in Süddeutschland und Österreich gejagt hatte, stand Ende Juli im „Fuji-Cup" die Begegnung gegen den 1. FC Köln auf dem Programm. Dort hatte man gerade Christoph Daum entlassen und durch Erich Rutemöller ersetzt. Niemand ahnte, daß Köln auch der Gegner im allerletzten Spiel der Saison '90/91 sein würde. Die Hoffnungen der Werder-Fans auf interessante Neuverpflichtungen hatten sich bis zu dem Zeitpunkt nicht erfüllt. Als Vertragsamateure erweiterten Marinus Bester, Arie van Lent, Sascha Malchow und André Wiedener das Mannschaftsfoto. Marco Bode und Oliver

Freund wurden in den Profistand erhoben und Wynton Rufer amtlich verpflichtet, weil der Leihvertrag ausgelaufen war.

Da gelang der große Coup. Dienstagabend, 18.15 Uhr, landete eine kleine Chartermaschine auf dem Bremer Flughafen. Sie kam aus Bordeaux und hatte nur wenige Personen an Bord. Unter ihnen Werders Manager und einen braungebrannten Spieler, den schon lange keiner mehr auf der Rechnung hatte: Klaus Allofs. „Eigentlich liefen meine Pläne darauf hinaus, noch eine Saison bei Girondins zu spielen", gab er Auskunft über die wundersame Verpflichtung, „aber für mich war da kein Platz mehr." Die Transferverhandlungen waren Geheimsache, die finanziellen Regelungen mit den Franzosen blieben es ebenfalls. Der eigentlich ablösefreie Allofs wurde dennoch aus seinem Vertrag herausgekauft, um ihn an der Ablösesumme zu beteiligen. Das wiederum half, nicht den Gehaltsrahmen bei Werder zu sprengen. Geschätzte Summe: 3 Millionen. Dafür kam ein exzellenter Stürmer mit internationaler Erfahrung und spielerischen Qualitäten. „Außerdem verspreche ich mir von ihm als Persönlichkeit viel", setzte Otto Rehhagel weitere Ansprüche an den 33jährigen, der sofort die Rolle von Manni Burgsmüller übernehmen konnte. Allofs bedankte sich für das Vertrauen, indem er ein Tor zum knappen 2:1-Pokalsieg beim Bayernligisten Spvgg Weiden beitrug und damit eine Pleite verhinderte.

Dafür ging der Saisonauftakt gründlich daneben. 0:2 in Wattenscheid, 0:1 in Köln, 0:0 in Frankfurt, 0:0 bei Hertha – „Auswärts muß sich etwas ändern", erkannte Günther Hermann frühzeitig die Lage, denn bis Oktober schoß Werder kein einziges Tor auf fremden Plätzen, was Otto Rehhagel veranlaßte, trotz der Verpflichtung von Allofs weiter nach Verstärkungen zu suchen. Neben der Flaute im Angriff gab es zusätzliche Sorgen in der Abwehr, nachdem der Dortmunder Peter Quallo Johnny Otten ins Krankenhaus getreten hatte. Unterstützt wurde die herbstlich-trübe Stimmung vom ersten spielfreien Europapokaltag seit neun Jahren, den Werder sich mit einem Freundschaftsspiel beim Bremer Verbandsligisten TUS Eintracht vertrieb. Welch ein Glück, daß Ende September der amtierende Meister aus München ins Weserstadion kam. 32.000 Zuschauer sahen ein erstklassiges Spiel mit hohem Unterhaltungswert, zwei gleichwertigen Mannschaften und einem 35-Meter-Schuß von Uli Borowka genau in den Winkel. Das „Tor des Monats" reichte zum Sieg. Fortan zeigte die Leistungskurve steil nach oben, bis Mitte Oktober, nach 9:1 Punkten in Folge, der SV Werder plötzlich und unerwartet Tabellenführer wurde.

Krieg im Osten

Von dort oben betrachteten die Bremer in Ruhe das Geschehen. Auch das Chaos beim FC Köln, nachdem 40 durchgeknallte Anhänger das Clubheim „Zum Geißbock" gestürmt und kurzerhand auseinandergenommen hatten. Pierre Littbarski, schwer verletzt an Krücken laufend, übernahm ersatzweise das Management und mußte mitansehen, wie Udo Lattek zurückgeholt wurde, wobei sein Trainer, Erich Rutemöller, zu dem Zeitpunkt noch glaubte, die Rückkehr sei „das Beste, was passieren konnte". Krach gab es auch im österreichischen Fußball. Die Nationalmannschaft hatte sich lächerlich gemacht, als sie das EM-Qualifikationsspiel gegen die Faröer-Inseln in Landskrona 0:1 verlor. Abgesehen vom dadurch ausgelösten Fußballboom unter den 47.000 Insulanern, mußte Trainer Hickersberger seinen Hut nehmen. Dabei hatten sich doch in erster Linie die Spieler blamiert; auch der Wiener Andreas Herzog.

Die DDR-Nationalelf bestritt ihr allerletztes Länderspiel in Belgien; Thom, Doll, Sammer, Rohde und Kirsten verabschiedeten sich mit Hymne, Flagge und Wehmut, um am 3. Oktober, zusammen mit ihren 17 Millionen Landsleuten, in die ausgebreiteten Oggersheimer Arme gedrückt zu werden. Die schwere, wagnerianisch inszenierte Vereinigungsfeier trug in ihrem Innersten bereits die böse Saat von Rostock-Lichtenhagen. In der DDR-Oberliga überschlugen sich schon bald darauf die Ereignisse: Zuschauerausschreitungen, Schlägereien zwischen Polizei und Fans, ein durch eine Polizeikugel getöteter 18jähriger und die Absage des Spiels beider deutscher Mannschaften in Leipzig. Die Welle der Gewalt, die 1990 ihren Anfang mit dem Ärger und der Ausweisung schwarz-rot-goldener Betonköpfe während der WM aus Mailand und dem biergetränkten Germanen-Stunk beim Länderspiel in Luxemburg nahm, schwappte schließlich auf die neuen Bundesländer über. „Viele Jugendliche im Osten Deutschlands sind nach der Vereinigung in ein politisches, wirtschaftliches und soziales Loch gefallen", analysierte der Hannoveraner Fanforscher Günther Pilz die Vorfälle. Sein Bremer Kollege Narciß Goebbel stimmte ihm zu: „Die Verunsicherung der Leute auf anderen Gebieten sucht sich unter anderem eben auch auf diese Art ein Ventil." Das waren weder neue Erkenntnisse, noch wiesen sie konkret auf Verantwortliche hin. Diese Aufgabe übernahm der stellvertretende Bundesvorsitzende der Gewerkschaft der Polizei (GdP) Klaus Steffenhagen: „Die Polizei ist es leid, daß die DFB-Bosse in der VIP-Lounge sitzen, daß der DFB das große Geschäft macht und draußen brutaler Krieg tobt."

Den Verband indes juckte die Kritik nicht; Stadionverbote, Strafanzeigen und der laute Ruf nach der Bundesinnenbehörde („um die Zusammenarbeit bei der Bekämpfung des Problems zu koordinieren", wie Pressewart Wolfgang Niersbach es formulierte) waren die Methoden, mit denen man in Frankfurt reagierte. Der damalige DFB-Präsident Neuberger machte wenig später noch einmal darauf aufmerksam, „wozu der DFB und die Vereine im Interesse der Zuschauer verpflichtet sein müssen": zu „bestmöglichen Sicherheits-Vorkehrungen". Es war die Geburtsstunde des „Nationalen Konzept Sport und Sicherheit".

Sitzplatzkurve

„Das ist bombig, spitzenmäßig, fantastisch." Willi Lemke hüpfte vor Begeisterung. Die Auslosung für das Pokal-Achtelfinale schenkte Werder ein Heimspiel gegen Schalke. Ihm war sofort klar, was das bedeutete: „Es ist ein Unterschied von Hunderttausenden, ob wir gegen Schalke oder Meppen spielen." Wobei der SV Meppen noch vergleichsweise interessant, der nordbadische Oberligist FV Weinheim, in der ersten Runde Bezwinger des FC Bayern, eine ungleich härtere Prüfung gewesen wäre. Der kalte Novemberabend bot jedoch nicht nur spannende Fußballkost. Mehrere tausend Schalke-Fans reisten mit Sonderzügen an, das Spiel war extra auf den Freitagabend vorverlegt, um ein Samstagnachmittag-Verkehrschaos zu vermeiden.

Aus Hamburg hatte die Bremer Polizei eine Hundertschaft zur Verstärkung angefordert und bekommen. Die Gelsenkirchener wurden, wie bei den auswärtigen Fans üblich, auf die Stehplätze in der Westkurve verfrachtet. Doch der Platz reichte nicht aus, es waren zu viele. Sie begannen, die über ihnen liegenden Sitzplätze zu erobern. Dabei kletterten sie über Zäune und Gitter und machten sich u.a. in Sponsorenblöcken („Club-Block", „Genießerblock", etc.) breit. Das versprach Ärger. Die sowieso schon überforderten Ordner, die die Schalke-Fans ohne große Kontrollen ins Stadion ließen, versuchten zu retten. Es war sinnlos. Der Spielverlauf ließ die Blau-Weißen immer wütender werden. Leuchtraketen flogen auf das Feld, ein Abbruch drohte. Als Wynton Rufer mit dem 3:1 die endgültige Entscheidung erzielte, drehten die Anhänger des Zweitligisten völlig durch. Sie demolierten kurzerhand die Sitzplatzkurve und rissen über hundert Schalensitze aus der Verankerung. Ein teurer Spaß für ihren Verein; die entstandenen Kosten von 30.000 DM mußte Schalke zur Hälfte tragen. Hinter den Aggressionen steckte nicht nur eine gehörige Portion

Wut über die Pokalniederlage, sondern über die jüngsten Entwicklungen im Verein, die zur Entlassung des Trainers Peter Neururer geführt hatten. Selbst Morddrohungen und Proteste konnten nicht verhindern, daß Aleksandar Ristic aus Düsseldorf kam.

Die sportliche Erkenntnis des Abends war jedoch die Leistung von Klaus Allofs. Neben der exzellenten Vorlage zum 2:1 erzielte er das erste Tor selbst. Seine Freistöße und Ecken bezeichnete Werders Ex-Spieler Wolfgang Sidka zu Recht als „Weltklasse". Es war die Art, wie Allofs sich bewegte, den Ball abschirmte, elegant Pässe schlug und seinen unwahrscheinlich präzisen Schuß anbrachte, was die Zuschauer in den Bann zog. Er hatte binnen weniger Wochen sämtliche Fußballherzen der Hansestadt erobert.

„Wüstensturm"

44,1 % für Helmut Kohl und die CDU. Die erste gemeinsame Bundestagswahl für Ost- und Westdeutsche endete in einem Debakel für SPD und Grüne. Des Kanzlers Wahlversprechen hatten gewirkt, insbesondere in den neuen Bundesländern konnte er Stimmen gewinnen. Der saarländische Zweitligist Oskar Lafontaine gewann lediglich die bittere Erkenntnis, daß es besser gewesen wäre, das „Blaue vom Himmel" zu versprechen, statt harte Realitäten zu prognostizieren. Kein Mensch wollte hören, daß die wirtschaftliche und politische Lage einen äußerst instabilen Verlauf nehmen würde. Nach all den Jahren SED-Regime war die Stimmungslage eine andere.

Hätte die politische Linke vor den Wahlen auf das aktuelle Geschehen in der Bundesliga geschaut, wäre ihnen sicherlich aufgefallen, daß die Zeit nicht reif war für eine Offensive. Abwehrverhalten war Trumpf. An der Tabellenspitze stritten sich die Bayern, Werder und Kaiserslautern um den Platz an der Sonne; alle drei jedoch mit eher denfensiver Spielweise. Feldkamps „Betzebuben", aus der Heimat des Kanzlers, spielten so wie Pfälzer Saumagen schmeckt; Heynckes' Münchener machten sich durch den schnöseligen Neueinkauf Effenberg unbeliebt, und selbst Rehhagels Jungs überzeugten in erster Linie durch bissiges Deckungsverhalten.

Die innenpolitische Lage bot aber nicht den Hauptanlaß zur Sorge im Winter '90/91. Ein paar tausend Kilometer weiter südlich wurde ein Krieg vorbereitet. Anfang Januar brachen die Außenminister der USA und des Irak ihr Treffen in Genf ab. US-Präsident George Bush forderte den sofortigen Rückzug irakischer Truppen aus Kuwait, Saddam Hussein drohte seinerseits mit einem Blutbad im Falle des Eingreifens westlichen Militärs. Die Konfrontation war genauso unausweichlich wie gewollt. In der Nacht vom 16. auf den 17. Januar 1991 starteten die Alliierten am Golf massive Luftangriffe. Kampfflugzeuge der USA, Großbritanniens und Saudi-Arabiens bombardierten Bagdad, die Operation „Wüstensturm" hatte begonnen. Die Menschen in Deutschland erfuhren in der Frühe aus dem Radio von der neuen Lage. Von Beginn an war es möglich, den Krieg direkt mitzuerleben – durch CNN. Eine Multi-Media-Show, Raketenab-schüsse und -einschläge live und in Farbe auf dem heimischen Bildschirm, mit anschließendem Statement und weitergehender Einschätzung. Ted Turners Kabelkanal erlebte einen ungeahnten Popularitätsschub. Doch nicht nur die Schrecken des Krieges, auch seine neuartige Medienpräsenz machte vielen Menschen Angst. Der Sport reagierte sehr unterschiedlich auf die Ereignisse. Viele Veranstaltungen wurden abgesagt oder verscho-ben, manche, wie das Bremer Hallenturnier, dennoch durchgeführt. Die A-Jugend des SV Werder befand sich gerade auf einer Reise durch die Türkei, die sofort abgebrochen wurde. Das öffentliche Leben in Deutsch-land stand vollständig unter dem Einfluß der politischen Lage. Durch-schnittlich zwölf Millionen Zuschauer sahen im Fernsehen die Sonder-sendungen, CNN berichtete die gesamte Nacht hindurch, Mitte Januar demonstrierten über 200.000 Menschen in Bonn gegen den Krieg, und schließlich, während der Irak die ersten „Scud"-Raketen mit Hilfe deut-scher Abschußrampen auf Israel abfeuerte, fiel sogar die „Wetten,-daß..."-Sendung am Samstagabend aus.

Warentermingeschäfte

Bis zum 28. Februar dauerte der Golfkrieg. In den knapp 1 1/2 Monaten bekamen die Ereignisse eine sonderbare Normalität und Gegenwärtig-keit, und nach und nach drängte sich Alltägliches wieder in den Vorder-grund. So war es auch im Sport. Anfängliche Betroffenheit (Willi Daume, NOK-Präsident: „Der Sport trauert.") wich schnell wieder dem Geschäft. Der Privatsender SAT 1 wollte die Bundesligarechte erwerben und bot 500 Millionen Mark für 5 Jahre – das zog sämtliche Aufmerksamkeit der Bundesligamanager auf sich. Um sich die Exklusivrechte sichern zu kön-nen, wurde dem DFB eine Offerte gemacht, die er nicht ablehnen konnte. In stiller Freude sagte Frankfurts Präsident Ohms: „Das Angebot ist begrüßenswert und gut." Felix Magath, Bayer Uerdingen, erkannte noch eine „Steigerungsrate", die Münchens Uli Hoeneß offen mit 1 Milliarde

DM bezifferte. Ihnen allen war sofort klar, daß der Geldsegen auch auf die Vereine niederprasseln würde. Erhöhte Einnahmen durch Fernsehrechte bedeuteten wiederum weniger Abhängigkeit von Eintrittsgeldern. Und genau da lag das Problem etlicher Clubs. Zwar gab es die dezente Tendenz zunehmender Zuschauerzahlen; verlassen wollte sich in Zeiten wirtschaftlicher Instabilität niemand darauf. Mit der Verdoppelung der Gesamt-TV-Einnahmen für den DFB konnten die Vereine ebenfalls mit einer Verdoppelung ihrer Zuteilungen rechnen, auch wenn der DFB einen Großteil in die eigene Tasche steckte. Willi Lemke ging sogar noch einen Schritt weiter: „Wenn soviel Geld bezahlt wird, dann hat das Fernsehen auch das Recht, Wünsche zu äußern." Damit meinte er Anstoßzeiten und Spielverlegungen. Sein Kollege vom FC St. Pauli Hamburg, Herbert Liedtke, drehte an derselben Schraube: „Der DFB soll sich den Terminplan vorschreiben lassen. Wenn jemand soviel bezahlt, erwirbt er auch entsprechende Rechte." Das war bemerkenswert: Bevor eine Einigung erzielt, bevor ein Vertrag unterzeichnet, bevor auch nur ein Konkurrent aus dem Rennen geworfen worden war, signalisierten die Vereine, was sie wollten. Kein Mensch zweifelte ab dem Moment, wie die Entscheidung ausfallen würde.

Als die Winterpause beendet war, kam der Winter nach Deutschland. Schnee und Matsch sorgten für Spielausfälle, auch bei Werder. Allerdings nicht beim Heimspiel gegen Wattenscheid, obwohl Oliver Reck im nachhinein darüber froh gewesen wäre. Eigentlich würde kein Mensch mehr über die Begegnung reden, wenn es da nicht dieses Tor von Kontny gegeben hätte. An der Mittellinie bekam er den Ball, schaute und sah Reck zu weit vor dem Tor stehen. Kontny nahm Maß. Weich, einer unsichtbaren Linie folgend, flog der Ball über den Bremer Torwart in das Netz. Alles gar nicht so schlimm. Doch Reck stolperte beim Rettungsversuch rückwärtslaufend, polterte auf den nassen Rasen und blieb dort wie ein hilfloser Maikäfer liegen. Die Bildredakteure und Fernsehreporter lachten sich ins Fäustchen, jetzt hatten sie endlich einen „Aufhänger" für ihren Bericht. Recks angekratztem Image tat das nicht gerade gut; im Gegenteil, die ständigen Wiederholungen der Szene in slow-motion und seine Erklärungsversuche machten alles noch viel schlimmer. Fans mögen es nicht, wenn ihr Torwart nach einem solchen Ding sagt: „Jetzt kommt es darauf an, möglichst schnell zu vergessen." Das wirkt arrogant, ob es so gemeint ist oder nicht, und vergessen hatten sie auch noch nicht das Pokalendspiel gegen Kaiserslautern. (Oliver Reck hat jedoch viel Lehrgeld für diese Panne – und folgende – bezahlt. Erst im Meisterjahr '92/93 strahlte er wieder Souveränität und Ruhe aus und ist inzwischen in Bremen in ein positiveres Image hineingewachsen.)

Trotzdem eroberte Werder Anfang März erneut die Tabellenspitze, nachdem St. Pauli durch einen 1:0-Streich im Münchener Olympiastadion den Bayern zwei Punkte entführte und sie zum Gespött machte. Genauso heißblütig diskutiert, vor allem im Ruhrgebiet, war der publik gewordene Vorvertrag, den die Bremer mit Bochums Thorsten Legat abgeschlossen hatten. Bereits im Dezember, beim 2:1 in Bochum, liefen die Verhandlungen, die kurz vor dem Jahreswechsel zum Abschluß kamen. Knapp 2 Millionen Ablöse für den durchaus talentierten Spieler, der beim VfL die Rolle des jugendlichen Helden spielte, waren allerdings recht viel. Bis zu dem Zeitpunkt war Legat vor allem durch die Art aufgefallen, wie er Fußball „arbeitete". Mit funkelnden Augen und bösem Blick, Bürstenhaarschnitt und Stallone-Habitus, hatte er es im Ruhrstadion zur Identifikatonsfigur vieler Fans gebracht. In Bremen war diese „street credibility" jedoch nicht gefragt. Die Konditionen zwischen den Vereinen wurden Ende 1990 geklärt, der Wechsel hingegen fand erst zur neuen Saison 1991/92 statt. Die letzten Wochen der Saison waren für Legat somit recht hart, denn die Liebe der Fans verblühte schnell, als klar wurde, daß „einer der ihren" zu Werder gehen würde. Für die Bochumer ist Werder keineswegs ein Verein mit sozialdemokratischem Image und Hafenarbeiter-Flair, sondern eher ein privilegierter Club, der in der Lage ist, den Gegnern die begehrte Ware abzukaufen. Thorsten Legat bekam den Unmut persönlich zu spüren, indem er fortan als „Lü-gat" beschimpft wurde.

In Bremen wurde indes für eine Jubiläumsfeier gerüstet: Otto Rehhagel schickte sich an, ein Jahrzehnt Trainerarbeit an der Weser komplett zu machen.

▶ **E I N W U R F**

»Fußball ist wie Theater«

Otto Rehhagel im Porträt

Sein Dienstjubiläum hätte er beinahe absagen müssen. Rehhagels Kontakte im Frühjahr '91 mit Borussia Dortmund, die ihn „...um jeden Preis" (Lemke) haben wollten, ließen den Schluß zu, daß er den Weg zurück ins Ruhrgebiet finden würde. Sein bis 1993 datierter Vertrag und die Klausel, daß eine vorzeitige Freigabe nur für ausländische Clubs in Frage kommen könnte, beendeten die Verhandlungen. Der BVB verpflichtete Ottmar Hitzfeld; Rehhagel blieb in Bremen und setzte seine vor zehn Jahren begonnene Arbeit fort.

Damals, im Januar 1981, hielt Werder die Tabellenspitze der 2. Liga. Nach dem Abstieg war die Rückkehr in die Erstklassigkeit Pflicht, dafür hatten die Verantwortlichen auch Trainer Kuno Klötzer unter Vertrag genommen. Doch Hamburgs ehemaliger Erfolgscoach war durch einen Verkehrsunfall wochenlang ans Bett gefesselt. Auf der Bank saß wieder einmal Manager Rudi Assauer als „Notnagel", der jedoch nicht lange untätig blieb und gemeinsam mit Böhmert und Fischer nach einer längerfristigen Lösung Ausschau hielt. „Uns allen war klar, daß der Wiederaufstieg in diesem Moment an einem seidenen Faden hing, denn die Leistungskurve der Mannschaft zeigte bergab", erinnerte sich der Präsident und fragte bei Otto Rehhagel an. Der Essener, bereits 1976 als Kurzzeittrainer in Bremen tätig, wollte aber keine flüchtige Aushilfe sein. „Es war ein hartes Stück Arbeit, ihn nach Bremen zu bekommen", konnte Rudi Assauer berichten, denn „er wollte nicht wieder nur für einige Wochen die Feuerwehr spielen".

Gleich zu Beginn ließ Rehhagel durchblicken, welch fußballbesessener Geist er war; Böhmert: „Es war unglaublich, wie er die Spieler schon kannte, was für ein perfektes Konzept für die nächsten Wochen er mir auf den Tisch legte." Seinen Einstand im April feierte er mit einem 4:2 in Solingen. Werder wurde souverän Meister und stieg nach einem Jahr Zweitklassigkeit wieder auf. „Wir wollen nicht die graue Maus werden", gab der Trainer die Losung für die Bundesliga aus und verpflichtete mit dem Japaner Yasuhiko Okudera und Junioren-Nationalspieler Rigobert Gruber zwei Defensivkräfte. „Wichtig ist es, erstmal in der Abwehr gefestigt zu sein, so wenig Tore wie möglich hinzunehmen", begründete er die Maßnahme und machte damit deutlich: „Unser Mittel zum Erfolg heißt Disziplin." Mit einer kombinierten Raum-/Manndeckung, angeleitet von Libero Klaus Fichtel, der Bayern-Leihgabe Pasi Rautiainen im Mittelfeld und einem 35jährigen Erwin Kostedde im Angriff, der zuvor 29mal die Zweitligatorhüter überwunden hatte, befreiten die Bremer sich gleich im ersten Spiel in Mönchengladbach mit einem 4:2-Sieg von diesem „Maus"-Image.

Nicht befreien konnte Rehhagel sich hingegen von seinem Image eines impulsiven Hitzkopfs, der seine Spieler aufputscht und zu unfairen Attacken verleitet. „Pack ihn dir!" soll er ausgerechnet seinem damals gröbsten Treter Norbert Siegmann zugerufen haben. Dessen brutales Foul an Bielefelds Ewald Lienen und die daraus resultierende 20-cm-Platzwunde am Oberschenkel riefen den DFB und sein Sportgericht auf den Plan, vor dem er sich wegen „schweren Verstoßes gegen die Pflichten eines Fußball-Lehrers" verantworten mußte. Zur monatelangen Medienkampagne kamen Morddrohungen, die Leibwächter und kugelsichere Weste beim Rückspiel auf der „Alm" notwendig machten. Die Anschuldigungen wurden dann fallengelassen. Die Reaktion der Presse auf das „Schlitzer-Foul" haben jedoch bei Rehhagel eine tiefe Wunde hinterlassen, die in den Jahren danach zwar vernarbte, aber nie verschwand.

Werder blieb die Überraschungsmannschaft der Saison '81/82 und belegte am Ende Platz 5. Daß dieser Erfolg kein Zufall war, wurde in der nächsten Spielzeit eindrucksvoll bewiesen. Nach den Glückseinkäufen Gruber und Okudera bewies Rehhagel zum ersten Mal sein goldenes Händchen, verstärkte sich mit Frank Neubarth und holte, statt des überschätzten Hannoveraners Schatzschneider, Rudi Völler von München 1860 aus den Tiefen der 2. Liga („Die Bayern haben ihn zwei Jahre auf dem Hof spielen lassen und nicht einmal aus dem Fenster geguckt."). Verstärkungen, die über Jahre den Weg des SV Werder prägen sollten und die in ihrem ersten Jahr den Meistertitel im Rennen mit dem übermächtigen Happel-HSV nur um ein paar Tore verpaßten.

Mittlerweile hatte sich in Bremen auch das Team gefunden, welches für die weiteren erfolgreichen Jahre die Basis bieten würde. Zu Präsidium und Trainer war Willi Lemke als Manager hinzugestoßen; ein Mann, der nicht nur wegen seiner Fähigkeiten ein Segen für den Verein war, sondern auch wegen seiner Defizite. Im Gegensatz zu vielen seiner Kollegen war Lemkes Fußballsachverstand eher unterentwickelt, dadurch wuchs Rehhagels Position, was ihn bestärkte und selbstbewußter arbeiten ließ.

Der SV Werder war ein Sympathieträger geworden. Die erstaunliche Wandlung innerhalb von zwei Jahren verdankte der Verein seinem charismatischen Trainer und seinen Erfolgen. Rehhagels samstägliche Auftritte waren zuweilen medienwirksamer und interessanter als die Spiele auf dem Rasen. Keine „Sportschau" verging ohne Sonderbewachung per Kamera für den Coach. Und er genoß sichtbar den Spot, der auf ihn gerichtet wurde. Wie ein „Rumpelstilzchen" turnte er an der Seitenlinie herum, gestikulierte theatralisch und peitschte die Mannschaft mit lauter Stimme nach hinten. Wenn er seinen Spielern etwas ganz Wichtiges mitzuteilen hatte, führte er den gekrümmten kleinen Finger der rechten Hand in den Mund und ließ einen markerschütternden Pfiff über den Platz gellen. Eine Eigenart, die er sich bis heute bewahrt hat und deren Ursprung offensichtlich in den frühen Essener Tagen seiner Kindheit liegt. Auf der Beliebtheitsskala der Deutschen nahm Werder mitsamt Trainer 1983 einen Platz ganz weit vorne ein, was ihnen sonderbarerweise auch eine Einladung in die „Harald-Juhnke-Show" einbrockte. Fußballdeutschland lag Rehhagel auch zu Füßen, als er versuchte, der Bayern-Allmacht in der Liga zu trotzen. Mit eindeutig geringerem Etat und transfergünstigerem Spielermaterial kam es in den Spielzeiten '84/85 und '85/86 zum Meisterschaftsduell zwischen beiden Vereinen. Da Rehhagel mit Werder beide Male leer ausging, verlieh ihm die Sportpresse den Titel „Otto II.". Trotzdem wuchs die Achtung vor seinen Fähigkeiten in der Öffentlichkeit. Als Co-Kommentator des ZDF während der 86er Fußball-WM in Mexico legte er gar den Beweis vor, sein Wissen in verständliche Worte fassen zu können. „Ein Mann aus dem Volk für das Volk" („Playboy") – bis zu diesem Zeitpunkt.

„Mein Vater war Bergmann. Ich komme aus dem Ruhrgebiet. Ich bin im Krieg groß geworden. 1943 war ich fünf Jahre alt, da habe ich den Großangriff auf Essen mitgemacht, wo sie alles niedergemacht haben. Mein Vater war im Bunker, der hat Glück gehabt, daß er rausgekommen ist. Nach dem Krieg haben wir wochenlang nichts Richtiges zu essen gehabt. Die schrecklichsten Dinge mußte ich miterleben. Ich habe mir das hier ganz ehrlich, step by step, erarbeitet. (...) Ich sage mir: Otto, du hast es verdient. Du hast echt was dafür getan."
Seine Herkunft ist für Otto Rehhagel das Maß aller Dinge. Aus den Erfahrungen und Erlebnissen seiner Kindheit entwickelte er Leitfäden für sein Leben und seine Arbeit. „Früher mußten wir uns nach dem Krieg alles erkämpfen. Heute lachen die Jungs, wenn man erzählt, daß wir nach dem Krieg mit dem Stoffball gespielt haben. Die Leute heute werden anders groß. Denen wird es einfacher gemacht." Wobei er dieses Spiel nicht immer mitspielt. Seine „Jungs" wissen, aus welchem Holz ihr Trainer geschnitzt ist, weil er es ihnen mehrfach deutlich gemacht hat. „Ich bin einer, für den noch die alten Werte zählen", klärt er auf und meint damit Disziplin, Fleiß, Treue, Menschlichkeit und vor allem „Ordnung, nicht nur im Fußball. Es ist doch die Frage, ob die totale Freiheit für den Menschen richtig ist."

In Einklang mit den Bällen

Am 9. August 1938 in Sichtweite der Zeche „Helene" in Altenessen geboren, litt auch er unter den Kriegs- und Nachkriegsverhältnissen in Deutschland und dem beengten Wohnraum: „Zwei Zimmer, es wohnten zehn Familien im Haus. Wenn Feierabend war, haben die Familien immer auf dem Hof gesessen. Als der Vater dann weg war, die Mutter Rentnerin, die Kinder zu Hause gearbeitet haben, habe ich gedacht: Nein, du mußt es zu was bringen. Weg von diesen Trümmern, dem Hunger, der Not. Der einzige Weg war der Fußball." Er spielte zunächst beim örtlichen Klub TuS Helene; wechselte dann 1960 als Vertragsspieler zum Konkurrenten Rot-Weiß Essen in die Oberliga. Auf dem Platz zeigte er sich bissig, hart, kompromißlos – sein Kampf hatte begonnen. Tore zu verhindern, wurde seine Profession, als er nach Einführung der Bundesliga 1963 bei Hertha BSC Berlin einen Vertrag unterschrieb. „Ich bin derjenige, der die Kette durchbrochen hat", sagte er später, stolz, nicht die Familientradition als Bergmann fortführen zu müssen. Nach Herthas Abstieg wechselte er 1966 zum 1. FC Kaiserslautern und feilte weiter an seinem Ruf: „Mit 28 hatte ich schon mein Image. Ich brauchte niemanden mehr anzupfeifen. Wenn die mich gesehen haben, haben die schon die Hosen voll gehabt." Mit 34 Jahren, nach über 200 Bundesligaspielen, wird ihm einer seiner ungezählten Zweikämpfe zum Verhängnis; das kaputte Knie beendet die aktive Laufbahn.

Nahtlos schloß sich der erste Trainerjob beim Regionalligisten Saarbrücken an, bevor er Gyula Lorant bei den Offenbacher Kickers in der ersten Liga beerbte. Dort sorgte er für Furore, als der FC Bayern (mit Debütant Rummenigge) 6:0 geschlagen wurde – und das kurz nach der WM '74. Im Dezember '75 wollte sich niemand mehr an den Erfolg erinnern; Rehhagel wurde gefeuert und resümierte: „Mit 50 bist du als Fußballtrainer reif für die Klapsmühle. Wenn du genug Geld verdient hast, kannst du wenigstens erster Klasse liegen." Er ging nach Bremen, weil Werder in Abstiegsnot geraten war. Herbert Burdenski war gescheitert und räumte im Februar '76 den Stuhl für den „Heißsporn aus dem Pott". Rehhagels Motivationskünste zeigten Wirkung; am letzten Spieltag sicherte sich die Mannschaft durch ein 2:0 über den MSV Duisburg den Klassenerhalt. Sein Job war also erledigt, er konnte gehen und tat das auch. Die nächste Station hieß Dortmund. Eigentlich ein Traumverein für einen Trainer aus dem Ruhrgebiet, wurde die Liaison dennoch abrupt beendet, als der BVB am letzten Spieltag der Saison '77/78 mit 0:12 die höchste Niederlage der Bundesligageschichte kassierte. (Mönchengladbach schlug damals unbarmherzig zu, weil das Torverhältnis die entscheidende Rolle im Titelrennen spielte. Das Fernduell gewann jedoch der 1. FC Köln mit 5:0 gegen St. Pauli und wurde somit Meister.) Man verpaßte ihm den Namen Otto „Torhagel" und den Entlassungsschein, obwohl er die Schuld nicht bei sich sah: „Ist die Schießbude erstmal eröffnet, gibt es kein Halten mehr." Über ein kurzes Arminia-Bielefeld-Engagement landete er 1980 bei Fortuna Düsseldorf und gewann zusammen mit Klaus Allofs seinen ersten Titel: den DFB-Pokal.

Der Kutzop-Elfer, der Fehlstart in die Saison '86/87 durch die Verletztenmisere (Pezzey, Völler, Neubarth), das Ausscheiden im Uefa-Pokal gegen Atletico Madrid, sowie im DFB-Pokal gegen Zweitligisten Alemannia Aachen – Rehhagels Nervenkostüm zeigte im Herbst '86 deutliche Risse. Zu spüren bekamen das einerseits Spieler wie Völler und Meier, andererseits der lokale Fernsehsender, der seinen ersten Krach mit dem Trainer ausfocht. Die Verwunderung ob der Veränderung war groß, Erklärungsversuche gab es etliche. Einen davon wagte der Bremer Uni-Psychologe Prof. Fritz Stemme: „Nichts fürchtet der Trainer so sehr wie das Gerede um eine Krise. Wenn das Wort die Runde macht, schlägt er zurück, als trachte man ihm nach dem Leben. Der mit einem elefantenhaften Gedächtnis ausgestattete Rehhagel vergißt keine kritische Äußerung, reagiert noch nach Jahren darauf allergisch und prahlt gern mit der eigenen Solidität, um die Unsicherheit und Empfindlichkeit bei sich selbst zu kompensieren."

In der Tat, Rehhagel zeigte sich immer gut informiert. Ob er es selbst gelesen oder zugetragen bekommen hatte, er vergaß es nicht. „Ich beschäftige mich von morgens bis abends mit Fußball", gestand er gern ein, wobei viele Bremer sich an seine Angewohnheiten erinnern werden, sich täglich mit diversen Zeitungen und Zeitschriften ausgestattet in ein Bremer Café zu setzen, um dort die Hausaufgaben zu machen – und um sich zu ärgern. „Das große Phänomen unseres Jahrhunderts sind die Medien", begann er häufig seine Kritik, „doch insbesondere die Boulevardpresse ist aus Verkaufsgründen so aggressiv geworden, daß in ihrer Berichterstattung gar kein Platz mehr ist für Zwischentöne. Die Macht der Medien ist eine Realität, ich habe nur Angst, daß es zu einer Diktatur der Medien kommt." Auf einer Tagung norddeutscher Trainer in Bremen ging er im April '91 noch näher darauf ein: „Die Erwartungen der Leute sind durch die Medien viel zu groß geworden. Diejenigen, die über uns schreiben, wissen gar nicht, wieviel Kraft man braucht, täglich mit 20 jungen Leuten auf dem Trainingsplatz zu stehen." Bei der Auswahl seiner Angriffsziele verblüffend pauschalisierend, gelang dem Trainer jedoch in seiner Analyse häufig eine Punktlandung: „Wenn du in die Zeitung kommen willst, dann läufst du nach einem langweiligen Spiel zur Tribüne, ziehst die Hose runter und zeigst deinen blanken Hintern. Dann kannst du sicher sein, daß du die Schlagzeilen machst, die das Spiel eigentlich nicht gemacht hätte."

Den Medien, so meint er, gehe es „viel zu selten um das Sportlich-Fachliche", folglich ist auch der Umgang mit ihm schwierig geworden – gerade als Journalist. Interviews waren nur schwer zu bekommen und mußten in der Regel schriftlich angemeldet werden. Selbst die lokale Presse von Radio Bremen und „Weser-Kurier", sanft, sachlich und fair im Umgang, spürte stets beißende Abneigung. Seltsam erschien dagegen seine Nähe zu genau denjenigen, die er stets anprangerte: die Boulevardpresse. Kaum eine Ausgabe der „Sport-

Der Beginn einer wunderbaren Freundschaft: Lemke, Rehhagel, Böhmert. Im Hintergrund die Meister von 1965.

Bild" ohne Rehhagel-Statement; nach errungenen Titeln veröffentlichte sie blitzschnell seine „Erinnerungen". Doch in der Region fiel es ihm offensichtlich schwer, Journalisten Rede und Antwort zu stehen. Begegnete man ihm nach dem Training, um Fragen zum kommenden Spiel zu erörtern, fühlte er sich häufig belästigt, verwies auf seinen, von ihm einmal so bezeichneten „Presseabwehrchef" Lemke, oder antwortete verkrampft, vorhersehbar und stereotyp. Ein fachliches Gespräch war nicht möglich, weil er seinem Gegenüber diese Fachlichkeit absprach (s.o.). Ein erstaunlich unprofessionelles Verhalten; jeder zweitklassige Rockmusiker oder Filmschauspieler hat seine Lektion im Umgang mit den Medien besser gelernt als der erfolgreichste deutsche Fußballehrer der letzten zehn Jahre. Dabei war es doch Rehhagel, der gern davon sprach, daß wir „in einer totalen Leistungsgesellschaft leben".

„Fußball ist wie Theater. Wenn wir zu Hause spielen, sind 40.000 Leute da, die wollen was sehen", bleute er seiner Mannschaft gern ein. Die ehrliche Arbeit, die er leistet, erwartet Rehhagel auch von seinen Spielern: „Sie sind zwischen 20 und 35 Jahren alt, haben einen tollen Körper, reisen um die ganze Welt und verdienen jeden Monat 20.000 Mark. Wer da nicht motiviert ist, dem ist nicht mehr zu helfen." Nicht immer fand seine Art, Spieler zu behandeln, Zuspruch. Einen Dietmar Beiersdorfer setzte er in dessen erster Bremer Saison in beiden Europacupspielen gegen Hannover 96 nach je einer halben Stunde auf die Bank. Ohne Kommentar. „Verstehen tue ich es nicht", sagte der Verteidiger damals, andeutend, daß er zu gern ein paar Worte gehört hätte. „Ich habe zu allen meinen Spielern ein ausgezeichnetes Verhältnis", setzte Rehhagel dem entgegen. „Sie sind mir lieb und teuer, und ich behandle sie mehr als menschlich". Und weiter: „Bei mir kann jeder machen, was er will. Er muß nur wissen, wenn er hierherkommt, mit mir zusammenarbeitet, daß es da bestimmte Regeln gibt. Die muß er einhalten."

Problemfälle gibt es in jeder Mannschaft, in jeder Sportart, in jeder Liga. Die Ursachen dafür sind verschiedenster Art und häufig nicht nachzuvollziehen. Doch, wie überall im Leben, ist die Einstiegsformel zur Lösung immer die gleiche: Dialogfähigkeit. Otto Rehhagel erweckte zuweilen den Eindruck, das Interesse dafür verloren zu haben. Sein ehemaliger Stürmer Stefan Kohn litt darunter, bevor er den Wechsel nach Köln vollzog. Nach dem gescheiterten

Versuch, mit dem Coach die Perspektive zu besprechen, zog Kohn resigniert sein Fazit: „Er hat sicherlich viele positive Eigenschaften, er hat ein gutes Händchen bei Neueinkäufen, und er hat dem Verein schon Millionen eingebracht. Aber ihm fehlt etwas im psychologischen Bereich." Darauf wußte Rehhagel jedoch versöhnlich zu antworten: „Als Mensch sind Sie für mich unantastbar, ja heilig. Wenn ich Sie kritisiere, meine ich immer nur Ihre Leistung." Jonny Otten, der fast zwölf Jahre mit Rehhagel zusammengearbeitet hat, versucht seinen Trainer zu charakterisieren: „Er merkt sich alles, vergißt nichts. Das kann zehn Jahre zurückliegen, aber alles, was auf dem Rasen abgelaufen ist, weiß er noch. Jeder hat seine Schublade bei ihm, da kommt alles rein. Speziell bei den Journalisten. Das führt natürlich dazu, daß die Spieler lieber gar nichts mehr sagen, denn jeder bekam seinen Vers, was er zu sagen hatte: 'Fahren Sie Ihre Antennen aus, wenn die mit dem Mikro kommen.' Dem Thorsten Legat z.B. steckte er gleich: 'Ihren Porsche, den verkaufen Sie mal gleich wieder.' Und: 'Wohnen Sie erstmal in Huchting und nicht gleich in Oberneuland.' Auch den Ohrring mußte er rausnehmen. Rehhagel will einfach nicht, daß jemand größenwahnsinnig wird. Er formt sich die Spieler so, wie er sie braucht."

Rehhagel hatte mit seinen personellen Entscheidungen fast immer ins Schwarze getroffen; ein waschechter Fehleinkauf war in seiner Ära kaum zu verzeichnen. Dieser maßgebliche Erfolg des Trainers am Erfolg des Vereins war aber auch immer gleichzeitig das Risiko, das der Verein trug. Alles war auf ihn zugeschnitten, Entscheidungen über die sportliche – und somit auch wirtschaftliche – Zukunft wurden von ihm gefällt. Und Rehhagel war es gewohnt, daß seine Ansagen realisiert wurden.

In manchen Fällen führte das zu mittlerweile anerkannt problematischen Engpässen. Beispiel: Nachwuchsarbeit. Spielte Werders Konzept jahrelang eine Vorreiterrolle, zeigte sich zu Beginn der 90er, daß Rehhagel immer weniger auf die jungen Spieler setzte. Das mühsam umgesetzte Konzept, mit all den Übungsleitern, Sondereinheiten, Nachwuchsmanagern und Internatsgästen wurde ad absurdum geführt, weil der Chefcoach sein Interesse verloren hatte. Jahrelang krebsten Spieler wie Lars Unger, Chad Deering, Ari van Lent oder Marinus Bester ohne wirkliche Chance im Umfeld des Profikaders, bis sie z.T. Konsequenzen zogen. Mittlerweile bemüht sich der SV Werder wieder stärker darum, sein Nachwuchskonzept den aktuellen Gegebenheiten der Bundesliga anzupassen. (Das Bosman-Urteil brachte eben auch die Bremer auf Trab.)

Als Rehhagel noch amtierte, wurden diese strukturellen Mängel deutlich durch die Erfolge übertüncht. Wer Titel holt, braucht sich eben nicht auf Nachwuchsarbeit ansprechen zu lassen. Und wenn es mal nicht so lief, dann rückten die Club-Verantwortlichen ganz eng zusammen und demonstrierten Einheit nach außen; ein typisches Werder-Merkmal in schweren Zeiten der Rehhagel-Ära. Insbesondere im Vorfeld des Europa-Cup-Gewinns spürte der Trainer allzu deutlich, wie schmal der Grat des Erfolgs ist. Doch sein Präsidium reagierte mit einer Vertragsverlängerung.

Als im Herbst '91 mit der Heimniederlage gegen Kaiserslautern ein Tiefpunkt erreicht war, wurden die Spieler gefragt, ob sie gegen ihren Trainer spielen würden. Antwort Bratseth: „Quatsch, das ist lächerlich." Rehhagel spürte damals, was die Stunde geschlagen hatte: „Wir stehen nicht so da, wie wir uns das vorgestellt haben, und nun müssen wir zeigen, ob wir eine gute Mannschaft sind, die auch durch ein Tief kommt." Sie kamen durch – bis Lissabon; im Gegensatz zum FCK, der im Europapokal früh an Barcelona scheiterte.

Zusammenhalt ist auch wichtig für einen Verein, eine Mannschaft, einen Trainer. Negativbeispiele, was mit veröffentlichten Interna, streitsüchtigen Spielern, mangelnder Präsidiums-/Vorstandsunterstützung, intriganten Managern und verschwendungssüchtigen Schatzmeistern in der Bundesliga alles erreicht wurde, gibt es genug. Klaus Allofs sagte einmal: „Die Erfolge bei Werder waren möglich, weil es eine klare Trennung gibt zwischen wirtschaftlichen und sportlichen Angelegenheiten". Doch Allofs konnte nicht ahnen, daß genau dieser Grundsatz kurz nach seinem Abschied entscheidend durchbrochen wurde. Als Rehhagel, offensichtlich im Alleingang, Stefan Effenberg im Sommer 1994 nach Bremen locken wollte, gab es massive Probleme in der Hierarchie des Clubs. Hätte es sich um einen talentierten Nachwuchsspieler gehandelt – o.k. Wäre die Ablösesumme im Bereich des hanseatisch-verträglichen gewesen – auch o.k. Aber dieser Junge mit dem erigierten Finger, der frisch gekürte bad boy der Szene, der von Italien re-transferiert werden sollte und annähernd 10 Millionen kosten würde, war zuviel für das Werder-Präsidium. Sie erfüllten ihrem Angestellten nicht den Wunsch, sein Traummittelfeld mit Herzog, Basler, Eilts und Effenberg zu formen. Ein Mittelfeld, von dem heute ganz Europa in Ehrfurcht reden würde. Möglicherweise ein Fehler von viel größerer Tragweite, als Böhmert, Fischer und Schatzmeister Müller erahnten. Zwar dachte Rehhagel immer über seine Zukunft nach und diskutierte stets mit seinem befreundeten Präsidenten; aber nun wurde der langsame Lösungsprozeß tatsächlich ausgelöst.

Sein Blick ging zum damaligen Zeitpunkt weit voraus. Er wußte, daß angesichts der Dortmunder (Möller, Cesar) und Münchener (Trapattoni, Papin) Klotzereien, aber auch angesichts der Bemühungen anderer Clubs wie Karlsruhe (Häßler) oder Stuttgart (Elber) seine Mannschaft schnell den Anschluß verpassen könnte.

Und es ging ihm auch noch um mehr: Seine Vision, den Fußball des AC Mailand spielen zu können, Großes in Europa zu leisten, vielleicht auch den Weltpokal an die Weser zu holen. Das war allein mit den im Sommer '94 aktuellen Neuzugängen Michael Schulz und Wladimir Bestchastnykh schlecht möglich. Nur logisch, daß er diese weltmännische Sehnsucht in einer anderen Stadt stillen wollte.

„Ich bin 56 Jahre alt, 30mal um die Erde gefahren und habe nie Probleme gehabt." Für einen Mann, dessen Selbstbewußtsein so ungetrübt scheint, ist eine Stadt wie München sicher das beste Pflaster in Deutschland. Für Rehhagel gab es ohnehin viele Gründe, beim FC Bayern anzuheuern: Geld, Renomee, sportliche Perspektiven, Sprungbrett zur Nationalmannschaft. Es gab aber auch mindestens so viele Gründe, nirgendwo anders auf dieser Welt zu arbeiten. Vor allem nicht in einem Land, dessen Sprache er nicht beherrscht. 14 lange Jahre diente er demselben Arbeitgeber, kannte seinen Arbeitsweg im Schlaf, hatte alles erreicht, war wohlhabend und geachtet, urlaubte auf Sylt oder in St. Moritz, umgab sich mit Theaterintendanten und Politikern – und stellte sich zunehmend die Frage, ob's das gewesen sein soll. Der Junge aus Altenessen hatte zwar die große Welt kennengelernt, mittlerweile aber auch Patina angesetzt. In einer solchen Situation würde ein Wechsel mit 56 Jahren zu einem Club in Spanien oder Italien mehr als schwerfallen. Da klingt die Adresse Bayern München, das Zentrum der deutschen Fußballmacht mit den exzellenten Kontakten eines Franz Beckenbauer, eher nach Altersversorgung. Einen Effenberg hätten sie ihm dort, ohne mit der Wimper zu zucken, engagiert.

Otto Rehhagel, der in all den Jahren seines Bremen-Engagements mit Angeboten anderer Clubs überhäuft wurde, allein dreimal von den Bayern, hatte stets abgelehnt, weil sie „...meist zur falschen Zeit kamen". Diesmal kam das Angebot offenbar genau zur richtigen Zeit. „Ich verstehe die Enttäuschung der Fans. Aber sie müssen akzeptieren, daß ich nach 14 Jahren noch einmal etwas Neues versuchen wollte", rang Rehhagel beim Abschied um Fassung, schließlich spürte er, „Werder, das kann noch nicht alles gewesen sein." Er wollte nicht, daß „wenn man am Ende alles Revue passieren läßt, Bremen das letzte Kapitel des Buches ist."

Der FC Bayern wird aber nun auch nicht das letzte Kapitel sein. Die Bussi-Bussi-Welt der Münchener Schickeria und der sperrige Arbeiterjunge fanden keinen Weg zueinander. Was ihm jedoch am meisten fehlte, waren die Betulichkeit und das überschaubare Arbeitstempo aus Bremer Tagen und die Berechenbarkeit der Partner. Daß er da den Überblick verloren hat, kein Wunder. Da nach seinem Scheitern in München (und dem Erfolg von Berti Vogts bei der Euro 96 in England) der Job des Nationaltrainers in ganz weite Ferne gerückt war, tat Rehhagel das einzig richtige: Er ging zurück auf gewohntes Terrain. Der 1. FC Kaiserslautern dürfte ihm in den nächsten Jahren, vorausgesetzt sind gelegentliche sportliche Erfolge, ein ähnliches Paradies schaffen wie der SV Werder. Da auf dem Betzenberg viel mit dem Herzen gemacht und gedacht wird, kann er auf vertraute Tugenden zählen: Ehrlichkeit, Kampfkraft, Treue, Pünktlichkeit. Und Rehhagel zeigte schnell, daß er bereit war, an alte Tage anzuknüpfen. Eine seiner ersten Amtshandlungen war die Verpflichtung von Wynton Rufer. Der gottesfürchtige Neuseeländer wollte eigentlich die Karriere beenden, doch sein Ex-Coach überredete ihn noch einmal. So wie er es damals machte, mit Erwin Kostedde und Klaus Fichtel. ∎

„Dreimal ist Bremer Recht"

Die Mannschaft schenkte dem Trainer einen Sieg – was sonst. Zum 10jährigen erlebte Rehhagel ein 2:0 bei Hessen Kassel im Pokal und den Einzug ins Halbfinale gegen Eintracht Frankfurt. Das war im Frühjahr '91, neben seinem Jubiläum, auch das einzig Erfreuliche. Werder zeigte sich von einer allzu bekannten Seite: im Pokal top – in der Liga ein Flop. Außer einem 6:0 über Tabellenschlußlicht Hertha gab es überwiegend Unentschieden. Die Krone des Remiskönigs war in greifbare Nähe gerückt, selbst 0:0 gegen Uerdingen und Nürnberg gehörten zum Programm, so daß Club-Coach Arie Haan die Leistung des grün-weißen Gegners verblüfft schmunzelnd kommentierte: „So falsch, wie die gespielt haben, können die auch nicht gewinnen."

Weniger falsch machte es der 1. FC Kaiserslautern. Karl-Heinz Feldkamps Mannschaft leitete den „Pfälzer Aufbruch" ein, der nicht nur mit dem Regierungswechsel in Mainz zugunsten Scharpings SPD korrespondierte, sondern zugleich die Tabellenführung vor den Bayern bedeutete. Aus dem Abstiegskandidaten der vergangenen Saison war nach dem Pokalcoup ein echter Meisterschaftsanwärter geworden, wogegen ein anderer Favorit, die Frankfurter Eintracht, in Schönheit verblüht war. Die Stars vom Main, ob Möller, Bein, Stein oder Binz, hatten ihren Trainer Jörg Berger vergrault und testeten mit Dragoslav Stepanovic einen Neuen der Szene, der ihnen frisches Selbstbewußtsein injizierte und das spielerische Vermögen auf die Offensive ausrichtete. Das Halbfinale gegen Werder war ein willkommener Anlaß, diese Stärken zu beweisen. Werder durchkreuzte diesen Plan unerbittlich mit einem Unentschieden. Da auch zwischen dem MSV Duisburg und dem FC Köln kein Sieger ermittelt wurde, mußten beide Semifinals wiederholt werden. Rutemöllers Kölner schafften den Sprung nach Berlin dann aber mit einem klaren 3:0. Weniger klar war dabei der naiv nette Nonsens des Trainers, seinen Spieler zur roten Karte zu verführen, indem er ihn den Ball mit Absicht wegschlagen ließ. „Mach' et, Otze" – ein Satz, der Geschichte machte, den Spieler Ordenewitz dennoch nicht vor der Sperre im Endspiel bewahrte.

Werders Halbfinale im Weserstadion betrachtete sich weitaus aufreibender. Wissend um die Leistungen der vergangenen Wochen in der Liga, bangten nur knapp über 20.000 auf den Rängen. Nach acht Minuten rieben sie sich zum ersten Mal verwundert die Augen, als Rufer traf. Der kurzzeitige Ausgleich konnte die Mannschaft an diesem Abend nicht aufhalten. Bratseth, wieder Rufer und Neubarth erzielten bis zur Pause eine sensationelle 4:1-Führung. „Es war wie eine Befreiung vom Frust der Vergangenheit", versuchte hinterher Oliver Reck Geschehenes in Worte zu fassen. Die Befreiung wäre beinahe verhindert worden, nachdem Sippel und Binz den Anschluß schafften, doch erneut Rufer und abschließend Klaus Allofs stellten den 6:3-Endstand her.

Zum dritten Mal hintereinander stand der SV Werder im DFB-Pokalfinale in Berlin. Die Chance, diese begehrte Trophäe, die man ihnen schon zweimal direkt vor der Nase wegschnappte, doch noch gewinnen zu können, hatten sie sich mit diesem rauschenden Fußballfest verdient. Sofort machte „Dreimal ist Bremer Recht" die Runde, ein nie gültiges, dennoch gern benutztes Motto für sämtliche Lebenssituationen, in denen Glück nötig ist, oder auch nicht. Frei übersetzt: „Ging es zweimal schief, wird's beim dritten Mal schon werden." Die Angst vor der erneuten Finalniederlage baute sich trotzdem sofort in den Köpfen auf. In Erinnerung an die beiden vergangenen Jahre konstatierte Präsident Böhmert: „Das war grausam, das will keiner noch einmal erleben." Und Willi Lemke pfiff laut im dunklen Wald, nachdem er dasselbe Quartier wie 1990 bestellt hatte: „Aber sonst machen wir alles anders als im Vorjahr."

„Sour-Kraut-Bertie"

Der nach der Weltmeisterschaft als Beckenbauer-Nachfolger ins Amt gehobene Hans-Hubert Vogts hatte es schwer. Seiner Mannschaft fehlte irgendwie die Motivation nach dem Titelgewinn von Rom, seine Entscheidungen waren nicht immer die glücklichsten. Anfang Juni verärgerte er HSV-Präsident Hunke und den EM-Qualifikationsgegner Wales gleichermaßen. Er warf den Walisern mangelndes spielerisches Vermögen und extreme Härte vor und versprach zu kämpfen. Der „Daily Star" nahm den verbalen Flachpaß an, dribbelte ein wenig und knallte trocken und stilsicher die Antwort dem Bundestrainer vor die Brust: „Sour-Kraut-Bertie: 'I'll fight dirty!'" Allerdings hatte sich der ehemalige „Terrier" an seiner Meinung festgebissen und lobpreiste weiterhin die technische Überlegenheit der eigenen Spieler. Offensiv wollte er spielen und plante im Angriff mit Riedle und Doll, die er, fürs bessere Verständnis untereinander, auf ein gemeinsames Zimmer quartierte. Sie nutzten die Zeit zu intensiven Gesprächen, die in der Folge zu Vertragsverhandlungen zwischen Lazio Rom und dem HSV führten. Dolls Vereinspräsident Jürgen Hunke war sauer, weil er sein Blatt nur bis 9 Millionen Ablöse reizen konnte und Doll lieber gehalten hätte. Bundestrainer Vogts überstand die

ganze Angelegenheit auch nicht, ohne Federn zu lassen; neben dem ange-
kratzen Image verlor die Mannschaft 0:1 in Cardiff.

Der mit der walisischen Nationalmannschaft artverwandte 1. FC Kaiserslautern kümmerte sich wenig um derlei Probleme. Trotz großer Ver-
letzungssorgen führte die Mannschaft drei Spieltage vor Saisonende mit
zwei Punkten vor den Bayern und mußte zum Auswärtsspiel nach Bremen. Die Situation war unklar; Werder, zuletzt heimschwach, brauchte
selbst noch zwei Punkte, um ganz sicher einen Uefa-Cup Platz zu erreichen. Außerdem spielte im Hinterkopf noch das Berliner Finale vom vergangenen Jahr eine Rolle, so daß Gunnar Sauer sich dazu hinreißen ließ,
„eher den Bayern den Titel" zu gönnen. Die bundesweite Sympathiewelle
gehörte aber den Pfälzern. Willi Lemke traute seinen Augen nicht, als er
in Briefen und Anrufen mit sonderbaren Wünschen konfrontiert wurde:
„Es gab tatsächlich welche, die meinten, wir müßten Kaiserslautern
gewinnen lassen."

5.000 Lauterer Fans traten voller Hoffnung die Reise in den Norden
an. Sie folgten dem Ruf des FCK-Kapitäns Stefan Kuntz: „Wenn ich mir
die Stadt hätte aussuchen können, in der wir das für die Meisterschaft vor-
entscheidende Auswärtsspiel austragen, dann hätte ich Bremen gewählt."
Die traditionelle Freundschaft der Vereine und Fans sorgte für eine prächtige Stimmung, sowohl im Vorfeld, beim Spiel der Fans auf einem Neben-
platz, als auch im Weserstadion, bei der ungewöhnlichsten Heimniederlage in der Geschichte des Vereins. Kaiserslautern gewann 2:1, und am
Ende jubelten alle 32.000 Zuschauer. Die zeitgleiche Bayern-Niederlage
in Wattenscheid sorgte für einen nahezu uneinholbaren Vorsprung an der
Tabellenspitze, und als der Abpfiff ertönte, strömten Fans beider Mannschaften auf den Rasen, um vorzeitig die Pfälzer als Meister zu feiern. Die
Werderspieler waren baff. Sowas hatten sie noch nie erlebt, das war
„schon komisch", wie Uli Borowka es beschrieb. Dennoch freute sich
ganz Bremen über den gelungenen Titelgewinn der Lauterer, der eine
Woche später durch ihre Heimniederlage gegen Mönchengladbach überraschend in Gefahr geriet, am letzten Spieltag mit einem furiosen 6:2 in
Köln endgültig gesichert wurde. Das eigentlich nur fürs Spiel in Bremen
gültige Fazit von Werders Vizepräsident Fischer war somit nahtlos übertragbar auf die gesamte Saison: „Es war ein großer Sieg der Fußballfreund-
schaft."

„We won the Cup"

Das kleine Kino in Bremens „Viertel" hatte rechtzeitig vorgesorgt. Wie schon in den Jahren zuvor wurde das Spiel des SV Werder live auf die Leinwand projiziert, denn mittlerweile war die „Schauburg" eine Stammadresse für Fans geworden. Gemeinsam mit Gleichgesinnten gab es dort gelegentlich das kollektive Werder-Erlebnis, die Stimmung war gewohnt prächtig, die Zuversicht groß. Erst 14 Tage zuvor hatten die Amateure den Titel des Deutschen Meisters gewonnen. Im Endspiel besiegte die Mannschaft von Trainer Karl-Heinz Kamp die Spvgg Ludwigsburg 2:1 und holte zum insgesamt dritten Mal den Titel. Beteiligt waren u.a. Sascha Malchow, Chad Deering, Oliver Freund, Andree Wiedener und Marinus Bester.

Diesen Erfolg im Hinterkopf, wollten die Profis es den Amateuren nachmachen. In den beiden vergangenen Jahren waren die Bremer stets Favorit und hatten verloren; diesmal klaffte keine große Lücke zwischen den Gegnern. Lediglich in der Sympathieskala rangierten die Kölner wegen Udo Lattek eindeutig weiter unten, zumal der Sportdirektor Otto Rehhagel einen lupenreinen Hattrick als Pokalverlierer prophezeit hatte. Die 73.000 im Berliner Olympiastadion und die 500 im Steintor-Kino sahen zu Beginn ein schwaches Spiel. Werder war feldüberlegen, Köln lauerte vergebens auf Konter – die Angst regierte auf dem Platz. Ein Zustand, der die „WAZ" am Montag zu dem Kommentar verleitete: „Es war kein großer Tag für den deutschen Fußball, der sich weitestgehend mit gähnender Langeweile von dieser Saison verabschiedete." Wahre Worte, die sich auf das spielerische Niveau bezogen, die Dramatik zog jedoch alle in den Bann.

Zur zweiten Hälfte plante Rehhagel die Einwechselung frischer Spieler, um seiner „kontrollierten Offensive" mehr Schwung zu verleihen. Nur 3 Minuten nach Wiederanpfiff verschob er den Plan. Dieter Eilts hatte nach einem Borowka-Freistoß den Ball bekommen und traumhaft zum 1:0 verwandelt. Das Kino bebte. Sollte es diesmal endlich klappen? Happy End für Werder beim dritten Anlauf auf den Titel? Rutemöller reagierte und brachte Horst Heldt. Das war der beste Schachzug seiner gesamten seltsamen Trainerkarriere. Thomas Wolter war mit dem kleinen Mittelfeldtalent völlig überfordert und mußte zulassen, daß Heldt mehr und mehr Druck ausübte. Die Konsequenz: 1:1 durch Maurice Banach. Dabei blieb es bis zum Schluß. Selbst die Verlängerung brachte nichts außer Hektik, Dramatik, Nervenkitzel.

DFB-Pokal-Finale am 22. Juni 1991 im Olympia-Stadion in Berlin, SV Werder – 1. FC Köln: Die 1:0-Führung durch Dieter Eilts für den SV Werder.

Nach 120 Minuten immer noch keine Entscheidung. Elfmeterschießen. Nicht unbedingt die Stärke der Bremer. Allofs läuft an, cool, sicher, versiert – und rutscht aus. Andrzej Rudy legt sich widerwillig den Ball auf den Punkt – eigentlich wollte er nicht – und versiebt ebenfalls. Pierre Littbarski, Weltmeister, früherer Teeniestar in der „Bravo", schiebt Reck (wahrlich kein Elfmeterkiller) den Ball in die Arme. Uli Borowka, Haudrauf und -degen, nimmt gewohnt weiten Anlauf zum Brachialtritt in die Mitte, und schlenzt sonderbar kühl in die Ecke. 5:4 – es war vollbracht! Danach gab es kein Halten. Im Kino kochte die norddeutsche Seele und brüllte hemmungslos die Freude heraus. Spieler, Trainer, Betreuer und Offizielle Werders hüpften liebkosend auf dem Rasen umher. Ihnen allen war eine zentnerschwere Last von den Schultern gefallen. Zwei vergebliche Anläufe auf den Pokal waren nun vergessen und gehörten endgültig der Geschichte an. „We won the Cup", ein von Wynton Rufer eingeführtes Lied, wurde die Hymne des Abends und der kommenden Tage. („Als ich ein kleiner Junge war, habe ich gehört, daß sie das immer nach dem englischen Cup-Final gesungen haben.")

Die verständliche Begeisterung verdeckte recht schnell das schwache Niveau des Endspiels. „Glanzvolles gab es hüben wie drüben selten zu bestaunen, biederer Kampf statt genialer Aktionen", kritisierten die

Sportredakteure der „Frankfurter Rundschau". Selbst der „Kicker" war nicht zufrieden und fällte sein Urteil: „Es war zweifellos eines der schwächsten Pokalendspiele überhaupt." Den Grün-Weißen war's egal. Hauptsache gewonnen! Am Tag danach tauchte Bremen sein Äußeres wieder in die Vereinsfarben. Nach der traditionell im Rathaus durchgeführten Ehrung wurde den Fans auf dem Marktplatz der Pokal triumphal vorgeführt, währenddessen Willi Lemke sich den Schweiß von der Stirn tupfend seiner Hauptsorge entledigte: „Wenn wir es ein drittes Mal nicht geschafft hätten, wären wir alle ein Fall für den Psychiater geworden."

Dinosaurier

Ausgerechnet Rostock, ausgerechnet bei den Bayern.

Gönnerhaft hatte der DFB seinen neuen Mitgliedsverbänden aus dem Osten Plätze freigeräumt. In der Eliteliga durften zwei Mannschaften mitspielen (Meister und Vizemeister der letzten Oberligasaison), in der 2. Liga sechs weitere Teams. Hansa Rostock und Dynamo Dresden füllten die Bundesliga auf 20 Clubs auf und sorgten von vornherein für eine hitzige Debatte über Sinn und Unsinn dieser Maßnahme sowie über eine generelle Reduzierung auf 16 Mannschaften. Es ging dem DFB immer darum, den Status der West-Clubs zu wahren; eine kluge und weitsichtige Unterstützung der Vereine im Osten, sowohl im Profi- als auch im Nachwuchs- und Amateurbereich, war somit zum Scheitern verurteilt. Daß Hansa Rostock dann erster Tabellenführer der Saison '91/92 wurde, weckte die allgemeine Schadenfreude, zumal ein 2:1 bei den vom Italien-Boom gebeutelten Bayern dafür sorgte, daß die Hansestädter an der Spitze blieben. Die Münchener verloren Reuter und Kohler an Juventus Turin und holten Thomas Berthold aus Italien zurück in die Liga. Nach Jahren in Verona und Rom war der Frankfurter der erste Heimkehrer und leitete damit unbeabsichtigt einen Rückfluß deutscher Profis ein. Neben Berthold kauften die Münchener noch Labbadia (Kaiserslautern), Bernardo (Sao Paulo), Mazinho (Bragantino) und Kreuzer (Karlsruhe), für dessen bescheidene Abwehrkünste allein 5,7 Millionen fällig waren. Sie waren einmal nicht Meister geworden, und schon brach die Panik aus. (Wobei sich die miese Stimmung an der Isar bereits im April nach dem verlorenen Landesmeister-Halbfinale gegen Roter Stern Belgrad breitmachte.)

Keine Panik hingegen beim SV Werder. Folglich auch keine überteuerten Neueinkäufe. Neben den Amateuren Prziondziono, Unger, Witossek und Deering kamen aus Bochum Thorsten Legat und Stefan Kohn für zusammen ca. 3,5 Millionen Ablöse; zwei Spieler mit unterschiedlichen Aufgaben und Perspektiven. Während für Stürmer Kohn zunächst der Platz hinter Rufer, Allofs und Bode blieb, brannte Legat darauf, als Otten-Ersatz Hermann auf der linken Seite zu verdrängen. Insgesamt hatte sich Rehhagels Kader auf 29 aufgebläht, was der Coach damit begründete, daß es bei der Teilnahme am internationalen Wettbewerb und dem harten Bundesligaprogramm „sehr schnell Probleme" geben könne. Die Saison begann mit neun Spielen im August, inklusive der 3:1-Supercup-Endspielniederlage gegen Meister Kaiserslautern. Die Probleme kamen schneller als erwünscht.

Es war die Zeit, als die Welt den Atem anhielt, weil auf der fernen Halbinsel Krim der sowjetische Präsident Gorbatschow gefangengenommen wurde. Der Putsch, der drei Tage andauerte, erschütterte diesen Mann und sein Land bis ins Innerste. Der Zerfall der UdSSR war damit eingeleitet, innerhalb weniger Wochen füllten sich Dutzende Seiten der Geschichtsbücher. Ende August verbot Boris Jelzin in Rußland die Kommunistische Partei, die Baltischen Staaten erklärten ihre Unabhängigkeit und Gorbatschow trat vom Parteivorsitz der KPdSU zurück. Die logische Konsequenz war der Beschluß des Kongresses der Volksdeputierten, daß die Staatsform UdSSR beendet und der Übergang in eine bürgerlich-demokratische Gesellschaftsform forciert werden sollte. Noch im Dezember einigten sich Gorbatschow und Jelzin darauf, ab 1. Januar 1992 die „Gemeinschaft Unabhängiger Staaten" zu gründen. Der politische Osten bröckelte mehr und mehr und glich einem verzweifelt um seine Existenz kämpfenden Dinosaurier, unwissend, daß die evolutionäre Uhr längst abgelaufen war.

Genau wie bei den Bayern. Auch in der Liga strauchelten die alten Mächte. Der miserable Saisonstart der Heynckes-Elf löste hektische Betriebsamkeit aus. Der mit vier Torhütern in die Saison gestartete Vize-Meister reaktivierte Toni Schumacher, holte Alois Reinhardt aus Leverkusen und, als hätte Gorbatschow sich eines auferstandenen Stalins bedient, griff auf den ausgemusterten Augenthaler zurück. Nicht viel besser erging es Köln und Düsseldorf. Der FC hatte die Pokalfinalniederlage keineswegs verkraftet und dümpelte in der untersten Tabellenregion herum, bis Erich Rutemöller entlassen wurde. Noch schlechter stand es um die Fortuna, die mit 0:12 Punkten startete und dafür Pepi Hickersberger wieder nach Österreich schickte.

Trainerdebatten gab es auch in Bremen. Konzept- und ideenlos wirkte das Spiel des SV Werder, sowohl zu Hause wie auswärts. Als Tabellen-14. fuhr die Mannschaft nach Stuttgart und holte sich eine 2:1-Niederlage bei den Kickers ab. „Es war eine der schwersten Stunden, seit ich bei Werder arbeite", offenbarte Willi Lemke sein Seelenleben und suchte nach Gründen: „Da stimmt irgendwas im Kopf nicht." Die Boulevardpresse stellte die übliche Frage „Rehhagel ratlos – ist nach zehn Jahren seine Zeit zu Ende?", die Franz Böhmert in ebenso bekannter Manier beantwortete: „Ich denke, daß es bald wieder aufwärts geht, denn wir lassen uns nicht verrückt machen. Jeder Verein hat seine Durststrecke, wir sind zehn Jahre lang davon verschont geblieben." Otto Rehhagel hatte, zur geringen Überraschung aller, andere Ursachen gefunden: „Nur die Medien machen gleich Wirbel, weil sie vieles nicht verstehen". Belehrend klärte er dennoch auf: „Es gehört zum Fußball, daß jeder Verein mal verliert." Sicherlich hatte die Mannschaft Probleme mit der langen Verletztenliste. Harttgen, Sauer, Otten, Bode und Neubarth fehlten zeitweise, zum Teil aber auch bei den Pokalspielen, die Werder – wieder im Gegensatz zum Ligabetrieb – mit viel Engagement und Toren absolvierte. National gab es in der ersten Runde ein 3:1 über den HSV, in der zweiten ein 3:1 in Düsseldorf. Im Europacup kam der Gegner aus Rumänien. Der FC Bacau verlor im Hinspiel 0:6, im Rückspiel 5:0 gegen Werder. 11 Tore gegen den Frust, die aber die Probleme im Jurassic Park nicht verdecken konnten.

„Ischa Freimaaakt"

„Die Bevölkerung der Bundesrepublik und Bremens ist zunehmend weniger in der Lage, einen ungebremsten Zuwanderungsstrom zu verkraften und die Zuwanderer zu integrieren." Es war der Bürgermeister Klaus Wedemeier, der im Vorfeld der Bremer Bürgerschaftswahlen die Asyldebatte eröffnete. Der Sozialdemokrat wollte in die Offensive, um drohende Verluste für seine Partei abzuwenden. Das Gegenteil geschah. Als Nutznießer des Streits in der Asylfrage zog die rechtsradikale Deutsche Volksunion (DVU) ins Bremer Parlament ein, die regierende SPD erlebte einen Erdrutsch von 56 % auf 39 %. Wedemeiers Desaster gab den Rechten noch mehr Auftrieb und Mut, ihre Jagd auf Asylanten fortzusetzen, ob zunächst in Bremen und Hoyerswerda, oder später in Mölln.

Einen Absturz erlebte auch Jupp Heynckes. Der Trainer des FC Bayern wurde Anfang Oktober entlassen, nachdem die Mannschaft auf Platz 13 abgerutscht war und das Heimspiel gegen die Stuttgarter Kickers verloren hatte. Im Gegensatz zu Bremen, wo eine Trennung von Rehhagel zwar diskutiert, aber nicht vollzogen wurde (Lemke: „Es gibt keinen besseren Trainer...“), entschieden sich die Münchener zu handeln. Sein Nachfolger: Sören Lerby. Das Kopfschütteln rauschte durchs Land, ob dieser sonderbaren Entscheidung. Zu seinem Leidwesen mußte Lerby dann auch bald feststellen, daß er dem Job nicht gewachsen war. Im Zuge der Europapokalpleite gegen Kopenhagen, wurden ihm Rummenigge und Bekkenbauer als „Vize-Präsidenten“ vor die Nase gesetzt. Es dauerte noch bis zum März ’92, dann hatte auch Lerby ausgedient und Erich Ribbeck beerbte ihn.

In Bremen kamen solche oder ähnliche Maßnahmen nicht in Frage. Auch nicht, als die Krise sich auf den Europapokal auszudehnen schien. Die Zuschauer quittierten Werders Leistungen mit dem Fernbleiben. In der 2. Runde, gegen Ferencvaros Budapest, kamen nur 7000 !!! (Frank Neubarth: „Wir hatten mal wieder ein Auswärtsspiel.“) und erlebten ein verkrampftes 3:2. Drei Tage später ergab sich die Mannschaft in einem 0:5 Debakel beim 1. FC Köln, der seinen neuen Trainer Jörg Berger für diese Berlin-Revanche feierte. Langsam aber sicher wurde die Stimmungslage bei Werder immer schlechter. Die Kritik häufte sich, zumal auch nichts geschah. Rehhagel verzog sich in sein Schneckenhäuschen und wiegelte ab. Für ihn begründeten sich die Niederlagen nach wie vor in „individuellen Fehlern“, womit er zum Teil auch recht hatte; gerade was Oliver Reck anging, der auch beim Spiel in Köln schlecht aussah. Reck war als „Torwart-Clown“ sofort in den Mittelpunkt der Schlagzeilen geraten, so daß allgemein damit gerechnet wurde, daß Rehhagel ihn pausieren lassen würde. Doch gerade dann, wenn die Öffentlichkeit über Spieler diskutiert, macht Werders Trainer immer das Gegenteil.

Die Mannschaft und das Präsidium reagierten; insbesondere auf die Artikel der „Bild“ zum Thema Torwart. „Die Zeitung hat in dieser Woche in menschenunwürdiger Weise einen jungen Mann niedergemacht, dessen Vergehen darin bestanden hat, daß er nicht nur in vielen Spielen gut gehalten, sondern auch einige Fehler gemacht hat“, verlas Vize Fischer beim Heimspiel gegen Kaiserslautern. Auch Rune Bratseth stellte sich hinter Reck: „Ich habe keinerlei Verständnis dafür, daß die Zuschauer höhnisch klatschen, wenn Oliver Reck nur eine Rückgabe aufnimmt. Das hat er nicht verdient.“ Er sagte dies nach einem Heimspiel, das mit 0:2 an den Gast aus Kaiserslautern ging. Werder, schon beim Auflaufen mit Pfiffen empfangen, spielte so schlecht und verunsichert, daß hinterher die Frage auftauchte, ob die Mannschaft „gegen den Trainer“ gespielt hätte. „Es gibt keinerlei Probleme zwischen Mannschaft und Trainer", sprach erneut Bratseth für seine Kollegen. „Wir sind uns alle einig, daß es jetzt am wichtigsten ist, uns nicht von außen verrückt machen zu lassen." Das oberste Prinzip im Rehhagelschen System wurde damit angesprochen und einer starken Belastungsprobe unterworfen: Kritik immer nur in den eigenen vier Wänden zu üben, niemals über Unbeteiligte oder gar die Medien. An diese Spielregeln hielten sich über all die Jahre die meisten der Angestellten des Vereins. War das mal nicht so, führte es meist zur Trennung. Johnny Otten: „Wenn Rehhagel etwas auszusetzen hatte, dann hat er das in der Kabine gemacht. Vor versammelter Mannschaft, fair – aber klar und deutlich, kompromißlos, offen und ehrlich. Jeder hatte die Chance, sich dazu zu verhalten. Nach draußen ist nichts gedrungen, das blieb in der Kabine, und daran haben auch wir Spieler uns gehalten. Daher wohl auch der Eindruck, daß Otto seinen Spielern verbieten würde, sich in der Öffentlichkeit zu äußern. Der Trainer will die Gespräche mit den Spielern und nicht in der Presse führen." Um dem unmittelbaren Kontakt mit der Öffentlichkeit aus dem Weg zu gehen, strich sich die Mannschaft den eigenen traditionellen Rundgang über Bremens Freimarkt. Der, nach Münchens Oktoberfest, bekannteste Rummel Deutschlands, drohte zum Spießrutenlauf zu werden. Willi Lemke: „Sie wollen sich ganz auf den Fußball konzentrieren." Dennoch fanden sie den abendlichen Weg auf die Bürgerweide, weil auch Mirko Votava klar war: „Man kann nicht nur bei Sonnenschein nach draußen gehen."

Donuts

Wer war der Mörder von Laura Palmer? Die seltsamen Ermittlungsmethoden von Specialagent Dale Cooper fesselten die Fernsehzuschauer ans Gerät. Wenn der Mann vom FBI nicht weiter wußte, befragte er das Orakel, horchte in seine Träume oder befaßte sich mit kosmischen Botschaften. Außerdem wissen wir Deutschen seit der Ausstrahlung von David Lynch's Serie „Twin Peaks" auch endlich, was Donuts sind.

Die handfesteren Ermittlungsmethoden der Bremer nach den Gründen ihrer Krise endeten in der Erkenntnis eines Klaus Allofs, die auf Offensivfußball hoffende Fans traurig stimmte: „Ich sehe ein, daß es in unserer Situation sinnvoller ist, sich erst einmal um das Verhindern von Toren zu kümmern." Worte, die dem Vollblutstürmer schwerfielen, und die nur bedingt zutrafen, weil die Ursachen für Werders sportliche Krise nicht nur in der Abwehr zu finden waren, sondern auch im Sturm. Beim

Rückspiel in Budapest genügte jedoch ein einziger Treffer, um das Vier- telfinale zu erreichen. Marco Bode, nach schöner Bratseth-Vorlage, erzielte das goldene Tor, das zunächst ein bißchen Luft verschaffte. Otto Rehhagel atmete befreit auf und ergriff auf dem Rückflug erstmalig das Bordmikrophon, um sich bei allen zu bedanken, „die in Freud und Leid zu uns gehalten haben". Selbstredend klammerte er „die Medien" davon aus. Dort oben in der Luft wurde aber noch mehr klar: Zeitgleich mit Werders Weiterkommen schieden Frankfurt, Erfurt, Bayern und Meister Kaiserslautern (gegen Barcelona durch Baceros Tor in der 90. Minute) aus dem internationalen Geschäft aus. Bedauern machte sich zwar breit an Bord, doch einem fix rechnenden Willi Lemke war sofort bewußt, daß es „nur noch zwei Verhandlungspartner für das Fernsehen" gibt. „Den HSV und uns." Und das versprach höhere Honorare.

Als die Winterpause nahte, fand Werder allmählich zu einer Form. Der Manager bekam zum zehnjährigen Dienstjubiläum von der Mann- schaft einen DFB-Pokalsieg beim Hamburger SV und von Frankfurts Libero Manni Binz einen Ausrutscher, der zwei Heimpunkte einbrachte. Insgesamt litt die Leistungskurve aber stark unter Schwankungen. Einer Niederlage in Nürnberg folgte unmittelbar ein Sieg in München. Danach der Sieg über Kaiserslautern zuhause im Pokal und die anschließende Heimniederlage gegen Dortmund. Eine Berg- und Talfahrt, die kaum durch den historischen Triumph bei den Bayern überdeckt wurde. Nach 23 Jahren konnte Werder erstmals wieder in München gewinnen. Zwei krisengeschüttelte Klubs, Neunter und Zehnter der Liga, trafen aufeinan- der, um zu messen, wessen Krisenmanagement bessere Arbeit geleistet hatte. „Wenn man sieht, daß es die Bayern trotz ihres Trainerwechsels nicht geschafft haben, wieder Ruhe in den Klub zu bekommen, dann bestätigt das doch unsere Linie", rechtfertigte Lemke noch einmal das Festhalten an Trainer Rehhagel und schaute listig auf die Tabelle, die das alles Entscheidende dokumentierte: Werder stand vor den Bayern. Rufer, Bode und, nach der Pause, Kohn, erzielten den 3:0 Vorsprung im Olym- piastadion. In Bremen trommelten die Hörer vor lauter Freude auf ihre Radiogeräte. Erst Mazinhos Doppelschlag ließ die Fans wieder zittern, zumal beim 2:3 der Ball an den Pfosten prallte und von dort an Oliver Recks Kopf, bevor er sich endgültig den Weg ins Netz bahnte. Ein Tor, das für mehr Diskussionsstoff sorgte als der entscheidende 4. Bremer Tref- fer durch Uli Borowka. Erneut gab es Spekulationen um eine Reck-Ablö- sung, die Rehhagel mit dem Standard-Dementi abschmetterte: „Oliver Reck ist und bleibt bei mir die Nummer 1."

Wie erging es da mittlerweile eigentlich Jürgen Rollmann? Der Ersatzkeeper brannte auf seinen Einsatz, um zu beweisen, daß er bundesligatauglich war. Doch er biß auf Granit. Sein Trainer hatte sich festgelegt, und allzu offensichtlicher Ehrgeiz war Rehhagel schon immer suspekt. Frust machte sich beim zweifellos talentierten Ersatzmann breit; vor allem, als auch noch Gerüchte um einen Schmadtke-Kontakt auftauchten. Rollmanns persönliche Jahresbilanz war somit weiter unten in der Skala anzusiedeln, der Verein hingegen schaute nach oben – trotz des sportlichen Zick-Zack-Kurses. Werder war der einzige deutsche Club im Europapokal (mittlerweile war auch der HSV im Uefa-Cup ausgeschieden); im Viertelfinale wartete Galatasaray Istanbul, was volle Stadien versprach und sportlich lösbar erschien. Zum fünftenmal in Folge standen die Bremer im DFB-Pokal-Halbfinale; diesmal gegen Zweitligist Hannover 96. Und in der Liga war der Anschluß nach oben mit ausgeglichenem Punktekonto wieder hergestellt. Krise ade?

Dostluk

Zum letzten Mal fanden Sommer- und Winterspiele gemeinsam in einem Jahr statt, zum ersten Mal ging eine Mannschaft mit dem Kürzel GUS an den Start, zum ersten Mal marschierten Sportler wieder gesamtdeutsch, als durch Michel Platini im französischen Wintersportort Albertville das Olympische Feuer zum 16. Mal entzündet wurde. 14 Tage dauerte das hochtechnisierte Spektakel, das künstlerisch wertvoll begann, sportlich durchschnittlich verlief und umweltpolitisch deprimierend endete. Das zeitgleiche Ende der Winterpause in der Bundesliga läutete für Werder ein neues Finanzzeitalter ein. Die Südtribüne war rechtzeitig fertiggestellt, endlich konnten die Logen in Betrieb genommen werden. Als würdiger Rahmen eignete sich das Europapokalspiel gegen Galatasaray Istanbul. Jedenfalls mehr, als die beiden Heimremis im Februar, die endgültige Klarheit darüber brachten, daß die Bundesligaspitze unerreichbar geworden war. Dort hatte sich ein Triumvirat mit Frankfurt, Stuttgart und Dortmund gebildet, und die waren im Begriff, die Meisterschaft unter sich auszuspielen.

„Jimbom-bom, Galatasaray! Jimbom-bom, Galatasaray!" Die Rufe der rot-gelb gekleideten Fans hallten durch die Stadt. Schon vor dem Spiel wurde deutlich, daß Werder im Europapokal-Viertelfinale zwei Auswärtsspiele haben würde. Die Tickets gingen zu zwei Dritteln an Türken, die zwar längst nicht alle Galatasaray-Anhänger waren, aber dennoch das deutsch-türkische Volksfest im Stadion mitgestalten wollten. Tatsächlich waren am Spielabend 30.000 gekommen, davon 20.000 Türken; nur knapp die Hälfte aller Zuschauer feuerte den SV Werder an. Dabei hatte es noch Ärger um den Kartenvorverkauf gegeben. Für die Gästefans waren, streng getrennt, die Westkurve und Teile der Nordgeraden vorgesehen. Der Verein geriet jedoch in Bedrängnis, als türkische Stammbesucher aus Bremen und Umgebung ihre Karten kaufen wollten, um sich wie üblich in die Ostkurve zu stellen oder auf die neue Südtribüne zu setzen, und keine bekamen. Manager Lemke erklärte die Situation: „Wenn also ein ausgesprochener Galatasaray-Fan mit gelb-rotem Schal und Mütze das Spiel noch sehen möchte und keine Karte hat, dann kann ich ihn nur auf die Fernsehübertragung verweisen. Denn wir können ihn nicht mit gutem Gewissen etwa in die Ostkurve hineinlassen."

Der positiven Stimmung tat dieses Problem keinen Abbruch. Im Gegenteil: ein von der bremischen Kulturbehörde, dem Fanprojekt und der Sportjugend organisiertes „Dostluk"-Fest (= Völkerverständigung), fand die Unterstützung des Vereins und der Spieler. Gunnar Sauer, Thomas Schaaf und Willi Lemke stellten sich am Vorabend des Spiels deutschen und türkischen Jugendlichen in einer Talkrunde. Das Fest fand an mehreren Veranstaltungsorten in Bremen statt und bot Filme, Musik, Lesungen, Autogrammstunden, Kabarett, eine Ausstellung und für die Politik eine prima Gelegenheit, sich zu profilieren. Istanbuls Mannschaftskapitän Erdal Keser, trotz Verletzung mitgereist, besuchte am Spieltag die Bremer Vulkanwerft und sprach mit dort beschäftigten türkischen Landsleuten. Des weiteren wurde von der IG Metall ein türkischer Ordnungsdienst zusätzlich organisiert, um im Konfliktfall türkisch sprechende Ordner im Stadion zu haben. Alles in allem waren die Beteiligten bemüht, ein friedliches, freundschaftliches und multikulturelles Fußballfest zu feiern – und es gelang ihnen. Im Stadion herrschte eine prächtige Stimmung. Ausgelassen und fröhlich feierten die Fans ihre Mannschaften, wobei die Farbe rot-gelb überwog.

Auf dem Spielfeld überwog hingegen grün-weiß. Der damalige Nationaltrainer der Türkei und ehemalige Werdercoach Sepp Piontek warnte im Vorfeld sibyllinisch: „Eine Mannschaft mit großen und schwachen Tagen. Wenn es bei ihr läuft, kann sie jede europäische Spitzenmannschaft in Schwierigkeiten bringen." Nach anfänglichen Problemen machte Galatasaray die Drohung wahr und ging durch den Polen Kosecki in Führung. Werder wankte. Ohne Bratseth mußten sie antreten, nach einer halben Stunde ging Rufer humpelnd vom Platz – und dann auch noch dieser Rückstand. Rehhagel brachte zunächst Kohn und dann in der zweiten Hälfte überraschend konsequent den langen Marinus Bester. Ein junger Stürmer, der in der Oberliga durch viele Tore für Furore sorgte. Die Einwechselungen erwiesen sich als Glücksgriff, denn beide Angreifer machten ihr Tor und drehten ein Spiel um, das viele schon abgehakt hatten. So bestand immer noch die Chance, das Halbfinale zu erreichen, um den finanziellen Gewinn weiter zu erhöhen. Das Hinspiel hatte die Kasse mit rund drei Millionen Mark aufgefüllt; vor allem, weil Werder die einzige deutsche Mannschaft im internationalen Wettbewerb war. Lemke konnte sich den Preis für die Fernsehübertragung quasi selbst eintragen. Doch einfach würde das Rückspiel nicht werden. Sepp Piontek hatte seinen Ausführungen noch eine Kleinigkeit hinzugefügt: „Dort erwartet euch die Hölle.“

Nach dem Sieg bei den Fans in der Ostkurve.

Die Schlammschlacht

Der Sieg gegen Galatasaray verdeckte nicht die weiter andauernde Krise. Noch vor dem Rückspiel erlebten Verein und Mannschaft die wohl schwärzeste Stunde seit der Zusammenarbeit mit Otto Rehhagel. Vor nur 6.000 Zuschauern verlor Werder das Heimspiel gegen die Stuttgarter Kickers mit 1:3. Der eisige Wind fegte durch das leere Stadion, vertrieb aber nicht die „Uwe, Uwe"-Rufe der wenigen Treuen. Weil sie immer noch viel Respekt für ihren Trainer empfanden, trauten sie sich nicht „Rehhagel raus!" zu rufen; der Schrei nach Uwe Reinders war dennoch ein deutliches Zeichen und für Willi Lemke „wie ein Stich ins Herz." Rehhagel selbst zeigte sich anschließend emotionslos und wiegelte ab: „Die Leute haben Eintritt gezahlt, dafür können sie rufen, was sie wollen." Hauptkritikpunkt blieb Oliver Reck. Alle drei Stuttgarter Tore gingen auf sein Konto. Der Rest der Mannschaft ließ sich von der Verunsicherung anstecken und bekam ebenfalls nichts mehr auf die Reihe. Trotzdem war Rehhagel nicht bereit, einen Wechsel vorzunehmen. Für Jürgen Rollmann hatte er nach wie vor nichts übrig, so daß der die Konsequenzen zog: „Am Anfang hatte ich die Illusion, daß es für mich bei Werder nach sportlichen Gesichtspunkten läuft. Im Laufe der Zeit habe ich jedoch schmerzhaft lernen müssen, daß ich hier nie eine faire Chance bekomme." Rollmann kündigte vorzeitig zum Saisonende. Otto Rehhagel selbst stand nicht ernsthaft zur Disposition. Das seit Wochen kursierende Gerücht, er würde Lerby's Nachfolger bei den Bayern werden, versickerte zunehmend im Treibsand der Boulevardpresse, und Uwe Reinders kam als Nachfolger ohnehin nicht in Frage, dazu kannten sie ihn noch zu gut. In Rostock gerade frisch entlassen, gliederte er sich in die allgemeine Entlassungswelle im März ein: Egon Coordes kam beim HSV für Gerd-Volker Schock, Erich Ribbeck bei den Bayern für Lerby, Rutemöller setzte sich auf Reinders Schleudersitz, und Udo Lattek wurde endgültig aus Köln verabschiedet.

Als das Flugzeug aus Bremen in der Stadt am Bosporus landete, trauten die Insassen nicht ihren Augen: Schnee und Regen prasselte auf Istanbul nieder. Den Fans war's egal. Stunden vor dem Anpfiff hatten sie das „Ali-Samyen-Stadion" gefüllt und verbreiteten gute Stimmung. Siegesgewiß begrüßten sie die Mannschaften und freuten sich über die katastrophalen Darbietungen. Ein vernünftiges Fußballspiel war nicht möglich. Der matschige, völlig durchgeweichte Platz erinnerte an einen Acker. Rasen war kaum zu sehen, und der Ball machte selten das, was er sollte. Galatasaray entfaltete viel Druck, und Werder verteidigte tapfer, ohne kontern zu können. Nach 90 Minuten stand es 0:0. Der Schiedsrichter machte keine Anstalten zum Abpfiff. Da landete der Ball im Bremer Strafraum, direkt vor Reck. Mit einem satten, fetten Geräusch baute er sich ein Bett im Schlamm. Ein Türke kam herangeprescht, um seine Mannschaft ins Halbfinale zu schießen. Doch er rutschte aus, und Reck konnte den Ball halten. Aus vorbei. Trauer in Istanbul – Jubel in Bremen.

„Yellow is enough"

Vierzehn Spiele im März und April – der prall gefüllte Terminkalender sorgte auf seine Weise dafür, daß Werder immer stärker ins Schlingern geriet. Alle Konzentration galt nun dem Halbfinale im DFB-Pokal gegen Hannover 96 und, nur ein paar Tage früher, dem Halbfinale gegen den FC Brügge, zumal der triste Bundesligaalltag nicht mehr brachte als das insgesamt sechste 0:0 der Saison.

Flaschen, Knallkörper, Raketen, Bierdosen, Steine, Geldstücke – Schiedsrichter Spassow hatte reichlich zu tun, um das Spielfeld sauber zu halten. Die Zuschauer schmissen offensichtlich alles von den Rängen des Olympiastadions, was nicht niet- und nagelfest war. Der FC Brügge führte gegen Werder 1:0 durch Daniel Amokachi, und trotzdem machten sie Randale. „Das war hier der blanke Haß", machte sich Uli Borowka Luft, um darauf hinzuweisen, daß die Anfeindungen nicht allein von den Zuschauern ausgingen: „Die Spieler sind auch aus der Rolle gefallen", mit Beschimpfungen wie „Nazischwein" und „Gestapo". Die Atmosphäre war in keiner Weise mit der im Viertelfinale zu vergleichen. Es ging einfach um zuviel, da schaukelten sich alte Ressentiments zwischen Belgiern und Deutschen umso mehr hoch. Für Werder gab es aber noch eine ganz andere Erkenntnis: Jürgen Rollmann war ein gleichwertiger Torwart. Reck hatte sich bei einer Abwehraktion unglücklich an der Schulter verletzt und mußte aus dem Spiel. Rollmann brachte die letzten 20 Minuten des Spiels ruhig, fehlerfrei und ohne weitere Gegentore über die Runden. Seine Chance zur ersten großen Bewährungsprobe, das Pokalspiel gegen Hannover, war also gekommen, denn Recks Schulter sah verdammt nach ein paar Wochen Pause aus.

Die Mannschaft von Trainer Michael Lorkowski war in der Aufstiegsrunde damit beschäftigt, das Ticket zur ersten Liga zu lösen, und obwohl Hannover im Pokal mit Dortmund, Bochum und Karlsruhe bereits drei Bundesligisten besiegt hatte, war der Einzug in das Halbfinale eine Überraschung. Gegner in Berlin wäre Mönchengladbach gewesen. Trotz einer überaus mäßigen Saison schaffte die Borussia den Sprung, weil Uwe Kamps im Halbfinale genügend Strafstöße parierte, um das Elfmeterschießen gegen Bayer Leverkusen zu entscheiden. Doch die Gladbacher flößten weder Werder noch Hannover in irgendeiner Form Angst ein, so erschreckend schwach spielten die Mannschaften vom Rhein. Ähnliches dachten die Bremer von ihrem Zweitligagegner, und so trauerte anfangs niemand den vergebenen Chancen nach; auch nicht, als die 90 Minuten vorüber waren. Das Vertrauen in die schwindenden Kräfte des Unterklassigen war recht groß, vor allem beim Anblick der behandelten Waden zum Seitenwechsel vor der Verlängerung. Doch nur vier Minuten nach Wiederanpfiff, schaffte Hannover durch Koch die Führung. Das Niedersachsenstadion bebte. Der Kleine ärgerte den Großen aber nur vier weitere Minuten, dann köpfte Bratseth den Ausgleich. Daß die Entscheidung nun per Elfmeter fallen mußte, war schon verblüffend genug; daß die 96er als Sieger daraus hervorgingen, war die Sensation schlechthin. Lorkowskis Überraschungself hatte ihren Weg mit dem vierten Erstligisten gepflastert. (Ein weiterer kam noch hinzu, als Borussia Mönchengladbach im Berliner Finale ebenfalls durch Elfmeterschießen 4:3 ausgeknockt wurde.) Für Werder war das eine ungewohnte Rolle. Nach drei Final- und vier Halbfinalteilnahmen in Folge hörten die Spieler, als sie totenstill in ihrer Kabine saßen, von den Rängen das obligatorische „Auf Wiederseh'n, auf Wiederseh'n…"; doch diesmal galt der Abschiedsgruß ihnen.

Die Sorgen wuchsen. Jürgen Rollmann verletzte sich beim Bundesligaspiel gegen Dresden so stark, daß der nur bedingt einsatzfähige Reck trotz lädierter Schulter zwischen die Pfosten mußte. Der Grund: auch Amateurtorwart Frank Rost hatte sich krankgemeldet. Reck gehörte damit zum Aufgebot gegen Brügge. Das Rückspiel gegen die Belgier war die letzte Chance für Werder, weiter im Geschäft zu bleiben. Entsprechend engagiert ging die Mannschaft ans Werk. 35.000 sorgten für eine machtvolle Kulisse, unter ihnen belgische Anhänger, die noch schlimmer als im Hinspiel wüteten. Wieder flogen etliche Gegenstände von den Tribünen. Die Polizei versammelte einen Teil ihrer Kräfte mitsamt Hunden vor dem Zaun, so daß die Belgier sich noch mehr angestachelt fühlten. Und dann zündete ein 25jähriger eine Leuchtrakete, die mit hoher Geschwindigkeit und 1800 Grad Hitze in den Brustkorb eines Werderfans auf der gegenüberliegenden Seite eindrang. (Ein zufällig anwesender Arzt leistete erste Hilfe und konnte einen Tag später melden, daß eine Notoperation dem Mann das Leben gerettet hatte.)

Jubel in Bremen, das Finale war erreicht.

Die äußerst hitzige Atmosphäre übertrug sich auch auf das Spiel. Werder war überlegen, Brügge baute auf Konter durch Amokachi, der jedoch abwechselnd von Wolter und Borowka beschattet wurde. Nach einer halben Stunde setzte sich Bockenfeld durch, flankte präzise auf Kohn, der verlängerte und Marco Bode schob ein. Der Gleichstand war erreicht. Brügges erfolglose Bemühungen um den Ausgleich wurden nach der Pause abrupt durch das 2:0 beendet. Wolter legte Bockenfeld den Ball so genau vor die Füße, daß dem gar nichts anderes übrig blieb, als ihn ins Netz zu dreschen. „Berlin, Berlin, wir scheißen auf Berlin", gröhlte die Ostkurve, befürchtend, daß der Anschlußtreffer für die Belgier Werders Scheitern bedeutet hätte. Ein durch das Spiel und durch peinliche rassistische Äußerungen seitens einiger Werder-Anhänger völlig entnervter Daniel Amokachi leistete sich jedoch ein Foul gegen Oliver Reck, sah die rote Karte und schwächte seine Mannschaft entscheidend. Kurz zuvor hätte auch Bremens Keeper den Karton verdient gehabt, als er sich zu einem Revanchefoul hinreißen ließ. Schiedsrichter King machte sich schnurstracks auf den Weg. Reck drehte resigniert ab, weil er wußte, was kommen mußte, und registrierte nur am Rande den polyglotten Dialog

Lippensscher Qualität zwischen dem Waliser Schiri und dem sich beherzt einmischenden Uli Borowka. King: „I will send him off!" Borowka: „Yellow is enough!" Wie sehr diese Worte Einfluß hatten, kann nur erahnt werden; auf jeden Fall nützte dem Torwart die mildere Strafe herzlich wenig, denn er war auch so für das Endspiel gesperrt. Otto Rehhagel zeigte nach dem 2:0 offen seine Erleichterung: „Das war heute super, ich muß meiner Mannschaft insgesamt ein außergewöhnliches Kompliment machen." Die Reise zum Endspiel konnte gebucht, der Gegner AS Monaco studiert, weitere Einnahmen verplant werden. Allein durch die TV-Übertragung durch den sich für die kommende Bundesligaspielzeit als Exclusivberichterstatter aufrüstenden Privatsender SAT 1, waren drei Millionen Mark in die Vereinskasse gewandert. „Damit haben wir den Rücken für Verstärkungen frei", verriet Schatzmeister Müller offenherzig, um Manager Lemkes Ortsbestimmung zu unterstützen: „Wir sind kein Bankverein, sondern ein Sportklub, der seinen Anhängern vor allem guten Fußball bieten will."

Finale der Trauer

Die Spannung in der Bundesliga kannte keine Grenzen. Dortmund, Frankfurt oder Stuttgart – gleichauf lagen sie an der Tabellenspitze und hatten die gesamte Konkurrenz abgehängt. Aber auch die Abstiegsfrage war völlig ungeklärt und bezog nahezu zehn Mannschaften mit ein; darunter auch den FC Bayern, der sich jedoch unter Trainer Ribbeck verbessert zeigte. Werder hatte mit alldem herzlich wenig zu tun, spürte aber beim Auswärtsspiel in Bochum, was Existenzangst bedeutet, denn der Traditions-Club belegte Platz 18 und benötigte jeden Punkt. Thorsten Legat entschied sich von vornherein, mit Watte in den Ohren aufzulaufen, weil er ahnte, wie die Begrüßung („Lü-gat") ausfallen würde. Werders Ziel, ein positives Punktekonto zu behalten und die klitzekleine Chance auf Uefa-Cup-Platz 5 wahrzunehmen, schien in Erfüllung zu gehen. 2:1 in der 90. Minute, da konnte nichts mehr passieren – es sei denn, der Schiedsrichter gibt Elfmeter. Und genau dies tat Klaus-Dieter Stenzel, als er auf eine dieser ganz offensichtlichen Schwalben mancher Stürmer hereinfiel. Ärgerlich für Werder, daß dadurch ein Punkt verloren ging, peinlich wurde es dann aber, als Otto Rehhagel auf der Pressekonferenz ausholte. „Der kommt aus den neuen Bundesländern und mußte früher wohl immer Dynamo Ost-Berlin gegen Bischofswerda zum Sieg pfeifen", dichtete der zerknirschte Coach dem Schiri eine Stasi-Vergangenheit an. Ein Lapsus, der seinen Fans im Osten zweifellos sauer aufstieß und ein deutlicher Hinweis auf sein angespanntes Nervenkostüm war.

Das öffentliche Leben in Deutschland war gelähmt, denn die Gewerkschaft ÖTV hatte zum Streik aufgerufen. Müllabfuhr, Post und Bahn waren matt gesetzt und versetzten so das Land in einen Trancezustand, der beinahe den Bremer Flughafen erwischt hätte. Werders neuer Marketingchef Manfred Blöhm hatte sich schon mit dem Bustransfer nach Groningen beschäftigt, als er Entwarnung bekam. Es waren immerhin 14 Maschinen mit insgesamt 3.000 Fans, die die Mannschaft nach Lissabon begleiteten, um bei dem möglichen größten Erfolg des SV Werder dabei zu sein. Das „Stadion des Lichts" bot Platz für 120.000 Zuschauer, am Abend verlor sich gerade ein Sechstel im weiten Rund bei traumhaften Temperaturen um 24 Grad. Sie sahen dort 22 Spieler, die alle eine schwarze Binde um den Oberarm trugen. Ein Symbol der Trauer, denn am Abend zuvor starben in der korsischen Stadt Bastia zehn Menschen in einem Fußballstadion, weil der ansässige Club im Pokalhalbfinale gegen Olympique Marseille seine Zuschauerkapazität, und somit seine Einnahmen, mit einer eiligst erbauten Behelfstribüne erhöhen wollte. Dem Druck der Massen war das Gerüst nicht gewachsen; als es zusammenbrach, riß es über 500 Menschen mit sich, einen Teil davon in den Tod.

Der AS Monaco schien keineswegs, wie vermutet, unter dieser Katastrophe zu leiden. Trotz eines schwer angeschlagenen Rui Barros spielten die Franzosen munter und frisch auf, machten Druck und brachten Werder in Not. Recht aufgeregt hingegen die Bremer, allen voran Jürgen Rollmann. Eventuell ging ihm Otto Rehhagels Prognose nicht aus dem Kopf, der sich sicher war, daß dieses Spiel „seine Laufbahn entscheidend beeinflussen wird." Vielleicht war sein Nervenkostüm mittlerweile doch von der Dauerfehde mit Oliver Reck angekratzt, die er letztendlich nie gewinnen konnte. Reck ließ sich kurz vor dem Spiel sogar dazu hinreißen, seinen Kollegen gönnerhaft als „sehr guten zweiten Torwart" zu bezeichnen. Erlöst wurde Rollmann in seiner Nervosität von Klaus Allofs. Rehhagels genialer Schachzug, den zuletzt nur noch sporadisch eingesetzten Stürmer von Beginn an neben Rufer zu stellen, zahlte sich nach 40 Minuten aus, als er eine Kopfballvorlage des Neuseeländers zur Führung verwertete. „Der gute, alte Klaus" („L'Equipe") ließ sich sogar noch dazu hinreißen, in der zweiten Hälfte einen Traumpaß auf Wynton Rufer zu spielen. In vollendeter Harmonie erlief Kiwi den Ball, versetzte Torhüter Ettori und markierte das 2:0. Erst am Nachmittag hatte Rehhagel sich überhaupt entschieden, Allofs spielen zu lassen. „Ich habe ihm den Vorzug gegeben", begründete er seinen Schritt, „weil er an solch einem Tag mit seiner großen Erfahrung für uns sehr wertvoll sein wird." Fortan trieb Trainer Arsene Wenger seine Mannschaft zu wütenden Angriffen an. Doch genau wie bei dem immer ausgelaugter wirkenden Rui Barros erlahmten auch die Kräfte der Monegassen. Für sie war jetzt nichts mehr zu holen, der Cup ging an die Weser.

„Werder Bremen gab dem Club von Fürst Rainier eine Lektion in zweckmäßigem Fußball", schrieb „De Telegraaf" aus den Niederlanden, und lag mit dem Urteil richtig, daß es kein besonders leidenschaftliches oder gar berauschendes Fußballfest war. Für den SV Werder jedoch war es der größte Tag der Vereinsgeschichte. Die Mannschaft hatte den zweithöchsten Fußballgipfel Europas erklommen und gezeigt, was durch kontinuierliche, zielstrebige Arbeit möglich ist. Kein Starensemble, keine zusammengekaufte Millionentruppe hatte diesen Cup gewonnen, sondern ein kleiner Fußballverein aus Bremen, Norddeutschland, mit Spielern, die zum großen Teil vor nicht allzu langer Zeit noch in der eigenen Jugend, der Verbandsliga oder der Oberliga gespielt hatten. Oder fast in der Versenkung verschwunden waren, wie Klaus Allofs, der hinterher eingestand: „Dieser Triumph macht mich besonders stolz", und der sich zu der großen Geste veranlaßt sah, seine 4.000-Mark-Prämie, die er als „bester Spieler" des Abends bekam, den Hinterbliebenen der Opfer der Katastrophe von Bastia zu spenden.

In Bremen entwickelte sich sofort eine spontane Jubelfeier. Mehrere Tausend hatten auf einer großen Leinwand in der Altstadt das Spiel verfolgt. Zu ihnen gesellten sich weitere, die zu Fuß oder mit ihren Autos ins Zentrum strömten; es wurde eine lange, berauschende Frühlingsnacht. Des Feierns nicht müde, wurde der kleine Bremer Flughafen am Tag darauf Mittelpunkt der Fußballseligkeit. Am späten Nachmittag landete die Maschine mit Spielern, Trainer und Pokal an Bord, leicht zu erkennen, weil der Pilot die Werderfahne aus dem Cockpit hielt. Tausende übervölkerten das Flugfeld und die Gebäude, um ihre Helden zu begrüßen. Die Tür öffnete sich, ein dunkelblaues Jackett erschien, und der Jubel brach los. Das Jackett hastete die Gangway herunter, lächelte verlegen und war genauso schnell wieder verschwunden. Die Lösung: Marinus Bester, nicht eingesetzter Vertragsamateur, wollte schnell zu einem Oberligaspiel fahren, um seine Stammannschaft zu unterstützen. 15 Minuten später war es dann aber soweit: Otto Rehhagel schälte sich aus der Maschine und reckte den Cup in die Höhe, während ZDF-Reporter Töpperwien großdeutsch „Rehhagel betritt deutschen Boden" stammelte.

Votava und Allofs (v. l. n. r.) feiern den Gewinn des Europa-Pokals der Pokalsieger in Lissabon am 6. Mai 1992.

Ambitionen

Kurz, viel zu kurz währte die Hoffnung von Borussia Dortmund, Meister zu werden. Frankfurt lag in Rostock zurück, Stuttgart hielt ein 1:1 in Leverkusen, die Borussia führte in Duisburg. Und dann kam in der 86. Minute der Schädel von Guido Buchwald und die Entscheidung im Titelkampf. Der Westen trauerte, und mit ihm das gesamte Land. Daß Christoph Daum den VfB zur Meisterschaft führte, war nicht zu erwarten; das Stolpern des großen Favoriten Frankfurt ermöglichte den Coup. Dem

BVB blieb die Vizemeisterschaft. Werder feierte den Saisonabschluß würdevoll und heftig. Im Stadion heizte vor dem letzten Spiel gegen Nürnberg eine Hard-Rock-Band der Ostkurve ein, einige Spieler gaben Interviews, jeder wurde einzeln vorgestellt und auf dem Rasen begrüßt, wobei Otto Rehhagel und Jürgen Rollmann den stärksten Applaus bekamen. Die Stimmung war gelöst, gute Laune überall, die Zuschauer lieferten mit 22 Minuten und 10 Sekunden einen neuen Weltrekord in der „La-Ola"-Welle, und es gab Gastgeschenke an die Franken, die 3:1 gewannen und sich besonders über den Hattrick von André Golke freuten.

Kurz bevor der Schlußpfiff ertönte, strömten die Zuschauer auf den Rasen, um gemeinsam zu feiern. Sie bauten sich rund um das Spielfeld auf, dicht gedrängt auf den Außenlinien stehend, und warteten auf den Schlußpfiff. Ein phantastisches Bild. Eingerahmt von Tausenden, schoben sich die Spieler beider Mannschaften den Ball zu und bereiteten sich ihrerseits auf die Flucht in die Kabinen vor. Der Pfiff ertönte, und die Jagd begann. Einigen gelang die Flucht, andere gerieten in die Fänge der Fans und mußten sich wohl oder übel umarmen lassen. Danach ging es in die Innenstadt, wo der SV Werder sich zum dritten Mal innerhalb von vier Jahren auf dem Rathausbalkon präsentierte und den Bremern zujubelte. Doch es waren auch Pfiffe von dort unten zu hören. Die Geschichte um Jürgen Rollmann sorgte noch einmal für Unmut. Die Kündigung des gebürtigen Frankfurters hatte ihre Gültigkeit, obwohl er beteuerte, „wenn mir der Trainer sagt, daß ich künftig eine echte Chance bei Werder erhalte, dann würde ich gern in Bremen bleiben." Der Trainer sagte nichts, sondern ließ den Torwart zum MSV Duisburg ziehen. Die beiden konnten nicht mehr zueinander finden. Das forsche Fordern eines Stammplatzes widersprach Rehhagels Verständnis, wie das Verhältnis und die Strukturen in einer Bundesligamannschaft geregelt sein sollen. „Wenn ich die besten Torhüter der Welt alle in eine Reihe neben Jürgen Rollmann stelle", versuchte er Rollmann zu charakterisieren, „und dann sage, der Beste von euch soll mal zwei Schritte vortreten, dann bin ich sicher, daß Jürgen Rollmann keine Sekunde mit dem Vortreten zögert." Der Torhüter wußte zu entgegnen: „Die Zuschauer wollen sich mit einem Spieler identifizieren, wollen auch einmal etwas von ihm hören. Wenn da nichts zustande kommt, ist das nicht meine Schuld. Hätte ich den Mund halten sollen, damit niemand merkt, daß der Rollmann vielleicht ganz in Ordnung ist?" Die Trauer der Fans um ihren Kurzzeitliebling hielt sich aber in Grenzen. Schon als die ambitionierte Parole für die neue Spielzeit ausgegeben wurde, war aller Ärger vergessen: „1993 werden wir Deutscher Meister!"

Die geplante Überraschung

Meister 1993

Werders Saisonplanung begann außergewöhnlich früh. Vom finanziell schwer angeschlagenen Hamburger SV konnte Dietmar Beiersdorfer verpflichtet werden, aus Homburg kam Torwart Jürgen Gundelach, und als Überraschung präsentierte Rehhagel den Wiener Mittelfeldspieler Andreas Herzog, den er schon mehrere Jahre im Auge hatte, dessen Verpflichtung er bisher aber noch für verfrüht hielt. Mit über drei Millionen Mark war Herzogs Ablösesumme die höchste in der Vereinsgeschichte – allerdings lächerlich im Vergleich zu dem, was der AC Mailand zur gleichen Zeit für Gigi Lentini an den AC Turin zahlte: 65 Millionen. Und das für einen 23jährigen Stürmer, der als talentiert, aber nicht überragend galt. Kein Wunder, daß die Fans beider Vereine Sturm gegen diesen Wahnsinn liefen. Die italienischen Clubs kamen langsam in Bedrängnis. Die wirtschaftliche Lage des Landes ließ Großeinkäufe kaum noch zu. Einer der ersten, der das spürte, war Fiat-Boß und Juve-Präsident Agnelli, der schnell die Finger von Lentini ließ.

Aus der Bundesliga verabschiedeten sich Matthias Sammer (Inter), Stefan Effenberg und Brian Laudrup (Florenz) und, nach langem Hin und Her, auch Andreas Möller (Juventus), der dem Ruf des Geldes nicht widerstehen konnte; mit Stefan Reuter (Dortmund) gab es einen weiteren reuigen Rückkehrer. Sie alle suchten ihre Chance bei neuen Vereinen, um den Sprung in die Nationalmannschaften zu schaffen. Die Europameisterschaft in Schweden stand vor der Tür, und gerade für die Deutschen war das eine Prestigeveranstaltung. Noch nie war der amtierende Weltmeister auch Europachampion geworden; ausgerechnet Berti Vogts, der die neue Rückpaßregel für „die beste Erfindung seit Jahrzehnten" hielt, wollte diese Serie durchbrechen. Das finanzielle Spektakel in Skandinavien brachte der Uefa volle Kassen: 27,5 Mio. durch TV-Rechte, 13,2 Mio. durch Kartenverkäufe und 17,6 Mio. durch Bandenwerbung. Genügend Schmerzensgeld, um die fünf Remis der Vorrunde und das insgesamt mittelmäßige Niveau der Titelkämpfe zu ertragen. Einzig Dänemark, als Nachrücker für das gesperrte Bürgerkriegsland Jugoslawien nominiert, überraschte positiv und schaffte mit einem Sieg über die Holländer (7:6 n. E.) den Einzug ins Finale.

Wie nicht anders zu erwarten, stolperte auch die deutsche Nationalmannschaft in dieses Endspiel, dabei spielten sie kaum auffälliger als eine Phil-Collins-CD. Freiwillig hatten sich Vogts Spieler selbst dezimiert, nachdem Völler sich den Arm und Riedle die Nase gebrochen, Reuter seine Nerven bloßgelegt, Buchwald seinen Meisterschaftsschädel aufgeschlagen und Libero Binz Löcher in die Luft getreten hatte. Das brachte aber weder Sympathien noch Mitleid ein; die Zuschauer standen weiter hinter dem Außenseiter Dänemark und seinen Stars Brian Laudrup und Fleming Povlsen. Die Deutschen spielten Fußball mit Lunge und waren 90 Minuten in Bewegung – am Ende standen sie mit leeren Händen da, weil Dänemark die Tore erzielte. Der Jubel kannte keine Grenzen, nicht nur in Dänemark auch in der eigenen Heimat. Nur zwei Jahre nach dem grandiosen Titelgewinn in Italien hatten die Nationalkicker mitsamt Trainer den Kredit bei den Fans verspielt. Ihr langweiliges Sicherheitsdenken reizte lediglich zum großen Gähnen, auch bei Vogts' Vorgänger, der vernichtend resümierte: „Diesmal war die Europameisterschaft nur mittelmäßig."

Beamtenfußball

Die Hitzewelle im August hatte mittlerweile sogar Bremen erfaßt. 37,4 Grad – das war Rekord und Anlaß zur Sorge. Übers Radio wurden die aktuellen Ozonwerte vermeldet und vor sportlicher Betätigung im Freien gewarnt. Somit blieb genug Zeit, die Aktivitäten anderer bei den Olympischen Sommerspielen in Barcelona zu beobachten. IOC-Präsident Samaranch hatte die Spiele in seine Heimatstadt gelotst, um sich ein Denkmal zu setzen; wie mußte es ihn da geärgert haben, als Boris Becker seine Teilnahme mit der „Atmosphäre" und der Gelegenheit, „mit anderen Athleten Kaffee trinken" zu können, begründete. Für mehr Furore als der deutsche Tennisstar sorgte das US-amerikanische „Dream-Team" im Basketball. Michael „Air" Jordan, Earvin „Magic" Johnson, Larry Bird und Charles Barkley zeigten dem Rest der Welt ihre Zaubertricks. Ihre Goldmedaille konnte aber nicht verhindern, daß die GUS erfolgreichste „Nation" wurde. Lautstarke Diskussionen gab es um die Modedroge Clenbuterol und die vier Dopingfälle der Spiele; eher heimlich, still und leise meldeten die Organisatoren den Rekordverbrauch von 60.000 Präservativen. In Deutschland stieg die Hitze einigen besonders zu Kopf. Während der erste gesamtdeutsche Verfassungsschutzbericht auf eine drastische Zunahme rechtsradikaler Gewalt hinwies, flogen im Rostocker Stadtteil Lichtenhagen Molotow-Cocktails in ein Asylbewerberheim. Über eine Stunde stand der Mob vor dem Haus, schmiß weitere Brandsätze, skandierte „Ausländer raus!" und versetzte die Hochhausbewohner in Todesängste. Unbeeindruckt und untätig sah die Polizei aus sicherer Distanz zu und ließ die Rechten wüten, bis das Haus in Flammen aufging. Mehrere Tage dauerten die Krawalle in Rostock an, die schnell Nachahmer fanden und das Land international in Mißkredit brachten. Dabei standen noch viel entsetzlichere Ereignisse bevor.

„Werder wird Meister!" Christoph Daum hatte sich festgelegt. Er war jedoch der einzige, der auf die Bremer tippte. Alle anderen hatten sich mal wieder auf die Bayern eingeschossen, die sich nicht nur mit Helmer, Schupp, Jorginho und Scholl optimal verstärkt und ihre Konkurrenz optimal geschwächt hatten, sondern auch mit der Rückkehr von Lothar Matthäus liebäugelten. „Jetzt erst recht!", „Attraktiv und erfolgreich" und „Wiedergutmachung ist angesagt" – die Ankündigungen aus München ließen einiges erwarten. Dafür prangte auf Werders Brust ein neuer Sponsorenname: „DBV". Die drei Buchstaben lösten den alten Vertragspartner ab und erhöhten die Einnahme auf zwei Millionen Mark. Da sich hinter dem Kürzel die „Deutsche Beamten Versicherung" verbarg, befürchteten natürlich einige Fans, daß Werder in Zukunft auch so spielen würde, zumal der Saisonstart mit dem 0 : 0 in Nürnberg gefährlich danach aussah. Eines Besseren belehrt wurden alle Kritiker durch das Auswärtsspiel in Karlsruhe. Zum ersten Mal funktionierte das neue Spielsystem so, wie Rehhagel es sich wünschte. Offensiv ausgerichtet, mit einem stark vorwärts drängenden Mittelfeld, geleitet von Herzog und Harttgen, ging Werder in beeindruckender Manier schnell 2 : 0 in Führung. Doch dann versagte ausgerechnet der Mannschaftsteil, der in den Jahren zuvor Garant für die Erfolge war: die Abwehr. Bratseth stakste wie ein Storch im Salat durch die Gegend, und Borowka befand sich ständig auf der Suche nach seinem Gegenspieler, dem verteufelt gefährlichen Sergej Kirjakow. Zur Pause hatten die Badener schon ausgeglichen, nach dem Wechsel trafen sie noch dreimal, und veranlaßten so Otto Rehhagel zu der knappen Analyse: „Weltklasse angefangen, Kreisklasse aufgehört." Die Mittelfeldvariante Harttgen/Herzog hatte sich leider damit erledigt; angesichts des 16. Tabellenplatzes war dem Trainer diese Spielweise zu riskant.

Große Freude an diesem Spiel zeigte auch die „ran"-Redaktion auf SAT 1. Mit Saisonbeginn hatte der Privatsender seine Fußballexklusiv-

Zwei, die sich verstehen: Beiersdorfer, Eilts.

berichterstattung begonnen, und zuvor für dieses lange Wort 500 Millionen Mark (für fünf Jahre) bezahlt. Nun konnten sie endlich den Beweis antreten, ob sie tatsächlich besser sein würden als die mumifizierte ARD-Sportschau, weil sie immer dabei sein wollten, „wo die Luzie abgeht" (Beckmann). Einer der ersten, den sie zum Thema machten, war Udo Lattek, der für viel Geld den Weg zurück auf die Schalker Trainerbank gefunden hatte. Gleich das erste Heimspiel endete mit einer Niederlage gegen Wattenscheid und „Lattek-raus!"-Rufen. Doch der Trainer saß vollkommen regungslos, am ganzen Körper mit Werbung beklebt, auf einem überdimensionierten Sponsorenstuhl am Spielfeldrand und schaute verkniffen in die Kameras, die ihn von allen Seiten zur „Luzie" machten. Lattek hätte ihr kongenialer Partner werden können, ihm fehlte inzwischen aber jegliche Lockerheit und Souveränität. Außerdem betrat Lothar Matthäus wieder die Bühne der Bundesliga. Nach einigen Versteckspielchen hatten ihn die Bayern von Inter Mailand losgeeist. Er wurde mit offenen Armen empfangen und gleich zum Medienstar erklärt. Barbie hatte ihren Ken wieder.

Ausländerklausel

Pech gehabt! Bei der Auslosung zur ersten Runde im Europapokal der Pokalsieger, bekam der Titelverteidiger einen Außenseiter zugelost: Werder vs. Hannover. Nachdem die Bremer im nationalen Pokalwettbewerb zwei Amateurligisten hintereinander ausgeschaltet hatten (Jülich und Beckum), erhofften sie sich international renommierte Gegner, volle Stadien und hohe Einnahmen. Hannover 96 war aber reinstes Kassengift. 18.000 im Weserstadion hätten auch schon zur Halbzeit gehen können. Werder führte 3:1 nach 45 Minuten Einbahnstraßenfußball, brachte in der zweiten Hälfte nicht mehr viel zustande und schaukelte den leichten Sieg nach Hause. Das Gegentor kreidete Rehhagel seinem neuen Abwehrspieler Beiersdorfer an, den er nach 30 Minuten überraschend vom Platz nahm. Vierzehn Tage später das gleiche Bild: Nach 28 Minuten, Werder führte 1:0, bekam Beiersdorfer wieder das Zeichen. „Ich muß es hinnehmen, verstehen tue ich es nicht. Es wäre nicht schlecht, wenn ich es erfahren würde", gab der Spieler seiner Enttäuschung Ausdruck, daß er im weiteren Verlauf nicht mithelfen konnte, das drohende Ausscheiden abzuwenden. Auch Andreas Herzog war nicht glücklich in seiner Haut. Auf die Frage nach dem Grund seiner frühzeitigen Auswechslung, gab er gallig den Hinweis: „Fragen Sie das den Trainer; ich weiß es nicht." Werder rettete mit viel Glück ein 1:2 über die Zeit und erreichte die zweite Runde gegen Sparta Prag.

Weniger zufrieden war Meister Stuttgart. Im Hinspiel besiegten die Schwaben Leeds United erstaunlich klar mit 3:0, nun führten die Engländer kurz vor Schluß 4:1, was Stuttgarts Weiterkommen bedeutet hätte. Um das Ergebnis zu halten, wechselte Daum den Serben Simanic ein. Nach Dubájic, Sverisson und Knup jedoch der vierte Ausländer – und das verstieß gegen die Uefa-Regel. Zunächst bemerkte niemand etwas. Der VfB gewann und erreichte scheinbar die nächste Runde. Während der Pressekonferenz wurde Manager Hoeneß plötzlich ganz heiß, als er gedankenverloren noch einmal den Spielbericht durchging. Am nächsten Tag rief er dann beim Verband an und erstattete Selbstanzeige, um einer harten Strafe vorzubeugen. Die Uefa erkannte die Geste an und ließ Milde walten, indem das Spiel neu angesetzt wurde. Doch der Schock saß tief. Sie waren ganz weit oben gewesen und auf dem besten Weg in die Champions League, als ihrem Trainer dieser Fauxpas unterlief. Sämtliches Selbstbewußtsein ging verloren. Hier wurde deutlich, auf welch hohe Konstruktion sich Daums Fähigkeiten stützten. Das Entscheidungsspiel in Barcelona gewann erwartungsgemäß der englische Meister, der damit den VfB in eine tiefe Sinnkrise stürzte. Daum klammerte sich an seinen Job, obwohl er den Verein um zehn Millionen Mark Einnahme gebracht hatte, und zog erst über ein Jahr später persönliche Konsequenzen.

Schneller als Daum hatte es Egon Coordes ereilt. Der beim HSV in Ungnade gefallene Bremerhavener wurde durch Co-Trainer Benno Möhlmann ersetzt. Eine Maßnahme, die zur rechten Zeit kam, um den freien Fall stoppen zu können. Bescheidene Ergebnisse hatte bis zu dem Zeitpunkt auch der SV Werder abgeliefert. Im Pokal lief es recht gut, auch die dritte Runde überstand die Mannschaft gegen Mainz 05, in der Liga herrschte jedoch immer noch das Mittelmaß der vergangenen Saison. Der Hoffnungsschimmer aus dem Spiel gegen Karlsruhe loderte erst wieder in Dresden auf. Bemerkenswerte Leistungen von Beiersdorfer, Bode und Herzog führten zum ersten Auswärtssieg und bildeten den Auftakt einer starken Serie bis zur Winterpause.

Sonne über Little Rock

Wie nahe doch Erfolg und Mißerfolg beieinanderliegen! Eben noch strahlender Sieger, heute schon gedemütigter Verlierer. Selten wurde Werder im Europapokal so vorgeführt wie gegen Sparta Prag. 2:3 – und das im Heimspiel. Das erste verlorene Hinspiel auf eigenem Platz in der Geschichte. Dabei sah es zu Beginn nicht schlecht aus, doch die Tschechen konterten eiskalt und zielsicher. Zur Pause stand es 0:2 vor nur 10.000 Zuschauern, die blankes Entsetzen ergriffen hatte. Mit einem Kraftakt und Toren von Neubarth und Rufer gelang der Ausgleich. Ein Hoffnungsschimmer keimte auf, der jedoch in der 90. Minute durch das dritte Prager Kontertor zunichte gemacht wurde. So clever und versiert, wie Sparta auftrat, gab es für das Rückspiel kaum noch Aussichten. Einzelne Schuldzuweisungen gab es nicht, jedem war klar, man hatte den Gegner unterschätzt: „Die Leute dachten, da kommt eine Mannschaft aus dem Osten, die man mal so eben wegmachen kann", versuchte Frank Neubarth die Stimmung in Worte zu fassen. Genau wie den anderen, war auch ihm klar, daß nun nur ein „mittleres Wunder" helfen würde.

Kraft und Selbstbewußtsein dafür tankte Werder ausgerechnet in München. In den ersten Spielen der Saison holten die Bayern 10:0 Punkte. Dann kam Matthäus, und die Serie riß. Die Vizepräsidenten Rummenigge und Beckenbauer stritten sich immer noch darüber, wie sinnvoll oder -los der Rücktransfer des Bonsai-Terminators gewesen sei, als sie die Tore der Bremer wie Peitschenhiebe trafen. Besonders Andreas Herzog zeigte sich gut aufgelegt und narrte mehrfach den Südrivalen. Für ihn eine besondere Genugtuung, wollte er doch durch gute Leistungen „die Vorurteile gegen den österreichischen Fußball irgendwann abklingen" lassen. Diesen grandiosen Erfolg im Rücken, machten die Fans beim nächsten Heimspiel deutlich, was für sie das neue Ziel war: „Deutscher Meister wird der EsVauWee!" Die gehörige Portion Selbstvertrauen genügte aber nicht, um die Hinspielniederlage gegen Prag umzubiegen. Alle Vorhaben wurden bereits in der 7. Minute zunichte gemacht, als Siegl den Ball durch Recks Beine schob. Die Luft war raus; höflich wurden die letzten 83 Minuten abgespult, bevor die Trauer die Bremer an der Moldau erfaßte. Smetanas wunderschöne Melodie im Gedächtnis, nahm der Titelverteidiger Abschied von dem Wettbewerb, in dem der größte Triumph der Vereinsgeschichte erzielt worden war.

Zur gleichen Zeit brach auf der anderen Seite des Atlantiks ein neues Zeitalter an. Der Präsidentschaftskandidat der Demokraten, Bill Clinton, hatte die Wahl gegen seinen Konkurrenten George Bush gewonnen. Nach zwölf Jahren Republikanerherrschaft leitete der Gouverneur aus Arkansas eine Ära ein, die in den USA hoffnungsvoll mit der JFKs verglichen wurde. Ein Ende der Regentschaft Rehhagels in Bremen war hingegen nicht abzusehen. Auch er befand sich im zwölften Amtsjahr und feilschte gerade um einen neuen Vertrag. Es wurde ein recht ungewöhnlicher Kontrakt, der letztendlich eine unbefristete Laufzeit als Basis enthielt. „Franz Böhmert und ich sind schlicht und einfach übereingekommen, weiterzumachen, solange wir miteinander auskommen, solange jeder von uns beiden Perspektiven sieht", umriß der Trainer seine neue Situation, um dann deutlich zu machen, daß er solche Dinge grundsätzlich für „Privatsache" hält.

Lichterketten

Schrill klingelte das Telefon. Es war Nacht, als ein Anrufer Feuer meldete und mit den Worten „Heil Hitler!" auflegte. Kurz darauf brannten zwei Häuser. In der Ratzeburger Straße konnten die Anwohner evakuiert werden oder sich selbst retten; in der Mühlenstraße kam für die 51jährige Bahide Arslan, ihre 14jährige Nichte Ayse und ihre 10jährige Enkelin Yeliz jede Hilfe zu spät. Mölln. Die Kleinstadt in Schleswig-Holstein wurde in jener kalten Novembernacht zum Symbol rechter Gewalt und demokratischer Ohnmacht. Die entsetzte Öffentlichkeit antwortete mit Schweigemärschen und Lichterketten, auch in Bremen versammelten sich 80.000 entlang der Weser. Mehr als ein stummer Protest wurde nicht daraus. Die Reaktion der politisch Verantwortlichen beschränkte sich auf Betroffenheitstourismus an den Ort des Grauens und Lippenbekenntnisse gegen Rechtsradikalismus. Der seit dem Tode Hermann Neubergers von Egidius Braun geleitete DFB schloß sich der Stimmung an und heftete den Spielern die Aktion „Mein Freund ist Ausländer" auf die Brust. Am letzten Spieltag der Hinrunde wurden die Sponsoren vom Trikot verbannt und durch das Motto ersetzt.

In die Winterpause ging Werder als Tabellendritter. Nach der beeindruckenden Serie mit 15:3 Punkten waren die Bremer hinter die Bayern und Frankfurt gerutscht. Dort wollten sie nicht bleiben; ihr Blick ging weiter nach oben, denn nach dem Ausscheiden in beiden Pokalwettbewerben blieb nur noch die Meisterschaft. Nach den vielen erfolgreichen Jahren erreichte Werder das erste Mal seit 1987 nicht das DFB-Pokalhalbfinale. Gab es gegen Borussia Dortmund im Achtelfinale noch ein 2:0 vor 35.000 im Weserstadion, stolperte die Mannschaft danach mit 1:2 nach Verlängerung bei Zweitligist Chemnitz. Eine sehr ärgerliche Angelegenheit, weil nicht zuletzt eine lukrative Einnahmequelle versiegte. Somit mußten neue Ziele in der Weihnachtszeit definiert werden. Der im Oktober vom VfB Leipzig erworbene Stürmer Bernd Hobsch siedelte nach Bremen über und richtete sich auf seine neue Umgebung ein. Johnny Otten sah keine Chance mehr auf einen Stammplatz und fuhr fortan, zusammen mit Amateurstürmer Arie van Lent, 50 km weiter westlich nach Oldenburg, um dem VfB die Zweitklassigkeit zu erhalten. Und nach zwölf Jahren nahm mit Günther Hermann ein Spieler Abschied von Bremen, der den Weg über die Nachwuchsarbeit in den Bundesligakader geschafft hatte, als er 1980 mit 20 Jahren aus Loccum kam und sich in der Oberligamannschaft schnell zur Stütze entwickelte. Jetzt wollte er sein Glück in Wattenscheid versuchen.

Dream Team

Zu den Schreckensbotschaften des neuen Jahres gehörte nicht unbedingt der Rücktritt des Wirtschaftsministers Möllemann, eher schon die Tankerkatastrophe vor den Shetland-Inseln, die die Nordsee mit 85.000 Tonnen Öl belastete. Der aufregende Jahreswechsel '92/93 bescherte so manche Überraschung. Dragoslav Stepanovic hatte in Frankfurt seine Kündigung eingereicht und mit Leverkusen gleich den neuen Arbeitgeber verraten. Der dort tätige Reinhard Saftig war verständlicherweise äußerst verblüfft, mußte sich aber damit abfinden, am Saisonende den Klub verlassen zu müssen. Gegangen war auch Udo Lattek. Schalke und er – das paßte nicht zusammen; dort versuchte man es mit Helmut Schulte. Den Coup landete jedoch Borussia Dortmund. Nach Stefan Reuter holte Ottmar Hitzfeld mit Matthias Sammer einen weiteren Gescheiterten aus der Liga Nazionale zurück, der bei Inter die meiste Zeit seines halbjährigen Gastspiels auf der Tribüne verbracht hatte. Der BVB entwickelte sich, durch den Ausfall der anderen Klubs im internationalen Geschäft, mehr und mehr zum Krösus der Liga. 20 Millionen Mark verdiente der Verein allein bis zu den Finals (die gegen Juventus Turin verloren gingen); fast soviel, wie der SV Werder insgesamt im Jahr 1992 (29,1 Mio.).

Bevor die Liga in die Rückrunde startete, hatten die Bremer das Supercup-Endspiel gegen den FC Barcelona auf dem Plan. Spaniens Meister, beste Mannschaft in Europa, kam mit allen Stars ins Weserstadion und ließ seine internationale Klasse aufblitzen. Erst drei Minuten vor Schluß schaffte Allofs den Ausgleich, der eine kleine Chance für das Rückspiel ließ. Den stärksten Eindruck hinterließ für Johan Cruyff jedoch Andy Herzog, der zudem mit seinem neuen Titel „Fußballer des Jahres" in Österreich protzen konnte. Willi Lemke bemühte sich schnellstens zu dementieren: „Herzog ist unverkäuflich, es gibt auch keinen Betrag, bei dem wir ins Grübeln kommen können. Das würden uns die Fans niemals verzeihen." Die Spekulationen endeten aber nie ganz. Im Rahmen des Rückspiels vermuteten Insider sogar, daß Herzog einen Vorvertrag bei den Katalanen unterschreiben könnte. Im Stadion „Nou Camp" merkte man ihm jedenfalls sein erhöhtes Engagement an, als Werder gewillt war, den Supercup zu gewinnen. Leider hatte der Schiedsrichter einiges dagegen und zeigte Oliver Reck nach einer halben Stunde in strengster Regelauslegung die rote Karte, als der Keeper mit Ball über die Strafraumgrenze rutschte. Selbst Cruyff gab zu, daß durch die Karte das „Finale verfälscht" wurde, obwohl seine Mannschaft einen Vorteil verbuchen konnte. Der hypernervöse Ersatzmann Gundelach machte bei beiden Toren einen übermotivierten Eindruck. Die Treffer von Stoitchkov und Goichoechea genügten, trotz des Rufer-Elfmeters, zum 2:1-Sieg.

Mit der Verpflichtung von Bernd Hobsch hatte Rehhagel offensichtlich wieder ein goldenes Händchen bewiesen. Gleich im ersten Ligaspiel nach den Weihnachtsferien traf er ins Tor. Und beim Remis in Leverkusen harmonierten Herzog, Rufer und der Leipziger schon so gut, daß vom „Dream Team" der Liga die Rede war. Mittlerweile hatten die Bayern Frankfurt besiegt und Werder damit zu Platz 2 verholfen. Willi Lemke erkannte die Lage: „Wir starten zum Angriff auf die Münchener. Die Meisterschaft ist immer ein Thema." Es wurde tatsächlich immer spannender. Erinnerungen an die '86er Vizemeisterschaft wurden wach, als Werders Vorsprung gegen Ende immer weiter schmolz und mit dem Kutzop-Elfer völlig dahin war. Die Rollen waren diesmal vertauscht; nun waren die Bayern an der Reihe, nervös zu werden. Daß sie es waren, bemerkte Fußball-Deutschland bei der Niederlage in Hamburg, während Werder in Uerdingen gewann. Der Rückstand betrug nur noch zwei Punkte, und Erich Ribbeck verlor allmählich die Fassung: „Die schreien jetzt schon Hosianna, als wenn Weihnachten wäre. Ich verstehe es, daß sich alle freuen, wenn wir verlieren, aber damit werden wir fertig." Niemand nahm ihm die Clint Eastwood-Attitude ab. Dessen zu dem Zeitpunkt in Hollywood mit vier Oscars ausgezeichneter Film „Erbarmungslos" wirkte wesentlich glaubwürdiger.

Ähnlich dramatisch wie das Titelrennen, gestaltete sich der Vereinspokal. Statt Werder Bremen stand Chemnitz unter den letzten vier Teams und blamierte sich gegen die Amateure von Hertha BSC. Es war das erste Mal in der Geschichte, daß eine Amateurmannschaft das Finale erreichte. Als Gegner qualifizierte sich die Elf von Bayer Leverkusen, die pikanterweise Eintracht Frankfurt mitsamt Stepanovic schlug, der daraufhin seinen Dienst quittierte und Horst Heese Platz machte. Das Wechselspielchen hatte unter anderem die Wirkung, daß die Eintracht einen sportlichen Aufschwung nahm, den auch Werder zu spüren bekam. Mit 3:0 fiel die Niederlage jedoch ein wenig zu heftig aus, wie auch Heese meinte: „Ein paar Törchen zu hoch, nicht wahr Otto?"

Zwei vom Dream-Team: Votava, Herzog.

Ostseeküste

Die Anweisung war klar und deutlich. Spontan und kurz vor Meldeschluß machte Monica Seles ihrem Vater begreiflich, daß sie nach neun Wochen Virusinfektion endlich wieder Tennis spielen wollte; da kam ihr das Sandplatzturnier in Hamburg gerade recht. Sie brauchte Matchpraxis und erhoffte sich ein eventuelles Endspiel gegen Steffi Graf. Doch soweit kam es nicht. Im Viertelfinale kämpfte sie gerade Magdalena Maleewa nieder, als sie beim Seitenwechsel auf dem Stuhl sitzend einen heftigen Schmerz im Rücken verspürte. Ängstlich sprang sie hoch, ging ein paar Schritte und brach vor Schmerz und Schreck zusammen. „Damit Steffi Graf wieder die Nr. 1 wird", habe er diese Tat begangen, gab später der Messerstecher zu Protokoll, ohne zu dem Zeitpunkt zu ahnen, daß er die Psyche eines jungen Mädchens zerstört hatte und eine intensive Diskussion über Sicherheit im Sport auslöste. Eine für das Tennis völlig neue Situation löste Ratlosigkeit aus. Der Boom der vergangenen Jahre und der Wandel zum Volkssport, zeigte seine Schattenseite, auf die sich niemand vorbereitet hatte.

„Unabsteigbar" wollten sie sein. Doch genauso wenig wie es dieses Wort gab, hatte der VfL Bochum letztlich eine Chance auf den Klassenerhalt. Der Abstiegskampf tobte zwischen Uerdingen, Wattenscheid, Saarbrücken, Bochum und den Kölnern, die sich als Retter Morten Olsen geholt hatten. Mit neuer Spielstärke ertrotzte der FC einen Punkt gegen Werder, während die Bayern Saarbrücken mit 6:0 nach Hause schickten. „Jetzt fahren wir selbstbewußt zur Ostseeküste", verkündete stolz das „Bayern-Echo" in völliger Abwesenheit selbst rudimentärer Geographiekenntnisse. Zum Glück hatten die Bayern einen cleveren Busfahrer, der sie sicher nach Bremen brachte. Schon im Vorfeld des Spiels herrschte eine aufgeheizte Stimmung, die ihre Fortsetzung auf dem Rasen fand. Weil es um viel Geld ging und die bezahlende Fernsehanstalt es so wollte, wurde an einem Montagabend gespielt. Zur Meisterschaftsentscheidung geadelt, entwickelte die Partie eine Shakespearesche Dramatik.

Die Hauptpersonen:

Otto Rehhagel:	seit seinem Amtsantritt hatten die Bayern noch nie in Bremen gewonnen.
Erich Ribbeck:	hatte noch nie einen nationalen Titel errungen und richtete sich langsam auf sein Loser-Image ein.
Raimond Aumann:	litt unter Zahnschmerzen und hatte sich versehentlich gedopt. Daher Ersatzmann...

Uwe Gospodarek:	talentiert und unerfahren.
Lothar Matthäus:	schönster Mann Deutschlands (...?).
Andreas Herzog:	Ziel bayerischer Brachialtritte.
Wynton Rufer:	Elfmeterspezialist.
Zuschauer:	40.800 (ausverkauft), davon 2000 aus München.

Vorspiel:
Werder mußte auf Rune Bratseth (Länderspiel) und Dieter Eilts (Innenbandriß) verzichten; Frank Neubarth spielte Libero. Moralische Unterstützung lieferte ausgerechnet Berti Vogts: „An großen Tagen kann Werder mit südländischer Begeisterung spielen."

1. Akt, 1. Szene:
Rehhagel schnappte sich seinen Spielmacher und gab ihm den entscheidenden Tip: „Sie spielen gegen den besten Fußballer der Welt und den schönsten Mann Deutschlands. Machen Sie etwas daraus."

1. Akt, 2. Szene:
Der Gast spielte überlegen, cool und clever. Werder war nervös wie ein Rennpferd vor dem Start. Folglich fiel das 0:1 durch Christian Ziege.

1. Akt, 3. Szene:
Der Torschütze zeigte sich ungeschickt in der Abwehr. Sein Foul an Herzog gab Wynton Rufer Gelegenheit, seiner Passion für lässige Elfmeter nachzugehen.

Pause

2. Akt, 1. Szene:
Herzog stürmte in den Strafraum und erkannte, daß Gospodarek vor ihm am Ball sein würde. In das langgestreckte Torwartbein (Fehler!) hakte er sich abgebrüht ein und ließ sich fallen. Der Schiedsrichter pfiff sofort (auch Fehler!). Wieder zeigte sich Rufer zuverlässig und unnachahmlich.

– Intermezzo –
Proteste der Bayernspieler stimmten den Schiri nicht um.

2. Akt, 2. Szene:
Werder mußte sich wütender Angriffe erwehren; Neubarth spielte einen guten Libero; über Marco Bode liefen brillante Konter, die die Entscheidung durch Herzog und Hobsch herbeiführten.

– Applaus –

Bremen hatte seinen „Sommernachtstraum" im April. Immer noch waren die Bayern in der Tabelle vorn, doch Werder saß ihnen nun im Nacken. Auch der 1:3-Durchhänger in Gladbach (Votava: „Wer Meister werden

„...ach, hör doch auf!" Ribbeck, Rehhagel

will, muß mehr bieten.") schüttelte den Verfolger nicht ab. Neben dem 4:1-Heimsieg (Rehhagel: „Da wußte ich, daß wir es schaffen können.") erwies sich auch das Wochenende um den 20. Mai als wesentlicher Meilenstein auf dem Weg zum Titel. Rehhagels Mannschaft hatte am Freitagabend mit 4:0 in Saarbrücken gewonnen und brachte die Münchener in Zugzwang. Deren Pech war, daß sie in Karlsruhe antreten mußten, denn soviele Rechnungen, wie Winfried Schäfer und sein Verein mit ihnen offen hatte, konnten gar nicht an einem Abend beglichen werden. Die ersatzgeschwächten Badenser kämpften fabulös und bewiesen, daß sie trotz der weggekauften Kreuzer, Scholl und Sternkopf Oberhand gegen den reicheren Club behalten konnten. Das Herzschlagspiel endete 4:2 für die Heimelf und sorgte für ein Punktepatt an der Spitze. Die Dramatik der letzten Spieltage hatte ihre Parallele zu den '86er Ereignissen nicht verloren. Im Fernduell des vorletzten Kick-Offs offenbarte sich erst so richtig die unsichtbare Regie, die von Beginn an geführt wurde. Beide hatten zunächst ein Heimspiel und am letzten Spieltag ein Auswärtsspiel – die Bremer in Stuttgart. Welch zufälliger Geniestreich!

Dumme Zufälle

„Ein Verein wie Bayer Leverkusen hat damit den Anspruch auf Seriösität verloren." Otto Rehhagel hatte sich empört zu Wort gemeldet. Nach unerträglichen Wochen endete die Quälerei für Reinhard Saftig vorzeitig. Der im Hintergrund lauernde Stepanovic konnte noch vor dem Berliner Finale sein neues Amt übernehmen, weil Saftig gefeuert wurde. Das schlechte Gewissen packte den Ex-Frankfurter dann zeitweise, als seine Mannschaft mit Hängen und Würgen die Hertha-Amateure im Finale besiegte und er sich zierte, den Cup zu berühren. Rehhagels Berliner Anwesenheit war auch von Erfolg gekrönt. Er brachte zur neuen Saison den Mittelfeldspieler Mario Basler mit. 2,2 Millionen Ablöse wiesen auf eine längerfristige Liason hin; wobei niemand genau die Fähigkeiten des gebürtigen Pfälzers taxieren konnte. Erstaunlich war nur, daß der Trainer mal wieder einen ausgegraben hatte, der zwar nicht im Rampenlicht stand, dessen Name aber durchaus geläufig war. Wahrscheinlich war er auf Basler aufmerksam geworden, als Bayer Leverkusen wenige Wochen zuvor Interesse durchsickern ließ.

· Ausnahmsweise war das Wetter schön. Die von der Sonne nicht verwöhnten Norddeutschen freuten sich zu Pfingsten schon allein darüber, daß es nicht regnete. Mehr noch, das Wetter eignete sich sogar zu Radtouren, Spaziergängen und anderen Freizeitaktivitäten im Freien. Doch die Idylle wurde durch eine entsetzliche Nachricht zerstört: In der Nacht von Freitag auf Samstag starben bei einem Brandanschlag auf ein Haus in Solingen fünf türkische Bürger. Ohne Frage kamen die Täter aus der rechtsradikalen Szene; ohne Frage waren sie Nachahmer all der ungesühnten und von der breiten Öffentlichkeit vergessenen Ereignisse in Rostock und Mölln. Immer wieder wurden die Deutschen von ihrer Geschichte eingeholt, wurde der Teppich angehoben, unter dem die braune Vergangenheit zusammengefegt lauerte. Tagelang gab es Krawalle in Solingen. Wut, Trauer und Hilflosigkeit verwandelten sich in Haß und Gewalt. Es waren vor allem türkische Jugendliche, die Forderungen stellten. Die Politik übte sich wieder einmal in mediengerechter Pietät und überließ dem Bundespräsidenten das Reden, der auch gleich den Vorschlag der Einführung einer doppelten Staatsbürgerschaft aufgriff; wissend, daß solche Worte Balsam auf wunde Seelen darstellen, ohne unbedingt Auswirkungen haben zu müssen.

Als während der Olympischen Spiele 1972 in München palästinensische Terroristen israelische Sportler ermordeten, da stockte der Welt der

Atem und niemand hätte von den Athleten erwartet, weiterzumachen. Außer Avery Brundage und seinem IOC. Der damalige Präsident gab die Losung aus, die das Ende der Moral im Sport bedeutete: „The games must go on." Würde Brundage noch leben, hätte er den Bundesligaspielern denselben Befehl erteilt. Doch sie taten es auch so.

München zu Hause gegen Bochum; Bremen im Weserstadion gegen den HSV. Das roch nach Möllemannscher Vetternwirtschaft. Benno „Fast-Namensvetter"-Möhlmann griff den Befürchtungen aus dem Süden jedoch vor: „Meine Mannschaft ist sogar ziemlich heiß auf das Spiel." Bayern gewann erwartungsgemäß 3:1 gegen den VfL (und besiegelte dessen Abstieg); Werder bezwang die Hamburger 5:0. Erich Ribbecks Stimmung war auf dem Tiefpunkt angelangt: „Sicherlich mache ich mir meine Gedanken über den HSV. Ein dummer Zufall, es kommt schon Wut hoch." Es war vor allem die Art und Weise, wie der Nordrivale sich seinem Schicksal ergab. Werder spielte ohne Zweifel gut und mit großem Siegeswillen; der Gegner jedoch erinnerte gelegentlich an eine Freizeittruppe auf Reeperbahntörn. Die Tabelle hatte ein neues Bild:

1. Werder Bremen   60:30   46:20
2. Bayern München   71:42   46:20.

Die „Deppen der Nation"

Der letzte Spieltag würde die Entscheidung bringen. Werder hatte die ungleich schwerere Aufgabe mit dem VfB Stuttgart; die Bayern mußten nach Gelsenkirchen. Für Schalke ging es um nichts mehr, der VfB hatte mit einem Sieg die Chance auf einen Uefa-Cup-Platz. Trotzdem baute Raimond Aumann vor und gab ehrlich zu: „Wenn wir nicht Meister werden, sind wir die Deppen der Nation." Sämtliche Sportblätter füllten ihre Seiten mit Erinnerungen an das Meisterschaftsrennen 1986, als der SV Werder, frisch abgefangen von Verfolger München, am letzten Spieltag in Stuttgart antreten mußte. Als ginge es um ihr Leben, so kämpften die Schwaben damals und verhinderten den Titelgewinn durch einen 2:1-Sieg. Auch das '93er Fernduell der Rivalen entwickelte sich zum landesweiten Spektakel. Die altehrwürdige Konferenzschaltung des ARD-Hörfunks konzentrierte sich auf die beiden Spiele, und an der Weser wurde eine riesige Leinwand aufgebaut, die für mehrere Tausend Zuschauer die Fernsehkonferenz live übertrug; die elektrisierten Massen fieberten mit ihren Mannschaften. Den Weg ins Stuttgarter Stadion hatte eine rekordverdächtige Anhängerschar gefunden. Unter ihnen Uwe Jahn,

**Das „Meisterspiel" in Stuttgart: Bode, Harttgen und Neubarth auf Tor-
jagd.**

genannt „Hornsby". Werder-Fan seit 20 Jahren, Autor der „Fan News" in
der Stadionzeitung und Herausgeber eines Fanzines. Wie mehr als 5.000
weitere Werder-Fans, erlebte er das schier Unglaubliche:

„Kaum im Block, setzten alle zum ersten Torjubel an. Schalke führte
gegen Bayern 1:0, ab geht die Post! Zu hoffen gewagt, daß gerade die
Schalker uns Bayern vom Hals halten, hatte ich schon, aber geglaubt? Nee,
ernstlich eigentlich nicht. Sofort ging ein überzeugender Werder-Roar
aus bestimmt 6.000 Kehlen durchs Rund. Unsere Elf spielt derweil einen
prima Stiefel, hätte bis zur Pause schon das eine oder andere Törchen
machen müssen, obwohl sich der VfB keineswegs versteckte. Oh Mann,
oh Mann, das war nichts für Herzkranke. Dann der Pausenpfiff, Schalke
führte schon wieder, 2:1 diesmal. Noch sind wir Meister. Fast alle waren
sich einig: warum kann nicht jetzt Ende sein?! Aber aufgrund der Zwi-
schenstände – auch Karlsruhe führte gegen Dortmund 2:0, Stuttgarts
Uefa-Cup-Hoffnung war knapp, aber bestimmt am Arsch – herrschte allgemein Optimismus. Irgendwie dachte ich mir, das haut hin, wir packen
es. Aber innerlich kamen genauso schnell auch wieder Zweifel. Ach, was
erzähl ich – ihr kennt dieses Gefühl wohl selbst alle zur Genüge.

In den letzten von 3.060 Saisonspielminuten schoß Bernd Hobsch uns in einen wahren Freudentaumel. Und gerade waren die wilden Umarmungsszenen abgeklungen, setzte Thomas Wolter noch einen oben drauf. Jetzt war echt Feierabend mit Normalsein. Mehrere tausend Hanseaten, denen ungnädige Zeitgenossen immer übertriebene Zurückhaltung und Sturheit unterstellen, feierten Karneval, Silvester und Freimarkt gleichzeitig im Gottlieb-Daimler-Stadion. Noch 40 Minuten bis zum Himmel – und Schalke? Immer noch 2:1? Alles klar, Rollbahn frei zum Titelflug. Immer wieder hörte man 'Deutscher Meister wird der SVW', wir beherrschten das Stadion, wie die 11 Grün-Weißen den VfB auf dem Rasen. Trotzdem, die Uhr verging verdammt langsam; wieder nur 30 Sekunden, seit ich das letzte Mal geschaut hatte. Neben mir war Jörn mit seinen Nerven völlig zu Fuß. Ich sah das erste Mal in meinem Leben, was es heißt, wenn jemand buchstäblich vor lauter Anspannung um einen Sieg zittert. Emotionen pur! Jetzt gingen die Wunderkerzen rum – welch ein Bild. Aber plötzlich kam von oben die Kunde, daß Bayern ausgeglichen hatte. Na und! Gleich darauf erzielte unser Leipzig-Import das 3:0, alles in Butter, die Feier ging weiter. Alles was wir hatten, womit wir unseren Jungs helfen konnten, mußte nun raus. Schreien, singen, totaler support – alles. Noch 5 Minuten – jetzt fing sich auch Jörn wieder und fetete mit. Die Bayern führten zuletzt 3:2, doch dann tobte Andy Herzog mit zweimal 3 erhobenen Fingern aufs Spielfeld – Schalke hatte ausgeglichen. Von wirklich allen 7.000 Bremern kam: 'Schade Bayern, alles ist vorbei!' Die letzten Minuten vergingen wie in Trance. Und dann ein einziger Aufschrei, um's mal mit Herbert Zimmermann zu sagen. 'Aus, aus, das Spiel ist aus. Werder Bremen ist Deutscher Meister. Halten Sie mich für verrückt, halten Sie mich für übergeschnappt; Werder Bremen ist Deutscher Meister.' Überall auf den Rängen lagen sich die Leute in den Armen. Viele drückten die eine oder andere Träne aus den Augen. Schalparade und 'Oh, wie ist das schön!' Unsere Mannschaft, Otto, Willi, usw., sie rollten über den Rasen, tanzten willenlos herum und kamen endlich zu unserer Kurve. Irgendwie dauerte es immer noch, alles zu begreifen. Pokalsieg, Europapokal, jetzt völlig unerwartet Meister. Daß die Bayern tatsächlich die 'Deppen der Nation' geworden sind… Welch wunderbarer Balsam auf den wunden Seelen von 1986."

Den Bayernspielern standen die Tränen in den Augen. Der so sicher geglaubte Titel war ihnen entrissen worden. Angesichts des Bremer 3:0-Sieges in Stuttgart hätten sie schon mit vier Toren Differenz gewinnen müssen; ein 3:3 war da viel zu wenig. 70.000 Schalke-Fans skandier-

Der Meister feiert meisterlich: Uli Borowka mit der Schale auf dem Rathaus-Balkon.

ten immer wieder „Werder, Werder" und raubten ihnen den letzten Nerv. Dabei waren sie so nah dran, und nun hörten sie ihren Trainer auch noch sagen: „Mit dem zweiten Platz kann ich gut leben."

Ganz andere Szenen spielten sich in Stuttgart ab. Die Schwabenhauptstadt war in grün-weißer Hand, der entthronte Meister gratulierte artig. „Otto Rehhagel hat einen perfekt funktionierenden Stil entwickelt", begab sich Guido Buchwald in die Analyse, „nicht defensiv, nicht offensiv, auch nicht sonderlich attraktiv – aber konstruktiv." Selten zuvor gab es in der Bundesliga eine solch klug durchgeführte Saison einer Mannschaft. Die Meisterschaft wirkte von A bis Z geplant und gesteuert, so perfekt lief das Timing. Rehhagel hatte in den entscheidenden Momenten immer genau das richtige gemacht, auch wenn er hinterher behauptete: „Dieser Titelgewinn hat mich selbst überrascht." Nach den Verpflichtungen von Herzog und Beiersdorfer zu Saisonbeginn holte er in der Winterpause Hobsch und gab dem ganzen einen zusätzlichen Schub, wobei die entscheidenden Stationen zweifellos die Siege gegen Bayern waren. Das Nervenflattern der Münchener, das Ausscheiden aus beiden Pokalwettbewerben sowie die Abwesenheit einer Krise – drei wesentliche Faktoren auf dem Weg zur dritten Deutschen Meisterschaft, zur zweiten unter Rehhagel, zur dritten Feier hintereinander auf dem Bremer Marktplatz.

Bei wunderschönem Wetter waren Tausende zum Flughafen gepilgert, als die Mannschaft am Tag darauf aus Stuttgart ankam. Die Strecke führte den kleinen LKW mit seiner jubelnden Fracht über die Weser, durch die Altstadt bis zum Rathaus. Dort warteten 20.000, um ihre Lieblinge zu feiern und um Abschied zu nehmen. Diesmal von Klaus Allofs und Stefan Kohn, einem technisch versierten Stürmer, der seinen Trainer, seitdem er aus Bochum gekommen war, nicht hat überzeugen können. „Nach dem Meisterschaftsgewinn in Stuttgart wollte ich mit Otto Rehhagel reden – wenn er mir gesagt hätte, daß ich noch eine Perspektive bei Werder habe, dann wäre ich gern geblieben. Doch er ließ mich stehen wie einen dummen Jungen – ohne ein Wort zu verlieren." Das allein war aber nicht der Grund der Trennung: „Im ersten Jahr lief es gut. Im zweiten Jahr ließ er mich fallen, wie eine heiße Kartoffel. Ich war perplex, ich wollte nur eine faire Chance und habe ihn deshalb immer wieder mit meiner beschissenen Situation konfrontiert. (...) Der Knacks war da, als er mir sagte, ich sollte gefälligst jene Reporter meiden, die ständig Torhüter Reck in die Pfanne hauen. Ich war dagegen, und Rehhagel fühlte sich beleidigt." Kohn hatte sich somit zu einem „Problemtypen" entwickelt und war in die Reihe mit Reinders, Meier und Rollmann getreten. Allofs spielte drei Jahre in Bremen und holte drei Titel. Er trug einen großen Teil zu all diesen Erfolgen bei, vor allem aber war er der Garant des Europapokaltriumphes von Lissabon. Ein bißchen traurig war er schon, doch die Entscheidung, mit dem aktiven Fußball aufzuhören und sich um die Pferdezucht zu kümmern, war endgültig, auch wenn er augenzwinkernd versprach: „Wenn es bei Werder in der nächsten Saison nicht so richtig läuft, dann komme ich in der übernächsten eben wieder zurück."

»Ziel erreicht, Traum verpaßt«

Champions League und Pokalsieg '94

„Hier bei Werder stimmt einfach alles." Mario Basler war sich ganz sicher, nun hatte er endlich den richtigen Verein gefunden. Nach seinen Stationen Kaiserslautern, Essen und Berlin, gehörte er endlich einem Spitzenklub der Bundesliga an, und das war schließlich immer sein Bestreben gewesen. Wieder einmal wollte Otto Rehhagel eine errungene Meisterschaft mit nahezu derselben Besetzung verteidigen. Den um Allofs und Kohn reduzierten Kader ergänzten neben Basler Stürmer van Lent und Torwart Rost; die Konkurrenz blieb nicht so bescheiden. Allen voran Borussia Dortmund, wo Karl-Heinz Riedle sein Comeback einleitete und mit der Last von 9,5 Millionen Ablöse herumlief. Der ehemalige Bremer war nicht der einzige, der den Weg zurückfand. Aus Saragossa holte Kaiserslautern Andreas Brehme und, der Coup schlechthin, aus Madrid kam Bernd Schuster zu Leverkusen. Die Bayern schwächten wie üblich die Konkurrenz, diesmal durch den Einkauf von Zickler (Dresden) und Witeczek (FCK), dafür schickten sie den ungeliebten Thomas Berthold zum VfB Stuttgart, wo sich Christoph Daum zusätzlich Axel Kruse aufbürdete; der Stürmer hatte in Frankfurt den Laufpaß erhalten, weil er mehr Ärger als Tore bereitete.

So bestückt tauchte der VfB zum Saisonstart in Bremen auf. Es war ein warmer Sonntagabend, 25.000 waren gekommen und dokumentierten das nicht zuletzt durch den Supercup-Gewinn gegen Bayer Leverkusen ausgelöste Fußballfieber in der Hansestadt, das dem Verein bereits im Vorfeld einen neuen Dauerkartenrekord mit 10.000 verkauften Tickets beschied. Durch die Spielverlegung auf den Sonntag hatte SAT 1 Gelegenheit, mit der aufwendigen Berichterstattung zu debütieren. 16 Kameras waren im Stadion installiert, doch keine fing das 1:0 für Werder richtig ein – dabei wäre es so wichtig gewesen. In der 16. Minute foulte Berthold Bernd Hobsch vor der Strafraumgrenze. Schiedsrichter Führer pfiff sofort und sah sich ebenso schnell den Protesten der Schwaben ausgesetzt. Keiner achtete auf den Ball, der knapp zehn Meter weiterrollte. Dann entdeckte Herzog das Leder, schaute kurz zu dem mit der Mauerbildung beschäftigten Immel und schoß in die lange Ecke. Rotzfrech, clever, abgebrüht. Die empörten Stuttgarter Gesichter nahmen komplett die Farbe ihrer Trikots an; doch es nutzte nichts, Führer erkannte den Treffer an und Werder wirbelte weiter. Nach überstandenen Kontern der Gäste markierte erneut Herzog mit einem traumhaften Volleyschuß den Halbzeitstand; danach nahm das Debakel seinen unvermeidlichen Lauf. Hobsch und zweimal Rufer vollendeten den wohl besten Saisonauftakt, den Werder jemals hatte. Ein Spiel, das an die Nerven ging, vor allem an die von Thomas Berthold, der zwanzig Minuten vor Schluß vom Platz flog und sein Negativimage pflegte. Sein konsternierter Trainer stotterte nach dem Spiel: „Werder ist die vielleicht am besten eingespielte Mannschaft der Liga", doch im Hinterkopf brütete er zusammen mit Präsident Mayer-Vorfelder und Manager Hoeneß über den Text, den sie dem DFB in Frankfurt schicken wollten: „Der VfB kann die Wertung dieser Partie nicht einfach auf sich beruhen lassen."

Stuttgart ging von einer schlichten Rechnung aus: Der Ball ruhte, aber zehn Meter zu weit vorn, und durch die Führung war ein Nachteil vorhanden, der am Ende zu dieser klaren Niederlage führte. Zur späteren Verhandlung tauchten sie mit einer Statistik auf, die den Beweis erbringen sollte, wie relevant eine 1:0-Führung der Heimmannschaft sein kann. (17 mal führte Werder '92/93 zu Hause 1:0; davon gewannen sie am Ende 13 und spielten viermal Remis.) Der DFB, der zwei Monate bis zur Klärung verstreichen ließ, fällte am Ende ein sonderbares Urteil, indem der Regelverstoß zwar zugegeben, von einem Wiederholungsspiel jedoch abgesehen wurde, weil die Führung ob des hohen Endergebnisses für die DFB-Richter nicht spielentscheidend war. Damit war die Sache für die Vereine erledigt; für Schiri Führer nicht ganz. Er war in Ungnade gefallen, weil er sich im Anschluß an das umstrittene Tor zu der seltsamen Bemerkung hinreißen ließ: „Ich habe nur das Schnarchen der Stuttgarter Abwehr gehört."

Werder und die Bayern

Wesentlich aufgeweckter präsentierte sich das Stuttgarter Publikum bei den Leichtathletik-Weltmeisterschaften Ende August. Der schwerreiche Italiener Primo Nebiolo, Präsident des noch reicheren Leichtathletikverbandes IAAF, warf dem Stuttgarter Oberbürgermeister Rommel einen frostigen Blick zu; er war verärgert. Als Erzfeind von Juan Antonio Samaranch hatte er im Wettlauf mit dem IOC-Vorsitzenden um die größte und schönste Veranstaltung im Sport ein Sahnestück abgeliefert, und nun wollte dieser sparsame Schwabe mit ihm über die enormen Kosten reden. Der ewige Kampf der eitlen Funktionäre verschlang viel Geld, selbst eine wohlhabende Gemeinde wie die Stadt Stuttgart kam dabei ins Schleudern; doch Nebiolo wußte Rat: „Be happy and pay the difference."

Glücksmomente auch beim SV Werder. Irgendwie lief es prächtig. Einem 2:2 in Frankfurt, der Sieg wurde nahezu verschenkt, folgte ein ungefährdetes 3:1 gegen Leipzig und dann sogar ein 3:2 in Kaiserslautern. In der Liga ganz oben und im Pokal in der zweiten Runde (3:1 n.V. gegen die Stuttgarter Kickers) – sollte doch der Aufsteiger aus Duisburg kommen, der in den ersten Wochen für so viele positive Schlagzeilen gesorgt hatte. Ewald Lienens Mannschaft stellte sich im Weserstadion als gleichwertiger Gegner vor, der bereit war, den Favoriten zu ärgern. „Die Duisburger spielen hier ganz toll mit", zeigte Willi Lemke zur Pause recht sorglos Wirkung; da stand es ja auch noch 0:0. Zur zweiten Hälfte wechselte Rehhagel Bockenfeld ein, um mehr Druck nach vorn zu entfachen; nicht um Gegenspieler Uwe Weidemann mehr Freiräume zu öffnen. Doch „Heino", der blonde Stürmer, wußte die neue Situation zu nutzen und leitete zusammen mit Peter Közle einen denkwürdigen Abend ein. Gegen die ratlos anstürmenden Bremer setzten sie ihre messerscharfen Konter; machtlos mußte Otto Rehhagel seinen fatalen Schnitzer erkennen, als die Tore wie reife Früchte fielen. Jeder Schuß ein Treffer, jeder Konter ein Herzinfarkt. Am Ende stand es 1:5, ein Desaster, das jedoch kaum einen Zuschauer vorzeitig aus dem Stadion trieb, weil es immer ein gut anzuschauendes Spiel blieb. Trainer Lienen, der in Bremen schon ganz andere Dinge erlebt hatte, sah sich nun endgültig mit Rehhagel versöhnt und bilanzierte zufrieden: „Es war ein schöner Abend."

Der MSV war als Neuling auf Platz 3 sowieso die Mannschaft der Stunde, hinter dem ebenfalls überraschenden HSV (mit Ivanauskas) und dem Favoriten Frankfurt, bei dem Klaus Toppmöller vollmundig versprochen hatte, daß Anthony Yeboah „40 Tore" auf dem Weg zur Meisterschaft schießen würde; ernsthafte Schwierigkeiten, trotz ihrer Investitionen, hatten hingegen Borussia Dortmund und der FC Bayern. Dennoch geriet das Spiel zwischen Meister und Vizemeister im Weserstadion wieder einmal zu einem Gipfeltreffen, das 40.000 bei strömendem Regen sehen wollten. Die Bayern hatten keinerlei Interesse, Andreas Herzog ins Spiel kommen zu lassen und setzten von Beginn an ihren niederländischen Pit-Bull-Terrier Jan Wouters auf des Österreichers Fährte. Mit Erfolg. Nachdem Wadenbisse nicht effektiv genug waren, griff Wouters zum Ellenbogencheck und verpaßte Herzog eine Schädelprellung, die

Versöhnliches nach zwölf Jahren: Ewald Lienen packt sich Rehhagel.

ihn nicht nur kurzfristig außer Gefecht setzte, sondern für einen eklatanten Leistungsabfall über den gesamten Rest der Saison sorgte. Sogar die „Sport-Bild" fragte: „Jan, hast du das nötig?", ließ aber auf derselben Seite Lothar Matthäus behaupten, Trainer Rehhagel und Assistent Kamp „waren früher die größten Treter der Bundesliga, und jetzt regen sie sich auf." Ribbeck und Rehhagel kabbelten sich nach dem Spiel und leiteten den Streit ein, den die Manager Hoeneß und Lemke, angestachelt durch die Boulevardpresse, fortsetzten. Von „offenem Krieg" war die Rede; Hoeneß bezeichnete den verletzten Herzog als „Burgschauspieler" und „ängstlichen Märtyrer", Lemke konterte und traf ins Schwarze: „Hoeneß hat offenbar ein Problem damit, daß Werder in den letzten Jahren erfolgreicher ist."

Als die Bayern in den 70ern das deutsche Fußballaushängeschild waren, sah die Welt noch anders aus. Es war die Dekade der Mitte: Die Menschen hatten auf dem Kopf einen Mittelscheitel, auf dem Plattenspieler lag ein Mittelstück, aus der Musikbox tönten Middle of the Road, und die Münchener spielten Traumfußball durch die Mitte. Paul Breitner und Franz Beckenbauer gingen in ihren Schlaghosen mit der Gewißheit zum Training, für die beste Mannschaft Deutschlands zu spielen. Gelegentlich schafften es die Gladbacher „Fohlen", dem Münchener Starensemble einen Strich durch die Rechnung zu machen, doch auf Dauer setzten sich die Bayern durch. Selbst der Ansturm des Hamburger SV in der Ära Happel war nicht von langer Haltbarkeit.

In den 80er Jahren kam dann plötzlich der SV Werder als Konkurrent hinzu. Die anfänglichen Versuche, an Münchens Thron zu rütteln, scheiterten knapp; bildeten jedoch das Vorspiel der ewig jungen Geschichte „unüberbrückbarer Unterschiede in der Lebensanschauung" (Hoeneß), die in den Kutzop-Elfer gipfelte. Der „arme" Verein aus dem Norden setzte sich allmählich gegen den „reichen" Club aus dem Süden durch; nicht nur auf sportlicher Ebene, auch in der Sympathieskala kletterte Werder immer höher. Es war Moglis Sieg über Shir Khan. Dennoch geriet Hoeneß regelmäßig in Rage: „Lemke soll nicht immer sagen, das ist der arme SV Werder, der sich gegen die reicheren Bayern wehrt." Für ihn war klar, daß Werder „mit Abstand am meisten Geld in der Liga" haben würde. Denn: „Die haben riesige Gewinne, weisen aber nie einen aus. (...) Ich rege mich furchtbar auf, wenn dann der Manager Lemke von den Millionarios in München spricht."

Der Gescholtene tat dies weiterhin ungehemmt; wissend, daß die Münchener ohnehin nicht aus ihrer Haut konnten, der SV Werder aber auch sein Underdog-Image brauchte. Die in der Vergangenheit erfolgverwöhnten Bayern sehnten sich zurück in die alten Zeiten, als Titel nahezu selbstverständlich gewonnen wurden. Es fiel ihnen logischerweise schwer, zu akzeptieren, daß die Spitze in Deutschland breiter geworden war, daß Konzepte, die stark auf Nachwuchsintegration in der Bundesligaabteilung bauen (z.B. Karlsruhe, Werder), ebenso erfolgreich sein können, daß das allgemeine Kopfschütteln einsetzte, als ein Spieler wie Oliver Kahn behauptete, er würde aufgrund der „besseren sportlichen Perspektiven" vom Karlsruher ins Bayern-Tor wechseln. Kein anderer Verein hat soviele Talente von der Konkurrenz gekauft: Zickler, Ziege, Scholl, Sternkopf, Kreuzer, Kahn, Schupp, Matthäus, Effenberg, Thon – um nur einige zu nennen. Und selbst der Trainerstab für die Nachwuchsarbeit wurde mit manpower anderer Clubs durch Hermann Gerland und Wolf Werner erweitert (wobei Werner nicht lange blieb, zunächst als Trainer nach Wilhelmshaven ging und seit Sommer 96 beim SV Werder als Nachwuchskoordinator arbeitet). „Here I am, rich and famous – and nothing ever happens" – das von John Lennon geprägte Schlagwort eines desillusionierten Popstars wurde zum Synonym für Bayern München.

Der „goldene Schuß"

In kaum einer anderen Branche gibt es soviele junge Millionäre wie im Sport. Aktive oder Funktionäre, die auch nur halbwegs die modernen Marktmechanismen begriffen haben, können ihrem Konto einen kräftigen Schub verleihen. Ein Mann, der es auf diesem Gebiet besonders weit gebracht hat, ist der IOC-Präsident Juan Antonio Samaranch. Erfolgreich wie kein Zweiter, ist es ihm in den Jahren seiner Regentschaft gelungen, sein Privatvermögen ebenso anzuhäufen wie sein Machtvolumen. Neben den alle vier Jahre stattfindenden Sommer- und Winterspielen erfreut sich das olympische Finanzwesen insbesondere an der Auswahl zukünftiger Olympiastädte. Da entscheiden sich Schicksale, da wird über die Zukunft ganzer Regionen gerichtet. Im Herbst '93 machte sich neben Sydney, Manchester, Istanbul und Peking vor allem Berlin Hoffnungen auf die Spiele 2000. Alles hatten die Befürworter mitsamt der Olympia GmbH, den prominenten Botschaftern und Helfern versucht; sogar eine geheime Kartei über die noch geheimeren Vorlieben der abstimmungsmächtigen IOC-Mitglieder angelegt; am Ende nützte das alles gar nichts. Berlin hatte keine Chance und mußte bei der Wahl in Monte Carlo den jubelnden Australiern gratulieren, wobei nicht wenige froh darüber waren. Die hohen Einnahmen, aber auch die großen Kosten, wurden ganz in die Hände der dankbaren Stadtväter von Sydney gelegt.

Auf der Suche nach der bestmöglichen Gewinnmaximierung befinden sich aber auch stets die Fußballverbände und -vereine. So war die Einführung der „Champions League" durch den europäischen Fußballverband (Uefa) darin motiviert, daß die zu Beginn des Wettbewerbs gesetzten Topteams vor unliebsamen Überraschungen geschützt und, sobald sie die Gruppenspiele erreicht hatten, in ihren Verdienstmöglichkeiten weiter unterstützt wurden. Barcelona und Marseille hießen die Gewinner der beiden vergangenen Jahre, die sich gegen Genua bzw. Mailand durchsetzen konnten. Eine deutsche Mannschaft hatte es noch nicht geschafft (Kaiserslautern scheiterte 1991 im Vorfeld an Barcelona, Stuttgart 1992 an Leeds), so daß für Werder die Chance bestand, erstes DFB-Team auf dem Terrain zu sein. Nach dem Erstrundensieg gegen Dinamo Minks ging es in der zweiten Runde des Europapokals gegen Levski Sofia. In dem fiebrig erwarteten Hinspiel war viel von der Anspannung zu spüren, die jeden Verein dieser Welt erfaßt, wenn es um die Perspektive geht, in einer Champions League spielen zu können.

Werder wurde damit besser fertig. Nach einer schnellen 2:0-Führung durch Bode und Rufer schien alles gelaufen; umso ärgerlicher war dann, daß die Bulgaren durch Unaufmerksamkeiten den Ausgleich schafften. Kein Bremer jubelte, alle waren enttäuscht, obwohl die Ausgangsposition für das Rückspiel weiterhin gut war. Der Frust saß aber recht tief. Vier Tage später schien die Mannschaft mit ihren Gedanken immer noch in Sofia zu sein, als HSV-Stürmer Karsten Bäron zweimal Werders furchtbares Spiel bestrafte und für die zweite Heimniederlage der Saison sorgte. Das machte keineswegs Mut; eher schon das zwei weitere Tage später angesetzte DFB-Pokalspiel gegen den Nordrivalen. Wie verwandelt entstieg Werder den Katakomben, spielte aggressiv und mit starkem Siegeswillen und gewann die turbulente Begegnung 4:2.

Es war der Abend, an dem der Karlsruher SC den spanischen Tabellenführer Valencia mit 7:0 deklassierte. „Wie Werder" sagten die Leute, mit dem Zusatz „früher". Das badische Wunder stand tatsächlich in krassem Gegensatz zum Spiel in Bremen zwischen Werder und Sofia, das getrübt war von Nervosität und Vorsicht, in Mario Baslers fulminantem Kick unter die Latte in der 74. Minute aber letztendlich sein Happy-End fand. „Diesen Schuß werde ich mein Lebtag nicht vergessen", gestand Willi Lemke seine Erleichterung ein; so wie er dachten die meisten, denn nun war es geschafft; Werder war die erste deutsche Mannschaft in der Champions League. Nun waren die Auftritte auf Europas großer Bühne gesichert; nun fiel der Name SV Werder Bremen in einem Atemzug mit dem AC Mailand, dem RSC Anderlecht und dem FC Porto, denn die Auslosung hatte eine schwere Gruppe ergeben. Die leichtere war, neben den Außenseitern AS Monaco, Galatasaray Istanbul und Spartak Moskau, die Werder allesamt schon einmal besiegt hatte, mit Favorit Barcelona besetzt.

Der sportliche Erfolg, mit dem Erreichen des Halbfinals deklariert, war angesichts dieser Gegner also recht ungewiß; der finanzielle keineswegs. Zwar beschwerte Otto Rehhagel sich noch: „Die Medien sprechen immer nur über Geld"; aber auch er wußte, welch warmer Regen niederprasseln würde. Neben der zu erwartenden Einnahme von ca. 3,5 Millionen Mark durch die Eintrittsgelder hatte die Uefa festgelegt, daß jede der acht Mannschaften für die drei Heimspiele pauschal 2,7 Millionen Schweizer Franken bekommt; zusätzlich lagen für jeden gewonnenen Punkt 460.000 Franken bereit. Der Verband knüpfte daran seine eigenen Bedingungen und kümmerte sich allein um die Vermarktung und die Fernsehrechte. Knapp 80 Millionen Mark nahm die Uefa an TV-Geldern ein, allein 90 % davon durch fünf große Anstalten in Italien, Frankreich, England, Spanien und Deutschland (RTL mit inzwischen knapp 40 Millionen). Fast 35 Millionen wanderten in den Topf durch Werbe-Exklusivverträge (1993: Snickers, Philips, Carlsberg, Nike, Ford), die sowohl ein (mittlerweile aufgehobenes) Verbot der Trikotwerbung vorschrieben, als auch weitere Werbung aus dem Stadion verbannten.

Bedingungen, die das bremische Kaufmannsherz von Willi Lemke zum Rasen brachten: „Es ist nicht in Ordnung, daß die Uefa diese Macht hat. Wir sind entrechtet worden, haben nur noch Pflichten." Sein Vizepräsident Klaus-Dieter Fischer schloß sich an: „Es ist ein Wahnsinn, was der europäische Verband gemacht hat, indem er die Champions League komplett vermarktet hat. Das heißt, wir können weder die Fernsehrechte aushandeln, noch dürfen wir einen Werbereiter im Stadion aufstellen oder Trikotwerbung tragen."

Waren es in jenem Jahr noch 38 Millionen Mark, die die Uefa an die acht Vereine der Champions League ausschüttete – bei einer Gesamteinnahme von knapp 115 Millionen –, wuchs die Summe im Laufe der Zeit beträchtlich an. In der Saison 1995/96 waren die Gesamteinnahmen bereits auf knapp 232 Millionen angestiegen, von denen 169 Millionen ausgeschüttet wurden. Zweistellige Millionenbeträge erhielten sieben Spitzenvereine, darunter Juventus Turin, Ajax Amsterdam und Borussia

Dortmund. Bundestrainer Vogts sah sich veranlaßt, nachzuhaken: „Dieser Europapokal ist ein Geld-Beschaffungswettbewerb geworden. Die Großvereine werden immer reicher, die Pokalüberraschungen werden einfach abgebaut."

Damit das auch so bleibt, wurden die Weichen für die Zukunft bereits gestellt, denn die tatsächlichen Bestrebungen innerhalb der Uefa laufen ohnehin auf eine „Europaliga" hinaus; ständige Reformideen der Champions League, mit Einbindung der Vizemeister, Pokalsieger und Uefa-Cup-Teams, weisen darauf hin, daß ein Ligabetrieb der besten europäischen Vereinsmannschaften auf Kosten reduzierter nationaler Ligen angestrebt wird. So sieht es auch der Generalsekretär der Uefa, Gerhard Aigner: „Wenn irgendwann die Zeit reif ist für die Verwirklichung eines europäischen Ligakonzepts, dann dürfen wir kein Vakuum entstehen lassen."

Insgesamt wird das Teilnehmerfeld auf 24 Teams aufgestockt. Statt in vier Gruppen wird in Zukunft in sechs Gruppen, und damit unverändert mit vier Clubs pro Gruppe gespielt. Die sechs Gruppensieger und die beiden bestplazierten Zweiten ziehen in das Viertelfinale ein. Mit diesem „Kompromiß der Unvernunft" (Berti Vogts) wurden zunächst weitere Spieltermine vermieden, da für diesen Fall sogar eine Reduzierung der Bundesliga auf 16 Vereine im Gespräch war. Trotzdem ist der Weg vorgezeichnet. Ligaausschuß-Vorsitzender Mayer-Vorfelder ahnt: „Eine Aufwertung der Champions League käme einer verkappten Europaliga gleich. Das würde die Bundesliga und alle anderen nationalen Spielklassen um eine Stufe abwerten."

Nicht nur das. Die Uefa trennt mit diesem System (das in den nächsten Jahren gewiß noch ausgefeilt wird) präventiv die Spreu vom Weizen. Für die lettischen, maltekischen oder luxemburgischen Meister besteht in Zukunft wohl kaum eine Chance, in der Eliteklasse mitzuspielen. „Wir müssen", so Aigner weiter, „in Europa einen Wettbewerb haben, der hierarchisch etwas über den anderen steht. Der die immer stärker werdenden gesamteuropäischen Tendenzen in Politik und Wirtschaft aufnimmt und in einer guten Form in sich vereinigt." Der „Kompromiß von Genf", der auch in Dortmund und München mit Beifall aufgenommen wurde, wird in jedem Fall den Uefa-Cup abwerten. Werders Präsident Böhmert mahnt: „So vielversprechend die Sache auf den ersten Blick ausgesehen hatte, so groß sind die Nachteile bei näherer Betrachtungsweise und wenn man die Dinge einmal überschlafen hat."

Stimmungsbarometer

Während in der Werder-Geschäftsstelle eifrig gerechnet wurde, bot der Ligaalltag wenig alltägliches. „Im Rausch der Kohle" hatte der „Spiegel" getitelt und „Scharlatan" Eichberg, „der den Club mit Finanztricks, Bestechung und Millionenkrediten in den Ruin trieb", entlarvt. Schalkes Präsident setzte sich in die USA ab und hinterließ genügend Schulden und Probleme, um selbst hartgesottenen „Knappen" Tränen in die Augen zu treiben. Die wechselvolle Geschichte des Traditionsklubs hatte schon so manches überflüssige Finanzdebakel erlebt; diesmal schien jedoch das Ende zu nahen.

Ähnlich viel Aufmerksamkeit erntete auch Lothar Matthäus, indem er Duschgeheimnisse seiner Mitspieler ausplauderte. „Unser Schwarzer hat so 'nen Langen", versprach er offenbar einigen Basketballspielerinnen auf dem Düsseldorfer Flughafen, obwohl die gar nicht danach gefragt hatten. Ohne sonderliches Interesse für die Begeisterung des Bayernkapitäns über die männlichen Attribute Adolfo Valencias stellten die Berlinerinnen fest: „Matthäus ist ein Ferkel!" Der fühlte sich mißverstanden und lamentierte: „Ich bin es langsam leid, daß meine Person andauernd in der Öffentlichkeit in den Dreck gezogen wird. In Italien passiert so etwas nicht." Der dünnhäutige Franke hatte zu dem Zeitpunkt immer noch nicht die Anschuldigung eines niederländischen Oktoberfest-Besuchers verdaut, dem er (laut „Spiegel") nach einem Streit altdeutsches Gedankengut präsentiert haben soll: „Ach, auch noch Holländer, das sind sowieso alles Arschlöcher, und du bist wohl vergessen worden vom Adolf."

Strahlender Sonnenschein und 15 Grad; die portugiesische Hafenstadt empfing ihre Gäste aus Bremen freundlich. Der erste Gegner in der Champions League, der FC Porto, war der große Unbekannte in der Gruppe B, weil es die einzige Mannschaft war, gegen die Werder noch nie gespielt hatte. (Anderlecht war 1984 Endstation in der ersten Runde im Uefa-Cup, Mailand 1989 im Meistercup.) Dennoch war die Stimmung recht zuversichtlich. Selbst Rudi Völler machte den alten Freunden Mut („Werder erreicht das Halbfinale"), während Willi Lemke warnte („Donnerwetter, sind die stark!") und Oliver Reck die Marschroute festlegte („Nachlässigkeiten in der Deckungsarbeit dürfen wir uns nicht erlauben.").

Nach nur neun Minuten schien alles vergessen. Thorsten Legat zeigte sich als Borowka-Ersatz überfordert und ließ seinem Gegenspieler

Domingos die Freiheit zum 1:0. Im direkten Gegenzug ergab sich die Chance zum Ausgleich durch einen indirekten Freistoß im Strafraum der Portugiesen. Doch statt klug auszuführen, semmelte Legat den Ball in die Mauer. Das schmerzte nicht nur im Hodenbereich von Joao Pinto, das war auch sonst sehr ärgerlich. Zur Überraschung vieler meckerten sich die Spieler gegenseitig an und zeigten früh, daß ihre Nerven blank lagen. Wenige Sekunden später, als ob eine stille Bitte erhört wurde, erlosch das Licht über 30.000 Leuten im „Estadio das Antas". Der 18minütige Flutlichtausfall konnte in den Köpfen und Körpern der Bremer jedoch keine neuen Energien freisetzen. Noch vor der Pause erzielte Jorge das 2:0, und in der zweiten Halbzeit, nach Werders vergeblichen Anläufen gegen die 4er-Abwehrkette, Carlos gar das 3:0. Der erste Auftritt in der Meisterklasse drohte ein Fiasko zu werden; doch der FC Porto jubelte früh. Fast zu früh, denn Hobsch und Rufer bestraften die Lässigkeit durch zwei schnelle Tore. Dann war Schluß.

Daß es Ärger geben würde, war klar. Schon der gesperrte Borowka deutete an: „Es ist grausam, wenn man zuschauen muß und sieht, was auf dem Rasen passiert." Rune Bratseth bekannte: „In allen Mannschaftsteilen ist die Abstimmung nicht in Ordnung", und Andreas Herzog ließ seinen Frust ab: „Es muß jetzt etwas passieren, wir können nicht alles mit Pech erklären und entschuldigen. Unser Stimmungsbarometer ist stark gefallen." Tatsächlich war erstmals zu vermelden, daß Werder während einer laufenden Bundesliga-Negativserie auch im Pokal patzte, was offenbar dem Österreicher ganz besonders an die Nerven ging. Rehhagel stellte ihn in letzter Zeit häufig in die Sturmspitze, dort gefiel es Herzog überhaupt nicht, was der wiederum auf dem Platz spüren ließ, indem er sich mehr und mehr in sein immer noch andauerndes Formtief vergrub. Schnell tauchten Gerüchte über Auseinandersetzungen zwischen Rehhagel und Herzog auf. „Man wolle sich trennen", wußte das „Hamburger Abendblatt", und zwar „so schnell wie möglich". Herzogs Beschwerde, nicht auf der Lieblingsposition im Mittelfeld spielen zu können, stimmte seinen Trainer nicht gerade milde: „Es geht nicht, daß ein Spieler bestimmt, wann und wo er spielt. Das hat es hier noch nie gegeben, und so wird es bleiben." Die Mannschaft übte sich ansonsten in gewohnter Selbstdisziplin und blieb bei der Linie, nichts nach außen dringen zu lassen. Rune Bratseth auf die Frage, was geändert werden müsse: „Nichts, wir müssen nichts ändern. Wir haben mit unserem Spielsystem Erfolg gehabt. Warum sollten wir es ändern? Was gestern gut war, kann heute nicht schlecht sein."

Das „dritte Wunder von der Weser"

Rainer Geye konnte gar nicht glauben, was er da hörte. Das Pokalspiel gegen Werder sei abgesagt? So kurzfristig und bei dem Wetter? Das roch für ihn nach Betrug. Ohne Umschweife besorgte er sich Zugfahrkarten für die Strecke Kaiserslautern-Bremen und zurück. Sein FCK befand sich gerade im Aufschwung, ganz im Gegensatz zum Konkurrenten aus dem Norden; da ärgerte ihn diese seltsame Absage besonders. Der Platz in Bremen war ordnungsgemäß von der Platzkommission besichtigt, geprüft und beurteilt worden – am Ende hieß es: nicht bespielbar. Der Winter hatte etlichen anderen Spielen ebenso einen Strich durch die Rechnung gemacht, doch keiner Mannschaft paßte eine Absage so gut ins Konzept wie dem SV Werder. Das war es auch, was Rainer Geye so skeptisch machte: „Wir haben den Bremern einfach nicht geglaubt", begründete er seinen Nordtrip, der, nach dem persönlichen Platztest, in einen Protest beim DFB gipfelte, schließlich aber abgelehnt wurde. Neuer Termin: 9. Februar '94. Den Bremern war das ganz recht, so blieb mehr Zeit, die Porto-Niederlage zu verdauen und das Spiel gegen Tabellenführer Frankfurt vorzubereiten. Die Eintracht, vorzeitig Herbstmeister, hatte sich mit starkem Offensivfußball und einem Traumstart in die Saison ganz oben festgesetzt. Ihr Trainer, Klaus Toppmöller, hatte voreilig Häme gegenüber Ribbecks Münchenern erkennen lassen. Mit „bye, bye, Bayern" offenbarte er seine Unerfahrenheit, die mit dem Abrutsch von Platz 1 durch die 0:1 Niederlage in Bremen bestraft wurde. Für Werder war der Sieg gleichbedeutend mit dem Ende einer Serie von 3:11 Punkten und der Hoffnung auf ein besseres Abschneiden im zweiten Spiel der Champions League.

Die allgemeine Einschätzung, Porto, Werder und Anderlecht würden um Platz 2 in der Gruppe B hinter Mailand kämpfen, deutete an, daß sich die drei Mannschaften auf einem Level bewegten. Anderlecht hatte im ersten Spiel ein 0:0 in Brüssel gegen Milan erkämpft. Damit war Werder als Gruppenletzter im Zugzwang, was auch RSC-Kapitän Philip Albert wußte: „Wir wissen Bescheid. Wir werden Werder nicht unterschätzen, wir kennen die meisten Spieler, das System." Umso mehr freute er sich, daß Oliver Reck es ihm nach einer Viertelstunde noch leichter machte und den Ball genau vor die Füße faustete. Ohne zu zögern, zirkelte er am Torwart vorbei zur Führung. Den meisten der 28.000 stockte der Atem. So viele Hoffnungen hatten sie sich für das erste Champions-Heimspiel gemacht, und nun das. Der 22fache Meister ließ weiter Ball und Gegner

Wynton „Kiwi" Rufer, Hauptdarsteller des „dritten Wunders von der Weser".

laufen. Perfekter Auswärtsfußball, vom niederländischen Trainer Johan Boskamp in bester Cruyff-Tradition einstudiert, in Vollendung auf dem Platz von Belgiens Vorzeigemannschaft zelebriert. „Wir sind im Europacup noch nie so vorgeführt worden", gestand Uli Borowka hinterher ein. Präsident Böhmert beobachtete sogar „den besten Fußball, den ich von einer ausländischen Mannschaft bei uns im vergangenen Jahrzehnt gesehen habe." Boffin erzielte das 2:0 und 3:0 noch vor der Pause. In den Logen schnellten empörte Sponsoren inklusive Anhang aus den Polstersesseln und machten sich über die Getränke im VIP-Raum her, derweil in der unüberdachten Ostkurve die klatschnaß geregneten Fans ihren SVW weiter unterstützten. In der Kabine herrschte Schweigen. Die Luft war zum Schneiden, der Trainer deutete seinen „Jungs" an, sie sollen sich frische Trikots anziehen. Er dachte: „Otto, bleib ruhig. Jetzt mußt du den

Kopf einsetzen." Er setzte aber Thomas Wolter für den grippegeschwächten Andreas Herzog ein und stellte Mario Basler ins zentrale Mittelfeld. Es war der entscheidende Schachzug des Spiels. Fortan lief es besser, vor allem, als erkennbar wurde, daß die furiose erste Hälfte die Belgier viel Kraft gekostet hatte. Wynton Rufer schaffte dann tatsächlich nach 66 Minuten den Anschluß, so daß Oliver Reck spürte, „daß Anderlecht auf einmal wackelte." Der Druck wurde immer größer. Rune Bratseth traf sechs Minuten später zum 2:3, weitere acht Minuten danach Bernd Hobsch zum 3:3. Das ganze Stadion stand Kopf. Spieler, Trainer, Betreuer und Trenchcoats fielen übereinander her und versicherten sich immer wieder ihre Fassungslosigkeit. Kaum waren alle wieder auf ihrem Platz, schnappte sich Marco Bode den Ball und versenkte ihn zum 4:3. Unaufhörlich prasselte der Regen auf die Beteiligten dieses Schauspiels nieder und vermischte sich mit den Tränen der belgischen Fans. Werders Wirbel und Anderlechts Alptraum waren noch nicht beendet, denn Rufer wollte seine unvergeßliche Leistung, die ihn zur Fußballegende reifen ließ, noch mit einem weiteren Tor krönen, indem er das Leder mit Warp-Geschwindigkeit am völlig entnervten DeWilde vorbei in die Maschen hämmerte. 5:3 – nach einem 0:3 Rückstand.

Fünf Tore in 24 Minuten, einen solchen Krimi hatte Werder schon lange nicht mehr geboten. Obwohl die Mannschaft über eine Stunde vorgeführt wurde und keine Chance hatte, obwohl der RSC in diesen 60 Minuten erstklassigen Fußball bot und seinen Gegner fest im Griff hatte – die Rede wird immer nur vom dritten „Wunder von der Weser" sein und wie Werder es geschafft hat, dieses Spiel umzubiegen. „Fragt mich nicht, ich kann es nicht begründen", hinterließ auch Rune Bratseth einen ratlosen Eindruck. Johan Boskamp blickte auf der Pressekonferenz traurig und leer in die Runde und gestand: „Mir kam es vor, als wenn ein Nachtgespenst unser Spiel zerstört hat." Otto Rehhagel hingegen hatte überhaupt keine Lust zur Analyse: „Mich braucht ihr heute nicht, ihr habt doch genug zu schreiben", während der anwesende Bundestrainer Vogts Komplimente verteilte: „So etwas kann wohl doch nur Werder." Und ganz hinten in der Ecke des Presseraums saß ein seltener Gast und machte sich eifrig Notizen. Jürgen Flimm, Intendant des Hamburger Thalia Theaters und Rehhagel-Spezi, dachte darüber nach, diese Spannung auf die Bühne zu bannen: „Das hätte ich nicht besser inszenieren können."

»Kontinuität bedeutet vor allem Vertrauen«

Gespräch mit Klaus-Dieter Fischer

Nach der Vizemeisterschaft 1968 dümpelte der SV Werder orientierungslos in der ersten Liga herum. Finanzielle Schwierigkeiten und fehlende Visionen haben den Meister von 1965 zur „grauen Maus" mutieren lassen. Ein Neuanfang sollte helfen. Am 23. März 1970 wählte die Vereinsversammlung einen neuen Vorstand: 1. Vorsitzender wurde der bisherige Vereinsarzt (seit 1964) Dr. Franz Böhmert. Für die Finanzen war Wilhelm Riethmöller verantwortlich; 3. Vorsitzender wurde der seit 1955 in der Fußballabteilung aktive Klaus-Dieter Fischer. Erster Erfolg des Triumvirats schien die Bewilligung eines Darlehens über 750.000 DM der Stadt Bremen zu sein. Mit diesem Geld wurden neue Spieler (u.a. Herbert Laumen und Willi Neuberger) und neue Trikots (rot/weiß gestreift) in den Bremer Landesfarben gekauft. Beides führte nicht zum gewünschten Ziel; die „Millionenelf in Speckflagge" blieb durchschnittlich. Um aus dem Teufelskreis „schlechte Leistungen, wenig Zuschauer, geringe Einnahmen, keine Neuverpflichtungen" herauszukommen, beschloß der Vorstand (seit 1972: „Präsidium"), die Jugendarbeit zu verstärken. Die Verbindungen zwischen Profiabteilung und Amateurabteilungen im Verein wurden intensiviert; die Arbeitsgruppe „Nachwuchs" gegründet. 1974 starb Riethmöller, dessen Nachfolger wurde Karl-Heinz Hohnhorst. 15 Jahre später ereilte auch ihn der Tod. Manfred

Müller heißt der derzeitige Schatzmeister im Präsidium. Die Aufgabenteilung war von vornherein klar: Böhmert repräsentiert; als integrative Kraft und Arzt am Krankenhaus „Links der Weser" in Bremen genießt er in der Öffentlichkeit hohes Ansehen. Fischer ist der „Macher". Früher Trainer, Betreuer, Schiedsrichter, heute Prellballspieler, ist er im Verein groß geworden und wirkt somit in den gesamten Amateurbereich hinein. Geboren in Bremen, arbeitet er als Direktor der Verwaltungsschule und Leiter des Aus- und Fortbildungszentrums der Hansestadt.

Kuntze: Mehr als 20 Jahre arbeiten Sie mit Franz Böhmert im Präsidium; seit 1971 heißt der Geschäftsführerer Wolfgang Barkhausen. Ist diese Kontinuität die Ursache für die Erfolge?

Fischer: Es ist sicher ein ungewöhnliches Bild für die heutige schnellebige Zeit im bezahlten Fußball. Es war schon immer die Grundidee von Böhmert und mir, daß man nur über eine lange Phase vernünftig miteinander arbeiten kann; wenn man dann aber auch die Personen dazu hat. Zur Kontinuität gehört eben auch die richtige Personalauswahl. Allein die Tatsache, daß wir seit 1970 im Amt sind, genügt nicht. Kontinuität bedeutet vor allem Vertrauen. Nicht zuletzt müssen ja die Vereinsmitglieder mitspielen und uns alle vier Jahre neu wählen; gerade auch in schlechteren Zeiten, wenn das Vertrauen besonders gefordert ist. Als z.B. die Zuschauer und die Presse in der Saison '91/92 nach schlechten Leistungen in der Bundesliga einen neuen Trainer forderten. Otto Rehhagel galt als verbraucht, ein Neuer sollte ran. Uwe Reinders wurde beispielsweise gefordert. Da haben wir darauf vertraut, daß eine solche Situation durch kontinuierliche, ruhige Arbeit überwunden werden kann. Kurzschlußreaktionen, wie häufig in der Bundesliga, wollten wir nicht. Und wie ja auch der Europapokalsieg am Ende der Saison gezeigt hat: es war richtig, so weiterzuarbeiten. Zumal wir uns darüber im klaren waren, daß ein Trainer wie Rehhagel einer ist, der langfristig arbeitet; der sich Gedanken über das Morgen und Übermorgen macht. Und nicht nur über das Heute.

Kuntze: Und wie hält man das durch, solange dabei zu sein?

Fischer: Der Spaß an der Sache spielt die entscheidende Rolle. Böhmert und ich haben uns am Anfang unserer Amtszeit, als wir überhaupt noch keine Idee davon hatten, was wird und wie lange wir das machen wollten, zwei Ziele gesetzt: Wir bleiben solange dabei, wie der Prozentsatz des Spaßes größer ist als der des Ärgers; und, das haben wir ja mittlerweile erreicht, bis wir einmal am internationalen Wettbewerb teilgenommen haben. Als wir anfingen, war Werder Tabellenletzter, dieses Ziel also ein echter Traum. Das ungeheure Vertrauen, das wir alle untereinander haben, jeder arbeitet in seinem Bereich, keiner redet dem anderen hinein oder ist eifersüchtig, die klare Abgrenzung der Kompetenzen – das sind die Faktoren, die bewirken, daß man immer weitermacht; daß man sich sagt, wir können noch etwas bewegen.

Es hat sich in diesen Jahren ungeheuer viel verändert. Nur mal eine Zahl: Der Gesamtetat unseres Vereins war zu Beginn, also als wir anfingen, so hoch wie heute das Gehalt mancher Spitzenspieler, bei etwa drei Millionen. Aber das ist nicht alles. Wir konnten mittlerweise zusammen mit der Stadt das Weserstadion einmal rundum neu bauen. Die Jugendarbeit wurde verbessert. Wir haben die Gesamtstruktur des Vereins verändert und ein modernes Management eingeführt. Wir haben seit kurzem in der Geschäftsstelle einen Controller, der sämtliche Abläufe auf seine Wirtschaftlichkeit überprüft. Ganz wichtig: der Versuch, den Verein ohnehin auf wirtschaftlich unabhängige Füße zu stellen; z.B. mit unserer Fan Service GmbH, dem Sporthep und anderen. Und nicht zuletzt wurde die Pressearbeit intensiviert und professioneller gestaltet.

Kuntze: Wie ein klassischer Sportverein kann ein Bundesliga-Club also offensichtlich nicht mehr geführt werden?

Fischer: Das ist genau die Schwierigkeit, vor der wir stehen. Man muß auf der einen Seite ein Wirtschaftsunternehmen managen, auf der anderen Seite den vielen Mitgliedern eine sportliche Heimat bieten. Um den Spagat zu verdeutlichen: Gäbe es nicht die Zuschüsse aus der Bundesliga für die einzelnen Abteilungen des Vereins, dann müßte man einen Jahresbeitrag von ca. 1.000 Mark pro Mitglied nehmen. Wir dürfen aber auch nicht zuviel Geld aus der Bundesligaabteilung nehmen, weil wir es benötigen, um Spieler zu verpflichten.

Kuntze: Droht nicht die Gefahr, daß der Gesamtverein dabei dennoch auf der Strecke bleibt?

Fischer: Ich glaube, wir haben es geschafft, immer noch ein bißchen eine Familie zu sein. Eine sehr große zwar – aber immerhin. Es gibt viele Verbindungen zwischen Bundesligabetrieb und Amateurabteilungen. Die Mitglieder werden häufig zu gemeinsamen Aktionen hinzugezogen. Ob das Feiern sind, Aktionen oder eben Beteiligungen am wirtschaftlichen Erfolg. Als Präsidium, und das ist in erster Linie mein Job, denken wir natürlich auch an den gesamten Verein. Die soziale Verpflichtung ist uns durchaus klar. Die Förderung des Breitensports, Jugendliche von den Straßen holen, Angebote für die Älteren im Verein – all dies sind Dinge, die bei uns stattfinden. Letztendlich hilft ja auch der Erfolg der Bundesligamannschaft den anderen Abteilungen. Unsere Philosophie lautet da: „Wir finanzieren euren sportlichen Erfolg; aber: wir finanzieren euch nicht, damit ihr sportlichen Erfolg habt." Wenn sich also z.B. die Schachabteilung mit einer Mannschaft für die Endrunde im Deutschen Pokal qualifiziert hat, dann tun wir alles Erdenkliche und unterstützen finanziell zusätzlich zum Etat. Wenn die aber zu uns gekommen wären und hätten gesagt: Hört mal, wir brauchen Geld, um das Endspiel zu erreichen, dann hätten wir das nicht gemacht.

Zusätzlicher Hintergrund dieser Maßgaben: die klare Struktur im Verein. Wir haben sechs Abteilungen, mehr nicht. Obwohl wir in den letzten 20 Jahren so zwischen 15 und 20 andere Sportarten mit in den Verein hätten aufnehmen können. Boxen, Tanzen, Bowling, Radrennen und und und. Wir haben aber immer gesagt, daß uns die sechs Abteilungen genügen. Lieber die vernünftig betreuen, als zusätzliche Arbeit, die vielleicht nur halbherzig gemacht werden kann. Damit bleiben wir in der Mitgliederzahl deutlich unter Schalke oder Bayern mit ca. 3.000; aber wir mögen es eben überschaubar. Ich befürchte nur, es kommt ein anderer Punkt hinzu, der Gedanke, daß Böhmert und ich nicht auf ewige Zeiten dabei sein können. Wir können diesen Spagat machen, weil wir mit dem Verein zusammen groß geworden sind. Aber ob das ein anderer jemals so machen wird, das ist die große Frage.

Kuntze: Haben Sie Ihr Haus bestellt?

Fischer: Na ja, wir sind zunächst für vier Jahre gewählt worden. Den 100. Geburtstag und den Jahrtausendwechsel werden wir noch erleben. Und alles, was danach kommt, haben wir auch schon vorbereitet, indem wir z.B. das Stadion mit der Stadt ausgebaut haben.

Kuntze: Da dürfte es anderen schwerfallen, Sie zu beerben. So wie Sie in der Stadt und der Politik verankert sind.

Fischer: Wir gelten ja auch als „typische Bremer", was unser Handeln angeht. Man weiß, daß wir keine Hasardeure sind, und wir betreiben eine solide Politik und haben der Stadt, bis auf ein zurückgezahltes Darlehen, nie auf der Tasche gelegen. Wir machen also das, wozu wir als Präsidium, also als Führungskräfte im Verein verpflichtet sind: Wir müssen langfristig denken.

Kuntze: Sind Sie ein Machtmensch?

Fischer: Ja. Ich bin ein Typ, der immer da, wo er wohnt, wo er lebt oder arbeitet, selbst am Rad drehen muß und nicht gedreht werden will. Natürlich wollen auch mal andere mit am Rad drehen, das ist auch in Ordnung. Ich hab' eigentlich nur da Probleme, wo mir am wenigsten Initiative entgegengebracht wird. Ich ärgere mich darüber, wenn Leute etwas übernommen haben und das nicht erfüllen. Ich ärgere mich darüber, wenn man immer Anweisungen geben muß, für Dinge, die von allein in Angriff genommen werden müssen. Ich kann sehr gut delegieren, aber ich erwarte dann auch, daß gearbeitet wird. Wenn ich nur delegiere und sehe, das klappt nicht, mache ich das lieber gleich selber. Wenn es sein muß, auch bis ins kleinste Detail.

Kuntze: Ist das der richtige Führungsstil in einem mittelständischen Unternehmen unter Berücksichtigung moderner Marktmechanismen?

Fischer: Die Führungsarbeit machen wir vom Präsidium ja immer gemeinsam. Und mit Manfred Müller haben wir einen Schatzmeister, der die wirtschaftliche Basis erstellt. Na ja, moderne Marktmechanismen, die berücksichtigen wir schon. Wir haben einen Controlling-Fachmann einer Automobil-Firma engagiert, der sich um alle Bereiche des Vereins kümmert, der konstant Wirtschaftlichkeitsberechnungen erstellt. Das selbstherrliche Wirtschaften früherer Tage, nach dem Motto: „Wir brauchen einen neuen Stürmer, da gucken wir ganz einfach, wieviel noch in der Kasse ist", das ist vorbei. Wir wollen nicht wie z.B. Eintracht Frankfurt dastehen und plötzlich feststellen, wir haben 10 Millionen Schulden oder mehr. Dieses wird bei uns nicht geschehen. Dafür haben wir zuviele Mechanismen eingebaut.

Kuntze: Trotzdem bleibt immer noch der große Unbekannte: der sportliche Erfolg.

Fischer: Wenn man weiter solide arbeitet, glaube ich, daß die Erfolge wiederkommen. Im Moment befinden wir uns in einer Phase wie nach dem Wiederaufstieg. Damals haben wir auch den Umbruch vollzogen und viele Jahre auf den ersten Erfolg warten müssen. ■

Fair play

Gehört hatte bis zu dem Zeitpunkt noch niemand etwas davon, binnen weniger Stunden war es in aller Munde: „Apron plus", ein hochgiftiges Pestizid, das in konzentrierter Form in der Nordsee herumschwamm und die deutsche Küste bedrohte. Auf dem französischen Frachter „Sherbro" war ein Container mit „Apron plus" im Sturm über Bord gegangen; nun trieben die gelblichen Kugeln auf Schleswig-Holstein, Niedersachsen und die Inseln zu. Der Giftalarm an der Nordseeküste sorgte jedoch nur so lange für Empörung, wie sich Kurdirektoren Sorgen um den Rückgang der Feriengäste machten. Die gutgemeinten Sammelaktionen an den Stränden wurden abrupt vom aufkommenden Orkan und den Sturmflutwarnungen unterbrochen, danach war das Thema erledigt und wurde in den Nachrichten von Meldungen über die bevorstehenden Olympischen Winterspiele in Lillehammer verdrängt.

Doch bevor die Flamme entzündet wurde, mußte im kalten Bremen das DFB-Pokalspiel zwischen Werder und Kaiserslautern nachgeholt werden. Es wurde 22.50 Uhr bis endlich der Halbfinalist feststand. Bis dahin hatten die Zuschauer ein spannendes und aufregendes Pokalspiel erlebt, das nach 90 Minuten 1:1, nach 120 Minuten 2:2 stand. Und wie bei Kurgan und dem Highlander hieß es: „Es kann nur einen geben"; also brachte das Elfmeterschießen die Entscheidung. Daß aber ausgerechnet Andreas Brehme seinen Strafstoß vergeben und Mario Basler erneut einen „goldenen Schuß" ansetzen würde, hätte selbst Connor MacLeod überrascht. „Ich wollte den letzten schießen. Ich wußte, ich treffe", verriet Basler seine Gefühle, die zweifelsohne geleitet waren vom Frust vergangener Tage, als er zwischen 1988 und 1989 bei den Pfälzern unter Vertrag stand, die ihn aber nach nur zwei Ligakurzeinsätzen wieder gehen ließen. „Beide Mannschaften waren gut", zog Friedel Rausch sein Fazit, „aber wir waren am Ende die Deppen." Wogegen Werder zum 13. Mal insgesamt und zum 6. Mal seit 1988 im Halbfinale stand. Nur drei Tage später hätten die Lauterer gern Revanche genommen; doch auch im Ligaspiel hatten sie das Nachsehen, diesmal mit 0:2.

Genießen konnten die Bremer beide Erfolge nur kurz, denn ihr Manager hatte Probleme. Das Bremer Regionalfernsehmagazin „Buten & Binnen" entlarvte seine früheren Doppelpässe zwischen KGB und Hamburger Verfassungsschutz und sorgte dafür, daß die immer auf Hochtouren laufende Arbeitsbiene aus dem Tritt kam. Die Vergangenheit hatte ihn aus der Tiefe des Raumes eingeholt, und er konnte nichts dagegen unternehmen. Trotz der Unterstützung, die Lemke von vielen Menschen bekam, wirkte er nach der Veröffentlichung verändert.

Ebenso schmerzhaft knallte Nancy Kerrigan die Eisenstange an die Unterschenkel. Beim Training vor den Winterspielen wurde sie Opfer eines Attentats, in das ihre Konkurrentin Tonya Harding verstrickt war. In Lillehammer trafen sie dann auf dem Eis aufeinander und sorgten für eine der gelungensten Inszenierungen des amerikanischen Fernsehens. Beobachter konnten sich zynischer Kommentare nicht erwehren, daß der ganze Vorfall in seiner Dramatik und Tragik den in den Staaten nicht sonderlich beliebten Winterspielen einen willkommenen Popularitätsschub verpassen sollte. Wie überhaupt das weltweite Interesse sehr intensiv auf die Seifenoper beim Eiskunstlauf fokussierte. Die Erfolge der deutschen Sportler, ob Seizinger, Weißflog, Wasmeier oder Hackl-Schorsch, waren in erster Linie wichtig, um die enormen Kosten und den Aufwand der Fernsehübertragungen in die Heimat zu rechtfertigen. Die wenigen, die in ARD und ZDF tagtäglich das Treiben im Schnee verfolgten, wurden mit unverständlichen Dialektinterviews zugeschüttet, wobei die frugalen Fragen auch keinen Zweikanalton verdient gehabt hätten. Ansteckender war da schon das unverhüllte „fire in your heart" von Heribert Faßbender für die Sängerin Sissel und die Fröhlichkeit der Norweger, auch wenn die Begeisterung zuweilen nur an die einheimischen Sportler selektiert wurde, die bedingungslos zur Sollerfüllung gepeitscht wurden: erfolgreichste Skination der Welt zu werden.

Babypause

„Wenn mir in 'San Siro' ein Treffer gelingen sollte, das wäre schon ein Hammer", wünschte sich Mario Basler vor dem Spiel beim AC Mailand. Es waren nicht wenige, die ihm das zutrauten, wenn es denn überhaupt gelingen sollte, dort ein Tor zu erzielen; bisher hatte das in der Champions League noch kein Gast geschafft. Werder war klarer Außenseiter gegen den italienischen Meister. Die mit internationalen Stars gespickte Elf von Fabio Capello spielte den Fußball, den auch Otto Rehhagel bevorzugt, nur hatte der nie die Spieler, um solch ein Konzept umzusetzen. Trotzdem erinnerte er sich gut an die letzte Begegnung zwischen den beiden, an seine damalige Taktik und daran, wie gefährlich seine Mannschaft dem übermächtigen Gegner wurde, bis dann der Pfiff von Schiedsrichter Smith kam. Auch diesmal würde er mit aggressivem Forechecking und Offensivwillen an die Arbeit gehen. Über 5.000 Fans reisten in elf Chartermaschinen, 40 Bussen und fast 300 Privatwagen nach Norditalien, so viele wie noch nie im Europapokal. Doch was sie sahen, war eine herbe Überraschung: Rune Bratseth war in Bremen geblieben. Zur Unterstützung seiner hochschwangeren Frau blieb der Libero zunächst daheim, „sollte sich das freudige Ereignis noch rechtzeitig einstellen", so Willi Lemke, „wird er aber nachkommen." Das war schon verblüffend; Borowka fehlte wegen eines Fußbruchs, als Ersatz spielte der international unerfahrene André Wiedener, und Rehhagel genehmigte seinem Starlibero ausgerechnet im Spiel der Champions League beim AC Mailand eine Babypause. Die Begründung war nur in dem ganz besonderen Verhältnis zwischen Bratseth und dem Verein zu finden. In der Meisterschaftsendphase '92/93 spielte der Norweger trotz seiner äußerst schmerzhaften Knieverletzung, weil es notwendig erschien und der Titel immer näher rückte. Es gab keinen Augenblick des Zweifels, ob er seiner Mannschaft hilft oder nicht. Nun war es an der Zeit, diese Loyalität, die Bratseth auch in all den Jahren zuvor bewies, kurz vor seinem Karriereende anzuerkennen. Der Verein konnte sich auf diese Art bedanken; Willi Lemke: „Wir verstehen Rune voll und ganz. Es gibt wichtigere Dinge im Leben als Fußball." Für ihn spielte Frank Neubarth Libero. Der Lange kannte die Atmosphäre noch vom letzten Mal, die Belastung war aber ungleich größer, weil auch er in den letzten Wochen unter einer Knieverletzung gelitten hatte.

Milan zeigte von Beginn an, welch erlesene Elf in den schwarz-roten Trikots steckte. Savicevic, Boban, Donadoni, Baresi und der brandgefährliche Eranio stellten Werders Abwehr mehrfach vor Probleme. Dennoch stand Neubarth gut und spielte seine ganze Routine aus, womit er sich das 0:0 zur Pause redlich verdient hatte. Wieder auf dem Platz, mit den Gedanken noch in der Kabine, passierte es dann doch. Maldini köpfte das 1:0 und leitete den erwarteten Erfolg ein. Niemand unter den 42.000 im Stadion und Millionen an Radio- und Fernsehgeräten hatte aber mit dem respektlosen Auftritt von Mario Basler gerechnet. In einer Situation, in der andere Spieler mit dem Gedanken spielen, zu fragen, ob sie überhaupt mal auf das Tor des majestätischen AC schießen dürfen, schnappte sich Werders Neuer den Ball, wackelte Torwart Rossi aus 16 Metern aus, schoß ins kurze Eck und bestätigte das, was er zuvor per Interview von sich behauptet hatte: „Ich bin Werders Millionenjunge."

Der Favorit war erschüttert. Sechs Jahre zuvor hatte Werder schon einmal eine großartige Vorstellung in diesem Stadion abgeliefert und wurde damals nur von einem debilen Schiedsrichter um den Lohn gebracht.

Nun waren sie auf dem besten Weg, tatsächlich eine große Überraschung zu landen. Der Ball lief ruhig und versiert durch die eigenen Reihen, die Sicherung des Strafraums wurde zum obersten Ziel. Mailand fing einen Werder-Angriff ab, der Ball flog weit in die Bremer Hälfte. Savicevic versuchte noch dranzukommen, bremste aber ab, als er sah, daß Neubarth als letzter Mann seelenruhig annehmen wollte. Da rutschte der Libero aus! Mailands Weltklassestürmer erfaßte sofort die Situation, startete durch, umspielte Reck und schob ein zum 2:1. Hinter ihm lag ein 1,93 m langes Häufchen Elend auf dem Bauch und schaute dem Treiben zu. 68 Minuten hatte Frank Neubarth hervorragend gearbeitet und die Lücke gefüllt, die Bratseth hinterlassen hatte; da trat er ein einziges Mal ins Leere und schon war die Entscheidung gefallen; denn von dem Schock erholte Werder sich nicht mehr bis zum Ende der Partie. Ein Schwinger ins Vakuum, ein Loch in der Mailänder Frühlingsluft; über Neubarth flutete weder Spott noch Ärger, denn alle wußten, daß ihnen auf dem schlechtesten Rasen Europas genau so etwas hätte passieren können. „Ich habe eine glückliche Familie, ich verdiene gutes Geld und ich bin gesund", machte Neubarth sich hinterher Mut, „ich stehe auf der Sonnenseite des Lebens, da kann ich kein Pechvogel sein." Zum zweiten Mal hatte der SV Werder nur durch ein außergewöhnliches Ereignis in Mailand verloren, und die italienische Presse war sich einig, daß sie mit den Bremern die zweitstärkste Mannschaft der Gruppe gesehen hatte.

Das Kind war noch nicht geboren, da wartete schon die nächste heikle Aufgabe. Der FC Bayern wollte seine Negativserie endlich beenden und den ersten Sieg gegen Werder seit September 1987 landen. Neu-Trainer Franz Beckenbauer – sein Debut wenige Wochen zuvor fiel mit der 1:3-Heimniederlage gegen den VfB Stuttgart denkbar peinlich aus – machte seine Elf heiß, indem er Werder lobte: „Die Bremer kannst' nicht erschrecken. Wir haben gesehen, daß Werder mit der vermeintlich besten Mannschaft Europas mithalten konnte." Es wirkte. Besonders Mehmet Scholl rannte aufgedreht wie ein Captagonmännchen auf dem Platz umher und säbelte nach wenigen Minuten Andreas Herzog um. Nach einer knappen halben Stunde war er selbst Opfer eines Tritts von Mario Basler; und da der das besonders ungeschickt machte, zog Schiedsrichter Dardenne die rote Karte. (Im Bericht des Bayerischen Fernsehens ging Reporter Rubenbauer ausführlichst auf das Foul des Bremers ein; doch verwundert lauschte Fußballdeutschland, weil mit keiner Silbe und keinem Bild der Scholl-Tritt Erwähnung fand. In Spielerinterviews wurde zwar nach der Verhältnismäßigkeit der beiden Tätlichkeiten gefragt, aber kein TV-Zuschauer wußte, um welches andere Foul es sich da handelte. Deutlich wurde lediglich, daß die Hofberichterstattung mal wieder um eine Variante reicher geworden war.)

Fortan hatten alle die Giftspritze aufgezogen und taten alles, um ja keine Freundschaft zwischen den Vereinen entstehen zu lassen. Direkt nach der Pause erzielten die willensstärkeren Bayern durch Nerlinger das 1:0 und später dann durch Valencia das 2:0; der Bratseth-Gegenspieler profitierte dabei von den Nachwuchssorgen des Norwegers: „Irgendwie kamen immer wieder die Gedanken an meine Frau."

Es war der erste Sieg Bayerns über Werder seit sieben Jahren; Freude kam aber nicht auf, denn kaum war der Abpfiff ertönt, sprudelte es aus Lothar Matthäus heraus: „Wenn da ein Richtmikrophon gestanden hätte, welches die Äußerungen, die Rehhagel ins Feld geworfen hat, öffentlich gemacht hätte, dann käme er um eine saftige Strafe nicht herum." Einige Tage später konkretisierte er in der „Sport-Bild": „Jorginho hat mir erzählt, daß der Otto laufend reingebrüllt hat: 'Poliert dem Jorginho die Knochen, haut dem Matthäus die Beine weg.'" Die heftige Anschuldigung löste Empörung in Bremen aus: „Wir wollen Aufklärung. So etwas lassen wir nicht auf uns sitzen. Bei uns wird der Trainer geschützt." Matthäus blieb dabei und ging noch weiter: „Otto Rehhagel versucht immer wieder, Stimmung zu machen und wiegelt vor allem in Bremen das Publikum unter anderem durch Gesten auf." Werder alarmierte den Kontrollausschuß des DFB, der jedoch abwartete. Matthäus bohrte weiter: „Werder braucht keine Auswechselbank zum Sitzen. Die stehen sowieso immer alle, wenn nur ein Spieler am Boden liegt." Und um das ganze zu untermauern: „Einige Spieler können bestätigen, was Rehhagel gesagt hat." Das wäre nun eigentlich Jorginhos Part gewesen, doch der Brasilianer mochte nicht mehr: „Das habe ich so nicht gesagt", ließ er vermelden und brachte seinen Kapitän in ganz große Verlegenheit. Rehhagel verlangte eine schriftliche Entschuldigung, die dann auch recht kleinlaut per Fax im Weser-Stadion auflief. Dabei blieb es, das Kriegsbeil wurde begraben. Bis zum nächsten Mal.

Immer noch kein Bratseth-Baby in Sicht, da wartete Dynamo Dresden im DFB-Pokalhalbfinale auf den gestreßten werdenden Vater und seine Mitspieler. „Das wichtigste Spiel des Jahres", gab Willi Lemke die Losung aus und fand Unterstützung bei Mirko Votava: „Mailand und München können wir vielleicht noch ausbügeln. Wenn wir hier verlieren, haben wir einen wichtigen Trumpf verspielt." Die favorisierten Sachsen, die seit Saisonbeginn mit ihrem Trainer Siggi Held gegen die Vier-Punkte-Last des DFB ankämpften, gehörten zu den Überraschungen der Liga; nicht erst seit dem Auswärtssieg in Bremen. Werder mußte auf den gesperrten Basler und die verletzten Borowka, Bode und Eilts verzichten, Rune Bratseth wurde am Nachmittag mit einer Chartermaschine extra aus Bremen eingeflogen. Die dünne Personaldecke ließ einen Verzicht auf den Libero keineswegs zu, und Neuverpflichtungen waren für Rehhagel kein Thema: „Die ich haben wollte, waren nicht zu kriegen. Und die zu bekommen waren, hätten uns nicht verstärkt." 29.000 Zuschauer erlebten dann, daß Werders Restkader aber durchaus in der Lage war, seine Aufgaben zu erfüllen. Kühl und berechnend wurden durch Rufer und Neubarth die Chancen der ersten Hälfte zum 2:0 verwertet. Danach taten die Bremer nur so viel wie nötig, die Dresdener hingegen konnten an dem Abend nicht mal das. Ein Spiel, das eher an die Live-Übertragung eines FDP-Parteitags erinnerte als an ein Halbfinale, und das für Werder am Ende die Sicherung der Zukunft bedeutete. Denn als Endspielgegner am 14. Mai in Berlin qualifizierte sich Rot-Weiß Essen, Zweitligist auf sportlicher und wirtschaftlicher Talfahrt.

„Wenn ich eine halbe Stunde vor dem Spiel gegen Mailand den entsprechenden Anruf bekomme, sehen alle nur noch meine Hacken." Rune Bratseth wartete weiter auf den Nachwuchs. Bevor zum Abschluß der zwei „Wochen der Wahrheit" der AC ins Weserstadion kam, erlaubte sich Werder eine völlig mißlungene Generalprobe. Wie vom Rinderwahn befallen, schlichen sie gegen Karlsruhe über den heimischen Platz und überließen den Badensern den 2:0-Sieg. Angesichts dieser Leistung fiel es nicht schwer, Dejan Savicevic zu glauben, als er selbstbewußt behauptete: „Die Bremer können uns nicht schlagen." Nach einer Stunde Spielzeit war er drauf und dran, sein Urteil zu revidieren; Werder führte 1:0 und hatte den Gegner im Griff. Sebastiano Rossi hatte bis dahin etliche Chancen vereiteln müssen und dafür gesorgt, daß seine Mannschaft nicht schon zur Pause zurücklag. Nach einem Foul an Hobsch war es in der 52. Minute dann soweit: Elfmeter für Werder. Seit Wynton Rufer in Bremen die Strafstöße schoß, hatten sich Fragen erübrigt, ob der Schütze verwandeln würde oder nicht. Keiner, wirklich keiner, war in der Lage, so cool und sicher anzutreten. Torwart Rossi, der als einer der besten seines Fachs galt, hatte, wie alle seine verzweifelten Kollegen, nicht den Hauch einer Chance. Auch er sprang in die falsche Ecke, während Rufer sich umdrehte und wie üblich nur einen Arm zum „Jubel" hob. Doch es reichte wieder nicht. Werder wurde müde, Mailand bekam Oberwasser. Und erneut war es Savicevic, der den starken Oliver Reck überwinden konnte. Zuvor hatte der Bremer Keeper mehrfach geglänzt, dieses eine Mal kam er zu spät. „Werder ist eine große Mannschaft", lobte Fabio Capello im Anschluß, „ich rechne immer noch mit ihr fürs Halbfinale." Otto Rehhagel gab die Komplimente an seinen Kollegen zurück: „Milan ist eine große Mannschaft; aber wir haben zweimal gezeigt, daß auch sie verwundbar ist." Durch dieses Unentschieden und die gleichzeitige Niederlage Anderlechts in Porto wurde das nächste Heimspiel gegen den portugiesischen Meister zum Schlüsselspiel, zum Spiel um Platz 2 in der Gruppe.

Im Zillertal

Kristine Bratseth wog bei ihrer Geburt 4450 Gramm. „Wir hatten mit einem Jungen gerechnet, aber so ist es auch in Ordnung", strahlte der stolze Vater. Die Babypause war somit beendet, andere Themen rückten in den Mittelpunkt. Am Tag nach dem Spiel gegen Mailand lief in den deutschen Kinos „Schindlers Liste" von Steven Spielberg an. Der Hollywood-Regisseur hatte das Wirken des Industriellen Oskar Schindler in der Zeit des Nationalsozialismus verfilmt und beschwor eine heftige Diskussion herauf.

Weniger bedeutsam, aber in Bremen genauso hitzig diskutiert wurden die Formschwankungen des SV Werder. Stark gegen Mailand und Dresden in den Pokalwettbewerben, schwach gegen Karlsruhe und München in der Liga. „Ich habe es mir abgewöhnt, darüber nachzudenken, warum wir mal so und mal so spielen", resignierte Mirko Votava. Viele Fans waren unzufrieden, daß die Mannschaft nicht mehr den herzerfrischenden Fußball der ersten Jahre nach dem Wiederaufstieg spielte. In der Meisterschaftssaison '92/93 erinnerte der Stil zwar wieder an die alten Zeiten, mittlerweile verkrochen sich aber dieselben Spieler mehr und mehr hinter der „kontrollierten Offensive". Doch der Unmut auch innerhalb der Mannschaft wuchs; vor allem Andreas Herzog baute Frust ab: „Ich will nicht Stürmer spielen, muß es aber ständig, weil der Trainer anderer Meinung ist." Warum der Österreicher sich ausgerechnet die „Bild"-Zeitung für seine Entladung ausgesucht hatte, wußte wohl nur er. Oder sein Berater Dr. Skender Fani. Mehr Aufmerksamkeit als mit diesem Interview konnte man nicht erregen. Der Verdacht, hinter dieser Aktion stecke nichts anderes als der Versuch, einen neuen Verein zu finden, verdichtete sich schnell. „Wenn ich die richtigen Angebote bekomme, werde ich über einen vorzeitigen Vereinswechsel nachdenken", gab Herzog bekannt und nannte Gründe: „Ich habe Otto Rehhagel vieles zu verdanken, aber es kommt der Punkt, wo ich mir denke, ich will mich weiterentwickeln." Er hatte keine Lust mehr zum Training, das „irgendwie nur noch Routine" war, und suchte eine „neue sportliche Herausforderung". Sein Vater Anton übernahm zeitweise die Wortführung: „Der Andy ist schon lange unglücklich. Die Mitspieler akzeptieren ihn nicht, der Trainer steht nicht 100prozentig hinter ihm, denn im Grunde hat er so einen Spielertypen nie wollen." In solch massiver Form Kritik zu üben, war neu in Bremen. Herzog war der erste, der die Spielregel, Kontroversen ausschließlich intern zu klären, dermaßen eklatant durchbrach. Eventuellen Konsequenzen baute er somit auch gleich vor: „Wer Otto Rehhagel nur einmal leise kritisiert, sitzt sofort auf der Bank. Viele Spieler schlucken aus Ehrfurcht lieber gleich die Zunge". Weder das eine noch das andere traf ein; Herzog spielte, verlor zu Hause 0:1 gegen Schalke und starrte danach zusammen mit der Mannschaft entsetzt auf die Tabelle: Werder war abgerutscht auf den 12. Platz, in die Nähe der Abstiegszone.

Im Frühling ist es auf den Kanarischen Inseln schon heiß genug, um tagsüber lieber im Schatten zu bleiben. Dort, wo das Wasser warm ist und die Drinks kalt, treffen sich die Menschen am Abend draußen auf den Plätzen, vor ihren Häusern oder in den Restaurants. An jenem Mittwoch, es war der vorletzte Tag im März, waren es auffallend viele deutsche Touristen, die den Weg in eine Gaststätte fanden. Viele von ihnen in guter Laune, manche mit farbigen Schals oder Mützen ausgerüstet, fast alle männlich. Die „Zillertal-Tenne" hatte den einzigen Fernseher in der Gegend und war zusätzlich per Satellitenschüssel mit der entfernten Heimat verbunden. Der Wirt, ein Österreicher, verkaufte frisch gezapftes deutsches Bier, Würstchen, Sauerkraut und seine Toleranz: „Der Herzog is koa Öööisterreicher, der is a Wieaner." Trotzdem setzte er auf Werder, und auch seine Gäste tippten auf einen Sieg gegen Porto und das Erreichen des Halbfinals.

Der Anpfiff ertönte im fernen Bremen, dafür stoppte er sogar die Cassette mit dem unverwüstlichen „Naabtal Duo". Otto Rehhagel ging mit großen Sorgen in das Spiel; Beiersdorfer war gesperrt, Borowka, Eilts und Hobsch verletzt, und kurz vor Spielbeginn meldete Frank Neubarth seinem Trainer eine Grippe. Das war zuviel. Nach elf Minuten bewiesen die Portugiesen zum erstenmal ihre Konterstärke und erzielten das 1:0 durch Rui Filipe. Werder raffte sich auf zu wütenden Gegenangriffen. Es ergaben sich hochkarätige Chancen durch Legat, Bode und Basler, doch der stark auftrumpfende Bulgare Kostadinov machte dem ein Ende und erzielte gegen die völlig überforderte Abwehr noch vor der Pause das 2:0. Entsetzen machte sich breit. Nicht nur im Stadion, auch an den Geräten in nah und fern. Der Zapfhahn der „Zillertal-Tenne" kam nicht zur Ruhe, schweigend verrichtete der Wirt seine Arbeit. Natürlich geisterte das Spiel gegen Anderlecht durch die Köpfe, doch im Stadion befürchtete ein konsternierter Präsident Böhmert: „Wunder wiederholen sich auch an der Weser nicht." Die Biertrinker im Süden teilten seine düstere Vorahnung: „Kein Wunder", outete sich plötzlich einer als Schalke-Fan, „bei dem Trääner. Dat war letzte Woche gegen uns schon 'ne Katastrophe." Gründe? „Warum hat der sich nicht rechtzeitig neue Leute geholt?"

In der Tat, bis zu dem Zeitpunkt steckten der Mannschaft bereits über 40 Spiele in den Knochen, 27 in der Liga, fünf im DFB-Pokal, acht im Europacup. Seit Wochen mußten immer wieder Ausfälle verkraftet werden, dazu die ungeheure Dichte an Spielen im Februar und März. In der vergangenen Saison hatte Rehhagel in der Winterpause mit Hobsch noch eine Verstärkung geholt, die letztlich den Schub zur Meisterschaft brachte. Diesmal war das erwirtschaftete Geld (38 Mio. Rekordumsatz 1993; 4,3 Mio. Überschuß) nicht in neue Spieler investiert worden. Und selbst wenn, „wen hätte man denn...?"

Die Diskussionen wurden abrupt unterbrochen; die zweite Halbzeit begann. Neubarth war eingewechselt worden, für ihn hatte sich Uwe Harttgen auf die Bank begeben, um die berühmt-berüchtigte Werder-Offensive einzuleiten. Doch die seltsam kraftlosen Bemühungen erstickten im Keim und wurden bitter bestraft. 0:3 Secretario, 0:4 Domingos. Innerhalb von drei Minuten war alles aus. Tränen flossen im „Zillertal". Auf den Rängen des Weserstadions liefen die Zuschauer ins gegnerische Lager über; sie sangen „Es gibt nur einen Rudi Völler!"; sie applaudierten bei gelungenen Kombinationen des FC Porto; sie riefen „olé, olé" beim vierten und fünften Tor, das Timofte per Elfmeter in der letzten Minute erzielte. Oliver Reck zeigte nach der höchsten Heimniederlage eines Deutschen Meisters im Europapokal Verständnis für diese Reaktionen: „Wenn man sieht, was wir zu Hause in den letzten Monaten zusammengespielt haben, kann man nicht erwarten, daß sie uns Beifall klatschen."

Der Torwart war der erste, der Worte fand: „Wir hatten nie dieses Feeling wie gegen Anderlecht, daß wir den Rückstand noch aufholen können. Jetzt fühlen wir uns so deprimiert wie nach den zwei verlorenen Pokalendspielen in Berlin." „Ein brutales Ergebnis", konstatierte Otto Rehhagel; für ihn war es eine „verdiente Niederlage gegen eine sehr gute

Mannschaft." Das sah auch sein Kollege Bobby Robson: „Ein unglaubliches Ergebnis. Wir hätten auch noch höher gewinnen können, aber ich bin nicht gierig." Nun hieß es, zu analysieren, woran es lag. „Wir fallen nicht wie die Hyänen über unseren Trainer her", baute Willi Lemke vor, „er hat das Spiel nicht verloren; auf dem Platz stand die Mannschaft." Und die faßte sich an die eigene Nase: „Jetzt heißt es, Ärmel hochkrempeln und rein in den Dreck", gab Oliver Reck die Losung aus und schlug vor: „Ein Aufgebot von 25 Spielern muß her, wenn wir nochmals im Europacup, in der Bundesliga-Spitze und im Pokal gleichzeitig spielen sollten." Dem zustimmend, nutzte auch der Vater von Andy Herzog die Situation der allgemeinen Schelte und bemerkte treffend: „Das Spiel gegen Anderlecht hätte schon genauso ausgehen können wie das gegen Porto. Statt sich zu besinnen, wurde der Sieg schöngeredet." Sein Sohn hingegen wagte den Blick in die nahe Zukunft: „Wir müssen aufpassen, daß wir in der Bundesliga nicht absteigen." Im „Zillertal" wurde diese Bemerkung mit einem heftigen Nicken der restlichen Anwesenden quittiert. Einige hatten sich in ein Wurmloch verkrochen, andere stammelten immer wieder das Ergebnis vor sich hin, der Rest ergab sich fassungslos der Trauer. Nur einer, der sich gegen Ende des Spiels gar nicht mehr getraut hatte, zuzugeben, ein Werder-Fan zu sein, dachte still über die Zukunft nach: „Dann gewinnen wir eben in Berlin!" Danach löschte der Wirt das Licht.

Abstiegsangst

Niederlagen haben häufig etwas heilsames. Gerade aus Fehlern kann der Mensch am meisten lernen, er muß nur bereit dazu sein. „Die Mannschaft wird sich nicht hängen lassen", versicherte Willi Lemke den Fans, nachdem Gerüchte aufkamen, nur noch auf das Pokalendspiel zu setzen. Außerdem spukte plötzlich ein Wort durch die grün-weißen Köpfe: „Abstieg". Drei Tage nach der Porto-Pleite verlor Werder das Ligaspiel in Dortmund. Spielerisch war eine Steigerung zu erkennen, aber der „Kater" war noch zu groß und Chapuisats Hattrick zu mächtig. Das erste Mal in 13 Jahren Rehhagel ging der Blick nach unten. 27:29 Punkte, Platz 12 nach 2:12 Zählern in Folge, fünft-schlechteste Mannschaft der Rückrunde. Die Bilanz der letzten Wochen ließ Lemke lotsen: „Alle müssen an Deck jetzt hellwach sein, damit das Boot nicht untergeht." Freiburg hieß der rettende Anker. Ausgerechnet der sympathische Aufsteiger, der nun doch in arge Not geraten war und den so viele lieber in der Liga sehen wollten als die knapp vor ihnen plazierten Nürnberger, die ihr brüderli-

ches Verhältnis zum DFB in Frankfurt über jede Krise, über jede Finanz-
jonglage, über jeden unpünktlich bezahlten Transfer und jeden Beste-
chungsvorwurf haben erhalten können.

Mit Glück und einem dreifachen Neubarth gelang es, das kurzfristig
aufgetauchte Abstiegsgespenst zu vertreiben. Man kann nur erahnen, was
im Falle einer weiteren Niederlage geschehen wäre; Erfahrung im Kampf
um den Klassenerhalt hatte die Mannschaft nicht – nur Trainer und Präsidium waren damit aus grauer Vorzeit vertraut. Nach dem 1:1 beim HSV
hatte sich die Situation jedoch endgültig bereinigt, und als Werder dann
gegen Leverkusen 2:1 gewann, ein Spiel, das dem zweifachen Torschützen Mario Basler erstklassige Kritiken (Rehhagel: „Weltklasse") und
einen großen Schritt zur WM-Teilnahme brachte, gab es überraschend
die Chance, aus eigener Kraft einen Uefa-Cup-Platz zu ergattern. Liga
paradox: Die Bayern führten vor Kaiserslautern; drei Spieltage vor Schluß
betrug der Abstand zwischen dem zweiten aus der Pfalz und dem elften
aus Bremen nur fünf Punkte. Die Abstiegsfrage war zu zwei Dritteln entschieden; außer Freiburg oder Nürnberg standen Wattenscheid und Leipzig schon fest. Es gab Stimmen, die das als „Leistungsdichte" im positiven
Sinn bezeichneten (ja, richtig getippt; vorwiegend in „ran"); es mehrten
sich aber auch die Mahner einer dunklen Zukunft, die das permanente
Schönreden selbst drittklassiger Zweitligaspiele als fatal ansahen. Stimmen, die im Land eines Weltmeisters natürlich weitestgehend ungehört
blieben.

Doch der immer wieder gern benutzte internationale Vergleich wies
seit geraumer Zeit auf einen Leistungsabfall der Vereinsmannschaften
hin. Werders Coup in Lissabon 1992, davor Bayer Leverkusen im Uefa-
Cup 1988, davor der HSV bei den Landesmeistern 1983 – das war alles in
den letzten elf Jahren. Sicher, der Vergleich mit der italienischen Liga
wäre falsch; dort herrschen ganz andere finanzielle Möglichkeiten, auch
wenn einige Clubs vor dem finanziellen Kollaps stehen und insgesamt
zurückgeschraubt wird. Die Bundesliga ist der Gefahr genauso ausgesetzt
wie die Seria A in Italien. Überteuerte Transfers, höchstbezahlte Rück-
käufe frustrierter Legionäre, Gehaltsgefüge sprengende Loser – der ständige Hunger der Öffentlichkeit nach Namen und Sensationen verdrängt
zunehmend die sinnvolle Aufbauarbeit junger Nachwuchsspieler. Viele
Vereine loben ihre Jugendarbeit, vergessen dabei aber den Zugriff. Nur
wenige Nachwuchstalente schafften letztlich den Sprung in die Erstklassigkeit.

Einspruch

Kurz vor Donalds 60. Geburtstag wurde Dagobert gefaßt. Der Kaufhauserpresser tappte in eine Falle der Polizei, nachdem er die Behörden mehrfach geleimt hatte. Der meistgesuchte Verbrecher des Landes wird wohl der einzige bleiben, der die Behörden mithilfe eines Haufens Hundekot überlisten konnte. Die Boulevardpresse konnte sich für diesen Fall zwar heftig begeistern; mußte aber Platz schaffen für andere Schlagzeilen. Der DFB hatte die Idee gehabt, am 20. April ein Länderspiel gegen England in Hamburg zu bestreiten; eine Terminwahl, die unglücklicher nicht sein konnte. Die ersten Bedenken kamen aus der Hansestadt, die als Veranstaltungsort zurücktrat. Berlin sprang sofort ein. Die Frankfurter Fußballfunktionäre kamen zu dem Zeitpunkt nicht auf den Gedanken, ihre Planungen zu überprüfen; sie gaben sich alle Mühe, unsensibel auf weitere Diskussionen zu reagieren. Ein Aufeinandertreffen von deutschen und englischen Fans und Hooligans, von Neo-Nazis und autonomen Gruppen in Berlin am 20. April, dem Hitler-Geburtstag – viel mehr Zündstoff kann es an einem Tag an einem Ort eigentlich nicht geben. Dennoch war der Verband nicht gewillt, über einen anderen Termin nachzudenken. Es mehrten sich jedoch die kritischen Stimmen in England. Die „Times" befürchtete, daß die „gefährlichste Situation seit dem Drama beim Europacup-Finale 1985 im Brüsseler Heysel-Stadion" geschaffen werden könnte und verlangte eine Absage. Die kam dann auch wenige Tage später wegen der „Sicherheitsbedenken".

Werders letzter Auftritt in der Champions League sollte ein versöhnlicher Abschied von der internationalen Bühne werden. Nach dem 0:5 war Wiedergutmachung angesagt: „Wir wollten diese Abfuhr vergessen machen", klärte Oliver Reck auf, „und uns in Europa rehabilitieren." Das gelang ihnen. Der RSC Anderlecht war seit dem 5:3 nur noch ein Schatten früherer Tage und verlor auch in der Meisterschaft entscheidenden Boden. Für Werder also ein überraschend leichtes „höchstdotiertes Freundschaftsspiel der Vereinsgeschichte" (Lemke), das durch zwei Treffer von Marco Bode mit 2:1 gewonnen wurde und für eine Einnahme von über einer Million Mark sorgte. „Unser Ziel haben wir erreicht", bilanzierte Bremens Manager das europäische Abenteuer, „unseren Traum aber verpaßt." Dieser Traum wäre das Halbfinale gewesen; dort standen sich nun Barcelona und Porto sowie Mailand und Monaco gegenüber. Für die Favoriten letztlich eine klare Angelegenheit, gewannen sie doch jeweils 3:0, und Mitte Mai standen sich die Starensembles Europas im

Athener Olympiastadion gegenüber. Barca-Coach Johan Cruyff hatte in den Tagen vor dem Endspiel seinen Kollegen Fabio Capello geärgert, indem er öffentlich sein Mißfallen über dessen Arbeitsstil und das Spielvermögen der Italiener ausdrückte. Der AC war mit ungeheuer zweckmäßigem Fußball in das Finale gekommen, Barcelona hingegen, als angriffsstärkste Mannschaft der Champions League, mit erfrischender Offensive. Und dann kam alles anders. Capello ließ seine Stars angreifen, aggressives Pressing spielen, laufen, kämpfen, schießen. Milan bot Zauberfußball vom anderen Stern, allen voran Savicevic, Desailly und Massaro; Barcelona ging im Angriffswirbel unter und versagte total. 4:0 gewann der italienische Meister am Ende und holte den zweiten Cup der Saison in die lombardische Stadt, nachdem Inter bereits den Uefa-Pokal gegen Salzburg gewonnen hatte.

Am Rande des Spiels zwischen Werder und Anderlecht ließ Andreas Herzog endlich die Katze aus dem Sack: er wollte gehen. „Ich suche eine neue sportliche Herausforderung", begründete er seine Wechselabsichten, was Willi Lemke zu der Bemerkung trieb: „Andreas Herzog ist volljährig, wenn er gehen will, sollte er zuerst mit dem Trainer sprechen." Das tat er dann auch und mußte sich anhören, daß er „zu viel Mozart und zu wenig Wagner" (Rehhagel) spielen würde. Zunächst Frankfurt und Karlsruhe, dann aber Bayern München – drei Bundesligisten waren ernsthaft interessiert. „Ein Wechsel innerhalb der Liga kostet richtig Geld, wenn wir schon unsere Konkurrenz stärken", gab Lemke vorsichtshalber bekannt und schraubte die Forderung auf zehn Millionen Mark. Das war am Ende zuviel; erst sprangen die Karlsruher ab, dann Frankfurt. Dort hatte man kurzfristig ganz andere Sorgen bekommen, weil Torhüter Uli Stein nicht mehr zu beruhigen war und verbal um sich schlug. Nicht mehr tragbar in der Mannschaft, wurde er „freigestellt" und vom Spielbetrieb verbannt. Mit ihm durfte auch gleich sein Trainer Klaus Toppmöller gehen, der auf seiner ersten Bundesligastation die Höhen und Tiefen innerhalb kürzester Zeit kennenlernte. Die Chancen für die Eintracht, Meister zu werden, waren mittlerweile entschwunden, eine Entscheidung konnte nur noch zwischen Kaiserslautern und München fallen. Die Bayern waren schon mitten in der Vorbereitung auf die nächste Saison; Beckenbauer hatte mit Giovanni Trapattoni endlich einen Nachfolger gefunden, mit Jean-Pierre Papin den Fans und Medien zusätzlich einen Riesenhappen vor die Füße geworfen und mit einem Herzog-Transfer immer noch geliebäugelt.

Doch bevor es soweit war, stand das vorletzte Spiel gegen den Rivalen aus Nordbayern, den 1. FC Nürnberg auf dem Programm; ein Spiel, in dem es für beide Mannschaften um wichtige Punkte ging und das allen noch lange im Gedächtnis haften bleiben würde. Dafür sorgten Schiedsrichter Hans-Joachim Osmers und Linienrichter Jörg Jablonski aus Bremen. „Plötzlich jubelten die Roten", versuchte Franz Beckenbauer später jene ominösen Geschehnisse zu beschreiben, die zum 1:0 seiner Mannschaft führten. Die Ecke von Witeczek wurde von Kreuzer mit dem Kopf verlängert und von Helmer am Pfosten vorbei gestochert. Eine völlig eindeutige Situation: Abstoß, und gut. Doch dann riß Jablonski seine Fahne nach oben, obwohl er überhaupt nichts klar erkennen konnte. Der eigentlich wesentlich besser postierte Osmers reagierte wie ein Pawlowscher Hund und steckte sofort seine Pfeife in den Mund. Ohne Absprache, warum sein Linienrichter ein Tor werten wollte, zeigte er zum Anstoßkreis. „Ich glaube, wir waren alle ein bißchen überrascht, als der Schiedsrichter plötzlich Tor pfiff", verriet Thomas Helmer seine Gedanken, die ihn jedoch nicht dazu veranlaßten, Osmers über den fatalen Schnitzer aufzuklären. Am Ende gewannen die Bayern 2:1, nicht nur wegen des Tores, sondern auch, weil Schwabl einen Elfmeter vergab.

Die stark abstiegsbedrohten Nürnberger nutzen nach dem Spiel jedoch die allgemeine Stimmungslage und legten Protest ein. Der DFB verhandelte gleich darauf und schloß sich lange ins Beratungszimmer ein, um in erster Linie darüber zu debattieren, welche Auswirkungen das Urteil haben könnte. Die Entscheidung, das Spiel zu wiederholen, wurde vor allem mit Hilfe der Fernsehbilder gefällt; so mancher Mahner wertete das als Einstieg in den allgemeinen „Fernsehbeweis" und in eine Klagewelle. Der DFB konnte aber gar nicht anders entscheiden und mußte die ansonsten heilige Kuh „Tatsachenentscheidung" schlachten; einerseits als Zugeständnis an die Bilderflut auf allen Kanälen, andererseits, weil das Schiedsrichtergespann einem völligen Blackout erlegen war. Was zunächst nach Pech für die Freiburger aussah, entpuppte sich als Eigentor der Nürnberger, die das Nachholspiel mit 0:5 verloren. Außerdem entwickelte sich aus dieser nahezu chaotischen Situation ein heftiger Streit zwischen Bayern-Coach Beckenbauer und Bundestrainer Vogts. Als Ersatz für das abgesagte Länderspiel gegen England hatte der DFB die Vereinigten Arabischen Emirate als Partner gewinnen können. Dazu war aber die Anreise nach Abu Dabi nötig. Nun fiel der Wiederholungstermin des Ligaspiels zeitlich recht nahe an den WM-Test, so daß Beckenbauer forderte: „Wenn der DFB uns zur Wiederholung zwingt, wollen wir, daß unsere Spieler frühzeitig aus Abu Dabi zurückkehren." Vogts wollte jedoch genauso wenig auf Helmer und Matthäus verzichten wie

Bayerns Kapitän auf einen Länderpunkt für seine Statistik. Das Fernduell, dankbar mit viel Sendezeit belohnt, bot einen tiefen Einblick in das Seelenleben des Franz Beckenbauer, der seine ganze Verachtung für den ehemaligen Terrier an seiner Seite in die verbalen Angriffe packte. Vogts seinerseits zeigte ungewöhnliche Nehmerqualitäten; doch was blieb ihm auch anderes?

In den vergangenen Jahren liefen die Saisonfinals immer darauf hinaus, daß am letzten Spieltag noch die Entscheidung um den Titel fallen mußte: 1992/93 zwischen Werder und Bayern und zuvor zwischen Dortmund, Frankfurt und Stuttgart. Diesmal hatte die unsichtbare Regie noch mehr geplant. In allen neun Begegnungen stand etwas auf dem Spiel, in allen Stadien ging es noch um etwas:

Bayern – Schalke	den Titel am Ende souverän gewonnen	2:0
HSV – Kaiserslautern	fast wäre die Überraschung gelungen	1:3
Dortmund – Nürnberg	der Abstieg für den Club, Uefa-Cup für BVB	4:1
Duisburg – Freiburg	Klassenerhalt und verpasster Uefa-Cup	0:2
Stuttgart – Dresden	kein internationales Geschäft für VfB	3:0
Köln – Frankfurt	mit Glück Uefa-Cup	2:3
W'scheid – Karlsruhe	Uefa-Cup beim Absteiger verspielt	5:1
Leipzig – Leverkusen	Euro-Fußball gesichert gegen Ligaletzten	2:3
Werder – Mö'Gladbach	geringe Chancen auf Uefa-Cup nicht genutzt	4:2

Die ARD-Hörfunkkonferenz wagte es, alle Spiele zu berücksichtigen, wobei die Prioritäten festgelegt wurden und das Spiel im Weserstadion dann auch vergleichsweise geringe Beachtung fand. Dennoch bot Werder einen versöhnlichen Ligaausklang, fast so gelungen, wie der Start zehn Monate zuvor mit dem Sieg über Stuttgart. Locker und gelöst wirkte die Mannschaft, zielstrebig in der Vorbereitung auf die nächste Aufgabe.

Schlagseite

Fünfzehn Jahre Leistungssport, fünfzehn Jahre Bundesligafußball. Thomas Schaaf spürte jeden einzelnen Knochen und jede Verletzung, als er über die vielen Jahre nachdachte – und nun sollte Schluß sein. Seine Aufgaben lagen in Zukunft in der Nachwuchsarbeit. Als „Cheftrainer" der

Jugend würde er sich mehr dem Aufbau widmen können, womit er eigentlich ein Jahr zuvor bereits beginnen wollte. Aber da fragte Otto Rehhagel ihn, ob er noch einmal aushelfen könne – und dem mochte er nicht absagen. Nun war es aber wirklich soweit. Nur noch das Pokalendspiel auf der Bank miterleben und noch einen Titel zusammen mit den anderen holen, die auch Abschied nahmen. Neben Thomas Schaaf hörten Manfred Bockenfeld (zurück nach Bocholt), Thorsten Legat (nach Frankfurt) und Rune Bratseth (zurück nach Trondheim) auf. Zur Debatte standen noch Andreas Herzog (Bayern?) und Uwe Harttgen, der auf Leihbasis zu Hannover 96 gehen wollte. Doch zunächst hatten sie alle noch ein gemeinsames Ziel: den DFB-Pokal.

Schlimmer als Rot-Weiß Essen wäre nur Tennis Borussia Berlin gewesen. Deren Heimvorteil als Tabellenvorletzter gegen den übermächtigen SV Werder hätte erahnen lassen, wie es Bayer Leverkusen ein Jahr zuvor erging. Doch gegen die im Halbfinale gegen den Ligakonkurrenten TB erfolgreichen Essener gerieten die Bremer dennoch in eine äußerst unangenehme Rolle – in die des Goliath. Der Lizenzentzug für den ehemaligen Bundesligisten durch den DFB (wg. „arglistiger Täuschung" beim Lizenzantrag) war beschlossene Sache. Nach dessen Verkündung und dem daraus resultierenden Weggang des Trainers Jürgen Röber zum VfB Stuttgart brach die Mannschaft auch sportlich ein. Der Pokal und die sensationelle Qualifikation für das Finale waren ein Rettungsanker, der eine Zukunft im bezahlten Fußball hätte bedeuten können. Kein Wunder, daß der DFB und sein Präsident Angriffsziel der Essener Fangesänge waren: „Helge Schneider für Egidius Braun" – dieser Spruch zierte am Samstagnachmittag ein Berliner Polizeiauto. Ohne Erlaubnis, dafür in grün-weiß. Und bei der Cup-Übergabe für den Damen-Pokalsieger Brauweiler pfiffen sie die Fußballfunktionäre gnadenlos in Grund und Boden.

Ganz anders die Situation bei den Werder-Anhängern. Zuversichtlich strömten 20.000 Richtung Hauptstadt und eroberten vertraute Plätze; mittlerweile war ihr Lieblingsverein zum vierten Mal in den letzten sechs Jahren hier zu Gast. Trotz der Essener Fan-Übermacht (30.000) war's irgendwie ein Heimspiel, und die Favoritenrolle war so klar, daß selbst Otto Rehhagel nicht mehr tiefstapeln konnte und die Chancen auf 70:30 für Werder bezifferte. Dennoch warnte er: „An solchen Tagen wachsen die kleinen Clubs über sich hinaus." Um das zu vermeiden, ging Werder äußerst konzentriert an die Arbeit. Das übliche vorsichtige Abtasten dauerte nur wenige Minuten, dann spielte Bratseth in vorderer Position einen olympiareifen Paß auf Bode, der seine Schnelligkeit ausnutzte, hart nach innen flankte und Beiersdorfer den Ball auf den Fuß servierte. 1:0 durch den konsequent durchgelaufenen Abwehrspieler nach nur 17 Minuten; es lief gut. Essen versuchte sein Bestes, doch es genügte nicht. Mario Basler setzte sich auf rechts durch, plazierte den Ball in den Rücken der Abwehr genau auf Herzog, der keine Mühe hatte einzuschießen. 2:0 – der Favorit demonstrierte den Klassenunterschied.

Die Anspannung blieb in der Pause, es stand einfach zu viel auf dem Spiel. „Wenn wir verlieren, stehen wir mit leeren Händen da", hatte Otto Rehhagel seiner Mannschaft vor dem Spiel noch einmal eingetrichtert; jetzt erinnerte er sie daran, die Führung zu halten, wenn möglich auszubauen, um ganz sicher zu gehen: „Die Essener werden jetzt Druck machen. Wir müssen die ersten zehn Minuten überstehen und möglichst schnell ein drittes Tor machen." Bemüht, diesen Wunsch zu realisieren, setzte sich die Überlegenheit fort. Zwei hochkarätige Hobsch-Chancen wurden noch vergeben, doch dann stand plötzlich Bangoura vor Oliver Reck. Mit Ball. Irgendwie hatten sie nicht aufgepaßt, so daß der überraschende Anschlußtreffer fiel. Und als ob von dem Moment an ein anderes Programm in den Köpfen ablief, vergaßen die Bremer sämtliche Möglichkeiten ihres fußballerischen Vermögens. Von da an waren sie nur noch nervös. „Wir haben unsere Linie verloren", erkannte Otto Rehhagel. Sein Präsident wußte auch warum: „Bei uns lagen die Nerven blank." Selten sah er die Spieler und den Trainer vor einem Spiel so angespannt; es war nicht die Furcht vor der sportlichen Niederlage, sondern „was in dem Fall an Spott und Häme über uns ausgegossen worden wäre." Derlei Gedanken im Kopf, staksten die Spieler über den Platz und ergaben sich ihrem Schicksal. Essen erkämpfte sich eine Ecke nach der anderen, die Bälle flogen reihenweise in den Strafraum; wie ein manövrierunfähiger Dampfer mit Schlagseite lag Werder in der stürmischen Essener See – doch der Zweitligist schaffte es nicht, den Riesen zu kippen. Rehhagel reagierte maritim („Wenn das Schiff unterzugehen droht, muß ich eingreifen.") und wechselte zunächst einen extrem lustlos wirkenden Basler und kurz darauf den ausgepowerten Herzog aus. Eine vieldiskutierte Maßnahme. „Ich habe Basler und Herzog ausgewechselt, weil wir total unter Druck geraten sind. Wir wollten den Pokalsieg, da geht es nicht um Herrn Basler oder Herrn Herzog, sondern da zählt nur die Mannschaft." Das Ende des Spiels war absehbar, Rot-Weiß war nicht in der Lage, die Sensation zu erzwingen. Zwei Minuten vor Abpfiff fiel die Entscheidung, als Roman Geschlecht mit der Hand auf der Linie einen Rufer-Schuß abwehrte. Gewohnt sicher verwandelte der Neuseeländer zum 3:1 Endstand.

„We won the Cup" – Wynton Rufer hat Pokal und Medaille fest im Griff.

Die Freude ist groß – die Erleichterung auch. Nur Basler überlegt noch.

Wenige Sekunden später ertönte der Pfiff, und viel, viel Ballast fiel von den Bremern ab. „Die mentale Belastung war bei diesem Spiel am höchsten", versicherte Mirko Votava, „wir mußten heute siegen, um unser Gesicht zu wahren." Franz Böhmert hatte inzwischen auch wieder ein wenig Farbe im Gesicht: „Eine Niederlage hätte unserem Verein ungeheuren Schaden zugefügt." Der Jubel war ein bißchen verhalten, der Stimmung angemessen. Es überwog die Erleichterung bei Spielern, Trainer und Verantwortlichen, sich nicht gegen einen Zweitligaverein blamiert, die Saison doch noch gerettet und die Qualifikation für den internationalen Wettbewerb in der Tasche zu haben.

Doch nicht alle waren zufrieden. Während alles für die Siegerehrung vorbereitet wurde, saß Mario Basler in der Kabine und maulte. Daß der Trainer ihn eine Viertelstunde vor dem Ende ausgewechselt hatte, ging ihm gehörig gegen den Strich; er hatte die Lust verloren, an der Feier dort oben teilzunehmen. Ähnlich mißgelaunt rannte Thorsten Legat auf der Tartanbahn umher. „Er hätte mich eigentlich noch fünf Minuten einwechseln können. Für die Mannschaft hat es mich unheimlich gefreut, aber ich verlasse Bremen sehr frustriert", grollte er Richtung Rehhagel. Als es dann soweit war, und Richard von Weizsäcker das letzte Mal als Bundespräsident diesen Preis übergab, faltete Legat die Hände hinterm Rücken zusammen und verweigerte den Cup. Mittlerweile hatte sich Klaus-Dieter Fischer auf die Suche nach Mario Basler begeben. Der Vizepräsident dürfte die passenden Worte gefunden haben, denn der Spieler begleitete ihn lammfromm zur Ehrung, hielt den Cup zwar recht lustlos in die Halbhöhe, gestand später aber ein: „Ich hätte mich selbst viel eher ausgewechselt, so schlecht habe ich gespielt."

Am Tag darauf war er schon in besserer Stimmung. Trotz strömenden Regens waren über 5.000 Bremer in die Innenstadt gepilgert, um wieder gemeinsam auf dem Marktplatz zu feiern. Im Rathaus lief das übliche Programm; der Bremer Bürgermeister stand dort, schales Bier in der Hand, mit Schal geschmückt, und überreichte allen ein „Buddelschiff". Draußen auf dem Balkon stand Wynton Rufer mit dem Mikrophon in der Hand und sang, zusammen mit allen Anwesenden, ein vier Jahre altes, fast schon traditionelles Bremer Volkslied: „We won the Cup."

Teil 2

Der Umbruch
1994 - 1997

La Ola nach dem 3:0-Sieg über die Bayern, September 1996.

»Wir hatten ein Paradies«

Das Ende der Ära Rehhagel

Eigentlich konnte Alan Rothenberg zufrieden sein. 3,6 Millionen Eintrittskarten waren verkauft, eine Milliarde Dollar Gesamtumsatz garantiert, und 30 Milliarden TV-Zuschauer würden beim Spektakel dabeisein. Doch wenn Rothenberg in einer stillen Stunde an das Unternehmen „World Cup 94" dachte, wurde ihm bange. Mit diesen Titelkämpfen wollte er das Spiel, das sie in seiner Heimat „Soccer" nennen, endlich etablieren. Neben den großen US-Sportarten Basketball, Eishockey, Baseball und American Football träumte er von der „Major Soccer League", von vollen Stadien, begeisternden Spielen, Superstars und viel, viel Geld. Doch was dann folgte, war keineswegs verheißungsvoll: wenig Tore in vielen unendlich langweiligen Spielen, ausgelaugte Kicker, die in Zeitlupe unter brütender Sonne über den Platz schlichen, gedopte Superstars, und ein ermordeter Spieler. Andres Escobar aus Kolumbien, der drei Tage nach seinem Eigentor in seiner Heimat von zwölf Schüssen durchsiebt wurde. „…vielen Dank für Dein Eigentor!" schrien sie ihm noch zu. Nein, Werbung für den Fußball waren diese Weltmeisterschaften nicht. Auch wenn am Ende Brasilien glücklich und verdient zum Champion gekürt wurde. In Erinnerung blieben die unschönen Dinge. Insbesondere auch aus deutscher Sicht. Kein einziges vernünftiges Spiel hatte die Mannschaft von Berti Vogts bis zu ihrem Ausscheiden im Viertelfinale gegen Bulgarien gezeigt; und dann gab es noch den Eklat um Stefan Effenberg, der seinen Frust über schlechte Leistungen mit einem „Stinkefinger" Richtung Publikum entlud. Diese Geste befreite ihn endgültig vom DFB-Trikot.

Stinkefinger

Der SV Werder rüstete sich währenddessen für die neue Saison. Es sollte die letzte mit Trainer Otto Rehhagel sein. Doch noch war es idyllisch an der Weser, als der Coach zum ersten Training bat. Mario Basler fehlte, weil er WM-Teilnehmer war, und Rune Bratseth hatte, ebenso wie Bokkenfeld, Schaaf, Legat und Harttgen, seinen Abschied genommen. Nach sieben Jahren ging der Norweger, wie er später selbst bemerkte, viel zu früh. Aber Rehhagel hatte einen Ersatz bereit. Wieder einmal überraschte er die Szene und zauberte aus den Tiefen der Schweizer Nationalliga einen ägyptischen Nationalspieler. Hani Ramzy, den er schon seit der Weltmeisterschaft in Italien im Auge hatte, kam aus Neuchatel auf Empfehlung seines Trainers Uli Stielicke, der zu recht voll des Lobes war, wie sich schnell herausstellen sollte. Dienstantritt hatten auch Wladimir Bestchastnykh, der talentierte Russe von Spartak Moskau, und Michael Schulz von Borussia Dortmund, ein routinierter Ergänzungsspieler.

Doch den ganz großen Coup behielt Rehhagel zunächst für sich. Vor seinem geistigen Auge sah er ein Traummittelfeld, eines, das der Bundesliga den Atem rauben würde: Herzog, Basler, Eilts und... Effenberg. Jawohl: E-F-F-E-N-B-E-R-G. Der hatte nach dem Black-out in den USA mit seinem schwerst angekratzten Image zu kämpfen, fühlte sich aber seit einiger Zeit beim AC Florenz dermaßen unwohl, daß sich eine Rückkehr in die Bundesliga anbot; Borussia Dortmund hatte es den Bremern mit der Heimholung von Möller, Riedle und Reuter vorgemacht. Mehrfach trafen sich Willi Lemke, der Bremer Unternehmen überredet hatte, sich am Wechsel wirtschaftlich zu beteiligen, und italienische Clubverantwortliche, doch der spektakulärste Transfer in der Geschichte des SV Werder wollte einfach nicht zustande kommen. Florenz verlangte 9 Millionen, komplett. Werder war einverstanden und wartete auf das o.k. Das kam dann auch, allerdings mit der kleinen Korrektur auf 10 Millionen. Nach kurzer Bedenkzeit erklärten die Bremer sich auch damit einverstanden. Die Italiener meldeten sich mit einer abermaligen Korrektur nach oben – 11 Millionen.

Schließlich erfolgte die Absage des Werder Präsidiums. Franz Böhmert: „Bei jeder Verpflichtung eines Spielers setzen wir uns Grenzlinien. Bei Effenberg haben wir diese sogar zweimal durchbrochen. Beim dritten Mal war Schluß." Zu dem Zeitpunkt war die Fußballgemeinschaft bereits gespalten. Trainer Rehhagel ließ sich in der „Sport-Bild" zu früh feiern („Mein geheimer Alleingang mit Effenberg"), was sein Präsidium fuchsteufelswild machte. Und die Fans, teils in vager Ahnung, welchen sportlichen Wert Effenberg darstellen könnte, teils in großer Sorge um das Mannschaftsgefüge, schrieben wacker Briefe an den Verein und übten Druck aus. Da paßte es ins Bild, daß Effenberg unmittelbar nach der Bremer Absage in Mönchengladbach unterschrieb. Der Borussen-Manager Rüssmann sonnte sich, einen solchen Coup gelandet zu haben. Es roch nach Absprache. Effenberg kehrte an den Bökelberg zurück, für 1,5 Millionen Leihgebühr, und sorgte mit phantastischen Leistungen für einen enormen Aufschwung der Gladbacher. (Später kamen jedoch genauso große finanzielle und sportliche Probleme.) Viel schwerer wog am Ende des ganzen Getöses die Frage, was bei Otto Rehhagel hängengeblieben war. Sein Wunschtransfer war geplatzt. Nun mußte er mit dem vorhandenen Spielermaterial klarkommen und – viel schlimmer – ein in seinen Augen „großer Spieler" hatte ihm eindeutig einen Korb gegeben, ihm gezeigt, daß der SV Werder vielleicht doch nicht die ganz große Adresse war.

Das alles spielte sich vor dem Supercup ab. Das Prestige-Duell des Pokalsiegers aus Bremen gegen den Meister aus München gewann der SV Werder. Der dritte Supercuptitel wurde durch die Neulinge Bestchastnykh und Schulz sowie durch ein Rufer-Tor mit 3:1 gesichert, doch sowohl die Bremer, als auch Bayerns neuer Trainer Trapattoni betrachteten das Spiel lediglich als Test für die erste DFB-Pokalrunde, bei der es ein erneutes Aufeinandertreffen der Städte geben sollte.

Chamsin

Radlspeck. Als sich der Münchener Regionalligaspieler in der 31. Minute den Ball schnappte und frech an Oliver Reck vorbei ins Netz schob, da glaubten einige, sie würden einen Film sehen. Langsam lichtete sich der Nebel, die Wirklichkeit gewann Oberhand und verschaffte sich mit lautstarker Hilfe von 22.000 Begeisterten Gehör. Doch bis alle begriffen hatten, was tatsächlich geschah, klingelte es nochmal im Kasten. 2:0 führte der Drittligist gegen den Titelverteidiger aus der ersten Liga. Amateure gegen Profis, ohnehin ein emotional-ideologisch belastetes Duell. In diesem Fall mit der besonderen Nord-Süd-Würze; mit der speziellen Thematik einer Begegnung zwischen Bayern München und dem SV Werder Bremen. Nicht irgendein schnödes Fußballspiel, beinahe schon ein interstellarer Konflikt. David siegte, so wie die Geschichte es vorgibt, trotz eines Bestchastnykh-Anschlußtreffers in der letzten Minute, gegen den Goliath.

„Unterschätzt haben wir sie nicht, schließlich sind das keine ja Anfänger, das sind verkappte Profis", meckerte Otto Rehhagel im Anschluß hörbar sauer über die miserable Vorstellung seiner Jungs. Er meinte nicht zuletzt Hansi Pflügler; bayerisches Urgestein, im Hauptberuf Wimpelverkäufer seines Clubs, früherer „Rambo" der Liga, und nun Aushilfe und Feierabendkicker in der Regionalligatruppe des FCB. Zusammen mit

Trainer Hermann Gerland und einem Talent wie Alexander Zickler gelang es der Mannschaft, den großen Favoriten und Titelverteidiger Werder aus dem Wettbewerb zu schmeißen. Einfach so. Und auch wenn Rehhagel nach dem Spiel lamentierte – Manager Lemke traf wohl genauer ins schwarze Loch der Begründungen: „Es ist logisch, daß sie die Bayern unterschätzt haben, da kann der Trainer machen, was er will."

Werder war mit dem Ausscheiden in der ersten Pokalrunde etwas passiert, an das sich weder Mannschaft noch Verein erinnern konnten: eine Blamage bis auf die Knochen vor den Augen der Öffentlichkeit gegen einen unterklassigen Club; für den Vizepräsidenten Fischer gar eine der größten, „... seit ich im Präsidium bin" – immerhin 25 Jahre. Da brachte auch die kaum 24 Stunden später folgende Niederlage der „großen" Bayern gegen Vestenbergsgreuth keinen rechten Trost. Die Startruppe von Trapattoni blamierte sich beim 0:1 gegen die Regionalligakicker aus dem Frankenland nicht minder.

Dennoch bewirkte das Ausscheiden etwas: Entweder war es Trotz oder einfach die Möglichkeit, sich auf die Liga stärker konzentrieren zu können – Werder legte einen Traumstart in die neue Saison hin. Dem Auswärtsremis in Dresden folgte ein glänzendes 3:2 zur Heimpremiere gegen Bayer Leverkusen. Danach gelangen Mario Basler alle drei Tore beim 3:0 über Bochum (für ihn auch gleich ein Grund, bei Berti Vogts gehobene Ansprüche anzumelden) und ein 3:1 in Freiburg – Platz 1. Rehhagel ließ die Mannschaft mit insgesamt sechs Offensivkräften auflaufen, und hinten sicherte der immer stärker werdende Oliver Reck ab. Nach langer Durststrecke und viel Kritik schien der Torwart nun endlich in den Kreis der Großen seines Fachs aufzusteigen. Indiz dafür: Beim Europapokalauftakt jener Saison zeigte die Mannschaft eine katastrophale Leistung, nahm sich eine Art „Auszeit" und konnte sich hinterher bei Reck für das 0:0 bedanken (Rehhagel: „Weltklasse"). Schloß er sich früher nahtlos den schlechten Leistungen an, blieb er diesmal unberührt und erhob sich aus der Masse. Der Gegner, Maccabi Tel Aviv, setzte Werder ungeheuer unter Druck, benötigte hierfür aber keine überragende Leistung, denn die Bremer zeigten sich seltsam schlapp und fast lethargisch; einige meinten, der schwülwarme Wüstenwind „Chamsin" hätte auf die Leistung gedrückt.

„Wir wollen Effenberg gebührend empfangen", so Willi Lemke im Vorfeld des Heimspiels gegen Mönchengladbach. Die Borussia kam mit ihrem neuen Star, um sich eine 0:1-Niederlage abzuholen. Effenberg blieb der Bösewicht der Liga, und obwohl Lemke im Vorfeld um Fairneß bat, wurde der Beinahe-Bremer ausgepfiffen. Freude machte bei diesem

Kraft, Dynamik, Torgefährlichkeit – Mario Basler in Aktion

Spiel wieder Oliver Reck durch eine Klassepartie, die ihm eine Einladung zum Nationalmannschaftslehrgang einbrachte. Obwohl er ähnliches auch früher schon geboten hatte (allerdings sehr viel früher), bildeten seine Leistungen aus der Saison 94/95 das Fundament für seine spätere Teilnahme an der EURO 96.

Sicherheitsstufe 1

Es sollte ein „heißer Herbst" werden im Jahre 1994. Obwohl er sich mit dem recht schnöden, aber vom Ergebnis her zufriedenstellenden 2:0 im Rückspiel über Tel Aviv eher sanft ankündigte. Die anschließende Auslosung für die zweite Runde im Europacup der Pokalsieger deutete mehr an: Feyenoord Rotterdam. Da war sofort Feuer mit im Spiel. Das war von vornherein eine politische Auseinandersetzung, mehr als nur ein Fußballspiel. Zuviele Irrtümer beherrschen das Verhältnis zwischen Deutschen und Niederländern; ein Fußballspiel ist, so die bisherige Erfahrung, ein gänzlich ungeeignetes Mittel, um diese Beziehung zu verbessern. Kein Wunder, daß die ersten Kontakte zwischen den Vereinen auf rein sicherheitspolitischer Ebene stattfanden.

Aber noch war ein bißchen Zeit bis zum Hinspiel in Rotterdam. Die Aufmerksamkeit galt der Liga und deren Aufregungen. Jupp Heynckes war als Trainer in Frankfurt auf dem besten Weg, die Eintracht abzuwirtschaften. Die Startruppe vom Main, launischer Favorit der Massen in jüngerer Vergangenheit, verkrachte sich intern zusehends. Sie hatten Stein, Bein und Doll verloren, dafür Köpke und Legat geholt. Doch auch mit den restlichen Stars, insbesondere Yeboah, Gaudino und Okocha, verscherzte es sich Heynckes in kürzester Zeit. Die Konsequenz: Frankfurt rutschte ab, der Glanz war dahin, am Ende trennten sich die Wege aller Beteiligten.

Aufruhr herrschte aber auch in Gelsenkirchen. Warum auch nicht? Helmut Kremers war der aktuelle Präsident des FC Schalke. Allerdings nicht lange. Seine Palastrevolution und der Versuch, Altlasten zu beseitigen, waren nach kurzer Amtszeit beendet. Vor allem die Geldgeber hatten ihn im Stich gelassen. Als starker Mann zeichnete sich mehr und mehr Manager Rudi Assauer ab. (Den endgültigen Beweis hierfür erbrachte er 1996 mit der Entlassung von Trainer Berger).

Es war Oktober geworden. Naßkalt, wie immer in Bremen, und stürmisch. Das parteipolitische Deutschland wollte den „Tag der Einheit" feiern, ein anderer Teil wollte es nicht. Im Bremer Ostertorviertel versammelten sich 2.500 Menschen, um gegen die zentrale Nationalfeier am Einheitstag in der Bremer Stadthalle zu protestieren. Steine flogen, Scheiben klirrten, ein Supermarkt wurde geplündert. Dann schritt die Polizei ein und nahm 170 Demonstranten fest. Drei Tage später verlor der SV Werder das erste Saisonspiel samt Tabellenführung. Und das auch noch zu Hause gegen den Hamburger SV mit 1:4. Natürlich hatte das nichts mit den politischen Ereignissen zu tun. Aber deprimierend war's auch. Von der „Hurra"-Stimmung der ersten Ligawochen war nichts mehr übrig. Binnen weniger Tage war der Katzenjammer da, weil die halbe Mannschaft ausfiel. Vor allem in der Abwehr zwackte es. Borowka lag im Krankenhaus, Beiersdorfer fiel aus, Ramzy spielte für Ägypten, und Reck hatte einen rabenschwarzen Abend erwischt. Rehhagel reaktivierte kurzerhand Thomas Schaaf, der es sich schon als Koordinator und Trainer im Nachwuchsbereich gemütlich gemacht hatte. Aber nun mußte er sich noch einmal bereithalten, auch für den Europapokal.

Die Uefa hatte dem Spiel in Rotterdam die Sicherheitsstufe 1 gegeben. So fuhren am Ende nur 300 wackere Fans von Bremen ins Stadion „de Kuip", um die Mannschaft zu unterstützen. Viele von ihnen kamen aber gar nicht erst an. „Alles was deutsch redete, wurde einkassiert", erklärte

Willi Lemke den Umstand, daß Werder-Fans, die noch keine Karte hatten, gar nicht erst zu den Kassenhäuschen beim Stadion gelassen wurden. Und diejenigen, die englisch redend einen Weg gefunden hatten, mußten bei der Ankunft des Werder-Busses miterleben, wie die niederländischen Fans „Heil Hitler" brüllten. „Eine Schande für den Fußball", meldete sich wieder Lemke zu Wort, der zu allem Unglück auch noch mitansehen mußte, daß die Mannschaft das Spiel verlor. Wie kleine Captagonmännchen wirkten die Feyenoordspieler. Aufgedreht, aggressiv, zu allem bereit. Der überforderte schwedische Schiedsrichter Karlsson ließ das Geschehen laufen, Werder hatte am Ende keine Chance und unterlag 0:1.

Wer dachte, schlimmere Erlebnisse als die Vorkommnisse in Rotterdam gäbe es nicht, sah sich getäuscht. Die Schlammschlacht ging nahtlos weiter. Unmittelbar nach dem Spiel erzählte ein niederländischer Reporter in einer Radiosendung, daß es ein Spielerkomplott beim SV Werder geben soll. Rufer und Herzog hätten 500 DM geboten, damit ein Feyenoordspieler Mario Basler „umhaut". Kurz darauf wurde diese Behauptung noch als Artikel in dem Magazin „futbol international" veröffentlicht und sowohl von Trainer van Hanegem sowie Spieler Henk Fräser erhärtet. Die Betroffenen reagierten entsetzt (Rufer: „totaler Quatsch") und waren bemüht, sich auf das Sportliche zu konzentrieren. Denn eines war klar: Das Rückspiel würde die schwierigste und härteste Auseinandersetzung in Werders Europapokalgeschichte werden.

Bremen hatte sich vorbereitet. Starke Polizeipräsenz und eine ausgeklügelte Taktik sollten sicherstellen, daß es nicht zu gewaltsamen Ausschreitungen mit den knapp 5.000 Niederländern kommen würde. Die meisten kamen mit Bussen, ein Teil mit der Bahn. Der Bremer Hauptbahnhof wurde von der Polizei vollständig abgeriegelt, was sich aber wohl herumgesprochen hatte, denn wenige hundert Meter vorher stoppten die Fans den Zug per Notbremse. Etliche sprangen ab und suchten ihren Weg ins Stadion, wurden aber zum großen Teil noch vor dem Spiel festgenommen. Die anderen randalierten im Zug und wurden ebenfalls festgesetzt. Kurz darauf steckte die Polizei knapp 350 von ihnen in einen Sonderzug und schickte allesamt wieder zurück zur Grenze. Das Spiel haben sie nie gesehen.

Erst kurz vor dem Anpfiff kamen dann die Busse. Eine Bombendrohung auf der Autobahn hatte für die Verspätung gesorgt. Um die Fanmassen nicht mit den Bremern zu vermischen, hatte sich Werders Geschäftsführer Wolfgang Barkhausen zusammen mit der Polizei ausgedacht, die Busse vor das Marathontor fahren zu lassen, um alle Insassen direkt ins

Sicherheit zuerst: Polizei bewacht die Feyenoord-Fans in der Westkurve

Stadion, dort über die Aschenbahn in die gegenüberliegende Westkurve zu leiten. Der Plan ging auch soweit auf, nur, das Marathontor lag in der Ostkurve, Stammplatz der Werderfans. Und die mußten solange auf den Einlaß warten, bis die Niederländer endlich da waren, was sie entsprechend wütend machte. Aber es gab als Trostpflaster freien Eintritt für das nächste Bundesligaheimspiel.

Rehhagel hatte auf den müden Wynton Rufer verzichtet und statt dessen Bestchastnykh gebracht, der nach nur zwölf Minuten das 1:0 erzielte. Die beiden anderen Änderungen zum Hinspiel erwiesen sich als weniger glücklich. Schulz spielte diesmal gegen den für ihn zu schnellen Taument und Neubarth für Ramzy Libero. Prompt war die Abwehr verunsichert und beging Fehler. Den ersten in der 21., den zweiten in der 34. Minute. Beide Male traf Larsson. Selbst die spätere Umstellung, Basler als Libero und Neubarth als Stürmer einzusetzen, nutzte nichts mehr

Im Gegenteil, Basler, der neben Bestchastnykh noch einen Treffer beisteuerte, verursachte zwei Elfmeter für den Gast. Am Ende stand es 3:4, und Werder war aus dem Wettbewerb. „Jetzt können sich die holländischen Zuschauer wenigstens freuen und friedlich nach Hause fahren", lautete das erste Fazit von Otto Rehhagel, der keine Lust hatte, mit den Journalisten über seine fehlgeschlagene Taktik zu sprechen. So blieb als Fazit zunächst die Zahlenspielerei der Bremer Polizei, die insgesamt 600

Randalierer festgenommen und 350 davon wieder direkt in die Niederlande zurückgeschickt hatte. Der Rest, darunter auch über einhundert Deutsche, durfte die Nacht in Gewahrsam verbringen. Das sportliche Fazit und die weiteren Auswirkungen für den Verein folgten dann später – in anderer Form.

Der Abschied

Ausgeschieden im DFB- und Europapokal und den verpatzten Effenberg-Transfer im Hinterkopf – Otto Rehhagel beschäftigte sich in der Vorweihnachtszeit 1994 ungewöhnlich intensiv mit seiner Zukunft.

Es war die Zeit, in der Michael Schumacher als erster Deutscher den Formel-1- Weltmeistertitel nach Hause fuhr und in Wien die Rechtschreibreform der deutschen Sprache beschlossen wurde, Maurizio Gaudino nach Thomas Gottschalks Fernsehsendung wegen Autoschieberei verhaftet wurde und mit Ivan Lendl einer der größten Tennisstars seinen Abschied nahm. Rehhagel war jetzt mehr als 13 Jahre an der Weser, hatte sportlich fast alles erreicht und erkannte, daß es so nicht weitergehen konnte. Die Mannschaft spielte seit Jahren zusammen, benötigte dringend frisches Blut und neue Impulse, die Leistungsträger gingen stramm auf die dreißig zu oder waren älter. Und für große Neueinkäufe war offensichtlich nicht genug Geld da. Entweder er würde einen erneuten Neuaufbau wagen oder tatsächlich ein Angebot eines anderen Vereins annehmen. Doch mit wem sollte der Umbruch stattfinden? Andreas Herzog, sein talentierter Spielmacher, flirtete heftig mit den Münchener Bayern. Und Wynton Rufer, eine der Integrationsfiguren schlechthin, hatte sich entschieden, Bremen und seinem schwelenden Streit mit Mario Basler („Ich halte es nicht mehr aus mit dem") den Rücken zuzukehren und in die J-League nach Japan zu wechseln. Der tränenreiche Abschied des Neuseeländers ging Rehhagel besonders zu Herzen („Er geht, ich bleibe traurig zurück."), war er doch nach Bratseth der zweite wichtige Bezugspunkt, der nun ging. Hinzu kamen persönliche Gründe. Sein Sohn Jens hatte die Schulzeit und den Zivildienst beendet, die Familie war somit nicht mehr an die Stadt gebunden.

Anfang Dezember verkündete Bayerns Trainer Giovanni Trapattoni erstmals Interesse, wieder nach Italien zu gehen. Der erhoffte Erfolg war nicht eingetreten, die Münchener hatten respektablen Abstand zur Spitze eingenommen und bemühten sich um Platz 5. Nach seiner Äußerung begannen die Spekulationen um die Nachfolge – Rehhagels Name war zunächst nicht dabei. Am Rande des Berliner Hallenturniers im Januar 1995 kam es dann aber zur Kontaktaufnahme. Es war das insgesamt dritte Angebot der Bayern (1986 Nachfolger von Lattek, 1993 von Lerby) an den Werdercoach, jedesmal kamen sie zum falschen Zeitpunkt. Doch diesmal sagte er nicht gleich nein; er gab Hoeneß und Beckenbauer zu verstehen, daß er innerlich bereit war, den SV Werder zu verlassen. Kurz darauf gab Andreas Herzog bekannt, daß er definitiv nach München gehen würde. Und während Manager Lemke noch beschwor, daß Rehhagel „für die neue Saison eine schlagkräftige Truppe zusammenstellen" würde, verplapperte sich der Österreicher bei einem Interview. Auf die Frage „Wissen Sie, wer Ihr neuer Trainer in München wird?", antwortete er „Wieso neuer? Warum nicht mein alter?"

Auf die neue Traumkombination Beckenbauer/Rehhagel schoß sich die Presse sofort ein. Wüste Spekulationen begleiteten die nächsten Wochen; Rehhagel würde die Bayern nur als Drehscheibe für den späteren Job als Deutscher Nationaltrainer benutzen wollen, und Beckenbauer könnte dann DFB-Präsident werden. Konkretes gab es jedoch nicht. Dementi auf Dementi folgte, ein Wechsel wurde offiziell bestritten, aber immer wieder angedeutet. Lothar Matthäus begann, Rehhagel öffentlich zu loben, der Trainer selbst sprach sich nie energisch gegen die Spekulationen aus, Werders Präsidium plauderte urplötzlich Vertragseinzelheiten aus, die Erklärungsfristen betrafen – bis dato ein Tabuthema –, und das frostige Verhältnis zwischen Rehhagel und Lemke wurde immer offensichtlicher. (Der Trainer wickelte so ganz nebenbei den Transfer des Leverkuseners Heiko Scholz im Alleingang ab.) Dabei war längst alles klar. Sie warteten nur den richtigen Zeitpunkt ab, um den „größten Trainerwechsel aller Zeiten" („Bild") bekanntzugeben. Wichtig für Rehhagel: sein Präsident Franz Böhmert weilte gerade im Urlaub in Florida. „Ich habe mit Schrecken gelesen, was in den Zeitungen stand. 96 % davon ist erstunken und erlogen. Ich gehe davon aus, daß Rehhagel bleibt", verkündete er unmittelbar nach seiner Rückkehr. Doch damit lag Böhmert völlig daneben, da war der Wunsch Vater des Gedankens. Er hatte die Hoffnung, ihn „noch überreden zu können". Erst wenige Wochen vorher hatten die beiden miteinander gesprochen: „Doktor", sagte der Trainer zu seinem Freund, „ich bin jetzt 57 und seit 15 Jahren bei Werder. Mach' ich nochmal was Neues, wo ich mich neu motivieren muß, oder sag' ich: das war's?"

Sonntag, 12. Februar. Die Präsidiumssitzung des SV Werder hatte nur ein Thema: Dem Trainer wurde an diesem Abend schweren Herzens die

Die Trennung ist perfekt: Rehhagel scheint zufrieden, Böhmert und Fischer eher nicht.

Freigabe erteilt. Am Montagmorgen sprach Rehhagel mit der Mannschaft beim Lauftraining im Bremer Bürgerpark, erläuterte seine Absichten, holte sich Rückendeckung für den Rest der Saison. Dann am Abend, um 18.30 Uhr die Pressekonferenz und endlich die Gewißheit für die Öffentlichkeit: Nach 14 Jahren SV Werder Bremen wird Otto Rehhagel den Verein verlassen, um in der neuen Saison beim FC Bayern München zu arbeiten. Trotz der wochenlangen Diskussionen war der Schock groß. Werder ohne Otto, für viele unvorstellbar. Großartige Jahre sind mit seinem Namen verbunden, viele Erfolge und die Etablierung des Vereins in der Beletage des Fußballs. Genauso groß war aber auch das Verständnis. Umfragen ergaben, daß keiner pfeifen wollte im Stadion und daß ihm ein guter Abschluß gewünscht wurde. Uli Borowka drückte es treffend aus: „Wir schenken ihm die Meisterschaft zum Abschied. Ich bin sicher, daß wir uns den Arsch aufreißen werden in der Rückrunde."

Trainersuche

Rehhagels Abschied und die Bekanntgabe des Wechsels nach München nahmen im öffentlichen Leben Bremens einen ungeheuer hohen Stellenwert ein. Beinahe einen höheren als der politische Crash, den das Bundesland zum gleichen Zeitpunkt erlebte. Die Ampelkoalition aus SPD, FDP und Grünen platzte. Parteiaustritte und Senatorenrücktritte beendeten ein Experiment, das von vornherein zum Scheitern verurteilt war. Am Ende wurden etliche in den Strudel der Bedeutungslosigkeit gerissen, inklusive des damaligen Bürgermeisters Wedemeier.

Daß Rehhagels Abschiedsgedanken außerhalb der Stadt ebenso präsent waren, lag vor allem an seinem deutlich verbesserten Verhältnis zur Boulevardpresse. In nie gekannter Intensität plauderte er in der „Bild" darüber „Warum ich wirklich gehe", gewährte der „Bildwoche" einen tiefen Einblick in „Meine Ehe", oder verriet der Hamburger „MoPo", daß „Beate regiert und Otto dirigiert". Werders Vize Fischer dazu: „Der Trainer hat seine Prinzipien verlassen." Eine Bemerkung, die zur weiteren Abkühlung des ohnehin nicht freundschaftlichen Verhältnisses geführt haben dürfte. Die beiden Machtmenschen Fischer und Rehhagel prallten im Laufe der Jahre häufiger aneinander, stellten die gemeinsame Sache aber nie in Frage. „Die Enttäuschung auf der menschlichen Ebene war bei Böhmert größer als bei mir", bekannte er später ganz offen seine Gedanken zum Trainerabgang. Fischer, der seit Rehhagels Abschied viel stärker in den Vordergrund gerückt ist und offensivere Vereinspolitik betreibt, bemühte sich zusammen mit dem Präsidium und Manager Lemke um die Nachfolgeregelung. Namen wurden schnell gehandelt, die Liste immer länger: Finke, Möhlmann, Piontek, Feldkamp, Daum, Gross, Eriksson, Scala, Held, Heynckes, Berger. Keiner kam für Böhmert ernsthaft in Frage: „Bei all den Trainern, deren Namen so genannt wurden, da hast du soviel Nachteile von vornherein gehabt, die waren mit sovielen Vorurteilen behaftet und hatten zum Teil verbrannte Erde bei anderen Vereinen hinterlassen, so daß man an keinen frei herangehen konnte." Das Präsidium diskutierte weiter mit dem Spielerrat über die Möglichkeiten, und gemeinsam wurde eine kleine exklusive Liste erstellt. Darauf vier Namen: Arsene Wenger, Franzose, früher Trainer des AS Monaco, jetzt in Japan; Herbert Neumann, ehemals Spieler in Köln, jetzt Trainer bei Vitesse Arnheim in den Niederlanden; Rolf Fringer, Trainer beim FC Aarau in der Schweiz, und – der Vorschlag kam von Uli Borowka – Aad de Mos, ein Niederländer, der in den 80ern große Erfolge mit dem KV Mechelen aus Belgien hatte. Der heißeste Kandidat war Wenger, was allein die Tatsache beweist, daß Böhmert nach Japan flog. Aber der zauderte zu lange, ließ Werder zappeln und gab schließlich eine Absage, so daß es eine Entscheidung zwischen Fringer, Neumann und de Mos geben mußte. Nacheinander wurden sie in ein Lokal ins Bremer Umland ein-

geladen und durchleuch-
tet. Dabei gefiel den Bremern das Konzept und die
große internationale Er-
fahrung des Niederlän-
ders am besten, so daß am
6. März der Nachfolger
bekanntgegeben wurde:
Aad de Mos.

Der neue Cheftrainer: Aad de Mos

„Nur Narren dienen dem Kaiser"

Polyglott, gewandt, offen,
freundlich, bestimmt, diszipliniert, erfolgreich –
Presse und Öffentlichkeit
waren beeindruckt, als
Aad de Mos sich in Bre-
men vorstellte. Er hatte
das Präsidium mit seinem
Konzept überzeugt (Böhmert: „...könnte sich wie Rehhagel als Glücksgriff erweisen."), wie er sich den Fußball der Zukunft vorstellt: schnell,
dynamisch, offensiv und im Abwehrbereich mit der Viererkette. Dazu
waren jedoch neue Spieler nötig, die sein taktisches Verständnis umsetzen
sollten. Einige der alten, das wußte er, waren dazu nicht in der Lage. Das
Rehhagel-System hatte sich nach all den Jahren in die Köpfe gebrannt
und war nicht so einfach wegzuwischen. Zunächst war de Mos noch vorsichtig in seinen Äußerungen: „Alles Gute muß man nicht ändern, nur das
Schlechte. Und ich sehe wenig Schlechtes bei Werder." Wurde er z.B.
nach einem Interview zur aktuellen Situation der Mannschaft gefragt,
lehnte er ab, um im Hintergrund eifrig an einer sonnigen Zukunft ohne
Rehhagel-Schatten zu basteln. Dazu gehörten die Verhandlungen mit
Rudolfo Cardoso vom SC Freiburg, die Verlängerung des Vertrags mit
Mario Basler bis 2000 (trotz erster Wechselgerüchte nach Italien) und die
Verpflichtung des Brasilianers Junior Baiano.

Einer der ersten, der spürte, daß sich Elementares ändern würde, war
Uli Borowka. Zunächst pfiff er laut im Wald: „Aad de Mos gilt als harter
Hund. Also ist er genau der richtige für uns, denn wir sind eine harte

Truppe." Doch schon kurz darauf ertränkte er seinen Kummer über den Verlust des Übervaters Rehhagel immer häufiger. Ohnehin dem Alkohol zugeneigt, langte der Abwehrspieler eines Abends kräftig zu und verprügelte in betrunkenem Zustand seine Ehefrau. Die wiederum rief die Polizei, und Borowka verbrachte eine Nacht in der Ausnüchterungszelle. Was zu dem Zeitpunkt nur zu erahnen war, bald darauf aber traurige Gewißheit wurde: Es begann der beispiellose Verfall eines Fußballprofis, der bis heute anhält.

Unterdessen gestaltete sich der Ligaalltag erfolgreich. Immer noch Platz 2, immer noch der Dortmunder Borussia auf den Fersen. Der Rückrundenstart gegen Dresden war für Rehhagel die Nagelprobe in der Beziehung zu den Fans. Und sie erwiesen ihm die Gunst. „Das Fanverhalten war wunderbar", freute sich der Coach über die Ovationen. Und das kleine Transparent mit der Aufschrift „Nur Narren dienen dem Kaiser" konnte selbst ihn an einem solchen Tag nicht aus der Ruhe bringen.

Die Meisterschaft spitzte sich auf das Duell zwischen Werder und Dortmund zu. Anfang Mai kam es zum Rückrundenspiel im Weserstadion, und da eine Vorentscheidung in der Luft lag, war die Stimmung entsprechend gereizt. Von vornherein war Gift und Galle im Spiel. Andreas Möller wurde ausgepfiffen, weil er sein erstes Spiel nach der „Schwalbensperre" bestritt (Möller wurde vom DFB nachträglich und per TV-Beweis gesperrt, weil er ein Foul vorgetäuscht hatte), und der Dortmunder Trainer Hitzfeld, grundsätzlich einer der Sympathieträger der Liga, hatte sich durch weinerliche Äußerungen über die Verletztenmisere unglaubwürdig erscheinen lassen. Werder setzte den Gast unter Druck, spielte aggressiv wie seit Wochen nicht mehr. Allerdings mußten die 40.000 im Stadion bis zur 54. Minute auf das erste Tor durch Andreas Herzog warten. Danach geriet das Geschehen fast aus den Fugen; Hektik und Härte bestimmten den weiteren Verlauf. Nutzen daraus konnten nur die Bremer ziehen. Nach dem 2:0 und 3:0 durch Basler, erzielte Möller lediglich das letzte Tor des Abends. Der Wille hatte triumphiert, was auch Hitzfeld anerkennen mußte: „Werder will Meister werden; das hat man gemerkt." Dennoch erwies er sich als schlechter Verlierer, indem er Tage später polterte: „Werder ist fast Amok gelaufen. Das hatte mit Fußball teilweise nichts mehr zu tun. Jede Attacke war ein Angriff auf die Gesundheit meiner Spieler."

Auf die schnell zum „Psychokrieg" hochstilisierte Affäre, die unterschwellig bis zum Saisonende weitergärte, reagierte Rehhagel gelassen. Er erweckte den Eindruck eines Menschen, der nicht nur sehr zufrieden war,

Hektik im Meisterschaftskampf: Sammer, Basler, Freund.

sondern auch genau wußte, was er wollte und was auf ihn zukam. Seine
Vorbereitungen für den neuen Job in München liefen auf Hochtouren.
Neben Herzog hatten die Bayern Sforza aus Kaiserslautern und Klinsmann von den Tottenham Hotspurs verpflichtet. Dort unten wartete ein
Topteam auf ihn. Außerdem gebärdete er sich derart entspannt, daß
einem schon fast angst und bange werden konnte. Etwa gegenüber Mario
Basler, der wochenlang seine „weiche Leiste" bejammerte und die eine
oder andere Trainingsstunde freinahm. Für den tugendhaften Trainer
unter normalen Umständen ein Ding der Unmöglichkeit, gab er sich
generös und ließ die Zügel schleifen. Die Übungseinheiten am Weersta-
dion erinnerten zu diesem Zeitpunkt eher an ein gepflegtes Altherrentrai-
ning.

Rehhagel kümmerte sich unterdessen um anderes. Er begann abzuhe-
ben. In Gesprächen machte er seine Spieler des öfteren darauf aufmerksam, wie „weise" er mittlerweile geworden sei; er vertiefte seine Kontakte
zur Politik und versicherte bei einem Treffen mit dem Bundeskanzler,
daß er bei der kommenden Bürgerschaftswahl in Bremen das Kreuz
schon an der richtigen Stelle machen würde („Was immer Sie brauchen,
meine Stimme haben Sie."); er mietete sich in München ein Loft in
Schwabing, an dessen Türklingel der Name Rubens prangte; und er ließ
zu, daß sich seine Frau Beate in der Öffentlichkeit lächerlich machte,

indem ihre Ambitionen veröffentlicht wurden, in die bayerische (Kultur-)Politik einsteigen zu wollen. Die „alten Werte", die 14 Jahre lang in der Welt des Otto Rehhagel galten, schienen innerhalb weniger Wochen, ja Tage zu zerbröckeln. Zu diesem Zeitpunkt hatte er sämtlichen Kredit verspielt und lebte nur noch vom Ruhm vergangener Tage und von der Hoffnung auf die Meisterschaft.

Nervenkrieg

Vielleicht war es die Hilfe des Trainers, sicherlich war es aber auch an der Zeit, daß die Bürgerschaftswahl in Bremen mit einer deftigen Quittung für die Regierenden endete. Zum ersten Mal seit 1945 konnte sich die CDU in die Regierungsmitverantwortung hieven und einigte sich (nach wochenlangen Verhandlungen) auf eine Große Koalition. Für Rehhagel ein stiller Triumph, ohrfeigte er damit doch auch seine langjährigen Mitstreiter im Werder-Vorstand. Das deutlich abgekühlte Verhältnis zu den SPD-Mitgliedern Fischer und Lemke gipfelte in einem Interview, das der Manager dem „Stern" gab: „Wir hatten bis zum Januar in Bremen ein Paradies. Es hat in 14 Jahren nie Krach gegeben. Wir reißen uns jetzt nur zusammen und sagen, nur Ruhe, denn in drei Wochen ist alles vorbei. Wir wickeln nur noch ab. Wenn er Bundestrainer geworden wäre, hätten wir alle Spalier gestanden und Beifall geklatscht. Aber daß er nach Bayern geht, können einige im Verein bis heute nicht nachvollziehen."

Sportlich gab's zu dem Zeitpunkt aber nichts zu meckern. Werder hatte einen Lauf. Nach dem Sieg gegen Dortmund fuhr die Mannschaft zum VfB Stuttgart und gewann, berstend vor Selbstbewußtsein, 4:1 und im anschließenden Heimspiel gegen Uerdingen 6:1, während Dortmund durch ein Remis einen weiteren Punkt einbüßte. Alles sah nach einer erneuten Meisterschaft für Werder aus. Mit stolzgeschwellter Brust erschien Basler dann auch am Samstagabend im „Aktuellen Sportstudio" des ZDF. Neben ihm saß ein Häufchen Unglück: Andreas Möller. Völlig geknickt mußte er sich auch noch die Sprüche des Bremers anhören, warum der gerne rauchen würde, wie es um seine spezielle Beziehung zum Pornostar Dolly Buster stände und warum Dortmund gar nicht den Titel holen könne. Insbesondere staunte er, als sein Kollege ihm verriet, daß er nicht häufiger als zweimal die Woche trainieren würde. „Bei uns unmöglich", stammelte Möller entsetzt. Nicht nur er merkte, daß Basler den Verantwortlichen in Bremen mittlerweile völlig aus dem Ruder lief. Der Angestellte machte, was er wollte, und genoß den Schutz des Trainers. Das Präsidium war machtlos. Eine Haltung, die sich damals tief verwurzelte und die Basler in seiner restlichen Zeit in Bremen nie ablegte. Doch die gute Laune wurde jäh getrübt. Ausgerechnet beim Dortmunder Erzfeind, beim FC Schalke 04, verloren die Bremer ihr Spiel mit 2:4. Eine derbe Packung, die das ganze Kartenhaus zusammenpurzeln ließ. Sämtliches Selbstbewußtsein war dahin. Nach dem Spiel flippte Basler total aus und pöbelte ein Fernsehteam des WDR an: „Mach' Deine Scheißkamera aus, Du...". Machte der aber nicht, und so konnten Millionen sehen, wes Geistes Kind der Mario war. An der Weser begann das große Zittern. Noch bestand die Chance, den vorhandenen Vorsprung zu nutzen. Immerhin stand ein Heimspiel gegen Karlsruhe an. Aber zum Saisonabschluß mußten sie nach München, ausgerechnet zu den Bayern. Die würden ihrem neuen Trainer doch wohl nicht...

Ein rauschendes Fußballfest sollte es werden. Es stand der Abschied vom Trainer an und vielleicht auch ein bißchen eine Meisterschaftsfeier. Aber nur vielleicht. Otto Rehhagels allerletztes Heimspiel im Bremer Weserstadion konnte vorzeitig den Titel bringen. Und es sah gut aus. Nach zwei schnellen Toren durch Basler und Bode und der frohen Kunde aus Duisburg, daß Dortmund dort zur Pause 0:1 zurückliegen würde, war Werder nach 45 Minuten Meister. Nach der Halbzeit erzielte der MSV gar noch das 2:0, der Jubel im Weserstadion brauste auf, wurde aber unterbrochen vom schnellen Anschlußtreffer des BVB. Nur noch 2:1 in Duisburg, und nur noch 2:1 in Bremen, da Karlsruhe durch Schmitt den Anschluß schaffte. Um 16.42 Uhr folgte dann die Ernüchterung: Reuter schaffte den Ausgleich, die Meisterschaft war wieder dahin. In Bremen war es totenstill, die Mannschaft verunsichert. Der Ausgleich konnte zwar verhindert werden, statt dessen gelang Reuter ein weiterer Treffer zum 3:2-Sieg in Duisburg. „Dann feiern wir eben nächste Woche in München", hieß es trotzig, und für eine Zeitlang interessierte sich niemand mehr für den Ligaalltag. Es galt den Trainer zu verabschieden. Rehhagel lief eine Ehrenrunde inmitten einer Traube aus Spielern und Reportern. Keiner verließ vorzeitig das Stadion, alle standen und applaudierten. 14 Jahre war der Name dieses Mannes untrennbar mit dem Verein und der Stadt verbunden. Sämtliche Erfolge in der langen Geschichte des SV Werder von 1899 an in Ehren – die erfolgreichste Phase erlebte der Verein in der Ära Rehhagel. „Er hat sich eben", begründete Präsident Böhmert die außerordentliche Konstellation, „seine Mannschaft zusammengestellt, er hat sie gebaut, sich um alles gekümmert. Er hat alles für sie gemacht, sie sogar vor uns, dem Präsidium, geschützt. Wie ein Patriarch hat er regiert."

Böhmert wollte ihn immer in Bremen halten, weiter mit ihm arbeiten, obwohl er in der Vergangenheit oft genug ob seiner Treue kritisiert wurde: „Was meinen Sie, wie oft ich von guten Freunden bearbeitet wurde. Die Leute haben in der Loge ihre Karten zerrissen und mir vor die Füße geworfen. 'Wann begreifen Sie endlich, daß dieser Mann weg muß?!' Und dieselben Leute kamen drei Jahre später wieder an und behaupteten, das Präsidium hätte versagt, weil es Otto Rehhagel nicht gehalten hat. Wenn ich dem nachgegeben hätte, wäre er schon 1987 weggewesen. Er hätte es sich ja einfach machen können. Wir hatten da viele Ideen. Zum Beispiel nach englischem Modell. Er als Teamchef, sportlicher Direktor." Nichts davon. Rehhagel lief seine letzte Runde durch das Stadion und dachte an München, an das Dream-Team, das er dort formen wollte und vielleicht auch ein bißchen an seine neue Gage von rund 2,6 Millionen pro Jahr.

10.000 Werderfans wollten das letzte Spiel in München live im Stadion sehen. Soviel waren noch nie mitgefahren. Doch was sie sahen, trieb ihnen die Verzweiflung in die Augen. Ein seltsam schlappes Gekicke ihrer Elf, die sich in ihr Schicksal ergab und von den Bayern vorgeführt wurde. In Dortmund hatte der BVB ein schnelles 1:0 gegen den HSV erzielt, und in München war es Ziege, der das erste Tor schoß. Werder wirkte wie gelähmt, körperlich ausgelaugt. Die lange Leine beim Training rächte sich bitter. Nichts kam. Trotz des zwischenzeitlichen Ausgleichs war schnell klar, daß an jenem Tag die Meisterschaft nicht zu gewinnen war. Rehhagel: „Es gibt eben Tage, da paßt nichts zusammen. Ich hatte vor dem Spiel meinen Jungs noch gesagt, wir können nicht erwarten, daß uns die Bayern etwas schenken." Taten sie auch nicht. Im Gegenteil. Sie liefen und spielten wie selten zuvor. Obwohl auf der gegnerischen Bank ihr zukünftiger Trainer saß, gaben sie alles. Am Ende gewannen die Münchener 3:1, Borussia Dortmund 2:0, und das Ruhrgebiet feierte gelb-schwarz. Zum ersten Mal seit 1963 gab es wieder einen Dortmunder Meister zu feiern, es wurde also langsam Zeit. In Bremen hingegen flossen die Tränen. „Nur wer den Fußball kennt, weiß, wie ich leide", gewährte Rehhagel einen allerletzten Einblick in seine Psyche, nahm dann seine traurigen Spieler in den Arm und ging.

Abschied vom Weserstadion: Rehhagel geht nach 14 Jahren.

Meisterschaft verpatzt – Werder verliert in München; nicht nur Ramzy liegt am Boden.

»Der Fußball wird immer weiter vermarktet«

Gespräch mit Willi Lemke

Als Willi Lemke Anfang 1982 sein Amt beim SV Werder antrat, stand er in der Blüte einer politischen Karriere als Landesgeschäftsführer der mit absoluter Mehrheit regierenden SPD in Bremen. Neben Fischer und Böhmert schickte die Sozialdemokratie einen ihrer Besten ins Feld gegen die Allmacht der Bayern. Natürlich blieb er „mit heißem Herzen linker Bremer" und stürzte sich fortan in die Nachfolge von Rudi Assauer. Schnell erarbeitete Lemke sich Respekt; seine Ideen, die Verkäufe von Völler und Riedle, die Kontakte zur Bremer Wirtschaft und das Sponsoring (Logen, Spielverkauf) haben den einst hochverschuldeten SV Werder mittlerweile zu einem der reichsten und gesundesten Clubs in der Bundesliga gemacht.

Kuntze: Sind Sie Ihrem Traumziel, der idealen, perfekten Vermarktung der Ware Fußball schon ein Stück nähergekommen?

Lemke: Wir sind noch nicht am Ziel. Wir sind aber in einem Stadium, wo wir sehr stolz sind, dieses Schmuckkästchen Weserstadion mit der Stadt gemeinsam fertiggestellt zu haben. Aber es gibt noch viele Dinge, die ich mir vorstellen kann, z.B. die Ausweitung der Nordgeraden, mit vielen verschiedenen neuen Elementen: Kino, Hotel, Fast-food-Kette, Fitneßbereich. Der Gang ins Stadion soll mit vielen Dingen verbunden werden. Nicht nur mit Fußball. Eine

Betreuung rund um die Uhr mit Kindergärten, Spielotheken und anderen Freizeitmöglichkeiten nach dem Spiel. Aber – der Fußball muß weiterhin im Mittelpunkt des Geschehens stehen.

Kuntze: Machen die Zuschauer das alles mit?

Lemke: Wir haben ja in der neuen Ostkurve Kommunikationsebenen eingebaut, die es so noch nie gab. Mehrere tausend Zuschauer können sich dort wettergeschützt aufhalten; es gibt Live-Musik, Fernseher, die Pressekonferenz, Besuch der Spieler. Also, da ist richtig was los. Ich denke, das wird die Fans begeistern. Gerade auch, weil es eine Integration der Sitzplatz- und Stehplatzbesucher geben wird.

Kuntze: Aber keine Integration mit den Besuchern der „Business-Loge" in der Ostkurve?!

Lemke: Nein, zwischen denen, die oben 500,– Mark pro Jahr zahlen, und denen, die unten 100,– Mark bezahlen. Da mischen wir. Nicht mit der Business-Class. Dann kann ich die nicht mehr für 1.700,– Mark verkaufen. Das geht nicht.

Kuntze: Was ist denn an Ihrer Integration so spannend für Sie?

Lemke: Na ja, bisher war es so, daß die Fans für sich gehalten wurden, abgegittert, hinter Zäunen, streng bewacht. Jetzt bietet sich die Chance, zu mischen und neue Erfahrungen zu sammeln. Wenn man die Leute einsperrt, werden sie gewalttätig. Und dieses wollen wir nicht mehr. Der Zaun in der neuen Kurve ist sehr viel niedriger. In der Nordgeraden ist der Zaun faktisch gefallen. Es gibt nur noch welche bei den Blocks für die Gästefans, damit da kein Unsinn passiert.

Kuntze: Die Ostkurve scheint ein gutes Beispiel zu sein, wie sich die Zuschauerstruktur in den Stadien verändert hat.

Lemke: Das Gewaltpotential ist auch nicht mehr so stark wie früher. In den letzten Jahren ist ja fast nichts mehr geschehen in den Stadien. Und die wenigen Hooligans, die es noch gibt, bilden kein fußballspezifisches Problem mehr, eher ein gesamtpolitisches. Von daher hat sich die Zuschauerstruktur tatsächlich verändert. Fußball ist ohnehin wieder mehr Trendsportart geworden. Vor fünf bis zehn Jahren hatte ich Angst, daß uns andere Sportarten den Rang ablaufen könnten. Heute ist Fußball so gesettlet wie noch nie zuvor. Vor allem durch die neuen Medien.

Kuntze: Das allein hat den Wandel aber nicht bewirkt.

Lemke: Nein. Wir haben z.B. ganz bewußt beschlossen, daß wir mehr Frauen im Stadion haben wollen. So haben wir den VIP-

Bereich erweitert auf mittlerweile 1.500 Plätze, so daß dort jetzt ca. 40 - 50 % Frauen zu finden sind, die sich da wohlfühlen und keine Angst vor Lärm oder Gewalt oder Schmutz haben. Die können sich da gut bewegen. Ein wunderbares Beispiel, wie man im Fußball Marketing machen kann. Ich will es insgesamt im Stadion bequemer und komfortabler machen, ich will es für die ganze Familie öffnen, im Preis möglichst so gestalten, daß es erschwinglich ist.

Kuntze: Aber bei einem Saisonpreis bis zu 60.000,– im VIP-Bereich oder 1.700,– in der Business-Class kann der Familienvater leicht verzweifeln.

Lemke: Nein, das ist für eine andere Zielgruppe. Einen Familienblock habe ich draußen auf der Tribüne. Im VIP-Bereich will ich nur den typischen Geschäftsmann haben. Einen, der Kontakte sucht, Geschäfte macht. Das ist der effizienteste Marktplatz Bremens. Jeder Kaufmann bestätigt mir das. Da sind 1.500 Kaufleute, die suchen und kommunizieren, die bauen auf und bahnen an. Den klassischen Familienvater mit seinen drei Kindern will ich da nicht haben. Der gehört auf den Sitzrang, auf die verbilligten Plätze.

Kuntze: Das ist eine ganz andere Form der Segmentierung im Stadion. Früher gab es Zäune, heute gibt es Preishürden. Die sind sogar noch höher.

Lemke: Mir ist diese Hürde aber zehnmal lieber. Dadurch kann ich doch die Preise für die sozial nicht so Starken, die Stehplatzbesucher, die Jugendlichen, das Kind, stabil halten. Und bei den anderen kann ich abschöpfen. Das ist doch ein wunderbarer Ausgleich. Ich brauche schließlich beide. Ich möchte doch auch die Stimmung im Stadion von den typischen Fans. Und für die sind die Preise so niedrig wie kaum sonst in der Liga.

Kuntze: Es drängt sich der Eindruck auf, daß die zahlungskräftigeren Zuschauer vom SV Werder mehr umworben werden.

Lemke: Nein, nein. Dem Eindruck muß ich entgegentreten. Wir wollten doch vielmehr denjenigen, die nicht soviel Geld haben, ein Dach über den Kopf setzen. Wir haben das gesamte Stadion ausgebaut. Das haben wir doch für die Fans gemacht. Die VIP-Boxen haben wir nur als Abfallprodukt mit hineingenommen, was uns aber wiederum den Ausbau ermöglicht hat. Ich sehe das alles inzwischen als Gemeinschaftsprojekt. Alle sind gleich wichtig. Egal ob einer von der Tribüne, oder einer mit Scheckheft. Ich darf und will niemanden verprellen. Weder den normalen Fan noch den VIP-Besucher. Sonst geht der nächstes Mal zum ATP-Turnier oder zum Golfen. Und auf diesem Grat müssen wir wandern.

Kuntze: Im Moment ist die Gratwanderung sehr schwierig. Denn zu allem gehört immer noch der sportliche Erfolg der Mannschaft. Fehlt der, läßt sich schwerer Marketing machen.

Lemke: Obwohl es doch erstaunlich ist, daß seit dem Rehhagel-Abschied die Zuschauerzahlen total nach oben gegangen sind. Die Zahl der Dauerkarten ist dabei besonders signifikant.

Kuntze: Was glauben Sie, woran es liegt?

Lemke: Am neu geweckten Interesse. Das war bei uns alles zu klar, zu abgelaufen, zu eindeutig. Es wurden zu wenig neue Gesichter präsentiert. Fußball ist ja nicht nur Sport, sondern auch Unterhaltung. Und in dem Metier muß ich ständig neues bieten. Es waren zu wenig Reizpunkte vorhanden. Und dann kam der Bruch und damit neue Gesichter, neue Namen. Das wurde vom Zuschauer sofort gut angenommen. Da sprechen die Zahlen einfach für sich. Bei Rehhagel hatten wir, wenn es hoch kam, 11.000 Dauerkarten; jetzt haben wir fast 20.000.

Kuntze: Hört sich ja gut an. Läßt sich das noch toppen?

Lemke: Eigentlich nur, wenn wir wieder in den internationalen Wettbewerb zurückkehren. Sonst müßten wir den Gürtel erheblich enger schnallen. Dann gäbe es auch keine weiteren Investitionen.

Kuntze: Da können Sie ja froh sein, daß es immer neue Wettbewerbe gibt. UI-Cup, Europaliga, erweiterte Champions-League. So kann eigentlich nichts mehr schiefgehen.

Lemke: Der Fußball wird eben immer weiter vermarktet und in den nächsten Jahren noch professioneller geführt werden. Wenn wir als Werder Bremen vielleicht irgendwann bei 100 oder 200 Millionen Umsatz sind (1996 ca. 50 Millionen, N.K.), dann kann man das nicht mehr mit ehrenamtlichen Kräften oder ganz ohne Management machen, wie sich das einige Vereine immer noch erlauben. Das muß absolut professionell gemacht werden. Und dann ist übrigens auch der Schritt zur Aktiengesellschaft nicht mehr weit. Ich glaube aber nicht, daß die Ausweitung des Fußballs auf Europa zu Lasten der Bundesliga gehen sollte. Das wäre nicht gut. Die Bundesliga ist auch zu stark dafür, und der europäische Fußball benötigt die nationalen Ligen.

Kuntze: Zurück zur Vermarktung und zu den amerikanischen Verhältnissen, die wir bald haben.

Lemke: Daran glaube ich ganz fest. Auch ich werde noch einmal in die USA fliegen und mit kompetenten Marketing-Leuten vor Ort sämtliche Trendsportarten ansehen, was dort läuft, was möglich ist und was sich übertragen läßt. Alles, was dort jetzt angesagt ist, kommt in fünf bis zehn Jahren zu uns.

Kuntze: Alles?

Lemke: Gut, ok, nicht alles. Der Deutsche geht z.B. nicht auf den Parkplatz vor dem Stadion und macht dort eine Grillparty. Hier rennt auch niemand dauernd rein und raus während der 90 Minuten, um sich Popcorn oder sonst etwas zu holen. Was schon besser geht, ist die Unterhaltung mit Musik und Spielen vor dem Anpfiff und in der Halbzeit. Die haben in den USA ein ganz anderes Konsumverhalten und natürlich auch andere Spielzeiten. Was ich aber wirklich gern hier hätte, ist z.B. das Event-Marketing. Da sind die uns haushoch überlegen. Wie das genau funktioniert, will ich ja dort noch lernen. Aber, nur um mal ein Beispiel zu geben, wenn man für ein einziges Spiel spezielle Produkte herstellen würde. T-Shirts, Fähnchen, Biergläser, etc. Alles mit Datum und Ereignisaufdruck, um den Kunden einen zusätzlichen Kaufanreiz zu geben. Da sind die Amis perfekt, und wir waren bisher viel zu schlafmützig. Wenn ich an unsere Deutschen Meisterschaften oder den Europapokal denke, wie schlecht wir uns verkauft haben. Das Feld war allerdings noch nicht so beackert. Wenn wir da früher Umsatz im Hunderttausenderbereich hatten, wären jetzt locker ein bis zwei Millionen machbar. Und wenn wir jetzt international dabei wären, mit den heutigen Einnahmemöglichkeiten, diesem neuen Stadion und den Erfolgen von früher, dann könnten wir mit jedem Club in Deutschland konkurrieren. ■

Durchs Tal der Tränen

Mißverständnisse und Neuaufbau

Hans Schulz herrschte seinen Kameramann an: „Pack' schnell aus! Die haben schon begonnnen." Doch der fingerte so lange und umständlich herum, daß es zu spät war. In der Zwischenzeit hatte Wosab den Ball auf Emmerich gespielt, der hatte sich links gegen Max Lorenz durchgesetzt, nach innen geflankt und Konietzka mustergültig bedient. Timo kam vor Pico Schütz an den Ball und erzielte das 1:0 für Borussia Dortmund gegen den SV Werder Bremen.

Das war 1963 das erste Tor der Bundesligageschichte. Und der Reporter Hans Schulz hat dieses Tor nicht im Bild festhalten können. Das war aber auch im August 1995. Kurz vor der Heimpremiere gegen Fortuna Düsseldorf drehte eine Produktionsfirma das historische Tor mit den Beteiligten nach. Und als ob sich die Geschichte wiederholen würde, erzielte zum Saisonauftakt erneut der Gast das erste Tor. Diesmal war es aber ein unvergleichlich größerer Schock, auch wenn es noch zum Ausgleich durch Hobsch reichte.

Wochenlang hatten die Bremer dem Beginn der neuen Saison entgegengefiebert. Der Verein konnte soviele Dauerkarten wie nie in der Rehhagel-Ära verkaufen. Alle waren gespannt auf den neuen Trainer und seine Spieler. Aad de Mos hatte, entgegen seiner ersten Ankündigung, doch Grundlegendes verändert. Seit seiner Ankunft spielten sämtliche Mannschaften im Verein, also auch der gesamte Nachwuchs, die Viererkette. Er hatte sein System auf neuen Spielern wie Cardoso und Baiano aufgebaut und begann ältere, wie Beiersdorfer, Borowka, Schulz und Neubarth, auszusortieren. Nach der Anfangseuphorie für den Niederländer bekam die Beziehung schnell einen kleinen Riß. Im Rahmen der Vorbereitung fuhr die Mannschaft nach Trondheim, um gegen Rune Bratseths Verein zu spielen. Vier durften nicht mit: Neubarth, Beiersdorfer, Schulz und Rollmann. Das hatte es noch nie gegeben, solche Fahrten wurden bisher immer gemeinsam gemacht. Bratseth erkannte aus der Ferne die aufkommenden Probleme: „Ich bekomme ein bißchen Angst, daß in Bremen alles schlechter wird."

Dabei sah der Empfang für de Mos wenige Wochen zuvor noch ganz anders aus. Tausende versammelten sich auf dem Trainingsgelände, als sich die Mannschaft zum ersten Mal mit dem neuen Chef und den Neuverpflichtungen traf: Rodolfo Cardoso aus Freiburg, Heiko Scholz aus Leverkusen, Angelo Vier vom SC Verl/Westfalen, Junior Baiano aus Sao Paulo und Jürgen Rollmann, der als „standby"-Profi für eine kurze Aushilfszeit unterschrieben hatte. Mit dabei aber auch Erhan Albayrak und Frank Rost; junge Spieler, die de Mos fördern wollte und die er in den Testspielen einsetzte. Die verliefen zwar nicht gerade erfolgsversprechend, wurden aber wegen der Umstellung auf das andere System und der Integration neuer Spieler zunächst akzeptiert. Rückendeckung bekam der neue Trainer in der Phase überraschend von Udo Lattek: „Mir tut jeder Rehhagel-Nachfolger leid. Denn zurückgeblieben ist eine schlecht trainierte, überalterte und ausgebrannte Mannschaft." Der Umbruch mit neuen Spielern erschien also logisch. „Generell habe ich ein Ziel", äußerte de Mos sich auf Nachfrage zu seinen Plänen, „ich möchte schönen Fußball spielen. Unser System ist voll auf Angriff ausgerichtet, auch auswärts 100 % offensiv. Wenn mir die Mannschaft allerdings signalisiert, daß sie untergeht, dann bin ich auch kein Verrückter. Ich weiß natürlich, daß zum Fußball der Erfolg gehört."

Und genau der stellte sich nicht ein. Im Heimspielauftakt gegen Düsseldorf gab es ein frustrierendes 1:1, das lediglich Erkenntnisse über die offensichtliche Wechselfreude des Trainers lieferte. Nach 52 Minuten hatte er dreimal getauscht, ließ von Beginn an den 22jährigen Rost im Tor und den 18jährigen Albayrak im Angriff spielen. Reck war weiterhin an der Schulter verletzt, auf der Bank saßen Schulz, Neubarth und Scholz, auf der Tribüne Beiersdorfer, Bestchastnykh und Borowka, der den Abend nutzte und mit seiner Bitte um Freigabe an die Öffentlichkeit ging. Basler sprang Borowka gleich zur Seite und schickte deutliche Worte an die Adresse de Mos: „Er kann hier nicht herkommen und alles umschmeißen, was Otto Rehhagel gemacht hat. Er wird sich auf die Mannschaft einstellen müssen." Tat er aber nicht. Er schmiß wirklich alles um. Plötzlich gab es Straftraining an der Weser fürs Zuspätkommen, und zu den Mannschaftsbesprechungen vor dem Spiel wurde nur der 16er-Kader eingeladen. Änderungen, die die Spieler irritierten.

Vor allem Basler. Der Mittelfeldspieler war ohnehin in Hochform. Seine provozierende Spielweise und sein lässiges Auftreten ließen Unmut auch im Mannschaftskreis aufkommen. Die vielbeschworene Gemeinschaft, die persönliche Differenzen für den gemeinsamen Erfolg in den Hintergrund stellte, gab es schon nicht mehr. Basler, der den Zorn der

Taktikschulung – Aad de Mos mit Beiersdorfer, Neubarth, Schulz, Scholz, Cardoso und Bestchastnykh (v.l.)

Kollegen deutlich spürte, drehte weiter an der Schraube: „Mir stinkt, daß hier einige nicht in der Lage sind, mir etwas ins Gesicht zu sagen. Wenn ich merke, daß einige etwas gegen mich haben, werde ich den Verein verlassen". Kurz darauf kündigte er an: „Ich gehe zum Saisonende!" Lemke dementierte: „Ein Scherz!" Basler, der erkennen mußte, daß er einen Schritt zu weit gegangen war, übte den Rückzug: „Ich muß sagen, daß ich beim SV Werder bleibe, weil ich mich sehr wohl fühle." „Ich kann nur sagen", seufzte Lemke, „glaubt ihm nicht alles, was er so von sich gibt." Der Manager wußte, daß die Ursache woanders lag: Dadurch, daß der neue Trainer mit der Axt dazwischen haute und das Mannschaftsgefüge erschütterte, gerieten auch sämtliche Verhaltensmuster und Umgangsformen durcheinander. Basler fühlte sich herausgefordert in seiner Sonderrolle. Erstaunlicherweise gab es wenig Initiative von der Vereinsführung zu dem Zeitpunkt

Hätten sich Präsidenten wie Beckenbauer oder Manager wie Assauer lange bitten lassen? Wohl kaum. In der Bremer Führungsetage herrschte Schweigen. Ein Fehler, wie Präsident Böhmert später eingestand: „Wir hätten von unserem Prinzip 'der Trainer kann alles machen' abgehen sollen und insgesamt mehr intervenieren müssen." Doch schnell handeln wollte er nicht, weil de Mos rein sportlich weiterhin ein gutes Zeugnis ausgestellt wurde: „'Ein exzellenter Trainer', sagten die Spieler zu mir, 'fachlich sensationell'.“

„Verliererkette"

Werder stolperte sich durch die Saisonfrühphase. Dem höchst attraktiven 3:3 beim HSV folgte ein Zittersieg über Karlsruhe und eine 0:3-Niederlage in Uerdingen. Aad de Mos stellte jedesmal die Abwehr um, oft während, manchmal noch kurz vor dem Spiel. Mal ließ er Borowka auflaufen, obwohl der ja schon den Verein verlassen wollte, dann wechselte er ihn wieder nach wenigen Minuten aus. Innerhalb kürzester Zeit machte er sein System unglaubwürdig, brachte die Kritiker zum Spotten („Verliererkette!") und, was sicherlich das schlimmste war, ließ die Spieler mit ihren Fehlern allein. Er bejammerte in Interviews die schlechte Ausbildung deutscher Fußballspieler und ließ sie ein System spielen, das sie scheinbar nicht begriffen. So verspielte er immer mehr Kredit. Aber er hatte zunächst Glück. Werder gewann das Heimspiel gegen München 60, im ersten Uefa-Pokalspiel in Nordirland gegen den FC Glenavon, in Freiburg und im DFB-Pokal gegen Mainz. Eine kleine Serie, die Hoffnung machte („Weser-Kurier": „Das de-Mos-System beginnt zu greifen!"), über die tatsächlichen Mängel und die gärenden Konflikte dennoch nicht hinwegtäuschen konnte.

Wieder war es Basler, der für Ärger sorgte. Nach dem Spiel in Mainz soll er seinem Gegenspieler Quakili „Scheiß marokkanischer Ausländer" zugebrüllt haben. Der Bremer stritt ab, die Mainzer blieben bei der Behauptung, letztendlich löste sich alles in Rauch auf. Sympathischer machte es den Spieler Basler in der Bundesligalandschaft nicht. Durch seine immer skurriler werdenden Wechselgerüchte verlor er täglich an Glaubwürdigkeit. Immer wieder tauchten neue Namen italienischer Clubs auf, die ihn angeblich verpflichten wollten. Doch die gesamte Seria A schüttelte den Kopf. Nach dem Heimspiel gegen Kaiserslautern zeigte er den Fans in der Westkurve den „Vogel", beidhändig, weil sie trotz des 1:0-Sieges pfiffen. Auch diese Aktion brachte ihm keine neuen Freunde. Im Gegenteil; Worte seines ehemaligen Trainers Bernd Stange machten die Runde: „Bis zum Kopf Weltklasse, dann nur Kreisklasse".

Und genauso launisch wie Basler sich außerhalb des Platzes gab, präsentierte sich auch weiterhin die Mannschaft. Einer Galavorstellung im Rückspiel gegen Glenavon folgte das Aus im Vereinspokal gegen Zweitligist Nürnberg. Sämtliche Spiele standen dabei im Zeichen unbändiger Wechselwut des Trainers und starker Verunsicherung der Spieler. Beispiel Oliver Reck, der nach vier Monaten Verletzungspause wieder dabei war und kein Glanzstück ablieferte. Beispiel Rudolfo Cardoso, der als überragender Spielmacher und Torjäger aus einer mittelmäßigen Freiburger Mannschaft geholt wurde, aber auf den Durchbruch wartete. Seine Begründung für die Probleme klang wenig plausibel, eher hilflos: „Wir sind immer noch sehr mit dem System beschäftigt."

Wildwechsel

Oktober 1995. Der Monat, in dem der spektakulärste Mordprozeß in der Geschichte der USA mit einem Freispruch für O.J. Simpson endete, in dem Steffi Graf ihren Kampf gegen Steuerfahnder aufnahm, Michael Schumacher zum zweiten Mal Formel-1-Weltmeister wurde und Robbie Williams Take That verließ. Aufregende Zeiten also, die auch vor den Bundesligaclubs in Bremen und München nicht haltmachten. Otto Rehhagel, den die Bremer nicht aus den Augen verloren hatten, kämpfte in München den aussichtslosen Kampf gegen die Jungmillionäre im Bayerntrikot. Selbst nach einem Auswärtssieg beim FC St. Pauli gab es Schelte von Präsident Beckenbauer. Offiziell zwar gegen die Mannschaft, indirekt aber gegen ihn gerichtet. Die Beziehung zwischen Club und Trainer kühlte merklich ab und nahm Konturen eines riesigen Mißverständnisses an.

Und in Bremen begann die letzte Runde des Baslerschen Wechseltheaters. Am 8. des Monats meldete der Spieler: „Wechsel ist perfekt!" Nur, keiner wußte wohin. Mailand, Florenz, Parma? In Italien wurde weiter dementiert. Basler stoisch: „In der nächsten Woche wird das alles klargemacht." Der, der da klarmachen sollte, war übrigens sein Berater, Roger Wittmann, ein Bekannter aus frühen Tagen, der die Verhandlungen offensichtlich allein führte. Und zwar ganz allein. Oder, wie Uli Hoeneß es vermutete, vielleicht mit „irgendwelchen Pizzabäckern". Auf jeden Fall hielt er die Suppe am Kochen, trotz gegenteiliger Meldungen aus dem Süden („Gazetto dello sport": „Super Bluff um Super Mario!"). Aad de Mos bemühte sich intensiv um seinen Star: „Deutschland braucht einen solchen Spieler. Ich hoffe sehr, daß er bleibt. Ohne ihn wäre Werder ein großes Stück ärmer." So sahen es die Fans auch. Ihre Zuneigung war noch nicht in Ablehnung umgeschlagen. Zuviele Geniestreiche hatte Basler auf dem Platz geboten, als daß die Liebe so einfach dahinschmolz. Trotzdem war die Meinung gespalten bei der Hörerumfrage des Lokalsenders Radio Bremen vor dem Heimspiel gegen Dortmund: Nein, „auspfeifen" wollten sie ihn nicht im Stadion, „höchstens auslachen", „so ist er nunmal", „ohne ihn ist Werder nichts", „er soll lieber gehen, dann ist wieder Ruhe in der Mannschaft". Krasser formulierte es Bayern-Manager Hoeneß: „Dieser Herr Basler schadet mit seinem Geschäftsgebaren, das Kreisliganiveau hat, dem ganzen deutschen Fußball."

Anfang November endete die Wechselfrist, und Basler hatte immer noch keinen Verein genannt. Die Seifenblase platzte, und auf einer Pressekonferenz ließ er seinem Ärger freien Lauf: „Ich bin über Herrn Lemke maßlos enttäuscht." Für den Spieler war der Manager der eindeutig Schuldige,

Wo, bitte, geht's nach Italien?

denn „der Verein, mit dem ich zuletzt gesprochen habe, wollte nicht mit Werder und schon gar nicht mit Willi Lemke verhandeln." Daß er es bei diesen Bemerkungen nicht belassen würde, kündigte er auch gleich an: „Man hat mir die Chance meines Lebens genommen. Es kann nicht im Interesse von Werder sein, einen unzufriedenen Spieler im Kader zu haben." Starker Tobak, der den Gescholtenen aber nicht aus der Ruhe bringen konnte: „Ich kann die Enttäuschung verstehen."

Das wohl beste Spiel in der Ära de Mos machte der SV Werder im Uefa-Pokalhinspiel gegen Dinamo Minsk. Die Tore fielen wie reife Trauben, und die Fans sangen „Ohne Otto macht es wieder Spaß". Ganz ungetrübt verlief aber auch dieser Abend nicht. Als in der letzten Minute, beim Stand von 5:0, der Schiedsrichter auch noch einen Elfmeter für Werder gab, da forderten die Zuschauer, der beste Spieler möge nun zu seinem Tor kommen: Wladimir Bestschastnykh. Engagiert, flink und attraktiv hatte er gespielt, getroffen aber noch nicht. Der Russe schnappte sich den Ball, legte ihn auf den Punkt – und mußte mit all den Zuschauern und Mitspielern entsetzt feststellen, wie ihn sein Trainer von der Seitenlinie wild gestikulierend zurückpfiff. Nicht er, nein, Mario Basler solle schießen. Tat der auch, allerdings ungern und ungenau, so daß daraus kein Tor wurde. Wladi schlich anschließend wie ein begossener Pudel in die Kabine. Da hatte er nun wirklich sein bestes Stück in Grün-Weiß abgeliefert, und de Mos traute ihm noch nicht einmal einen Elfmeter zu. Was sollte er eigentlich noch hier?

Langsam ging es auch sportlich bergab. Mit der 0:1-Niederlage in Mönchengladbach folgte der Start in eine bittere Serie von elf Spielen ohne Sieg. Bis zur Winterpause. Werder blieb stets in Tuchfühlung zum Tabellenende; gerade bei der in jener Saison erstmals eingesetzten Drei-Punkte-Regelung war ein Abstieg in die untere Region schnell geschafft. Das eigentliche Ziel der Saison, der Blick nach oben, Uefa-Cup-Platz, vielleicht sogar Teilnahme am Kampf um die Meisterschaft, hatten die Bremer Verantwortlichen längst abgehakt. Die vornehme Blässe festigte sich in den Gesichtern, der Blick wurde leerer, verzweifelter. Es war keine Besserung in Sicht. Die Mannschaft steckte mit dem neuen System in der Sackgasse, und der neue Trainer bot bisher keinen Ausweg. Da rückte erstmals der Vizepräsident ins Rampenlicht. Klaus-Dieter Fischer, sonst auf der Bundesligabühne lediglich als Moderator der heimischen Pressekonferenzen bekannt, ergriff nach der 0:2-Pleite gegen Hansa Rostock das Wort und teilte höchst amtlich mit: „Wir müssen feststellen, daß wir uns erstmals seit 15 Jahren wieder im Abstiegskampf befinden."

Die Mannschaft stand zwar noch auf Platz 10, aber die Art und Weise, wie in den letzten Wochen gespielt wurde, ließ Schlimmes erahnen. De Mos saß stocksteif daneben und ließ sich nichts anmerken. Fischer später zu seiner Maßnahme: „Ich wollte wachrütteln und hatte aber auch gleichzeitig ernsthafte Sorge." Und er hatte Erfahrung im Abstiegskampf aus den späten 70ern. Er wußte, daß keiner der Spieler diese Erfahrung jemals gemacht hatte. Einmal in diesen Strudel geraten, war es fast unmöglich, dort wieder herauszukommen. Das von ihm zudem angekündigte Krisengespräch fand dann aber wieder unter Ausschluß der Öffentlichkeit statt.

„Bei uns muß jetzt etwas passieren", beschrieb Uli Borowka die Lage, „eine solche Stimmung habe ich seit neun Jahren nicht erlebt." Ein Großteil der Kritik richtete sich mittlerweile eindeutig gegen den Trainer und seine Maßnahmen. „Taktisches Verwirrspiel" wurde ihm genauso vorgeworfen wie seine „viel zu autoritäre Art" im Umgang mit den Spielern. „Er war menschlich bei allen Spielern durch", stellte Böhmert später fest, „er hat sie in die Pfanne gehauen." Der Präsident blieb aber bei seiner Linie und stellte die Position des Trainers aus rein sportlichen Erwägungen nicht zur Disposition. Da mußte es schon bessere Gründe geben.

Jimmy's Bar

Eine Zweckgemeinschaft hatten sie mittlerweile gebildet, der Trainer und sein Star. Mario Basler wohnte seit kurzem im selben Hotel wie Aad de Mos, weil er sich von Frau und Kind getrennt hatte. Der Trainer hatte seine Familie gar nicht erst nach Deutschland mitgebracht; er residierte in der „Consul Suite" für den Sondertarif von 5.000,– DM pro Monat. Kein Wunder, daß sie sich immer mal wieder in „Jimmy's Bar" trafen, einer Kneipe in Hotelnähe. Keiner von beiden war ein Kind von Traurigkeit; Basler ging mit seinem Lebensstil hausieren, und de Mos hatte bei Franz Böhmert einen bleibenden Eindruck hinterlassen: „Ich hörte davon, daß er hinterher mal ganz gerne einen trinkt. Das klang für mich nach Fritz Langner. Bei dem haben die Spieler zwar immer geschimpft, aber hinterher ging's 'hoch die Tassen'." Wieviel Tassen genau die beiden miteinander hochgestemmt haben, ist nicht exakt überliefert, sie dürften sich dabei aber des öfteren über ihr Verhältnis zueinander unterhalten haben. Schließlich war es einer Dauerbelastung ausgesetzt. An Basler schieden sich weiterhin die Geister. Als de Mos ihn beim Ligaspiel in München (0:2) nach einer halben Stunde vom Feld nahm, war der Spieler so sauer, daß er das Sonntagstraining schwänzte. Anlaß genug für den Trainer, ein Exempel zu statuieren; er schmiß Basler aus dem Kader für das Europapokalspiel in Eindhoven. Das Los hatte Werder in der dritten Runde ausgerechnet die Mannschaft beschert, die de Mos bis Oktober 1994 noch selbst trainiert hatte. Dort war er nach 18 Monaten wegen Erfolgslosigkeit und Differenzen mit den Spielern entlassen worden.

Eine nächtliche Aussprache brachte sie dann wieder zusammen. Basler durfte mitfahren, aber nur in der zweiten Halbzeit spielen. Da stand es schon 1:0 für die Holländer nach einem Fehler von Baiano. Doch Werder spielte gut mit, besser als zuletzt in der Liga, und so war der Ausgleich durch Bode kaum überraschend. Am Ende gewann der PSV dennoch mit 2:1, erweckte aber nicht den Eindruck, im Rückspiel unschlagbar zu sein.

Der Ärger ging weiter. Die Woche war noch nicht vorbei, da erschien Basler wieder nicht zum Training. Sein Flug aus Frankfurt wäre gestrichen worden, lautete die lapidare Entschuldigung des Spielers. De Mos reagierte erneut und strich ihn aus dem Kader für das Ligaspiel gegen Rostock. Ein Eigentor, wie sich herausstellen sollte. Der feixende Basler sonnte sich im Kamerameer am Spieltag und promenierte über die Tartanbahn, während seine Kollegen das Spiel verloren und ausgepfiffen wurden. Selbst hartgesottene Werderfans verloren den Glauben an das

**Enttäuschung
nach der Hin-
spielniederlage
in Eindhoven –
Schulz und Eilts.**

Gute auf der Welt. Wo war der Ausweg? Wo war das Schlupfloch am
Ende der Sackgasse? Wo war die Lösung der Krise? Eine schnöde Trainer-
entlassung konnte es doch auch nicht sein…

So einfach schmeißt niemand seine Prinzipien über Bord. Schließlich
hatte das Werder-Präsidium immer wieder betont, daß es ein Nachfolger
von Otto Rehhagel in jedem Fall schwer haben wird und daß derjenige
Zeit und Ruhe benötige. Doch der Lauf der Dinge nahm Böhmert,
Fischer und Müller die Entscheidung ab. Denn auch das nächste Heimspiel, gegen den Tabellenletzten Köln, ging verloren

Ausgerechnet der bis dato so hervorragende Frank Rost ließ in der letzten Minute einen haltbaren Schuß des Ex-Bremers Kohn durchtrudeln.
„Das war hoffentlich das letzte Gift, das wir aus dem Becher trinken mußten", stammelte de Mos auf der Pressekonferenz. Die Anwesenden waren
sich da aber nicht so sicher. Immerhin stand das Rückspiel gegen Eindhoven auf dem Programm.

Es waren die gewohnten Sicherheitsvorkehrungen, die die Bremer
Polizei traf. Die Erinnerungen an das letzte Aufeinandertreffen mit niederländischen Fußballfans waren noch nicht verblaßt. Allerdings waren
die Eindhovener auch nicht mit den Rotterdamern vom vergangenen Jahr
zu vergleichen. Freundlich, bierselig und ungeheuer zahm reisten sie an,
um Fußballspaß zu erleben. Nur knapp vierzig nahm die Polizei vorüber-

gehend in Gewahrsam. Die Stimmung auf Seiten der Werderfans schien aufgeheizter. Ein völlig empörter Vize Fischer teilte der Presse mit: „Mitglieder eines Fanclubs haben uns informiert, daß ihnen Geld geboten wurde, im Falle einer Niederlage auf der Geschäftsstelle Randale zu machen." Daß es dazu gar nicht erst kam, lag an den sofortigen Sicherheitsmaßnahmen und schlichtweg an der Weigerung des Bremer Fanclubs, mitzumachen.

Auf dem Rasen lief zunächst nicht viel. Es war bitterkalt, der Boden steinhart gefroren. Basler, der überwiegend sein Trikot spazieren trug, kündigte mit einem Freistoß nach 30 Minuten die Aufholjagd an. Werder entdeckte alte Tugenden und spielte schnell über die Flügel. Daraus resultierten Chancen durch Bode und Neubarth, aber keine Tore. In der 70. Minute erwischte Beiersdorfer einen Flankenball und köpfte ihn halbhoch aufs Tor. Menzo tauchte ab und fing die Kugel in der Luft hinter der Linie. Die Bremer jubelten, die Holländer protestierten, der Schiedsrichter ließ weiterspielen. Franz Böhmert wurde in seiner Loge fast schlecht: „Einen solchen Betrug und einen solchen Schiedsrichter habe ich noch nicht erlebt." Damit spielte er auf eine weitere umstrittene Situation an. Drei Minuten vor Schluß trat Valckx Angelo Vier im Strafraum ins Gesicht. Auch hier kein Pfiff, obwohl das blitzschnell angeschwollene Gesicht einen eindeutigen Beweis lieferte. Werder schaffte es nicht. Die Mannschaft flog „raus mit Applaus", ähnlich wie in den frühen 80ern, und verabschiedete sich damit für unbestimmte Zeit vom internationalen Fußball. Willi Lemke konnte seine tiefe Enttäuschung nicht verbergen: „Nun sind wir im Tal der Tränen." Der Uefa-Pokal war bis zu dem Zeitpunkt noch so etwas wie ein Rettungsanker, auch für den Trainer. Mit dem Ausscheiden blieb nur noch die Meisterschaft; und da sah es gar nicht gut aus.

„Ich glaube", rang Aad de Mos nach Worten, „die Ehe zwischen Werder und mir hätte eine Belohnung verdient gehabt." Seinen Frust spülte er anschließend in „Jimmy's Bar" herunter. Dort bildete er mit einigen Journalisten aus Belgien und Holland eine feucht-fröhliche Runde bis morgens um 4.00 Uhr, schwärmte von alten Zeiten und schimpfte über aktuelle Probleme. Einer spitzte dabei besonders die Ohren, Paul Verbrugge, Reporter bei „De Standaard". Die Wortfetzen, die bei lauter Musik und viel Gelächter aus de Mos' Mund flossen, glaubte er zunächst nicht; schrieb sie aber dennoch Anfang Dezember in seine Zeitung: „Es wird nie was aus diesem Club. Deutschland ist vorbei. Ich habe nichts zu suchen in diesem erstarrten Fußballland."

Schnell sickerten diese Äußerungen nach Bremen durch. In einer ersten eiligen Stellungnahme, versicherte der Trainer, dieses nie gesagt zu haben. Vom Verein bekam er offiziell Rückendeckung, doch das Mißtrauen nagte. Als zehn Tage später der „Spiegel" die Geschichte aufgriff, kochte die Affäre hoch. Zweimal soll de Mos den Verein bereits um Freigabe gebeten haben; dieses wurde aber angeblich stets abgelehnt. Er wolle endlich bei einem „echten Fußballclub" arbeiten. Klaus-Dieter Fischer, Werders Vize, ein fast notorisch mißtrauischer Mensch, roch den Braten: „Wir glauben zunächst unserem Angestellten. Stimmen die Zitate nicht, erwarten wir, daß er Klage einreicht. Dann werden wir sehen, wer die Wahrheit sagt." Warum diese verspätete Reaktion? Lemke: „Der 'Spiegel' ist schließlich nicht irgendein Boulevardblatt, sondern ein Nachrichtenmagazin, das wir sehr ernst nehmen." Vielleicht benötigte Werders Präsidium diese paar Tage, um die historische Chance zu erkennen, den erfolglosen und ungeliebten Niederländer loszuwerden. De Mos geriet unter Druck. Er entschied sich, um seinen Ruf zu kämpfen, bemühte sich um eine Gegendarstellung in der Hamburger Zeitschrift und beteuerte weiterhin seine Unschuld. Dann, nach dem Ende der Hinrunde, rauschte er nach Eindhoven in den Weihnachtsurlaub.

Ehre und Geld

Die Festtage an der Weser waren nicht sonderlich fröhlich in jenem Jahr. Platz 15 in der Tabelle mit nur einem Pünktchen Abstand zu den Absteigern ließen keine unbeschwerte Freude aufkommen. Hoffnung auf sportliche Besserung keimte aber durch die Verpflichtung von Bruno Labbadia auf. Wochenlang wurde der Name Davor Suker als Verstärkung gehandelt, nun sollte der Kölner die Angriffsmisere der Hinrunde beheben. Der Kroate wäre den Bremern auch zu teuer geworden. Erst zwei Wochen zuvor hatte ein belgischer Viertligaspieler für die einschneidendste Veränderung im europäischen Profifußball gesorgt. Jean-Marc Bosman hatte vor dem Europäischen Gerichtshof in Luxemburg auf die freie Wahl seines Arbeitsplatzes geklagt. Die Richter gaben dem Mann recht und kappten so kurzerhand das lukrative Verfahren, Ablösesummen bei einem Vereinswechsel nach Vertragsende zu kassieren. „Von heute an", sagte der DFB-Justitiar Eilers spontan, „wird die Landschaft des bezahlten Fußballs anders aussehen." Einer der ersten Spieler, der reagierte, war übrigens Stefan Effenberg, der seine geplante Vertragsverlängerung in Mönchengladbach stornierte und Nachschlag verlangte. Doch in ihrer Gänze sind die Auswirkungen des „Bosman-Urteils" selbst heute noch nicht absehbar.

Das neue Jahr begann in Bremen mit Personalien. Angelo Vier beendete sein unglückliches Engagement und ließ sich an Arminia Bielefeld ausleihen, Dietmar Beiersdorfer ging zum 1. FC Köln, um dort einen Stammplatz einzunehmen, und Bruno Labbadia wurde der Presse und Öffentlichkeit in Abwesenheit des Trainers vorgestellt, denn der machte noch Ferien. Aad de Mos hatte von seinem Verein jedoch einen unmißverständlichen Auftrag mitbekommen. „Wir haben gesagt", so Klaus-Dieter Fischer, „daß die Sache bis zum Trainingsbeginn geklärt sein muß."

Das war am Dienstag, 9. Januar 1996. Als der Trainer mittags um 12.00 Uhr scheinbar gut gelaunt aus seinem Wagen stieg, traf er auf eine stattliche Zahl Journalisten, die allesamt besser informiert waren als er. Spürbar verunsichert bemühte sich de Mos zu scherzen, verschwand aber schnell in der Werder-Geschäftsstelle, um zwei Stunden später, zusammen mit Willi Lemke, wieder aufzutauchen. De Mos stieg sprachlos in seinen Wagen und raste davon. Lemke gesellte sich zu Fischer, Böhmert und Müller, um gemeinsam bekanntzugeben, was alle wußten: Mit sofortiger Wirkung war Aad de Mos nicht mehr Trainer beim SV Werder Bremen! „Der Druck auf ihn und die Mannschaft wäre in der Rückrunde zu groß geworden", begann Böhmert mit der Begründung, um anzufügen, daß der Verein „nicht so lange mit der Ungewißheit leben" wollte, ob die Unterlassungserklärung gegen den „Spiegel" erwirkt werden konnte oder nicht. „Aber, wir haben uns getrennt mit der gegenseitigen Versicherung, daß wir uns einigen werden, daß es zwischen uns keine juristischen Probleme geben wird."

Da täuschte sich der Präsident gewaltig. Auf seinen Verein wartete noch eine mehrwöchige Auseinandersetzung mit überraschenden Wendungen. Nachdem es dem Anwalt des Niederländers gelungen war, eine Gegendarstellung in der Zeitschrift zu erzwingen, holte de Mos gegen Werder aus: „Es geht mir nicht um Geld, es geht mir um das Recht, wieder zu arbeiten." Sein Anwalt verdeutlichte: „Herr de Mos hat einen Vertrag mit dem SV Werder, in dem steht 'Cheftrainer'. Und Cheftrainer gibt es immer nur einen, dann muß sein Nachfolger bedauerlicherweise wieder gehen."

Niemand glaubte ernsthaft, daß Aad de Mos wieder als Trainer in Bremen arbeiten wollte, dafür war keine Basis mehr vorhanden (Mario Basler: „Zu 99,9% war das Verhältnis zum Trainer gestört."). Es gelang ihm am Ende aber mit Hilfe seiner Anwälte, eine Einigung mit Werder zu erzielen, die ihm neben der stattlichen finanziellen Abfindung ein Stück Rehabilitierung brachte.

„Ich bedauere heute unheimlich, daß das so schiefgegangen ist", zog Franz Böhmert ein leises Fazit, „weil er ein so exzellenter Fachmann war." Dennoch, Aad de Mos mußte scheitern. So wie die erste Liebe nach einer langjährigen Beziehung immer scheitert und lediglich eine Übergangslösung darstellen kann, eine Phase der Neuorientierung. Die Phase mit de Mos war sehr turbulent, brachte Böhmert aber nicht um seine pastorale Gelassenheit: „Solche Wochen haben wir früher auch miterlebt. Das Geschäft geht weiter."

Lothars Respekt

Sonntagabend in Bremen. Nur fünf Tage später. Derselbe Raum, dieselben Beteiligten, ein neuer Trainer. Verblüffend schnell präsentierte Werder den Nachfolger. Hans-Jürgen Dörner, Jugendcoach beim Deutschen Fußballbund, ehemaliger DDR-Nationalspieler und lange Jahre erfolgreicher Libero bei Dynamo Dresden. „Hans-Jürgen … wer, bitte?" Wo waren sie, die ganzen Daums, Feldkamps und Helden? Wo war der Messias, der die Mannschaft mit einem Kraftakt nach oben puschte? Hatte das Namenskarussell nicht wieder die übliche Palette geboten? Statt dessen holten sie, nach dem „internationalen Klassemann" Aad de Mos, einen unerfahrenen Bundesliganeuling. „In dieser Situation nehme ich mir lieber einen, der unbelastet ist", erklärte Präsident Böhmert die Kehrtwende. „Außerdem sagte der Oliver Reck bei der Besprechung mit dem Mannschaftsrat 'Vor dem hat sogar Lothar Matthäus Respekt'." Keine schlechte Voraussetzung für einen, der sogar einen Mario Basler trainieren mußte. Aber die Gedanken des Neuen gingen weiter: „Ich denke, man kann hier in Ruhe etwas langfristig aufbauen". Dörner, der für die Sichtung von Talenten beim DFB zuständig war, erkannte sofort die strukturellen Probleme des Clubs: „Wir müssen verstärkt Talente herausbringen. Da hat es in der Vergangenheit etwas gehapert." Ihm zur Seite wurde Wolf Werner gestellt. Der ehemalige Bundesligatrainer der Mönchengladbacher Borussia kam, um als Nachwuchskoordinator Hans-Wilhelm Loßmann zu beerben. Der für den Jugendbereich zuständige Klaus-Dieter Fischer dazu: „Gerade nach dem Bosman-Urteil wissen wir, daß wir noch mehr für den Unterbau der Bundesliga tun müssen."

Doch trotz der perspektivischen Planungen, wichtiger war zunächst der Bundesliga-Alltag. Dörner suchte das Gespräch mit dem einzelnen

Das erleichterte Präsidium präsentiert den neuen Trainer: Hans-Jürgen Dörner

Spieler, versuchte aufzulösen, was sich im letzten halben Jahr verkrampft hatte, und stellte dabei vor allem eine tiefe Verunsicherung fest. Er hatte auch Zeit für all diese Gespräche, da sich Werders Rückrundenauftakt verzögerte. Die schlechten Witterungsverhältnisse sorgten für zwei Spielausfälle, so daß Mannschaft und Trainer schon voller Ungeduld auf die anderen schauten. Da mußten sie registrieren, wie Dörners Vor-Vorgänger mehr und mehr unter Druck geriet. Rehhagel spielte mit den Bayern um die Meisterschaft mit und bekam mittlerweile täglich Ärger. Vor allem nach der 1:4-Heimniederlage gegen Angstgegner Karlsruhe. Jenen KSC, der eine Woche später zu Hause nur ein 1:1 gegen Werder erreichte, als endlich gespielt werden konnte. Werder legte dann mit neun Punkten aus fünf Spielen eine kleine Serie hin, die zwar nicht nachhaltig beeindruckte, die Mannschaft aber von der Abstiegszone entfernte.

Und als ob die Verantwortlichen jetzt alles auf einmal richtig machen wollten, gingen sie in der Zukunftsplanung noch einen Schritt weiter und verpflichteten den Freiburger Jens Todt für die nächste Saison. Der Prozeß der Neubesinnung begann also recht vielversprechend. Aus München signalisierte Andreas Herzog, daß er sich unglücklich fühlte, „einen Vereinswechsel ins Auge" faßte, und Uli Borowka, der über all die Monate versucht hatte, einen neuen Verein zu finden, bekam endlich seine Freigabe. Nach Therapieangeboten und viel Unterstützung der Kollegen erkannte der Verein, daß dem Alkoholkranken nicht zu helfen war, das konnte er nur selbst. Mirko Votava über die Rolle der Mitspieler: „Viele wissen nicht, wie sehr wir ihm geholfen haben, indem wir geschwiegen haben." Borowka fand dann kurz nach der Freigabe eine vorübergehende Heimat bei Tasmania Berlin.

Hamster

Um das neue „Wir-Gefühl" abzurunden, nahm die Mannschaft an einer Solidaritätsaktion mit den Beschäftigten der Bremer Vulkan-Werft teil. Der Werftenverbund war in eine schwere Krise geraten, die Schließung drohte. Für ein Poster ließen sich die Spieler im Blaumann ablichten und die Vulkan-Mitarbeiter im Werder-Trikot. Der Verkaufserlös floß ebenso in eine Solikasse wie die Einnahmen aus einem Freundschaftsspiel gegen Hansa Rostock. Auch in der Ostseestadt lag die Werft aus dem Vulkanverbund am Boden.

Während sich die Mannschaft offensichtlich wieder zusammenfand, scherte einer immer wieder aus: Mario Basler. Der Mann, der von sich

Das neue Wir-Gefühl: Werder solidarisiert sich mit den Beschäftigten der Vulkan-Werft.

behauptete, „Ich kann auch ein richtiger Arsch sein", wirkte zwar seit de Mos' Abgang gezähmt, seine Eskapaden blieben aber zuverlässig. Nachdem Werder wie ein Hamster Punkt um Punkt sammelte und mit dem 2:1 beim FC St. Pauli den ersten Auswärtssieg unter Dörner landete, erkannten Mitspieler, daß es „auch ohne Basler geht". Der hatte zwar eine Grippe und mußte in Hamburg zuschauen, aber so etwas wollte er sich nicht gefallen lassen. Zielscheibe seiner Angriffe war Andree Wiedener. Werders Verteidiger, ein ruhiger, netter Bursche, bekam sein Fett weg: „Normalerweise dürfte der sowieso keinen Fußball spielen." Nur zu gern spielte Basler seine Attacken als kleine Frotzeleien herunter. Diesmal handelte er sich aber Ärger ein, weil er einen Mannschaftskameraden öffentlich gedemütigt hatte. Dörner kündigte ein ernstes Gespräch an, das der Spieler begrüßte: „Ich brauch' auch jemand, wo mir meine Meinung sagt." Doch auf dem Platz gebärdete er sich weiter unkollegial und zeigte allen im Stadion, wie unzufrieden er mit der Leistung des gescholtenen Wiedener war. Jede Aktion wurde kommentiert, jeder Fehlpaß theatralisch gewürdigt. Wenn nicht sowieso schon vorher, spätestens zu dem Zeitpunkt hatte Basler jeglichen Kredit bei Publikum und Mannschaft verspielt. Er muß es gespürt haben, wie sonst ist die einzig vernünftige Äußerung der Saison aus seinem Mund zu erklären: „So geht das nicht weiter. Verkauft mich und holt dafür Andreas Herzog aus München zurück!"

In Bayerns Hauptstadt hatte Herzog überhaupt keine Chance. Von der Mentalität und vom Spielsystem paßte er dort nicht hin. Herzogs Welt war nicht die der Münchener Schickeria, in der sich seine Mitspieler aalten. Junge verwöhnte Millionäre, die Söldnern gleich für den Club spielten, der am besten zahlte, ohne Liebe zu den Fans oder den Traditionen. Da ging es ihm wie seinem Trainer, der kreuzunglücklich wenige Meter neben ihm auf der Auswechselbank saß. Der, im Gegensatz zu Herzog, sein Ende genau spürte. Rehhagel hatte die Signale erkannt. Die Andeutungen eines Trapattoni, gern wieder in Deutschland arbeiten zu wollen, die Pöbeleien eines Paul Breitner, er habe mit Rehhagels Spielverständnis „noch nie etwas anfangen können", und die fehlenden Dementis des Präsidenten Beckenbauer, wenn es hieß, Rehhagel müßte entlassen werden. Sie warteten nur auf die passende Gelegenheit, die er ihnen lange nicht bot, weil die Mannschaft in der Liga oben stand und er sie ins Uefa-Pokalfinale geführt hatte. Da Manager Hoeneß aber schon vor einiger Zeit angekündigt hatte: „Wir hätten auch den Mut, einen Trainer zu entlassen, der Tabellenerster ist, wenn das Verhältnis zwischen ihm und der Mannschaft nicht stimmt", war es nur logisch, daß der Verein nach dem 0:1

gegen Rostock im Olympiastadion handelte. Der 27. April war Otto Rehhagels letzter Arbeitstag beim FC Bayern. Die monatelange Demontage hatte ihren Schlußpunkt gefunden. Obwohl er selbst die Worte prägte, „wer beim FC Bayern unterschreibt, muß wissen, was er tut", hatte er die Macht der Spieler unterschätzt. In Bremen fraßen sie ihm aus der Hand, hier hatte er es mit Krähen zu tun, die sich gegenseitig die Augen aushackten und dem Trainer erst recht.

So konnte Rehhagel nicht mehr als Trainer miterleben, wie die Bayern in Bremen spielen mußten. Die Meisterschaft hatte sich auf das Duell München vs. Dortmund zugespitzt, mit leichten Vorteilen für den BVB. Bayern benötigte den Auswärtssieg. Franz Beckenbauer, der, gewohnt napoleonisch, das Traineramt selbst übernommen hatte, reiste mit einem blauen Auge an. Im Abschlußtraining bekam er einen Ball ins Gesicht und wirkte so schon vor dem Spiel angeschlagen. Er schickte seine Mannschaft ohne Herzog auf das Feld. Der Österreicher brauchte sich gar nicht erst umziehen, was seine Abwanderungsgedanken und den „Tausch" mit Mario Basler nährte. Als er das Stadion betrat, um zur Auswechselbank zu schlendern, da traute er seinen Ohren nicht. Die Bremer Fans jubelten ihm zu. Sie begrüßten ihn wie einen Heimkehrer, einen guten alten Freund, einen verloren geglaubten Sohn. In diesem Augenblick stand für ihn fest, daß er zurückkehren und wieder beim SV Werder spielen wollte.

Die Bayern trumpften zu Beginn stark auf. Zwei schnelle Tore durch Kostadinow schienen anzudeuten, daß ein Unheil über Werder einbrechen könnte. Aber die Mannschaft hatte Moral. Ein Wesenszug, der ihnen lange gefehlt hatte, nicht zuletzt auch vor fast einem Jahr, als die Meisterschaft in München verlorenging. Diesmal wollten sie den Spieß umdrehen und ein bißchen auch „für Herrn Rehhagel spielen", wie es Bernd Hobsch ausdrückte. Gleich machte er es den anderen vor und erzielte den Anschluß. Mario Basler lief sich die Lunge aus dem Leib; so auffällig, daß die Münchener „SZ" eine private „Verkaufsshow erster Güte" witterte. Nach der Pause war es dann Marco Bode, der mit seinen beiden Toren den 3:2-Endstand erzielte und für ein rauschendes Fußballfest an der Weser sorgte – nach langer Zeit. Die Zuschauer sangen trunken vor Glück: „Ohne Otto habt ihr keine Chance" und Beckenbauer mußte erkennen: „Das war's wohl. Ich denke, daß die Borussia es jetzt schafft." Schaffte sie auch. Schon am nächsten Wochenende wurde der BVB zum zweiten Mal hintereinander Deutscher Meister. Die Bayern holten sich wenig später aber noch ihr Trostpflaster und gewannen die Endspiele im Uefa-Cup gegen Girondins Bordeaux.

Werder qualifizierte sich am Ende der Saison noch für den UI-Cup. Hans-Jürgen Dörner hatte die Mannschaft aus der Abstiegszone auf einen gesicherten neunten Platz geführt. Das war zwar kein überragendes Ergebnis, aber mehr, als man erwarten konnte. Schließlich bestand so die Chance, durch das Hintertürchen an das lukrative Uefa-Cup-Geschäft und an große Europapokalabende zu kommen.

Der Neuaufbau

Was war das beste an der EURO 96? Der Song von Baddiel, Skinner & Lightning Seeds. Behaupten zumindest böse Zungen. „Football is coming home" lautete das Motto der Europameisterschaft in England, die tatsächlich prächtige Stimmung in herrlichen Stadien bot. Nur das Spielerische kam mal wieder ein bißchen zu kurz. Die Italiener schieden früh aus, die technisch hoch eingeschätzten Kroaten entpuppten sich als Kloppertruppe, und im Endspiel standen sich zwei konservative Spielsysteme gegenüber, von denen wenigstens das risikofreudigere gewonnen hat. Überraschenderweise waren das die Deutschen, die gegen die destruktiven Tschechen mit Oliver Bierhoffs „golden goal" triumphierten. Und warum? Weil Marco Bode, ein Bremer, im entscheidenden Moment „Rechts rumdrehen!" rief. Sonst wäre vielleicht alles ganz anders gekommen. Könnte man meinen. Auch daß Dieter Eilts die Renaissance des Wasserträgers einleitete und zum Star des Turniers mutierte, Oliver Reck als dritter Torwart für gute Laune sorgte und Werders Neuzugang Jens Todt bereitwillig seine Pizza stehen ließ, um sich auf die finale Auswechselbank zu setzen; war das alles nicht Anlaß genug, um aus Bremer Sicht die EURO 96 als gelungenes Turnier zu betrachten?

Hans-Jürgen Dörner war sich ganz sicher, seine Mannschaft mußte verjüngt werden. In England hatte er während der Europameisterschaft keine sinnvolle Ergänzung entdecken können. So begann er nach der Sommerpause das Training mit den Neuzugängen Herzog, Todt und Pfeifenberger, der von Casino Salzburg gekommen war. Die Verjüngung würde aber nicht einfach werden. Acht Spieler waren dreißig Jahre oder älter, Mirko Votava sogar schon vierzig. Der Strom an jungen Spielern aus den unteren Mannschaften war seit Jahren versandet, nachdem Otto Rehhagel mit seinem Desinteresse den Nachwuchs verprellt hatte. „Dennoch muß ich", so der Trainer, „den einen oder anderen, der in die Jahre gekommen ist, austauschen." Basler, Sauer und Borowka hatten den Verein ver-

So jubelt Werder am liebsten: Freude nach dem 3:0 gegen die Bayern.

lassen, Neubarth die Laufbahn beendet und als Trainer die Verbandsligamannschaft übernommen. Hinzu kam, daß die beiden Überflieger der
de-Mos-Ära, Erhan Albyrak und Ersan Dogu, ihre Koffer gepackt hatten,
um in der türkischen Heimat zu spielen. So fiel Dörners Blick als erstes
auf den Amateurspieler Christian Brand, der sogleich in der Hinrunde
Gelegenheit hatte, sich auszuzeichnen, einige schöne Spiele ablieferte,
sich aber auch arg durch den Reiz des schnellen Ruhms ablenken ließ. Der
Aderlaß war noch nicht gestoppt. Nacheinander verabschiedeten sich
Cardoso, Bestchastnykh und Baiano. Allesamt aus unterschiedlichen und
verständlichen Gründen. Für die Mannschaft war das aber eine enorme
Schwächung, allein, weil die Alternativen fehlten. Dörner schaute sich
auf dem Markt um und verpflichtete den Ukrainer Victor Skripnik,

Havard Flo aus Norwegen und Thorsten Frings von Alemannia Aachen. Zum Schluß ging dann noch Mirko Votava kurz vor der Winterpause nach elf Jahren SV Werder zum VfB Oldenburg.

17 Personalentscheidungen und -veränderungen in sechs Monaten. Welches Unternehmen hätte da nicht Turbulenzen zu befürchten. Platz 9 zur Winterpause 96/97 ist somit ein mehr als akzeptables Ergebnis. Dörner ist aber noch lange nicht am Ziel: „Ich glaube, daß wir auf einem guten Weg sind, obwohl wir sicher noch ein, zwei Jahre brauchen, um eine Mannschaft zu haben, die allein rein altersmäßig gut mithalten kann."

Werders Spiele in der Saison 96/97 haben gezeigt, daß vor allem die Instabilität das Problem ist. Die Mannschaft ist nicht eingespielt, hat sich nicht über einen längeren Zeitraum aufeinander einstellen können. Wozu sie in der Lage ist, deutete sich mal wieder im Heimspiel gegen Bayern München an. Motiviert bis in die Haarspitzen, wurde der Vizemeister 3:0 besiegt. Wenig später bot Werder Tristesse bei Abstiegskandidaten oder verlor gegen Meister Dortmund im Weserstadion 0:4. „Der Schnitt ist unabdingbar", sagt Dörner. Er kann auf großes Vertrauen durch das Präsidium und sein hohes Ansehen bei der Mannschaft bauen. Böhmert: „Dörner genießt in der Mannschaft allerhöchste Akzeptanz." Auf den Erfolg ist aber auch er angewiesen. Einen beliebten Trainer, der mit seiner Mannschaft am Tabellenende steht, könnte sich auch das Unternehmen Werder nicht leisten. Kein Wunder, daß Franz Böhmert die Frage, ob der Verein bereit wäre, bei der Person Dörner genausoviel Druck auszuhalten wie bei der Person Rehhagel, nicht so gern beantwortet: „Das kommt auf den Erfolg an. Stehen wir auf Platz 18, droht der Abstieg, können wir uns nicht vorwerfen lassen, wir hätten nicht gehandelt."

Der SV Werder Bremen steht, zwei Jahre vor seinem 100. Geburtstag, am Scheideweg. Da geht es dem Club von der Weser nicht anders als vielen Vereinen in der Bundesliga. Mit rund 50 Millionen Mark Jahresumsatz ist die Dimension eines mittelständischen Unternehmens erreicht. Der Verein expandiert in verschiedenen Wirtschaftsbereichen, schafft Immobilien an, ist finanziell gesund und durchaus in der Lage, an die Börse zu gehen. Das Gesamtvolumen und die Erträge sind zwar geringer als die der „großen Zwei", Bayern und Dortmund; doch die strukturellen Mängel – hohe Arbeitslosigkeit, kleineres Stadion, weniger Mitglieder und (leider) auch weniger Fans –, die diese schwächere Position bedingen, kann Werder kompensieren. Der Verein ist es gewohnt, auf einem weitaus bescheideneren und kreativeren Level zu arbeiten. Umso stolzer darf er ja auch auf die großen Erfolge der Vergangenheit sein.

Es gibt aber eindeutige Bedingungen für den weiteren Erfolgsweg. Dazu gehört vor allem die Teilnahme an den europäischen Wettbewerben. Früher ein willkommenes Zubrot, heute überlebenswichtig. Nur wer international kickt, kassiert Fernsehgelder und Prämien in Millionenhöhe und kann sich hohe Spielergehälter leisten

Seitdem der Europäische Gerichtshof das „Bosman-Urteil" gesprochen hat, schwebt über den Clubs der Pleitegeier. Wobei sich aber niemand ernsthafte Sorgen machen muß, daß irgendwann allesamt Konkurs anmelden müssen. Die Manager und Präsidenten waren schon immer erfindungsreich, sie werden auch aus dieser Krise einen Ausweg finden. Die Modelle, die diskutiert werden, deuten an, daß der Weg in eine weitere Internationalisierung des Fußballs führt. Die nationalen Ligen und Pokalwettbewerbe könnten dadurch an Bedeutung verlieren und durch eine Europaliga ergänzt werden. Spätestens dann gibt es auch wieder im Bremer Weserstadion glanzvolle Europapokalabende, großartige Spiele und möglichst viele „Wunder von der Weser".

So soll es wieder werden: Europacup-Spiele an der Weser. Hier Herzog im Zweikampf gegen einen Spieler von Maccabi Tel Aviv (29.9.94, 2:0).

»... da hat es Pfeffer gegeben.«

Gespräch mit Hans-Jürgen Dörner

Hans-Jürgen Dörner hält mit seiner Meinung nicht hinterm Berg. „Manches", so sagt er, „war im alten System gar nicht schlecht." Was er meint wird deutlich, wenn der Trainer über sein Lieblingsthema spricht: die Ausbildung jugendlicher Fußballer und die Nachwuchsarbeit im Verein. Bevor der gebürtige Görlitzer zum SV Werder kam, trainierte er im DFB-Nachwuchsbereich. Eine Nahtstelle, die ihm während der Lehrgänge vor allem die Schwächen offenbarte, denn zumeist stellte er bei den jungen Spielern technische und taktische Mängel fest. Seit Januar 1996, als er die Nachfolge von Aad de Mos antrat und damit seinen ersten Bundesligajob annahm, hat er Gelegenheit, diese Probleme an der Wurzel anzupacken. „Ich habe sicher schon einiges bewegt", resümiert er seine bisherige Amtszeit, „wenn auch mit unterschiedlichem Erfolg." Aber insgesamt hat er den Weggang vom eher beschaulichen Arbeitsplatz DFB im hektischen Frankfurt in das hektische Bundesligageschäft im beschaulichen Bremen nicht bereut. „Es macht riesig Spaß!" Und selbst, wenn es mal nicht so laufen sollte, baut Dörner vor: „Ich bin ein Kämpfer. Das war ich als Aktiver schon. Das merkt man zwar nicht immer, aber ich kann schlecht verlieren."

Seine Stationen: Dörner ging 1967 von Motor Görlitz zu Dynamo Dresden und blieb dort bis 1986 als Spieler im Kader. Danach Jugendtrainer im Verein, DFV-Olympiacoach und von 1990-96 beim DFB. Dörner bestritt 392 DDR-Oberliga- (65 Tore), 68 Europapokal- und 100 A-Länderspiele. Er wurde mehrfacher DDR-Meister, Pokalsieger und Fußballer des Jahres. 1976 stand er in der Mannschaft des Olympiasiegers DDR.

Kuntze: Ist seit dem Bosman-Urteil Ihre Trainerarbeit mit den Spielern eigentlich komplizierter geworden?

Dörner: Ich glaube schon. Es wird sogar noch schwerer werden, einen Spieler an den Verein zu binden, weil ja auch die Vereine immer weiter auseinandergehen werden. Der Unterschied zwischen Arm und Reich wird größer, und die Spieler wollen natürlich bei den Mannschaften spielen, die auch an den internationalen Wettbewerben teilnehmen.

Kuntze: Ist damit die Vereinstreue gestorben? Wird es das nicht mehr geben, daß ein Spieler fast 20 Jahre bei seinem Club bleibt, so wie Sie in Dresden?

Dörner: Ich kann die Spieler schon verstehen, wenn sie versuchen, möglichst viel Geld in ihrer aktiven Zeit zu verdienen. Ganz egal wo. Aber gut finde ich das nicht, auch nicht für das Publikum, für die treuen Fans, denen die Identifikationsfiguren fehlen werden. Die Spieler entwickeln sich so zu Söldnern. Und ich denke, daß wird noch schlimmer werden und sich wohl kaum aufhalten lassen. Ein bißchen versuchen wir dem entgegenzusteuern, indem wir hier in Bremen die Verträge langfristiger gestalten wollen. Gerade auch mit den Spielern, die sich noch mit dem Verein identifizieren können. Ich schätze mal, daß es in der Liga vielleicht fünfzig Spitzenspieler gibt, die finanziell besser dastehen, die sich in Zukunft einen Verein aussuchen können. Mit denen allein haben Sie aber noch keinen Titel garantiert. Sie brauchen auch weiterhin eine gute Mannschaft. Warum soll ich nicht mit all den anderen Spielern, also dem „Durchschnitt", Erfolge erzielen können? Ein Problem gibt es nur, wenn einer dieser „Durchschnittsspieler" aus der Masse herauswächst, dann fordert der als erstes einen Vertrag mit kurzer Laufzeit, maximal zwei Jahre. Und da wird es für mich als Trainer schwer zu planen.

Kuntze: Das heißt, das ganze System der Findung und Bindung muß ein anderes werden?

Dörner: Ja, ich kann mich ja nicht von Spielern erpressen lassen. Ich muß mir vielmehr Alternativen überlegen, wie ich mich unabhängig von solchen Forderungen mache. Selbst auf die Gefahr hin, mich von einem Starspieler trennen zu müssen.

Kuntze: Kein Wunder, daß Sie die Nachwuchsarbeit wieder intensivieren.

Dörner: Das wird sogar immer wichtiger, eigene Talente zu fördern, damit wir nicht in ein Loch fallen oder immer mehr Ausländer verpflichten müssen. Auch als Signalwirkung für die Fans, die dann sehen können, daß einer aus dem Verein, aus der Jugend, vielleicht aus der Stadt es geschafft hat. Wenn ich elf Ausländer auf den Rasen schicken würde, käme das im Weserstadion sicher nicht so gut an.

Kuntze: Warum muß dafür die Nachwuchsarbeit extra forciert werden? Werder war darauf doch immer so stolz.

Dörner: Es gab ja auch schöne Erfolge in der Vergangenheit. Aber mir geht es nicht darum, ob die A-Jugend oder B-Jugend Deutscher Meister oder Vizemeister wird. Mir geht es darum, daß zwei oder drei 18-19jährige nachrücken, von denen einer dann Stammspieler in der Bundesliga wird. Und das war bei Werder Bremen jahrelang nicht der Fall. Ich will nicht in erster Linie Titel im Jugendbereich produzieren, ich benötige Anschlußkader für die Bundesliga.

Kuntze: Kennen Sie denn eine effektivere Jugendarbeit aus früheren Tagen?

Dörner: Also die Arbeit in der früheren DDR war in diesem Bereich tatsächlich effektiver und systematischer. Wir haben im Technik- und Taktikbereich unglaublich präzise gearbeitet. Das ergab sich allein durch die damaligen Kinder- und Jugendsportschulen, in denen die besten Talente zusammengefaßt waren. Dort konnten wir zusätzliche Einheiten trainieren. Auch mal morgens zusätzlich zum Vereinstraining drei oder vier Stunden in der Woche mit Übungsleitern in speziellen Gruppen. Jetzt heißen die ja Schul- und Sportgymnasien, setzen aber die Tradition fort. Und nicht umsonst gibt es Bemühungen, auch in den alten Bundesländern solche Jugendschulen einzurichten.

Kuntze: Haben Sie das alte Jugendsystem beim SV Werder entsprechend durchgerüttelt oder sogar bestehende Elemente übernommen?

Dörner: Aad de Mos hat ja gesagt, daß alle Jugendmannschaften die Viererkette spielen sollen. Ich finde das ganz in Ordnung. Jugendlichen muß etwas Besonderes angeboten werden, und ich habe meinen Nachwuchstrainern gesagt, daß sie nicht so ausbilden sollen, daß einer ab seinem zehnten Lebensjahr nur noch eine einzige Position spielen kann. Sie müssen alles einmal durchspielen, denn die Spezialisierung kann mit 15, 16 oder 17 Jahren noch früh genug erfolgen.

Kuntze: Ist das zu lange falsch gemacht worden?

Dörner: Das wird häufig falsch gemacht. Ich habe bei meinen DFB-Lehrgängen immer wieder erlebt, daß ich Jugendspieler auf verschiedene Positionen stellen wollte. Dann haben die gesagt: „Trainer, das kann ich nicht." „Wieso nicht?" „Ich hab' das nie gespielt." Dabei ist das der entscheidende Punkt, daß die Jungs alles einmal durchspielen. Das habe ich früher auch gemacht; selbst im Tor habe ich mal gestanden.

Kuntze: Aber von alleine sagt doch keiner, daß er es nicht kann. Das wird doch vielen eingeredet.

Dörner: Ja, klar. Ich hab's bei mir zu Hause erlebt. Als mein Sohn begann, Fußball zu spielen, hat sein Trainer ihn als Libero eingesetzt. Und warum? Weil ich eben auch Libero spielte und weil er auch Dörner heißt. Dann haben die jedes Spiel 10:1 gewonnen, und er hat nie einen Ball gesehen da hinten. Da verliert jeder Jugendliche natürlich die Lust.

Kuntze: Welcher Spielertyp würde denn Ihren Idealvorstellungen entwachsen? Ein anderer, als wir aus dem Bundesligaalltag kennen?

Dörner: Spieler, die mit allen Situationen auf dem Spielfeld zurechtkommen.

Kuntze: Das heißt, daß es jetzt zu viele gibt, die eben nicht mit allen Situationen klarkommen?

Dörner: Ja. Gerade jetzt, wo sich der Fußball sowieso verändert hat, auch vom Regelwerk her, da gibt es erhebliche Probleme auf den Manndeckerpositionen. Da waren die Deutschen jahrelang führend, da hat es Pfeffer gegeben ohne Ende. Z.B. durch Spielertypen wie Jürgen Kohler oder Michael Schulz. Mit dem neuen Regelwerk geht das nicht mehr, da würde ich pausenlos mit zehn Mann spielen. Also muß ich versuchen, Abwehrspieler auszubilden, die zwar zweikampfstark sind, aber die das anders machen als bisher. Die eine ganz andere Technik und Körperbeherrschung besitzen, um den Gegner auszuspielen. Das geht natürlich nicht von heute auf morgen. Da muß man mit 13 oder 14 Jahren beginnen zu schulen, und das dann immer weiter fortführen. Der Trend geht auf jeden Fall dorthin. Wir werden zwar nie so spielen können wie die Südamerikaner oder Afrikaner, aber ein bißchen stärker müssen wir uns den internationalen Gegebenheiten schon annähern.

Kuntze: Dennoch gibt es mit dem alten Spielertypus Erfolge. So ist Deutschland doch Europameister 1996 geworden.

Dörner: Richtig. Aber wenn Sie's genau überlegen, war auch ein gewisses Maß an Glück dabei. Und wenn die anderen Länder zu ihren spielerischen Vorteilen vielleicht noch deutsche Tugenden hinzugewinnen, wird's schwer für uns.

Kuntze: Wie nahe können Sie einen deutschen Jugendlichen dem neuen Spielertypus bringen?

Dörner: Das ist schwer. Das fängt schon bei der Lust an. Die muß eigentlich so groß sein, wie z.B. bei Thomas Häßler. Der wird zwar auch nie wie ein Afrikaner spielen, aber dem merkt man vor allem seine pure Freude an der Bewegung an. Das kann man nicht antrainieren, darauf kann man nur aufbauen. Und wir wollen uns nichts vormachen, ein solcher Spielertyp hat Seltenheitswert. Wenn man die Bundesligaspiele mal richtig analysiert, muß man die Augen zumachen. Aufgrund fehlender Technik und fehlender Taktik. Zuwenig Spieler können ein Spiel taktisch lesen. Leider haben wir insgesamt in allen Mannschaften viel zu viele durchschnittliche Spieler und zu wenig gute Fußballer.

Kuntze: Wo schlummern diese Talente denn? Oder werden sie übersehen?

Dörner: Das glaube ich nicht. Das Sichtungssystem ist in Deutschland so ausgeweitet, da geht keiner durchs Netz. Viel schlimmer ist, daß wir sie später wieder verlieren, so mit 17 oder 18 Jahren. Was ein bißchen daran liegt, daß manche keine Lust haben, sich zu quälen, harte Arbeit zu leisten. Und dann ist es aber auch so, daß die guten Nachwuchsspieler, die mit ihren Mannschaften vielleicht sogar Erfolge feiern konnten, Deutscher Meister oder ähnliches wurden, daß die in den Profi- oder Amateurkader rutschen und glauben, es ginge so weiter. Sie verlieren die Geduld. Dabei ist der Sprung in den Seniorenbereich so, so groß. Ganz egal in welcher Liga. Es gibt natürlich Ausnahmen. Lars Ricken oder Marcus Wedau, die ich ja beide in der DFB-Auswahl trainiert habe. Denen war ihr enormes Talent anzumerken. Aber, der Lars hat seine Chance nur bekommen, weil soviele andere verletzt waren. Wäre das nicht so gewesen, hätte auch er noch Geduld aufbringen müssen.

Kuntze: Glauben Sie, daß ein solch langfristiges Konzept Chancen zur Umsetzung in diesem hektischen Bundesligabetrieb hat?

Dörner: Vordergründig ist natürlich der Erfolg, ganz klar. Auch beim SV Werder. Niemand kann sich heute mehr die Zeit nehmen, um über fünf oder zehn Jahre eine neue Mannschaft aufzubauen. Die Gegenwart ist das, was zählt. Dennoch muß ich den einen oder anderen, der in die Jahre gekommen ist, austauschen. Jedoch nicht immer sofort gegen einen ganz jungen Spieler. Die zentralen Positionen, Torwart, Libero, zentrales Mittelfeld und ein Platz im Angriff, sind dabei besonders wichtig. Ich glaube, daß wir da auf einem guten Weg sind, obwohl wir sicher noch ein, zwei Jahre brauchen, um eine Mannschaft zu haben, die allein rein altersmäßig gut mithalten kann. Wir haben aus diesem Grund einige junge Leute aus dem In- und Ausland verpflichtet. Wir bemühen uns auch, aus unserem jetzigen Nachwuchs- und Amateurbereich Spieler zu rekrutieren. Wobei dieses momentan noch zu früh wäre. Nur kann ich diesen Prozeß nicht künstlich beschleunigen, indem ich einen radikalen Schnitt machen würde. Sehen Sie, als der Otto Rehhagel sich ältere Spieler in die Mannschaft geholt hat, Spieler wie Burgsmüller oder Allofs, da waren die anderen Säulen auch noch jünger als heute. Da waren Oliver Reck und Dieter Eilts Mitte oder Ende zwanzig. Jetzt sind sie über dreißig. Das ist schon ein Unterschied. Von daher ist dieser Schnitt jetzt unabdingbar. Das hätte auch Aad de Mos gemacht, und das würde jeder andere Trainer machen. ■

Teil 3

Die Vereinsgeschichte 1899 - 1987

SV »Werder« – ein Verein, der nicht erst heute Geschichte macht

Fällt der Name SV „Werder", so erscheint bei jedem das Bild, das durch alle Medien hinlänglich übermittelt wird: Spitzenfußball in der Bundesliga, erfolgreichster Bremer Sportverein und Aushängeschild der Hansestadt, wirtschaftlich gesunder und seriös geführter Verein usw. Weniger bekannt sein dürfte den meisten, daß der SV „Werder" auf eine Vereinsgeschichte zurückblicken kann, deren Anfänge bis in die Pionierzeit des Fußballs in Deutschland zurückreichen.

Bedenkt man die große Bedeutung, die dieser Verein für den bremischen Sport (und nicht nur den!) hat, dann versteht es sich von selbst, daß sich unmittelbar aus seiner Vereinsgeschichte eine Vielzahl von Verknüpfungen und Wechselbeziehungen zur gesamten bremischen Sportgeschichte, seiner Sozial- und Kulturgeschichte, also seiner „Geschichte insgesamt" ergeben.

Anders als vielfach geurteilt, läßt sich am Fußball und seiner Entwicklung ein Stück Zivilisationsgeschichte erkennen. Manche unheilvollen und kritikwürdigen Phänomene des aktuellen Profi-Fußballs können erst dann wirklich eingeschätzt werden, wenn verdeutlicht wird, wie er zu dem geworden ist, was er ist.[1]

Norbert Elias führt dazu aus:[2] „Was wir heute vor allem sehen, was im Fußball ins Auge fällt, sind die vielfältigen Gewalttätigkeiten, sei es von Seiten des Publikums, sei es mitunter innerhalb der Mannschaften selber. Die Aufmerksamkeit lenkt sich also, wie so oft, mehr auf die Ausnahmen und das Außergewöhnliche als auf die normalen Spiele, von denen ja sehr viele eben doch eine Form des Kampfes nach Regeln darstellen, die gewissermaßen die Nachahmung von Kämpfen sind. Denn das ist nun einmal ein Fußballspiel: Im Kern ist es eine Figuration von Menschen, die in einer kontrollierten Spannung zueinander stehen, und die Frage ist, wie diese Spannung eigentlich unter Kontrolle gehalten wird."

Betrachtet man die Entstehungsgeschichte des Fußballs in Deutschland, so muß man diese Sportart von ihrem Ursprung her eindeutig als „bürgerlich" bezeichnen. Gerade der Zusammenhang von bürgerlicher Jugendlichkeit und Gruppenbildung Gleichaltriger sowie die Orientierung an das Schüler- und Studentenverbindungswesen stellen wenig bekannte soziale Grundvoraussetzungen für alle Fußballvereinsgründungen in Deutschland dar.[3]

Die tiefgehende und alle Lebensbereiche umfassende Umstrukturierung der Gesellschaft im Zuge der Industrialisierung mußte verschiedene „Antworten" finden. So ist einmal die Bildungs- bzw. „Reform-Pädagogische" Diskussion zu verstehen, aus der heraus sich die Realgymnasien entwickelten. Zum zweiten mußten die Jugendlichen „Antworten" finden, die anders geartete Sozialisation und „Suchbewegung(en)" ermöglichten. Solche Antworten sind beispielsweise neben der uns hier interessierenden Fußballbewegung die einige Jahre später auftauchende „Wandervogelbewegung" gewesen.[4]

Wie dem genaueren Betrachter bekannt sein dürfte und wie der Leser aus diesem Buch ersehen wird, gab es beim SV „Werder" immer wieder Personen mit innovativen Ideen, die „Geschichte machten". So ist auch das vom Präsidium des Vereins eingerichtete (ehemals hauptamtliche) Projekt zur Vereinsgeschichte zu verstehen, das die Spuren der Geschichte des Vereins aufsucht.[5] Daß hier nicht nur die erfreulichen Seiten der Vereinsgeschichte beleuchtet werden sollten, ist dem Präsidium des SV Werder Bremen, aber insbesondere dem Vize-Präsidenten Klaus-Dieter Fischer zu verdanken. Dieser hat sich immer schützend vor das „Geschichtsprojekt" gestellt und die Mitarbeiter ermuntert, auch die dunkleren Kapitel der Werder-Geschichte mitzubeleuchten. Im Rahmen dieses Projekts sind beispielsweise zwei Bücher entstanden: 1. „SV 'Werder' Bremen von 1899. Bilder und Dokumente aus der Geschichte"; Steintor-Verlag; Bremen; 1988; 2. „Neunzig Jahre SV 'Werder' – 1899-1989"; Verlag Bremer Tageszeitungen AG; Bremen; 1988.[6] Auch aufgrund der in diesem Zusammenhang erarbeiteten Ergebnisse wird für Februar 1999 eine Ausstellung „100 Jahre Werder" im Fockenmuseum, Bremen vorbereitet.

Vereinsgeschichtsforschung ist gleichzeitig Vereinskulturforschung. Von daher eröffnet der Blick in die Werdergeschichte Sichtweisen für aktuelle Schwierigkeiten inner- und außerhalb der Sportvereine. Es muß hier etwas geschehen, sieht man den teilweise rapiden Mitgliederschwund, das verringerte ehrenamtliche Engagement in den Vereinsgremien und die oftmals verschenkte Gelegenheit der Öffnung der Vereine in die Kommune und Entwicklung ihrer sozialen Verantwortung. Vielleicht ergeben sich Ideen aus den bei Werder gemachten Erfahrungen.

Bevor ich auf die geschichtliche Entwicklung des SV „Werder" eingehe, werden Vorgeschichte und sozial-kulturelle Bedingungen, die zur Vereinsgründung führten, ansatzweise beleuchtet werden. Dieses wird geschehen insbesondere unter den auch Roland Binz[7] bewegenden Fragestellungen für das letzte Jahrzehnt des letzten Jahrhunderts: „Welche Ursachen und Voraussetzungen lagen der Herausbildung einer „Jungen-" bzw. „Knabenwelt" zugrunde?„ „In welchen institutionellen Zusammenhängen konnte sie sich mit dem Fußballspiel zum Fußballvereinswesen ausprägen?" „Welche Gründe existierten für die Jugendlichen, eine Vereinsgründung vorzunehmen?" „Inwieweit war dieses eine Reaktion auf soziale und strukturelle Entwicklung im Kaiserreich?" „Wie stellte sich das alles für die Werder-Gründung dar?"

Vorgeschichte und Vereinsgründung

Der dreimalige Deutsche Fußballmeister und dreimalige Pokalsieger, nämlich der 1899 von 16jährigen aus handelsbürgerlichen Schichten stammenden Schülern als Fußballverein (FV) gegründete und 1920 zum Sportverein (SV) erweiterte „Werder", repräsentierte von Beginn an Bremens „bessere Kreise", wobei der Name „Werder" lediglich auf die geographische Lage des Sportplatzes an der Weser hinweist.[8] Er kann auf eine Geschichte zurückblicken, die vor der Jahrhundertwende begann. Damit, und insbesondere wenn man die Vorgeschichte mitbetrachtet, gehört dieser Verein zu den traditionsreichsten Sportvereinen in Deutschland.

Man muß sich vergegenwärtigen: Im letzten Jahrzehnt des letzten Jahrhunderts beherrschte das Turnen auch in Bremen die Szenerie. Die aufkommende Spielbewegung, zu der die „Fußballbewegung" zu zählen ist, versuchte den Vormarsch. Sport und Spiel im Freien wurde von manchem Pädagogen progagiert und fand sich 1822 auch im „Spielerlaß" wieder. Damit verbunden war eine Kritik am hallengebundenen, stark disziplinierenden und formalistisch zergliederten Schulturnen.[9]

Es sollte der Körper der Jugend ganzheitlich(er) herausgebildet werden und der Geist sich „frei" entwickeln können. Damit sind seine exponierten Vertreter in der Regel eingebettet in „Reformpädagogische Bewegungen".[10] Damit waren gleichzeitig unterschiedliche politische Positio-

Stimmen zum Spiel

„Je zwei besenstieldicke Stangen, die mit einem weißen Band verbunden waren, dienten als Tor" (und wurden als „deutsches Tor" bezeichnet, H.K.).
(aus: Chronik: 40 Jahre SV Werder)

Kein Spielfeld durfte gegen den scharfen Ostwind angelegt werden. Spieler mußten wollene Unterwäsche tragen. „Bei Außentemperaturen von zehn Grad durfte nicht mehr gespielt werden, um eine übermäßige Erhitzung der Knaben zu vermeiden".
(Fußballregeln nach dem Fußball-Pionier Konrad Koch, 1875, S. 43)

In der „Illustrierten Zeitung" erscheint 1881 eine Artikelserie über „Moderne englische Spiele zum Zwecke der Einführung in Deutschland", Teil III:
„Das Fußballspiel beschränkt sich auf Herbst und Winter und das starke Geschlecht und bei ihm vorzugsweise auf die wilde Jugend von 15 Jahren aufwärts. Es ist in der Tat ein wildes nerven- und sehnenstärkendes Spiel und dauert wegen der damit verbundenen Anstrengung kaum je länger als eine Stunde... Fußballkämpfe sind wie geschaffen, die Wirkung langer Tage Arbeit und Schulluft abzuschwächen."

„Berufsspieler ist jeder, der um einen Geldpreis oder eine Entschädigung spielt, oder aber zum Zwecke der Lebensunterhaltung Unterricht in dem von ihm betriebenen Sportzweig erteilt hat oder der als Spieler für Reisen eine Entschädigung in Geld, Geldwert oder Gegenständen erhalten hat, die seine Reise- und Unterhaltungskosten nach Ansicht des Bundesausschusses erheblich übersteigen oder der für verlorene Zeit entschädigt worden ist."
(DFB-Satzung, veröffentlicht 1906)

„In einem speziellen Raum wird der an verschiedenen Orten der Arena aufgenommene Ton gemischt, so daß der Zuschauer in den Logen die Zurufe der Spieler, den Schlag gegen den Ball sowie die Stimmung auf den Rängen mit einer Authentizität vernimmt, die kaum noch zu übertreffen ist".
(Neue Züricher Zeitung über moderne Logenplätze, zit. nach Schulze-Marmeling, Der gezähmte Fußball, S. 238)

nen zur Turnbewegung verbunden. So standen volkstumsbewußte und national-liberale bis nationalistische Positionen der Turner gegen freiheitlich-demokratische der Vertreter der Spielbewegung.

Diese anfänglich ungleiche Konkurrenz war von seiten der Turner mit mancher Polemik unterlegt. Wenn man sieht, mit welcher Schärfe z.B. Vertreter der mehr und mehr in die Defensive gedrängten Turnbewegung auf die neue Sportart Fußball reagierten, kann man ermessen, welchen Weg er in Deutschland noch vor sich hatte. So wurde der Fußball als „Fußlümmelei" bezeichnet, als „häßlich" tituliert und als „undeutsch" abgeschmettert.

Um das damals noch in Rugby-Fußball und Associationsfußball geschiedene Fußballspiel zu diffamieren, wurde beispielsweise 1898 von Karl Planck in seiner 16seitigen Kritik am Fußball bzw. „Stauchballspiel" formuliert:[11] „Laßt Euch doch lieber beide Arme abhacken oder mit Lederriemen doppelt und dreifach an den Leib schnüren! Sie sind ja doch nur stete Versuchung bei Eurem wundersamen Spiel! Und dann: Läge es eigentlich nicht ganz im Zuge des Spiels, wenn den Teilnehmern auch noch der Kopf abgesprochen würde! Der Mensch wäre dann nur noch ein ungeheurer Stiefel." Planck spricht vom Fußball als dem „Stauchen", vom „Fußtritt als den ganz gemeinen Hundstritt" und bezeichnet alles als „Fußball-Cancan", was den Menschen zum Affen mache.[12] Die polemische Kritik basierte u.a. auf der grundlegenden Verachtung des Fußes, den man nur benutze, wenn etwas für die Hände nicht fein genug sei. Auch wurde auf die (vermeintliche) Gefährlichkeit abgehoben: „Die Todesfälle, die durch das Spiel in England allein schon herbeigeführt worden sind, und zwar zumeist 'durch Fußtritte in den Unterleib, die Magengrube, gegen das Rückgrat oder gegen den Kopf' zählen schon nach Hunderten, wenn nicht nach Tausenden...'"

Als undeutsch wurde das Spiel bezeichnet, weil seine Wiege in England stand und es andere Begleitumstände als die „deutsche" Turnbewegung mit sich brachte. Auch das „Drum und Dran", beispielsweise die lautstarke Begeisterung der Zuschauer, wurde als „englisch" bezeichnet und (damit) kritisiert. So war das Fußballspiel „jugendlicher", „wilder" und „körperlicher"; die Zuschauer gingen entsprechend engagiert mit.

Für Pädagogen war es nicht einfach, andere Vorstellungen zu leben und im Rahmen des Turnunterrichts anzubieten. Manche meist in höheren Schulen tätige Turnlehrer bauten vorsichtig den Fußball in den Unterricht ein oder „ermunterten" die Schüler, diesen Sport außerhalb der Schule zu betreiben.

Reichlich feuchte Feste und „Bierzeitungen" gehörten seit der Gründung zum Umfeld des Vereins. Hier eine Ausgabe von 1906.

Bedeutend für „Werder" war der alljährlich am 2. September gefeierte und auch in den Kanon der politischen Feierlichkeiten der Turnbewegung gehörende „Sedantag", bei dem u.a. im Rahmen von „Jugendturnen" der Kapitulation eines großen Teils der französichen Armee im Deutsch-Französichen Krieg 1870/71 gedacht wurde. Im Rahmen der Feierlichkeiten im Jahr 1898 sollen (nach nicht endgültig dokumentierter Überlieferung) etwa 16 Schüler der (Privat-)Realschule von C.W. Debbe, einer „Höheren Lehranstalt für Knaben von 9 - 16 Jahren", die auf „bürgerliche Berufssparten ohne besondere Fachstudien" vorbereitete, bei einem Tauziehen im Rahmen des „Jugendturnens" (andere Unterlagen sprechen von einem Staffettenlauf) einen Fußball gewonnen haben.[13] Daraufhin wären sie auf der von einem Vater dieser Jungen gepachteten Wiese dem Leder nachgejagt.[14]

Die Gründung des Vereins

Gleichfalls wenig eindeutig verhält es sich mit dem Datum der Gründung des FV „Werder". Es gibt unterschiedliche Angaben, weil kein Gründungsprotokoll vorhanden ist – wahrscheinlich wurde aber auch nie eines verfaßt. „Es werden zwar unterschiedliche Tage angegeben, alle Angaben beziehen sich aber auf den Anfang Februar 1899, nämlich den 1., 2., 4. oder 5. Februar. Wenn man davon ausgeht, daß ein gewöhnlicher Wochentag wohl weniger wahrscheinlich ist als ein Tag am Wochenende, so spricht eigentlich alles für folgende Schilderung eines Beteiligten: 'Die Gründungsversammlung des 'Fußball-Verein Werder' fand statt am Sonnabend, dem 4.2.1899, in der Veranda des Restaurants 'Kuhhirten'."[15]

Die soziale Herkunft der jugendlichen Vereinsgründer fand seinen Ausdruck auch in der Art zu feiern. So galt es bei Vereinsfeierlichkeiten wie Mitgliederversammlungen, Stiftungsfesten, aber auch nach Fußball-(Freundschafts-)Spielen, die „gesellschaftliche Stellung unseres Vereins auf der Höhe zu halten". Aus welchen Kreisen die Mitglieder kamen und wie und wo man „sehr feucht-fröhlich" feierte, daran sollte jeder sehen können, wo der FV „Werder" seine soziale Heimat sah. So wurde nicht einfach „gefeiert", sondern man feierte „Kommerse", zu den „Stiftungsfesten" wurden „Bierzeitungen" erstellt. Da wurde gesungen, getrunken, spektakelt und Unfug gemacht, bis der Stoff alle war".[16]

Werders Fußball in der Frühphase

Nachdem in den ersten Monaten keine Wettspiele,[17] sondern Freundschaftsspiele durchgeführt, ansonsten auf dem „Kuhhirten" gebolzt wurde, trat die Werder-Mannschaft im Spätsommer 1899 mit zwei Spielen gegen den Allgemeinen Bremer Sportclub von 1891 ins bremische Fußballgeschehen ein. Diese waren der Auftakt einer harten fußballerischen Konkurrenz beider Vereine, die sich letztlich etwa drei Jahrzehnte hinziehen sollte.

Wie aber sahen die Bedingungen aus, unter denen die Jugendlichen der neuen Mode frönten? In den Vereinsnachrichten vom Dezember 1937 schreibt Fritz Düring rückblickend: „...Ein altes weißes Hemde wußte jeder zu Hause aufzutreiben. Von Vaters Hosen wurde einfach das überzählige Stück abgeschnitten. Unter ein paar alte Straßenstiefel mußte der Hausschuster kunstvoll Klötze schlagen, und schon war die Fußballausrüstung fertig...; von Fußballspielern wollten erwachsene Menschen oder gar unsere Eltern nichts wissen. Der sogenannte 'rohe Sport' war verpönt, und fast die Hälfte der jungen Gründer huldigten dem Sport ohne Wissen ihrer Eltern. (...)"

Der Hauptwert wurde auf ein grünes Käppchen gelegt, das jeder Spieler beim Spiel auf dem Kopf hatte... Kopfspiel wurde anfänglich überhaupt nicht betrieben... Die Schüler waren an jedem Nachmittag draußen. Der Sonntag gehörte den Erwachsenen, die in der Hauptsache Kaufmannslehrlinge darstellten... Die meisten Spieler kamen über die Sielwallfähre; damals ein würdiger viertelstündiger Bootsbetrieb mit 'holöber'! Bei Frost war der Zugang schwerer; doch wir wußten uns auch über die zugefrorene Weser einen Weg nach unserem geliebten Kuhhirten zu bahnen... (Der Werdersee wurde erst später angelegt und verbaute noch nicht den Weg. H.K.) Dann wurde gebolzt bis zum lieben Abend..., und es ging heimwärts oder noch zu einem kleinen Schoppen bei Reimers am Sielwall... Bakker war überhaupt bald in Bremen *der* Torwart. Wo er auch war, ihn begleitete dauernd eine Schar Jungens, die ihn ehrfurchtsvoll bewunderten, die über seine Kühnheit und Witzigkeit lachten. Wenn er den Ball in seinen großen Fäusten sozusagen versteckte, wenn er den Ball auf dem Finger tanzen ließ und damit an den Gegnern vorbei jonglierte!" Besonders die letzten Zeilen lassen darauf schließen, daß zumindest die Regeln für den Torwart aus heutiger Sicht recht wunderlich waren.

Zur Spielweise heißt es bei Wallenhorst/Klingebiel:[18] „Es ging natürlich äußerst idyllisch her, die Cracks, die es damals auch schon gab, dominierten, und wenn ein Neuling im Laufe des Nachmittags den Ball so

Spieler des FV Werder in grün-weiß geviertelten Hemden, wie sie im Verein zwischen 1901 und 1903 getragen wurden.

zwei- bis dreimal treten konnte, dann hatte er Glück gehabt. Gepaßt wurde nur, wenn es absolut nicht anders ging, meistens jedoch gar nicht, da der glückliche Besitzer des Balles denselben meist vorher schon los war. Schnelligkeit und Körperkraft waren Trumpf, mit solchen Kleinigkeiten wie Stellen, Abgeben etc. gab man sich gar nicht ab, außerdem kannte man so etwas ja auch nicht, und woher sollte man es wissen. Es hieß also in der Hauptsache: Immer feste druff, und alles, was sich in den Weg stellte, wurde überfahren..."

Nicht nur die Spielkleidung wechselte 1900 und 1903, wobei grünweiß sich endgültig durchsetzte, sondern auch die Spielplätze und die Vereinslokale. In den Anfangsjahren mußte man sich verschiedene Male ein neues sportliches „zu Hause" in der Bremer Neustadt suchen. Auch die im Stadtzentrum gelegenen Vereinslokale mußten manches Mal gewechselt werden.

Ab 1902 verpflichtete „Werder" recht regelmäßig ausländische Mannschaften zum Kräftemessen. Insbesondere diese Treffen, wenngleich sie in der Regel verloren gingen, standen hoch im Kurs. Bei einem solchen Spiel – gegen Rotterdam – wurde erstmals Eintrittsgeld genommen. „Und daß die Rechnung auch ökonomisch aufging, zeigt noch eines: Nur sechs Jahre zuvor, beim ersten 'Wettspiel' des Vereins schauten insgesamt achtzehn Personen zu, allesamt Mitglieder des eigenen oder des gegnerischen Vereins. Die Fußballanhänger waren hier noch völlig unter sich. Nun aber, im Jahre 1905, war der Fußball in Bremen schon so populär geworden, daß man bei besonders attraktiven Spielen mit einem vergleichsweise massenhaften Interesse einer breiten Öffentlichkeit rechnen konnte, wenn auch die 'Masse' sich vorläufig auf einige hundert Zuschauer beschränkte..."[19]

Werders Fußball Anfang des Jahrhunderts

Nach der „Ersten Bremer Meisterschaft" 1899 gelang es dem FV „Werder" in der Saison 1902/03 (sowie 1904/1905 nach Liga-Neugliederung) auf Bremer Ebene erstmals, aus dem Schatten des ehemals übermächtigen Allgemeinen Bremer Sportclub von 1891 zu treten. Das Aushängeschild des Vereins, die erste Mannschaft, wurde Meister der Bremer „A-Klasse" vor dem ungeliebten Konkurrenten. Komplettiert wurde dieser Erfolg durch die Meisterschaften der 2. und 3. Mannschaft in der Bremer „B-" bzw. „C-Klasse".

Wie weit der Vorsprung der nationalen Fußball-Spitze war, wird daran deutlich, daß Werder nicht für die erstmals ausgetragene Deutsche Meisterschaft 1903 gemeldet hatte.[20]

In der Saison 1905/06 als Meister des Bezirks VIII Bremen/Unterweser verlor der FV Werder Bremen im norddeutschen Semifinale in und gegen Braunschweig mit 5:2. In der Saison 1909/10 konnte man in dieser Klasse als Meister erstmals ins norddeutsche Endspiel vordringen, verlor im April 1910 jedoch gegen den späteren Deutschen Vize-Meister FC Holstein Kiel in Hamburg mit 7:1.

In diese Phase fiel auch Werders wahrscheinlich erstes Wettspiel gegen eine auswärtige Mannschaft. Am 30. März 1902 spielte die erste Mannschaft in Groningen gegen die „Groninger Football Vereeniging Be Quick", verlor jedoch mit 0:3. Solche Spielabschlüsse waren natürlich nicht verwunderlich bei Spielern, deren Kaufmannsväter zahlreiche Auslandskontakte hatten. Aus gleichem Grund spielten bei Werder ausländische Spieler früh eine Rolle. „Mehrere Ausländer haben sich den Grün-Weißen angeschlossen – es sind junge Engländer und Holländer, die beruflich in Bremen tätig sind. Linksaußen Archie Stoddard und der stets fröhliche Jantje Steinmetz sind stadtbekannt. Der baumlange Keeper Bakker gilt als unüberwindlich. Während des Spiels sitzt er auf einer alten

Holzkiste gemütlich in seinem Gehäuse. Bei Angriffen der 'feindlichen' Stürmer erhebt er sich und boxt mit seiner enormen Faust den Ball ins Feld zurück!" schreibt Hans-Dieter Baroth.[21]

Zum gleichen Thema finden wir in der Vereinschronik „40 Jahre SV Werder" beim Ergebnisdienst für das Jahr 1900: „Erinnert sei an die Gebrüder Wagener, Jan Steinmetz, den langen Bakker, Archie Stoddard usw." Und: „Fritz Düring erinnert sich 1937 noch an die 'damaligen holländischen Lehrmeister Jopie und Cas Wagener', die vor allem ein geschicktes Kombinationsspiel beherrschten." Auch erinnert er an den knapp zwei Meter großen holländischen „Goalkeeper" Bakker und bezeichnet ihn als *den* Torwart. „Wo er auch war, ihn begleitete dauernd eine Schar Jungens, die ihn ehrfurchtsvoll bewunderten...Wenn er bei Regenwetter während des Wettspiels im Tor auf einer Kiste saß und einen Regenschirm über seinem Kopf hielt! – Kam dann der Gegner, kriegte erst die Kiste einen Fußtritt. Auch der Schirm flog nach hinten ins Netz! Nur den Ball brachte der Gegner nicht in den Kasten."[22]

Obwohl der sportliche Ehrgeiz bei Werder immer recht stark ausgeprägt war, artete so manche „dritte Halbzeit"[23] in eine feuchtfröhliche Feier der Spieler und Vereinsmitglieder aus. Schon in dieser frühen Phase der Vereinsgeschichte wurde beklagt – solches sollte sich wegen struktureller Einschnitte etwa jedes Jahrzehnt wiederholen –, daß der Verein mehr und mehr auseinanderfalle und die Geborgenheit der „Werder-Familie" damit verlorengehe. Beispielhaft sei aus den „Vereinsnachrichten" (VN) vom 1. Dezember 1911 unter der Rubrik „Herrenabend" folgendes zitiert: „Auf Wunsch verschiedener Mitglieder sind die früher so beliebten Herren-Abende wieder eingerichtet worden, wodurch die Geselligkeit in unserem Verein gehoben werden soll. Diese Verfügung ist mit Freuden zu begrüßen, da durch dieselbe die Mitglieder einander besser kennenlernen und mehr Fühlung gewinnen. Es sei deshalb an dieser Stelle besonders darauf hingewiesen und um eifrigen Besuch gebeten ..."

Schon im ersten Jahrzehnt des Vereins werden erste Schwierigkeiten mit den Zuschauern dokumentiert. Erstmals für das Jahr 1908 findet sich anläßlich eines Spiels ein Schriftverkehr, in dem die Werderaner um Polizeischutz baten, weil „Schutzlosigkeit gegenüber dem pöbelhaften und uns schädigenden Benehmen ganzer Trupps halbwüchsiger und älterer Burschen dem Verein zu schaffen machen".[24]

Insgesamt läßt sich feststellen, daß aufgrund höheren Spielniveaus und der sich einstellenden fußballerischen Erfolge die Zuschauerzahlen stiegen. Ab etwa 1906 wurde der Platz an der Huckelriede mit „Rapper"

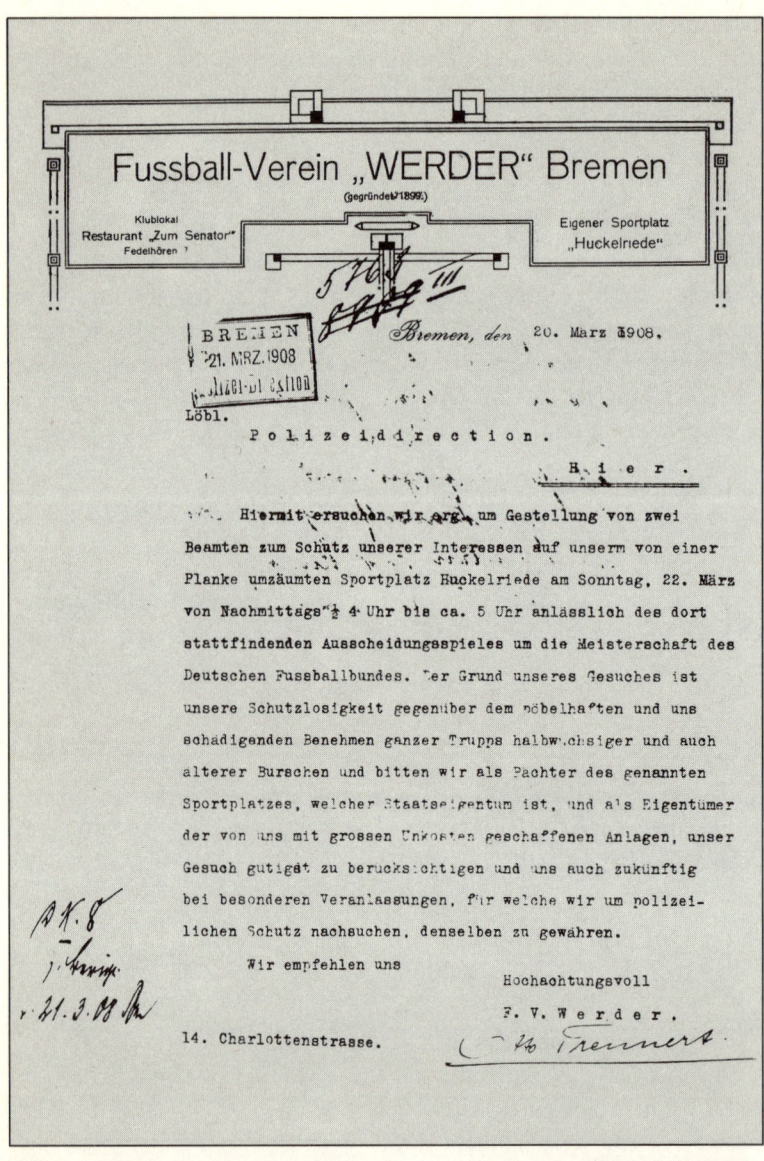

Fussball-Verein „WERDER" Bremen
(gegründet 1899.)

Klublokal
Restaurant „Zum Senator"
Fedelhören ?

Eigener Sportplatz
„Huckelriede"

BREMEN
21. MRZ. 1908

Bremen, den 20. März 1908.

Löbl.

Polizeidirection.

Hier.

Hiermit ersuchen wir erg. um Gestellung von zwei
Beamten zum Schutz unserer Interessen auf unserm von einer
Planke umzäumten Sportplatz Huckelriede am Sonntag, 22. März
von Nachmittags ½ 4 Uhr bis ca. 5 Uhr anlässlich des dort
stattfindenden Ausscheidungsspieles um die Meisterschaft des
Deutschen Fussballbundes. Der Grund unseres Gesuches ist
unsere Schutzlosigkeit gegenüber dem pöbelhaften und uns
schädigenden Benehmen ganzer Trupps halbwüchsiger und auch
älterer Burschen und bitten wir als Pachter des genannten
Sportplatzes, welcher Staatseigentum ist, und als Eigentümer
der von uns mit grossen Unkosten geschaffenen Anlagen, unser
Gesuch gutigst zu berücksichtigen und uns auch zukünftig
bei besonderen Veranlassungen, für welche wir um polizei-
lichen Schutz nachsuchen, denselben zu gewähren.

Wir empfehlen uns

Hochachtungsvoll

F. V. Werder.

14. Charlottenstrasse.

**Hilfeersuchen des Vereinsvorstandes an die Bremer Polizeidirektion:
Man rechnete mit „dem pöbelhaften und uns schädigenden Benehmen
ganzer Trupps halbwüchsiger und auch älterer Burschen". (1908)**

umzäunt und Eintritt verlangt. Diese Entwicklung kommentierte der erfolgsorientierte „Abbi" Drewes später: „Die ersten Holzplanken um die Fußballplätze waren die Sargbretter des Amateurgedankens!"

Ohne Beteiligung Werders wurde zur Saison 1908/09 erstmals der Kronprinzen-Pokal, in dem die Fußballverbände gegeneinander antraten, ausgespielt. Dieser Wettbewerb wurde zu Ehren des Kronprinzen Wilhelm bzw. Kronprinzen Friedrich Karl von Preußen veranstaltet, die die Fußballbewegung tatkräftig unterstützten oder selbst Fußball spielten. Der Pokal stellte folgerichtig einen immensen Propagandawert dar.[25]

Erstmals gegen eine englische Mannschaft

Die Wellen der Begeisterung schlugen in Bremen besonders hoch, als 1909 erstmalig eine Profi-Mannschaft aus dem Mutterland des Fußballs gegen Werder antrat. Zu diesem Spiel gegen die nicht englische Spitze darstellende Mannschaft von Hartlepool United FC am Pfingstmontag startete Werder wohl erstmals eine Werbekampagne, wobei u.a. Plakate gedruckt wurden. „Außerdem setzten die Werderaner 'Annoncen, Sandwichmen und Depeschen' mit der Überschrift: 'England gegen Deutschland' ein. Auch die Bremer Nachrichten kündigten dieses Ereignis in einem völlig ungewohnten Umfang an; gleich dreimal ... wurde auf das Spiel hingewiesen."[26]

Dieser Aufwand sowie die Spannung läßt sich nur damit begründen, daß es gegen einen Gegner gehen sollte, der „richtig" Fußball zu spielen verstehen würde. Es wurde besonders darauf hingewiesen, daß nach internationalen Regeln gespielt werden sollte, und ein Engländer wurde als Schiedsrichter eingesetzt, wohl weil man keinem Einheimischen korrektes Pfeifen zutraute! Vor einer für damalige Verhältnisse großen Zuschauerkulisse zeigten die Engländer eine bisher nicht gesehene Spieltechnik. So werden besonders die vorbildlichen Kombinationen der Engländer erwähnt, die wahre Beifallsstürme der Zuschauer zur Folge hatten. In den Bremer Nachrichten war beispielsweise von geradezu blendendem Kombinationsspiel die Rede. Mindestens ebenso wichtig wie das sportliche Kräftemessen war aber der Demonstrationseffekt für alle sportinteressierten Bremer. Die relativ knappe Niederlage von 2:4 wird wohl der englischen Zurückhaltung zuzuschreiben sein.

Werders Gründergeneration war „in die Jahre gekommen", so daß im Bereich der jugendlichen Spieler etwas getan werden mußte. In den Vereinsnachrichten („Die Grüne" genannt) im November 1911 wird über die

Nachwuchsförderung besonders eingehend geschrieben, daß spezielle Jugendmannschaften auf recht hohem Niveau gebildet wurden. So wurden – nach dem Beispiel der Herren-Mannschaften – Verbands- und Bezirksspiele eingeführt. In der ersten Jugendmannschaft finden wir Namen wie beispielsweise den des allseits geschätzten und späteren „Multi-Funktionär" Alfred Ries.

Obwohl bisher der Fußball bei Werder – fünf Herrenmannschaften konnten gebildet werden – eindeutig dominierte, betrieb man auch andere Sportarten. So wurde von Beginn an auch der Leichtathletik sowie dem Rudern und Schwimmen gefrönt. Einerseits verstand man diese Sportarten als eine Art „Ausgleichssport", andererseits war man ja auch Teil der (neuen) Spielbewegung. Manche leichtathletische Erfolge auf u.a. vom „Verband Bremer Fußballvereine" durchgeführten Sportfesten konnten Werders Aktive erringen.[27] Ab etwa 1906 kann man von einer regelrechten Leichtathletik-Abteilung bei Werder sprechen. Mancher Sportler trat nur dem Verein bei, um diesen Sport zu betreiben.

Werders Rolle im Betrieb der norddeutschen Liga war zunächst bescheiden.[28] Nachdem der Fußball landesweit durch die Ausspielung zum Kronprinzenpokal ab Saison 1908/09 einen immensen Propagandaschub erzielte und Städtespiele[29] ab 1906 große Popularität und Publikumsinteresse erlangten, finden wir auch in überregionalen Vergleichsspielen einige wenige Werder- (und einzige Bremer) Auswahlspieler. Erstmals für Werder (und Bremen!) wird Stürmer Joseph Lutter am 10.10.1909 in die Elf Norddeutschlands berufen (2:5 Niederlage gegen Mitteldeutschland). Im Jahr 1911 folgten Hermann („Aunti") Schlengemann als Stürmer und „Ado" Theilen als Verteidiger. „In Norddeutschland existierten Anfang des 20. Jahrhunderts bereits sieben regionale Fußballverbände, die sich zusammenschlossen und am 15. April 1905 in Hamburg den 'Norddeutschen Fußball-Verband' (NFV) gründeten. [Dazu zählte auch:] III. 'Verband Bremer Ballspielvereine'."[30]

Persönliche Differenzen insbesondere nach sportlichen Mißerfolgen traten auf, wie z.B. die sog. „Segnitz/Trennert-Krise", und drohten die „Werder-Familie" zu beschädigen. Darüberhinaus gab es unterschiedliche Auffassungen über die Spielweise der ersten Mannschaft („Kick and rush gegen Kombinationsfußball"), den Trainingseifer und -einsatz. In den folgenden Jahren sollten auch andere Elemente der früher lockeren Spielauffassung in die Kritik geraten: So wurde Unpünktlichkeit bei Spiel und Training und unsportliche Lebensführung mit Strafandrohung belegt. Auch kann man vor allem „nur solche Spieler in unseren Mann-

Vermutlich das erste Bild, das auf dem neuen Platz in der Huckelriede entstand: 1906 vor oder nach einem Spiel gegen Werders Platznachbarn VfB Komet. Von den Spielern sind zu erkennen (von links): Schlengemann, Theilen, G. Will, Ludewig, O. Sehlbrede, Bächer, J. Lutter, Düring, Töbelmann.

schaften gebrauchen, auf welche unbedingter Verlaß ist, welche, wenn es regnet oder friert, nicht lieber zu Hause beim warmen Ofen bleiben, wie es in jüngster Zeit leider des öfteren vorgekommen ist."[31]

Zu Beginn des zweiten Jahrzehnts finden sich in den Vereinsnachrichten verschiedentlich – in Analogie zu den frühen 1990er Jahren – kritische Anmerkungen zur Berichterstattung der (Bremer) Zeitung(en).

Eine weitere Parallele läßt sich finden zum heutigen Grußwesen in den bundesdeutschen Fan-Zeitungen: Diverse Brief- und Kartengrüße verschiedenster auswärts weilender Werder-Mitglieder werden in jeder Ausgabe der Vereinsnachrichten abgedruckt. Ähnlichkeiten in Formulierung und Sprachstil mit diesen Fan-Zines sind frappierend.

Schon in den frühen Fußball- bzw. Sportvereinen bestand das Geschehen im Verein, auch „Vereinskultur" genannt, aus mehr als „nur" der Organisation des Sportbetriebes. So wird in einem Beitrag der VN vom 1.6.1912 unter der Rubrik „Bekanntmachung" mit Überschrift „Wandervogel" folgendes formuliert: „Vielseitigen Wünschen entsprechend,

„Wie man richtig Fußball spielt"
Aus den Werder-Vereinsnachrichten vom 1. August 1912

„...Es gibt bekanntlich zwei Arten des Associations-Fußballspiels: das Kombinations- und das Stoß- und Laufspiel. Diese letztere Spielart ist meistens nur auf ein paar ganz befähigte Spieler zugeschnitten, doch von einem Zusammenarbeiten der ganzen Mannschaft ist herzlich wenig zu sehen. Wenn diese Spielart auch wohl des öfteren von Erfolg gekrönt ist, so ist derselbe meistens doch nicht von langer Dauer, da häufig der Verlust eines dieser guten Spieler, auf welche das ganze Spiel aufgebaut war, den Zusammenbruch der ganzen Mannschaft herbeiführt.

Viel anders dagegen ist das Kombinationsspiel; da kann sich so leicht keiner hervortun. Die ganze Arbeit greift Hand in Hand, jeder tut seine Pflicht; die Art des Spielens wird zum Erfolg und den Teilnehmern zur Freude. An eine Müdigkeit nach den schwersten Kämpfen ist nicht zu denken, und Verletzungen kommen im Gegensatz zu der anderen Spielart ganz selten vor... Hervortun, Faulheit auf anderer Spieler Kosten, große Reden halten etc etc gab es (beim VfB Leipzig, von wo der Autor kam, H.K.) nicht... Hier vereinten sich 11 Mann zu einem einzigen Ganzen, und die Arbeit war gleich einem Uhrwerk. Wir griffen meistens mit den Flügeln an. Entweder unternahm es der Flügelmann allein oder mit Unterstützung des Verbindungsstürmers. Natürlich saß der betreffende Half gleich den zwei auf den Fersen, um bei eventl. Hülfesuche nach rückwärts, was recht oft vorkam, zur Hand zu sein. 20 Meter vom feindlichen Tore wurde der Ball entweder gezentert oder flach zur Mitte geschlagen, und hier nun begann die Arbeit für die Innenleute. Trotzdem jeder wußte, daß einigermaßen Erfolg versprechende Schüsse eine der größten Pflichten war, wurde wenig unnütz geschossen, da jeder sich klar war, daß bei einem mißglückten Schuß der Ball für uns verloren und die ganze Arbeit wiederholt werden mußte...

Nun werden Sie wohl sagen, daß die Sache sehr schön klingt, doch mit dem Zuspielen sehr viel Zeit verloren geht. Falsch, meine Herren; bedenken Sie, wieviel Zeit verloren geht, wenn planlos umhergestoßen wird. Durch Kombination lernen sie sich verstehen, und mit der Zeit werden Sie mit dieser Spielart gerade das Gegenteil erreichen; die Spieler gewinnen Zeit, die Mannschaft bleibt frisch und gewinnt damit den Erfolg." (Alfred Jänichen) haben wir uns entschlossen, nach dem Muster und Grundsätzen der hiesigen Wandervögel in unserem Verein einen eigenen Wandervogel ins Leben zu rufen und dann sonntäglich Wanderfahrten zu machen. Zur Teilnahme ist jedes Mitglied unseres Vereins berechtigt, ob Senior oder Junior, auch ist es gestattet, Freunde einzuführen. Die jeweilige Tour wird in der Dienstags-Ausgabe der Bremer Nachrichten (unter Vereinsnachrichten) bekannt gegeben, und es ist wünschenswert, die Anmeldung bis zum Donnerstag der laufenden Woche an den Unterzeichneten einzusenden. Es wird von vornherein darauf aufmerksam gemacht, daß Gast- und Wirtshäuser bei diesen Fahrten gemieden werden; deshalb ist es notwendig, daß jeder Lebensunterhalt für den ganzen Tag mitbringt. Wer bereits Abkochgeräte etc besitzt, bringt natürlich dieselben mit; Zeit und Gelegenheit zum Abkochen wird immer geboten sein. Gleichzeitig bitten wir die Teilnehmer, den Anordnungen der Führer unbedingt Folge zu leisten und zum guten Gelingen unserer Fahrten beitragen zu wollen. Wir hoffen auf gute Beteiligung, auch seitens der Mitglieder, die jetzt mit einem anderen Wandervogel ziehen."

Auch führten die älteren Vereinsmitglieder verschiedentlich Nachttouren durch, die in der Regel sonnabends um 9 Uhr abends begannen, mit der Straßenbahn aus der Stadt führten und in einen Fußmarsch mündeten. Einer Übernachtung „auf einem Heuboden" folgte eine Fußwanderung, ein 1A-Diner und „zur Verdauung, Arrangierung von Spielen im Walde". Abgeschlossen wurden solche Touren mit der Rückfahrt per Bahn.

Ein Verein mehrerer Generationen

Neue Strukturen bzw. Vereinsgremien wurden „eingezogen", die Aufgabenverteilung innerhalb des Vereins neu organisiert. Die Trennung von „Aktiven" und „Passiven" (Vereinsmitgliedern) wurde in Bestimmungen „gegossen". Auch wurde immer wieder gefordert, die (engere) Vorstandsarbeit von der sportlichen zu trennen, also für letztere einen Spielausschuß zu bilden. In diesem sollten sich insbesondere ältere/ehemalige Vereinsmitglieder engagieren, die sich augenscheinlich vom Vereinsgeschehen zurückgezogen hatten. Für den Werder-Fußball stellte sich in den 20er Jahren erneut die Frage nach einer neuen Orientierung. Der alte „Werder-Stil" war wegen ausbleibender Erfolge aufgegeben worden. Erstmalig wurde bei Werder eine beachtliche Jugendarbeit aufgebaut und systematisiert. Diese Arbeit sollte die Herrenmannschaft langfristig stärken und verbessern. Diese Entwicklung ist eindeutig als Abwendung von der ehemals festzustellenden „Ganzheitlichkeit", d.h. der „Personalunion" von Sportler- und Funktionärsfunktion zu interpretieren. „Passive Mitglieder und sogenannte ältere Herren kannten wir damals noch nicht. Wir waren Spieler und Vorstand in einer Person."[32] Auch hieran zeigt sich ein deutlicher Einschnitt in die Vereinsstruktur: Waren früher die Funktionäre gleichzeitig wegen ihrer Jugendlichkeit Spieler, so mußte nun, weil sie „in die Jahre gekommen" waren, eine spezielle Jugendarbeit aufgebaut werden.

Wie sich der Fußball international doch sehr unterschiedlich entwickelt hatte, wurde deutlich an der allerersten Teilnahme Werders an einem internationalen Fußball-Turnier in Amsterdam 1913, an dem außerdem Ajax Amsterdam, die englische Mannschaft von West Norwood und Bourgeois Brügge teilnahmen. Auf der einen Seite war Werder von den „blendenden Kombinationen, der großen Schnelligkeit, der verblüffenden Ballsicherheit sowie der Fähigkeit, sich freizustellen", der gegnerischen Mannschaften beeindruckt. Zum anderen war die Begeisterung der Zuschauer gänzlich unbekannt. Was die Bremer von zu Hause kannten, beschreibt der Schriftführer als „nüchterne, ruhige Teilnahme unserer norddeutschen Sportsleute". Hier aber herrschte „Fußballbegeisterung": „'Dieses holländische Publikum muß man mit eigenen Augen gesehen haben, wie diese Leute jede Phase des Kampfes mit unglaublichem Interesse verfolgen und ihrer Begeisterung Luft machen: Jeder guten Leistung der Spieler wird lebhaft applaudiert, jedes allzu scharfe Spielen durch Pfeifen verurteilt...' Im Vergleich zu deutschen Fußballplätzen herrschte hier ein wahres 'Höllenspektakel', inszeniert von mehreren tausend Zuschauern, unter Einsatz von Getrampel, Pfeifen, Blasen, Glocken etc." Auch ältere Anhänger und Frauen sollen sich keine Zurückhaltung auferlegt haben.[33]

Erstmals eine norddeutsche Liga

Um die Erfolgsleiter emporzuklettern, sollte auch nach Werders Vorstellungen eine norddeutsche Liga aufgebaut werden, in der der Verein hoffte, eine tragende Rolle zu spielen, um so seinen Ruf über Bremen hinaus zu mehren. Im Jahre 1913 schließlich, auf dem Verbandstag in Bremen wurde sie beschlossen: die norddeutsche Verbandsliga.[34] Für diese mußte sich Werder aber noch qualifizieren, was den gesamten Verein zwischen Hoffen und Bangen hin- und herpendeln ließ. Wie groß war die Erleich-

Die Ligamannschaft des FV Werder während der ersten Saison der Verbandsliga des NFV im Frühjahr 1914. V.l.: Passe, Brinkmann, Renftel, v. Nuys I, Lutter, Schübel, Theilen, v. Nuys II, Kreyenbohm, Ahrens, Oelschläger.

terung und wie zünftig die sich anschließende Feier, als es am 27. Juli 1913 nach erfolgreicher Qualifikationsrunde feststand, daß man – als einziger Bremer Verein – dazugehörte.

Mit der Verbandsliga sollte sich in dem früher eher betulichen norddeutschen Fußballsport einiges ändern, was gleichzeitig Ausdruck eines relativen Anwachsens der Sportbewegung bedeutete. Vereine und Spieler waren mehr und mehr „zum Erfolg verdammt", wollten sie nicht schnell (wieder) in der Zweitklassigkeit und damit Bedeutungslosigkeit versinken. Die ganze Atmosphäre war ernsthafter geworden, die Konkurrenz immer größer und vor allem gleichwertiger in einer „nervös hastenden, raschlebigen Zeit". Fast logisch trat eine Verknüpfung von sportlicher und finanzieller Leistungsfähigkeit ein, was einige Werderaner warnen ließ, „daß unsere sportlichen Ideale verlorengehen".[35]

Auch etwas anders gelagerte Schwierigkeiten und Probleme durchziehen die Geschichte des Fußballs. So ist als Fußnote zur Abschlußtabelle der „NFV-Liga" 1913/14 auf S. 117 im „Libero" folgendes zu finden: „Viele Spiele wurden wegen Zuschauerausschreitungen, Schiedsrichterfehlentscheidungen, zu starkem Regen und Abstellung eines Auswahlspielers abgebrochen bzw. annulliert und nochmals neu angesetzt."

In der Annahme, daß Fußball (schon jetzt) zum Massen- und Zuschauersport werden würde, errichtete man auf dem Platz in der Huckelriede

(Bremer Neustadt, seit 1906 „Werder-Platz") eine Holztribüne/Sitztribüne.[36] „In der gesamten Ligasaison 1913/14 gelang dem FV Werder allerdings nur ein Sieg, und so kam zu einem sportlichen Fiasko ein finanzielles, denn die Schulden für den Bau der Tribüne drohten nun den Verein zu erdrücken..."[37] Nicht nur Werder war von diesem Ligabetrieb enttäuscht, alle Vereine hatten sich einen höheren Zuschauerzuspruch und damit mehr finanziellen Erfolg versprochen.

Enttäuschung herrschte besonders in Bremen, weil die Abschlußtabelle den Abstieg bedeutete (Werder Tabellenletzter mit 2:17 Punkten). Dieser machte wiederum viele fußballerische Veränderungen bei Werder notwendig, beispielsweise mußte mancher „alte Kämpe die Fußballschuhe an den Nagel hängen". Wenn die Entwicklung im Fußball immer deutlicher in Richtung Kombinations- und Mannschaftsspiel ging, mußte man an die „Modernisierung" auch der Mannschaft gehen. So mußten die „Kraftgestalten" jungen leichten und wieselflinken Spielern weichen. Mit neuen jungen Spielern setzte sich endgültig ein „Systemwechsel" durch. „Es ist zum ersten Male mit dem Grundsatz gebrochen, eine körperlich schwere, mehr oder weniger auf das 'kick and rush'-System zugeschnittene Mannschaft ins Feld zu stellen, und das Prinzip befolgt worden, eine aus Kombinationsspielern bestehende Elf zusammenzustellen." Endlich wurden mit dem „alten Werder-Stil" wirklich gebrochen, mit dem man eben nur „zu Noahs Zeiten Erfolge erringen" konnte.[38]

Auch die sich aus dem Abstieg und seinen Folgewirkungen ergebenden wirtschaftlichen Probleme dieser Jahre mußten begrenzt werden. Als einzige Möglichkeit sah eine Schar Werderaner die Fusion mit dem Allgemeinen Bremer Turn-Verein von 1860 (ABTV).[39] Gleichzeitig sollte in Zeiten allgemeiner Fusionen „bei Banken und Fabriken" diese größere Einheit auch im Verein Basis für bessere sportliche Bedingungen schaffen. Da sich jedoch in allerletzter Minute Widerstand gegen diese Fusion bildete, weil diese das Ende des FV „Werder" als eigenständigem Verein zur Folge gehabt hätte, wurde eine Sammlung gestartet, die schnell 1000 Reichsmark erbrachte und die Fusion unnötig machte.

Werder im Ersten Weltkrieg

Der Krieg und seine Folgen brachten den Verein in zusätzliche Schwierigkeiten. Während der Wirren im 1. Weltkrieg und dem sog. „Steckrübenwinter"/„Hungerwinter" bauten frierende Anwohner die schlecht montierte und deshalb vom Wind umgeblasene Holztribüne einfach ab. Die

Kriegswinter hatten nicht nur „Frieren", sondern auch „Hungern" zur Folge, so daß per staatlicher Anordnung Fußballplätze in Kartoffelacker umgewandelt werden mußten. Während der FV Werder von seinen inzwischen drei Fußballplätzen in der Huckelriede „nur" zwei abgeben mußte, verloren andere Bremer Vereine sämtliche Plätze.

Der Krieg hatte Einfluß auf den Sport insgesamt und machte ihn „militärischer". Gerade der Fußball gewann an Ansehen, weil er auch „im Feld" gespielt wurde. Beispielsweise organisierten Werderaner, die als Offiziere im Krieg waren, hier Fußballturniere. Zum anderen wurde er als Möglichkeit der körperlichen Ertüchtigung verstanden, die im Krieg notwendig schien.

Im Verein selbst wurden inzwischen im Rahmen von Übungsprogrammen am Mittwoch und Sonnabend „Wehrturnen und leichte Athletik" betrieben. Auch wurden in der Leichtathletik regelrechte Wehrsportübungen betrieben, zum Beispiel errangen Werderaner Siege im „Handgranatenwerfen".[39a]

„Als vermutlich einer von ganz wenigen Vereinen verschickte der FV 'Werder' ... während des ganzen 1. Weltkrieges seine Vereinszeitung als 'Feldpost' an die Mitglieder an den verschiedenen Fronten. Noch war das alltägliche Leben in Bremen einigermaßen ruhig und ungestört, aber Hans Jaburg (Schriftführer, H.K.) hielt diesen Aufwand auch zu Zeiten regelrechter Hungersnot durch."[40]

Die Auswirkungen des 1. Weltkrieges betrafen natürlich auch den Fußballbetrieb selbst. In den ersten beiden Jahren sowie in der letzten Kriegssaison fielen die norddeutschen Meisterschaften aus. Ersatzweise wurden „Kriegsmeisterschaften" auf Auswahlbasis ausgespielt. Hier verlor Bremen im Semifinale in und gegen Hannover mit 1:0.[41]

Bis Ende 1919 war der Bremer Meister aus einer Doppelliga hervorgegangen, die aus jeweils sieben Mannschaften bestand. Die beiden Sieger spielten den Bezirksmeister aus. Danach wurde die „Bremer Liga" eingeführt.[42]

Werder in der Weimarer Republik

Auch in der Nachkriegszeit Anfang der 20er Jahre beeinflußten die wirtschaftlichen und sozialen Bedingungen die Entwicklung des Vereins. Die vielschichtigen gesellschaftlichen Veränderungen dieser Zeit mündeten politisch im Versuch einer sozialistischen Revolution, nämlich der „Bremer Räterepublik". Die Auseinandersetzungen um bzw. Widerstandshandlungen gegen diese Umwälzungsversuche steigerten sich bis zum militärischen Vorgehen der neuen Reichsregierung gegen Bremen auf Befehl Berlins. Neben manch politisch-liberalen Ausführungen in Werders Vereinszeitung zu dieser Phase findet sich auch eine andere Position. So erschien hier beispielsweise ein Aufruf „Der Stadtwehr beitreten", um die „Aufrechterhaltung geordneter Zustände" in Bremen zu unterstützen. Auch im Freikorps Caspari, das an der Beendigung der „Bremer Räterepublik" beteiligt war, engagierten sich Werderaner. Die „Stadtwehr" war neben Polizei und „Regierungsschutztruppe" eine Art private „Bürgerwehr" zur Unterstützung staatlicher Organe bei eventuellen Unruhen.

Als Folge der sich entwickelnden wirtschaftlichen Schwierigkeiten wollte man die Mitgliederzahlen erhöhen. Das jedoch war nicht so einfach, denn die selbstgewählte Beschränkung auf die soziale Oberschicht sollte beibehalten werden. Frauen gerieten auf diese Weise erstmals ins Blickfeld der Vereinspolitik, man wollte „Damen als unterstützende Mitglieder" gewinnen. Diese Frauen sollten sich weniger dem originären Sport widmen, „sie sollten frischen Wind in den Verein bringen und ihr Geld." Durchgesetzt hat sich dieser Vorschlag nicht, „er war noch zu revolutionär".[43]

Werder entwickelt sich zum Sportverein

Bei Werder wurde nicht nur Fußball gespielt; auch andere Sportarten setzten sich mehr und mehr durch. Die sozial-kulturellen Umstrukturierungen im Anschluß an den ersten Weltkrieg erfaßten natürlich auch den Fußball. Einerseits konnte sich erstmals der Fußball in seiner Basis verbreitern, was Aktive, aber auch das Zuschauerinteresse anging. Andererseits wollte sich der FV „Werder" dem Sport insgesamt öffnen. Diese Überlegungen fielen zusammen mit Konsequenzen aus der Aufarbeitung des 1. Weltkrieges und der Bremer Revolution. So glaubte mancher Zeitgenosse, den verlorenen 1. Weltkrieg mit mangelnder körperlicher Fitness der Soldaten begründen zu müssen. Gerade diesem Argument sollte durch entwickelten Sportbetrieb in den Vereinen begegnet werden.

Leichtathletik wurde, wie schon erwähnt, seit der Gründungsphase des Vereins betrieben. Im Mai 1919 wurde die Gründung einer Sportabteilung vorgeschlagen. Eine kombinierte Schach-, Billard- und Kegelabteilung sollte den Sportbetrieb erweitern. Etwa ein halbes Jahr später kamen noch eine „Damen-Abteilung" und im Mai 1920 wegen Auflösung des Bremer Cricket-Clubs v. 1912" eine Cricket-Abteilung mit 14 Mitglie-

Diese Mannschaft erkämpfte 1913 den bis dahin wohl größten Erfolg, den Aufstieg in die neugeschaffene Liga des Norddeutschen Fußballverbandes. Von den Spielern sollte knapp die Hälfte im 1. Weltkrieg umkommen. Rechts auf dem Foto der 2. Vorsitzende Schlotte, links Mannschaftsbetreuer H. Sehlbrede.

dern sowie eine Tennis-Abteilung hinzu. Es sollte jedoch noch weiter gehen: Im Sommer 1920 wurde eine Schwimm-Abteilung aufgebaut, für die in der (Weser-) „Flußbadeanstalt Wagenbrett" extra eine Umkleidekabine gemietet wurde, im Jahr 1924 kam noch eine Rugby-Abteilung unter das Dach des Vereins, weil der „Bremer Rugby-Club" sich ihm kurzzeitig angeschlossen hatte.[44] Im Jahr 1928 traten 23 neue Mitglieder (Turner aus verschiedenen Bremer Vereinen) dem SV Werder Bremen bei mit dem Ergebnis, die Sportarten Handball, Faustball und Schlagball mit einem Schlag unter seinem Dach zu vereinen und auf Anhieb Schlagballmeister im Kreis Bremen zu werden.

Daß eine solche Vereinspolitik oftmals auf recht wackligen Füßen stand – und Widerstände hervorrief –, wurde an der recht mageren „Annahme" dieser Abteilungen deutlich. Die Tennis-Abteilung ist dabei als Ausnahme anzusehen, sie hatte eine gefestigtere Grundlage. In dieser Sparte waren insgesamt rund 30 interessierte Werder-Mitglieder aktiv geworden. Da sportlich recht wenig erreicht worden war, erinnerte sich später mancher Tennis-Spieler der ersten Stunde besonders an die vielen rauschenden Feste, „die bei Tappe in der Jacobihalle gefeiert wurden".[45]

Werders Spielweise

„Aber auch die äußeren Bedingungen hatten sich (Anfang des 2. Jahrzehnts, H.K.) verändert... Bis zu diesem Zeitpunkt hatten sich die Werderaner noch darauf verlassen können, daß ein Stamm effektiver Einzelkönner notfalls jedes Spiel allein entschied. Töbelmann im Tor, davor der 'eiserne Ado' (Theilen) und ganz vorn Joseph Lutter und Hermann ('Aunti') Schlengemann, das reichte zumeist aus, um ähnlich spielende Gegner niederzurennen. Inzwischen hatte sich die Spielweise aber immer mehr vom relativ simplen 'kick and rush' zu anspruchvollerem Kombinieren entwickelt. Auch in Bremen mußten die Werderaner nun immer öfter erleben, daß ihr Stil nurmehr kurzfristige Erfolge versprach und vor allem auf Gedeih und Verderb an unersetzliche Spielerpersönlichkeiten geknüpft war... [Diese Schwächen hatten] die Werderaner bis dahin mit ihrem ungestümen Draufgängertum – sie selbst nannten es 'Werdergeist' – noch überdecken können.“ *(Wallenhorst/Klingebiel, S. 47)*

Es wird in der „Norddeutschen Sportzeitung“ geschrieben: „...Werder habe vor allem 'durch eine möglichst starke Verteidigungsstellung dem Gegner ein undurchdringliches Bollwerk entgegenzustemmen' versucht, um dann aus der Defensive heraus ihr 'Durchbruchsspiel' nach vorn treiben zu können. Aber schon damals (um 1913, H.K.) schieden sich die Geister an solcherart Fußball; den Erfolg dieser Taktik mußte man akzeptieren, schön fand man sie dennoch nicht, so auch ... diese Zeitung...: Diese Taktik war zwar recht unästhetisch, aber äußerst wirksam... Nach einer Flanke in die Mitte – damals hieß das noch 'den Ball zentern' – habe Schlengemann 'trotz eines harten Zusammenpralls seines solzen Antlitzes mit demjenigen Ekelmanns das Leder durch Kopfstoß ins Netz' befördert. Der Autor dieses Artikels vergaß aber zu erwähnen, daß Hermann Schlengemanns 'stolzes Antlitz' diese Aktion nicht ganz unbeschädigt überstanden hat: Dieses Tor kostete ihn nämlich zwei Zähne!“

(Wallenhorst/Klingebiel, S. 60)

Insbesondere in den frühen Jahren stand diese Abteilung des SV Werder eher im Ruf, eine „Tanzabteilung" zu sein, da im Restverein durchsickerte, daß tennisspielende Werderaner nach jeder Abteilungsversammlung ein „Tanzkränzchen" aufführten. Ein Hauptgrund dafür mag gewesen sein, daß hier „junge Damen" am Vereinsleben teilnahmen.[46] Andere versuchten nach wie vor, die „Kommerse" und „Herrenabende" am Leben zu erhalten – was für eine Ausdifferenzierung des Vereinslebens im Vergleich zu zwei Jahrzehnten vorher!

Aus dem Rahmen der Tennis-Abteilung bildete sich im Laufe der Zeit eine Tischtennis-Gruppe. Nachdem anfänglich auf diese Weise „nur" der Winter überbrückt worden war, schälten sich mit der Zeit zahlreiche „Cracks" heraus. Innerhalb des Vereinsgebildes hatte die Tennis-Abteilung einen besonderen Status, sie firmierte als eine Art Unterabteilung mit begrenzter Autonomie,[47] manchmal auch als selbstverwaltet bezeichnet und damit juristisch in der Diskussion. Im Jahr 1933 wurde diese Abteilung „in die volle Selbständigkeit entlassen", d.h. Tennis vom SV Werder getrennt und in „Tennis-Verein Werder" umbenannt.

Augenscheinlich wenig systematisch wollte man bei Werder mehr „Breite" bzw. „Größe", achtete dabei aber weniger auf „Tiefe" oder „Qualität" der Vereinsentwicklung. Daß das Aufnahmekriterium des „Einjährigen" diese Phase überlebte, ist entweder mit Absicht, mit „Verschlafen" oder mit recht laxer Handhabung zu erklären. „Eines ist übrigens schon seit 1928 nicht mehr Teil aller neuen Satzungen gewesen: Der alte § 5 der Satzung von 1912, der noch 'höhere Schulbildung' von allen Mitgliedern verlangt hatte, existierte nun nicht mehr. Jetzt konnte laut § 4 jede 'unbescholtene Person' Mitglied werden, wenn nur ein Werderaner die Aufnahme empfahl..."[48]

Weitere Anforderungen stellten sich mit der Entwicklung insgesamt, aber auch mit der speziellen innerhalb des Vereins. Wegen des (zu) groß werdenden Verwaltungsaufwandes wurde der die Vereinsentwicklung akribisch und differenziert darstellende bisherige Schriftführer Hans Jaburg am 1. August 1919 Werders erster angestellter „Geschäftsführer". Die damit gleichzeitig aufgebaute Geschäftsstelle wurde alsbald zu klein, so daß in eine größere im „Amerikahaus" umgezogen werden mußte, die man telefonisch übrigens unter „Roland 7494" erreichen konnte.

Zu verwalten hatte diese manches Mal umgezogene Geschäftsstelle beispielsweise ab Juli 1920 1.044 Mitglieder, während es zwei Monate zuvor noch 935 gewesen waren. Zum Vergleich: Im Februar 1899 waren es 16, Ende 1909 112 Mitglieder gewesen.

Allerdings war der Verein bei der Mitgliederwerbung auch sehr aktiv. So wurde schon Anfang 1919 in den ja noch recht neuen Kinos in Bremen „Lichtbildreklame" für den Verein gemacht und sich intensiv in die Veranstaltungen zum „Sport-Werbetag" eingebracht. Dafür hatten Werderaner insgesamt 5.000 „Werbeschriften" mit dem Titel „Schüler, treibt Sport" an alle Schulen verschickt. Hinzu kamen noch 15.000 von Jugendmitgliedern verteilte Flugblätter im gesamten Stadtgebiet. Die Presse berichtete groß und ausführlich über diesen Werbetag, der aus sportlichen Darbietungen und Veranstaltungen im Stadttheater bestand.

Aus „FV" wird „SV" Werder Bremen

Die erwähnten gesellschaftlichen Umwälzungen berührten natürlich auch den Verein. Äußerlich sichtbar wurde dies in der Umbenennung. Auf der Mitgliederversammlung am 7.11.1919 wurde beantragt, den Namen „Fußball-Verein 'Werder'" in „Sportverein 'Werder'" umzuändern. Wenngleich hier noch abgelehnt, so wurde es auf der nächsten am 19. Januar 1920 beschlossen: Von nun an hieß der Verein „Sportverein 'Werder' von 1899".

Ausdifferenzierungen fanden auch in andereren Bereichen des Vereines sowie in der Hauptsportart Fußball statt. Es gab Meinungsverschiedenheiten, ja manchmal Streit, der den Verein bis zum Zerreißen beanspruchte. Oftmals ging es um Mannschaftsaufstellungen, wenn beispielsweise ein wenig vereinsgebundener „Wandervogel" dennoch in der ersten Mannschaft aufgestellt wurde. Die dramatischen wirtschaftlichen Schwierigkeiten brachten weitere Probleme. Die Entwertung der Reichsmark vollzog sich atemberaubend und mündete schließlich 1923 in der „Ersatz-Währung", dem „Bremer Dollar". Alle Finanzierungsplanungen waren innerhalb immer kürzer werdender Zeitspannen „über den Haufen geworfen".[49]

Besondere Zeiten erfordern besondere Maßnahmen!?

Die Schwierigkeiten nahmen ein derartiges Maß an, daß die VN vom April 1924 schließlich feststellten, daß auch die Vereinsführung auf „Materialismus und persönliche Interessenvertretung aus sei".[50] Eine radikale „Rettungsaktion" war also notwendig. Eine Vorbereitungsgruppe (ein „Kabinett") hatte Vorschläge für die MV erarbeitet, die darin gipfelten, daß Fritz Schlotte zum „Diktator" gewählt werden sollte, was schließlich auch geschah. So ging fast das ganze Jahr 1924, in dem es keine MVs gab, als die Zeit der „Diktatur Schlotte" in Werders Geschichte ein. Schlotte wollte „aufs Ganze" gehen, Sportlehrer Konya wieder einstellen und grundsätzlich „Wagemut und Kaufmannsgeist" in die Waagschale werfen. Man müsse wie „jeder Kaufmann etwas ins Geschäft stecken und riskieren"[51], und zwar ohne den Erfolg gefährdende lange Diskussionen.

Natürlich darf man diese Entwicklung nicht isoliert betrachten. Es war nach den ökonomischen und sozialen Entwicklungen in der Weimarer Republik eine „Entprivatisierung der Freizeit" eingetreten. Dies hatte u.a. damit zu tun, daß im November 1918 das „Reichsamt für wirtschaftliche Demobilmachung" den 8-Stunden-Arbeitstag verfügt hatte, was entscheidende Konsequenzen insbesondere für die Gestaltung des Arbeiter-Alltages und der Freizeit mit sich brachte. Aus (diesen) verschiedenen Faktoren ergaben sich Konsequenzen für alle Arten von Vereinigungen: Nicht nur die Fußball- und Sportvereine, auch die (bürgerlichen) Bildungs- und Kulturvereine sowie die Arbeitersportvereine konnten insgesamt gesehen ein viel größeres Interesse auf sich vereinigen. Diese Entwicklung sollte sich im Laufe der nächsten Jahre noch fortsetzen.

Die Wiedereinstellung des Sportlehrers Konya brachte eine Umstrukturierung verschiedener Vereins-„Ausschüsse" mit sich. Außerdem veränderte der hauptamtliche Trainer das gesamte Trainingsprogramm: „Zunächst einmal übernahm er alle Funktionen des bisherigen 'Spielausschusses' und 'Ligaausschusses' in bezug auf die 1. Mannschaft und die Ligareserve; er allein entschied nun über deren Aufstellung... (In seinem Trainigsprogramm, H.K.) gebe es zum Beispiel 'Schnelligkeitsübungen' und 'balltechnische Übungen' – Stoppen, Passen, Schießübungen usw. – und 'Ausdauerübungen'... Dann wurden noch 'Spezialübungen' für die Stürmer und den Torwart gemacht und zum Schluß 'theoretische Besprechungen'. All das sollte zu einem Fußball führen, der 'inhaltsvoll, d.h. energisch, durchgebildet und erfolgreich und zweitens schön, d.h. durchdacht und fair und geschickt durchgeführt' werden sollte." Die Umsetzungsprobleme jedoch waren groß: So konnten die Spezialübungen mangels Masse nur höchst selten durchgeführt werden. Auch die sportliche Auffassung der Spieler wurde von ihm bemängelt. Zu monieren war „Sauferei und Zigarettenverwüstungen", was ihn zu fordern bewegte, der Verein möge seine Spieler im Rahmen einer „Fürsorgekommission" doch regelrecht erziehen und den Lebenswandel der Spieler kontrollieren.[52]

Die 1. Mannschaft des SV Werder 1925, Spielplatz auf dem Peterswerder. Von links: H. Kattelmann, J. Lutter, K. König, ?, Ch. Wienstroh, Alfred Kohnert, W. Lanwermeyer, ?, H. Korengel, F. Henrichs, Udo Koenemann, Alfred Ries.

Die gesellschaftliche, auch internationale Verwurzelung des Fußballs wurde auf den hohen staatlichen Ebenen deutlich, als dort über Spielabschlüsse verhandelt wurde. Im Jahr 1928 fanden in Amsterdam die Olympischen Spiele statt. Der Werderaner Alfred Ries, tätig im diplomatischen Dienst, nutzte augenscheinlich diese Gelegenheit, um die amerikanische Olympia-Mannschaft nach Bremen und zu Werder einzuladen. Die knappe 2:3 Niederlage schmerzte keinen, man kam sich näher und knüpfte Verbindungen. Erstmals gab es ein „Rahmenprogramm", in das auch die Besichtigung verschiedener Wirtschaftsunternehmen eingebunden wurde.

Obwohl Sportlehrer Konya („Sportlehrer" nannte man die Trainer bis in die 50er Jahre hinein) wegen finanzieller Schwierigkeiten des Vereins von diesem wieder entlassen werden mußte, ließen die mahnenden Beiträge nicht nach. Auch sinnstiftende und staatserhaltende Funktionen des Vereins wurden selbst knapp 10 Jahre nach Entstehung der Weimarer Demokratie verschiedentlich besonders gewürdigt. So finden wir in der VN vom 15. Dezember 1927 unter der Rubrik „Rundschau" folgendes: „Daher auch die große Finanzmisere der Vereine und die dadurch bedingte Arbeitsmüdigkeit vieler. Es klingt auch sehr schön, wenn gesagt wird, der Sport ist volkstümlich geworden, staatserhaltend, völkerversöhnend, nationales Gemeingut, ethischer Faktor, ein Gesundbrunnen, ein Ausgleich an Klassengegensätzen etc., aber wenn man hinter die Kulissen

schaut, sieht es bedeutend nüchterner aus. Drei Faktoren sind es ja besonders, die uns Sorgen machen: Die Schiedsrichter, das rohe Spiel und der
Alkohol..., aber Spieler, Vereinsfanatiker und Publikum sind auch von
Schuld nicht freizusprechen... Wie manches liebe Mal sind Spieler selbst
vor bedeutenden Spielen unsolide, wie manches Mal ist es vorgekommen,
daß Spieler morgens angeheitert an die Bahn kommen... Ganz zu schweigen von den 'Genüssen' nach dem Spiel mit den üblichen Begleiterscheinungen..."

Werder im deutschen Fußball „in der Warteschleife"

Insgesamt gesehen stellten sich ab etwa Mitte der 20er Jahre Erfolge im
Werder-Fußball ein. Man war bedeutender Bestandteil an der Spitze einer
der beiden neugeschaffenen norddeutschen Staffeln. So errang die Mannschaft 1922, 1926 und 1927 die Meisterschaft der „Weser-Staffel", schaffte
dieses 1928 und 1929 in der „Jade-Staffel" und wurde 1930/31 und 1932/
33 Vize-Meister hinter den Bremer Lokalrivalen Bremer SV bzw. Komet.
Zu dieser Zeit hatte der proletarisch eingebundene und im DFB organisierte BSV den ABTS als großen Konkurrenten Werders abgelöst. „Die 16
Endrundenteilnehmer wurden in vier gleichberechtigte Staffeln eingeteilt, deren Gruppensieger dann nach gleichem Liga-Modus (ohne Rückrunde) den norddeutschen Meister ausspielten..."[53]
„Diese Einteilung in der obersten Spielklasse des norddeutschen Fußballs war im wesentlichen seit dem Verbandstag vom 13. April 1922 nicht
mehr verändert worden. Hier hatte der NFV sein Verbandsgebiet in sieben Kreise eingeteilt; Bremen gehörte mit Oldenburg und 'Unterweser'
zum 'Weser-Jade-Kreis'. Dieser Kreis hatte zwei 'Staffeln' mit je sieben
Vereinen. Eines war also auf jeden Fall erreicht: Werders 'Erste' gehörte
kontinuierlich zu den besten Mannschaften in einem Gebiet, das Oldenburg, Wilhelmshaven und Cuxhaven einschloß. Zu mehr reichte es in
diesen Jahren nicht, denn in den Spielen um die Norddeutsche Verbands-
meisterschaft – die Eintrittskarte zum Kampf um die 'Deutsche' also –
gelangten die Werderaner regelmäßig nur bis in die 'Vorrunde'. Nur 1929
kamen sie über einen Sieg gegen Phönix Lübeck in die Zwischenrunde, in
der sie dann gegen Hannover 96 verloren. Der Erfolg vom 10. April 1910,
als Werder im Endspiel um die Norddeutsche Meisterschaft stand, sollte
bis hierher unerreicht bleiben."[54] Während sich der HSV als großer Konkurrent Werders fast jedes Jahr für die Endrunde qualifizieren konnte,
erreichten die „Grün-Weißen" dieses Niveau nicht.

Wie wurde der auf Regionen basierende Spitzenfußball bzw. Ligabetrieb in der Weimarer Republik organisiert und durchgeführt? In „Libero" finden wir dazu folgendes:[55] „Zur Teilnahme an der Endrunde um die Deutsche Meisterschaft waren die Meister der sieben Landesverbände (Süd-, West-, Nord-, Mittel- und Südostdeutschland, Berlin/Brandenburg, Balten) und der Titelverteidiger berechtigt. ... So gab es... stets nur 8 oder 7 Endrundenteilnehmer, die im K.o.-System den deutschen Titelträger ausspielten. Jedoch fand nur ein Teil der Spiele auf neutralen Plätzen statt, ein nicht durchschaubares DFB-Regularium, das viel Kritik hervorrief... Ab der Saison 1924/25 wurde ein neuer Schlüssel zur Ausspielung der Deutschen Meisterschaft erstellt. Der Titelverteidiger erhielt keine automatische Startberechtigung mehr. Dafür konnte jeder Landesverband je zwei Vertreter (die zwei stärksten sogar drei, H.K.) (Meister, Vizemeister) zur Endrunde stellen... Diese insgesamt 16 Endrundenteilnehmer spielten im K.o.-System ... den Tieltträger aus. Daß ein Teil der Endrunden-Spiele in neutralen Orten, die größere Anzahl jedoch mit einem Heimvorteil eines Spielpartners stattfand, schien ein unergründbares Geheimnis des DFB zu bleiben."

Über die Norddeutsche Meisterschaft schrieb der „Libero": „Die norddeutsche Liga war somit (in der Saison 1922/23, H.K.) wieder abgeschafft, obwohl die Bezeichnung 'Liga' als Sammelbegriff für die oberste Spielklasse teilweise weiter verwendet wurde." Beim Vergleich verschiedener Quellen wird es unübersichtlich und teilweise widersprechend, und so ist es für den Zeitgenossen nicht einfach, den Überblick zu behalten. „Übrigens wurde im April 1933 die Wiedereinführung einer norddeutschen Liga diskutiert... Zu diesem Zeitpunkt waren offensichtlich der NSV und seine Bezirke noch völlig ahnungslos, daß ihre Auflösung durch die Nazis bevorstand."[56]

Ama-billige oder Ama-teure im deutschen Fußball?

Anders als es in der scheinbar so „heilen Fußball-Welt" den Anschein hatte und von manchem noch heute so vertreten wird, waren bereits zu dieser Zeit die ersten finanziell bedingten Vereinswechsel zu verzeichnen. „Spielerziehung" war der verbotene Versuch, „Spieler" durch Anbieten handfester Vergünstigungen in den eigenen Verein zu „ziehen".[57] Es läßt sich nur vermuten, daß in letzter Konsequenz allen Spitzenvereinen und denen, die es werden wollten, eine solche Praxis nicht ganz fremd war.

Was Werder Bremen betrifft, so lesen wir *einerseits* in den VN Juni/Juli 1920 u.a. : „Der S.V. Werder hat sich zu dem großen Entschluß aufgerafft, fortan wandernde Spieler anderer Vereine nicht mehr in seine Reihen aufzunehmen und noch viel weniger zu dulden, daß Spieler gezogen werden...“ *Andererseits* schreibt Alfred Ries, „daß sofort auch der Name seines Vereins mit diesem 'Schmutz'“ [58] in Verbindung gebracht worden sei. Damit meint er, daß mittlerweile wohl jeder davon ausging, daß natürlich Werder bei einem Angebot aus Neunkirchen an seinen besten Spieler (gemeint ist „Hein" Magnus, H.K.) dagegenhalten würde – mit gleicher Münze.[59]

Für heutige Zeitgenossen und Fußballinteressierte scheint der Berufsfußball bzw. die (halb-) öffentliche Diskussion darüber ein Produkt des Nachkriegsdeutschlands und der Bundesliga zu sein. Doch schon für das Jahr 1914 galt: „Die ekelhaften Begleiterscheinungen der Liga, die sich darin offenbarten, daß bei verschiedenen Vereinen die von auswärts kommenden Spieler wie Pilze aus der Erde schossen, haben uns selbst in schweren Stunden nicht veranlassen können, auch zu derartigen Mitteln zu greifen...“ [60] Auch Archivunterlagen der Sportpresse sprechen eine etwas andere Sprache. Im „Kicker" vom 17.3.1925 hört sich das so an:[61] „Während man sich in deutschen Landen bemüht, das drohende Gespenst des verkappten und offenen Berufsspielertums bei der Gurgel zu fassen,... wird uns so halbamtlich vom DFB der Plan einer deutschen Bundesliga präsentiert... Eine deutsche Liga hat in ihren Absichten schon ihre Geschichte, vor Jahren tauchte schon ein solches Projekt auf. Während sich nun der DFB beschäftigt, sein Haus von allen Profis zu reinigen, arbeitet er andererseits für das Berufsspielertum...“

Dieser „Wackel-Kurs" des Deutschen Fußball-Bundes führte auch zu Spötteleien: „In allen Sportzeitschriften sprach man offen von den 'Scheinamateuren' oder verspottete den DFB mit ironischen Wortspielen: Ob er denn nun 'Ama-billige' oder doch lieber 'Ama-teure' wolle?“ [62] Und: „Kein Geheimnis war es auch, daß die Spieler nach jedem Match auf der Toilette anstatt der erlaubten drei Mark Spesen fünf Mark bar auf die Hand erhielten...“ [63] Ohne klären zu können, inwieweit die Summen stimmen, wird kolportiert, daß Werders Mittelstürmer „Boy" Mahlstedt sich auf Platt und mit Blick auf seinen Mitspieler Edu Hundt beschwerte: „Ick schieß die Tore und der Edu, der kriegt die Piepen".

Und die Fachpresse moniert:[64] „Aber anstatt ... die neue Bewegung (das Berufsspielertum, H.K.) unter seine Leitung zu nehmen und von

Rezepte von gestern?

Sportvereine, und nicht nur die, verlieren augenscheinlich an Attraktivität. So klagen viele über Mitgliederschwund insbesondere im Bereich „Jugend". Darüberhinaus wird es immer schwieriger Personen im Verein zu finden, die ehrenamtliche Aufgaben übernehmen. Wenngleich dieses ein schwieriges Feld ist und einer intensiveren Auseinandersetzung bedarf, im folgenden ein Beispiel aus der Werder-Geschichte, die meiner Meinung nach ein Fingerzeig für heutige Überlegungen darstellen kann.

„Aber Sportvereine jener Zeit waren nicht nur um sportliche Leistungen bemüht, sondern pflegten dazu ein äußerst reges Vereinsleben – so auch der FV 'Werder'. Schon die häufigen Mitgliederversammlungen boten reichlich Anlässe, denn sie ereigneten sich fast alle in Gaststätten, weil man ja außer seinem Platz und vielleicht noch einer Umkleidebude keine eigenen Räume hatte. So hatte jeder Sportverein sein 'Vereinslokal', das in der Regel sogar im offiziellen Adreßbuch mit angegeben wurde...Hermann Schlengemann: Jeden Dienstag kamen wir im 'Senator' zusammen, und selten fehlte einer von uns. Nachdem die geschäftlichen Angelegenheiten meistens sehr schnell erledigt waren, fand der gesellige Teil statt, der dafür um so länger dauerte. Hier herrschte stets eine ausgelassene Fröhlichkeit; mit Gesang und Vorträgen, Liedern zur Laute, diversen Runden und Stiefeln, ab und zu auch mal einem Faß Freibier verging immer viel zu schnell die Zeit."

„...Und den wahren Sportsmann erkannte man daran, daß seine Kondition an der Theke die auf dem Rasen gar noch übertraf."

(Wallenhorst/Klingebiel, S. 27)

Anfang an in solche Bahnen zu lenken, die dem gesamten deutschen Fußballsport zum Vorteil gereicht hätten, sagte der DFB der 'Spielerzieherei'
sowie dem offenen und 'verkappten' Berufsspielertum den Kampf an." Es
galt noch die 1906 veröffentlichte DFB-Satzung: „Berufsspieler ist jeder,
der um einen Geldpreis oder eine Entschädigung spielt, oder aber zum
Zwecke der Lebensunterhaltung Unterricht in dem von ihm betriebenen
Sportzweig erteilt hat oder der als Spieler für Reisen eine Entschädigung
in Geld, Geldwert oder Gegenständen erhalten hat, die seine Reise- und
Unterhaltungskosten nach Ansicht des Bundesausschusses erheblich
übersteigen oder der für verlorene Zeit entschädigt worden ist."[65] Im
November 1920 wurden in Kassel u.a. Maßnahmen beschlossen, die den
Vereinswechsel wesentlich erschwerten. Bei Vereinswechsel gab es nun
die Spielberechtigung erst drei Monate nach Beginn der neuen Spielzeit.

Festzuhalten bleibt, daß die Bindung spielstarker Spieler zu den jeweiligen Vereinen immer weniger ausgeprägt war, so daß dieses Thema viele
Fußballinteressierte bewegte und durch die Sportpresse geisterte.

Eine unvollendete Geschichte: Werder und ein eigenes Stadion

Zu allen sportlichen Schwierigkeiten bzw. dem sehr wechselvollen
Abschneiden der 1. Fußballmannschaft traten zusätzlich Platzprobleme.
In der Frühgeschichte mußte recht häufig der Platz gewechselt werden,
insbesondere Anfang des dritten Jahrzehnts konnten Kündigungen
gerade noch abgewendet werden, oder es ließen sich Baupläne für ein größeres Stadion nicht realisieren. Während sich Fußball in der Weimarer
Republik zum Zuschauersport entwickelte, hatte Werder sein sportliches
Domizil in der Bremer Neustadt. Der große Konkurrent Werders, der
Bremer Sport Club von 1891 (BSC), hatte sich mit dem Allgemeinen Bremer Turnverein von 1860 (ABTV) und dem Bremer Schwimm-Club von
1885 zum Allgemeinen Bremer Turn- und Sportverein (ABTS) vereinigt.
Wichtigstes Ziel war, dem „masseannehmenden" Fußballinteresse ein
entsprechendes Stadion anbieten zu können. Auch für politische Massenveranstaltungen in Bremen gab es Bedarf an einem Großstadion.[66] „Was
zunächst nur als eine Modernisierung des alten Tribünenplatzes gedacht
war, wurde in den Jahren 1923 und 1924 zum Plan einer neuen Stadionan-
lage auf dem Peterswerder."[67]

Unter dem Namen „ABTS-Kampfbahn" wurde das heutige Weserstadion im September 1926 eingeweiht. (Anders als vielfach angenommen,
brauchten die Nationalsozialisten den Namen „Kampfbahn" nicht zu

Erste Luftaufnahme vom Weserstadion, 1928

erfinden. Sie konnten auf Verständnis und Begrifflichkeiten der Weimarer Republik zurückgreifen.) Die etwas gequälte Freude der anwesenden Vertreter des SV Werder bei den Einweihungsfeierlichkeiten blieb Eingeweihten nicht verborgen.

Da sich der ABTS mit diesem Bau wirtschaftlich übernommen hatte, konnte Werder ab etwa Anfang 1930 dieses ABTS-Kampfbahn genannte spätere Weserstadion – während der 12 Jahre Nationalsozialismus in Bremer Kampfbahn umbenannt – als „Generalpächter" vom „Verein Weserstadion e.V." übernehmen.[68] So bezeichnete sich der SV Werder ab etwa 1930 auf seinem Briefbogen und im Kopf der Vereinszeitung als „Stadion-Verein". Es gab Gerüchte – und gibt sie bis heute – die besagen, daß der SV Werder keine größeren Anstrengungen unternahm, um dem ABTS aus der Klemme zu helfen.

Verwundern mag, daß neben dem ABTS auch der Bremer SV eine eigene Platzanlage – dazu noch in der Innenstadt – sein eigen nennen konnte; nur der SV Werder schaute „in die Röhre". Der BSV hatte eine

heute zur Bürgerweide gehörende Müllhalde in Eigenarbeit zum Fuß-
ballplatz hergerichtet, ihn 1920 mit einem Spiel gegen ABTS eingeweiht
und bis 1934 seine Fußballspiele dort ausgetragen.[69]

Werder im Nationalsozialismus

Mit dem 30. Januar 1933, der sog. „Machtergreifung" durch die Nationalsozialisten mit Reichskanzler Adolf Hitler an der Spitze, sollte es auch für
den Verein als Organisationsform und seinem Sport- und Spielbetrieb
Veränderungen geben. Schnell waren die sozialdemokratischen und kom-
munistischen Vereine der Arbeitersportbewegung verboten. Diesen Verboten folgte für „Verführte" und besonders spielstarke Fußballer alsbald
das Angebot (nach entwürdigendem Abschwörungs- und Loyalitätsri-
tus), sich DFB-Vereinen zuwenden zu dürfen.[70]

Aktenkundig ist, daß nach öffentlicher Verlautbarung die Vereinsführung des SV Werder Bremen die politische Entwicklung begrüßte. Inwieweit dieses (taktische) Lippenbekenntnisse waren, um weiterzubestehen,
oder aber tatsächliche Ideologie in der Mitgliedschaft war, kann hier
nicht ausführlicher dargestellt werden.

„Derartige Ergebenheitsadressen waren sicherlich häufig nicht zuletzt
opportunistischer Natur., die DT (Deutsche Turnvereinigung, H.K.)
trieb es diesbezüglich gar noch wüster als der DFB," schreibt Schulze-
Marmeling, und weiter: „Anpassung, nicht selten gar vorsorgliche willige
Erfüllung möglicher zukünftiger Forderungen der Nazis sollten die
eigene Haut retten und die totale Vereinnahmung und Unterwerfung
durch das Regime verhindern."[71]

Jedenfalls recht schnell wurde die geforderte Funktionsbezeichnung
„1. Vorsitzender" in „Vereinsführer" umgesetzt und die vereinsdemokrati-
schen Gremien wie beispielsweise die Mitgliederversammlung ihrer
wesentlichen Elemente beraubt. Selbstverständlich begann ein Fußballspiel mit „dem deutschen Gruß" beider Mannschaften in der Platzmitte.
Dieser Gruß war auf der anderen Seite bei Betreten der Werder-
Geschäftsstelle und dem Büro des „Vereinsführers" nicht notwendig, wie
uns ältere Werderaner glaubhaft versicherten. Auch sahen sich in manchen Vereinsgremien aktive Juden, wie beispielsweise Alfred Ries, „erst"
im 2. Weltkrieg, nachdem er in den 20er Jahren verschiedentlich als Vorsitzender fungierte, zur Emigration „gezwungen".[72] Daß er nach 1945
recht schnell wieder in Vereinsfunktionen aktiv war, zeigt im übrigen
seine Verbundenheit zum SV Werder Bremen. Vermutlich nebenamtlich

APRIL 1936

VEREINS-NACHRICHTEN

SPORT-VEREIN

„WERDER" v. 1899 e.V.

BREMEN

Meisterschafts-Ausgabe

Vereinsnachrichten des SV Werder vom April 1936

war der kriegsverletzte „Halbjude" „Hansi" Wolff ab Sommer 1941 geschäftsführend und nach 1945 als hauptamtlicher Geschäftsführer im Verein aktiv.

Ob es einen Zusammenhang der politischen Entwicklung mit dem fußballerischen Aufstieg Werders gab, bleibt recht spekulativ. In diese frühen Jahre Nazi-Deutschlands jedenfalls fielen die ersten auch überregional beachteten fußballerischen Erfolge.

Veränderungen im Liga-Betrieb

Wie sah die Liga-Einteilung nach 1933 aus und welche konkrete Rolle spielte Werder hier? Es wurden zehn Gau-Ligen mit je zehn Mannschaften eingerichtet, über Zwischen- und Endrunde wurde die Deutsche Meisterschaft ausgespielt. In der Saison 1933/34 des Gau III, Niedersachsen, konnte Werder die Gaumeisterschaft erringen, was sich 1935/36 und 1936/37 wiederholen sollte.

Der 1908 eingeführte „Kronprinzen-Pokal" wurde 1919 zum „Bundespokal" und nach 1933 zum „Tschammer-Pokal", benannt nach dem Reichssportführer Hans von Tschammer und Osten.

Werders ganz großer Durchbruch in die Spitze stellte sich dennoch nicht ein. Scheiterte man einmal nicht am übermächtigen Gegner Schalke 04, waren weniger namhafte (augenscheinlich unterschätzte) Gegner Endstation. Und dieses trotz aller ehrgeizigen Anstrengungen, die Werder-Mannschaft auch „unkonventionell" zu verstärken. Zum Mäzenatentum sowie den daraus folgenden Maßnahmen schreiben Wallenhorst/Klingebiel:[73] „Wie aber holte man zu jener Zeit Spieler, noch dazu unter den ... Amateurbestimmungen? Noch immer herrschte ja in Deutschland Arbeitslosigkeit... Da konnte es leicht geschehen, daß selbst besonders bekannte Fußballer ohne berufliche Existenz waren – wie zum Beispiel (die von Schalke 04 gekommenen, H.K.) Hennes Tibulski und Hugo Scharmann, auch sie waren arbeitslos, als sie (von Werder, H.K) angesprochen wurden. Nun hatte allerdings der SV 'Werder' ein ganz entscheidendes Argument zur Hand: Denn seit etwa Anfang der 30er Jahre kam zum Erfolgskonzept der Werderaner ein ganz wichtiger Partner hinzu: die Fußballbegeisterung einiger Bremer Unternehmensführungen. Ganz besonders groß war diese Begeisterung bei Wolfgang Ritter, dem Juniorchef der 'Martin Brinkmann AG'. Er vor allem begleitete über Jahre als geheimnisvoller 'Mister G' den Weg des SV 'Werder', indem er immer wieder im Unternehmen seines Vaters Spieler des Vereins mit Arbeitsplätzen versorgte."

Übrigens gerieten schon 1934 diese Praktiken zum Skandal. Mit den beschriebenen Möglichkeiten im Rücken wurde der brillante Mittelstürmer Edmund Conen umworben. Diese Aktion jedoch kam ans Licht, und gegen Werder wurde wegen „Spielerziehung" ermittelt, schließlich Funktionäre des Vereins vom Sportgericht verurteilt.[74] Wie wir noch sehen werden, sollten Mäzenatentum und Spielerziehung auch nach 1945 bei Werder eine Rolle spielen (vgl. S. 267).

Für die neuen Strukturen im Sport wurde der 1938 gegründete „Nationalsozialistische Reichsbund für Leibesübungen" (NSRL) prägend, vor allem nach Beginn des 2. Weltkriegs. „Alles, was der NSRL bis dahin (1944, H.K.) getan habe, sei 'völliger Übereinstimmung mit der jeweiligen Kriegslage' geschehen. Jetzt aber im 'totalen Krieg,' könne das nur folgendes bedeuten:

'1. Die allgemeine sportliche Ertüchtigung zur Stärkung der Wehr- und Schaffenskraft wird fortgesetzt.

2. Sportliche Veranstaltungen finden nur mit örtlicher und nachbarlicher Beteiligung statt.

3. In den Fachämtern des NSRL sowie in den Sportverbänden ist der noch verbliebene Rest auf ehrenamtliche Tätigkeit umzustellen.' "[75]

Kriegsbedingt waren spieltechnische und vereinsorganisatorische Veränderungen nötig. Wie schon im 1. Weltkrieg wurde auch diesmal die Vereinszeitung als Feldpost an die Vereinsmitglieder verschickt. So wurde u.a. versucht, den inneren Zusammenhalt des Vereinsgefüges aufrechtzuerhalten. Auch konnten beispielsweise sog. „Gastspieler" (meistens in der Nähe stationierte, sonst woanders spielende Soldaten) eingesetzt werden. Gleichzeitig wurde wieder einmal die Liga-Situation verändert. Es gab wieder eine Nordstaffel, die Werder 1941/42 an der Spitze sah. Die darauffolgenden Endrundenspiele bestritt Werder so erfolgreich wie nie. Nachdem die erste Runde ohne Punktverlust überstanden worden war, kam Werder schließlich unter die ersten acht in Deutschland, im Tschammer-Pokal sogar unter die letzten vier.

Schon bald nach 1933 hatten Versuche und Bestrebungen begonnen, den Sport insgesamt in die politischen Ziele des Nationalsozialismus einzubinden. Ob dieser sich einige Jahre hinziehende Prozeß als eine Art „hinhaltender, stiller Ablehnung" der Sportverbände und -vereine zu interpretieren ist, soll und kann hier nicht thematisiert werden.[76]

Fußball im „totalen Krieg"

Man sollte es kaum glauben, aber auch im „totalen Krieg" ab 1943 wurde weiter Fußball gespielt. Noch im ersten Vierteljahr 1945 spielten neben dem SV Werder zehn Bremer Vereine den Titel in der „Spielgruppe Bremen" aus. Erst ab Ende März 1945 wurde der Spielbetrieb eingestellt. In „25 Jahre Bremer Fußball-Verband e.V." finden wir in einem „Kasten"[77] und unter der Überschrift „Das letzte Spiel" einen abgedruckten Brief von Werder: „Lieber Kamerad Kerrl! Wie von Ihnen vorgeschlagen, wollen wir am kommenden Sonntag, dem 18. März 1945, das ausgefallene Punktspiel gegen Ihre erste Mannschaft TUS Walle nachholen. Beginn: 15.30 Uhr, Platz Hohweg... Die Presse werde ich verständigen, ebenso einen Schiedsrichter einladen lassen. Mit sportkameradschaftlichem Gruß, Sport-Verein 'Werder', i.A. Daugs."

Im „Bremer Sport – 25 Jahre Landessportbund Bremen" finden wir im Datenteil[78] unter 18. März 1945: „Fliegeralarme verhindern das letzte in Bremen angesetzte Fußballspiel TUS Walle-SV Werder am Hohweg."

Ende April waren englische Truppen in Bremen einmarschiert, der Besetzung am 2.5. folgten unmittelbar erste Verfügungen und Erlasse der alliierten Behörden, die bedingungslose Kapitulation des Deutschen Reichs am 8.5.45 beendete endgültig Nationalsozialismus und 2. Weltkrieg. Natürlich hatte auch Bremen in diesen Jahren schwer gelitten. 173 Luftangriffe auf die Stadt sowie der Artilleriebeschuß haben mehr als 4.000 Zivilpersonen das Leben gekostet, ca. 17.000 Bremer waren als Soldaten gefallen oder galten als vermißt. Die Zerstörung von 62% der Wohnungen brachte (natürlich) das öffentliche Leben zum Erliegen, Verkehrsverbindungen waren zerstört.

Der SV Werder im Nachkriegsdeutschland

Wie stellte sich nun die Situation des Bremer Sports bzw. Werders Sportbetrieb in dem zur amerikanischen Enklave gewordenen Bremen dar?[79] Wie das gesamte öffentliche Leben, so war auch der Sport bis auf seine Grundfesten zerstört, keine Vereine, keine Sportverwaltung, keine Sporthallen, keine Sportplätze waren funktionsfähig. Der „neue" Sportbetrieb sollte sich nach Vorstellung der Alliierten auf nicht-nazistischer Grundlage entwickeln, auch das Sportleben auf demokratischer Grundlage sich entfalten, „frei von militärischen Bestrebungen und nationalsozialisten Einflüssen".[80] Insbesondere bei den Arbeitersportlern stießen diese Vorstellungen auf große Sympathie, wenngleich es mehrere, zum Teil recht unterschiedliche Positionen dazu gab. In den folgenden Wochen entwikkelten sich diese zu letztlich zwei Hauptströmungen,

▷ den Sportbetrieb auf kommunaler Ebene anzusiedeln,
▷ den Sportbetrieb im demokratischen Verein zu organisieren.

Demokratischer Sport und Einheitssportbewegung

Leicht vorstellbar, daß sich die Werderaner eher in letzterer Position wiederfanden. Also galt es, mit den Amerikanern zu ringen, um diese von den negativen Folgen eines an der Arbeitersportbewegung der Weimarer Republik orientierten Sportbetriebs zu überzeugen. „Idee und Aufbau der Sportgemeinschaften (auf kommunaler Ebene, H.K.) waren Hintergrund und Zielsetzung zugleich: Abgrenzung und Auseinandersetzung zwischen Arbeitersport und bürgerlichem Sport von vor 1933 abzuschließen.“ [81]

Auch in den Köpfen vieler sozialdemokratischer Arbeitersportler fand sich die Idee der Einheitssportbewegung, um (auch) die verschiedenen Schwierigkeiten der vergangenen ca. 25 Jahre innerhalb der Arbeitersportbewegung als Ganzes mit einem Schlag „aufzulösen“. Nun, dieser Prozeß insgesamt war nicht eindeutig, der Streit um den richtigen Weg war recht hitzig und emotionsgeladen.

Für Werder bedeutete das, sich mit den amerikanischen Besatzungsbehörden zu arrangieren und mit den Arbeitersportlern zu ringen. In taktisch geschickter Art und Weise willigten Werderaner ein in den Aufbau der „Sportgemeinschaft Mitte“. Auf der Gründungsversammlung am 10. November 1945 gelang es dann über entsprechende Mobilisierung – entscheidend getragen von Werders Leichtathleten –, die „Turn- und Sportgemeinschaft Werder von 1945“ zur Gründung zu bringen.

Dieses schon aus dem Namen ersichtliche „SV Werder-ähnliche“ Gebilde wurde natürlich von den Anhängern des Arbeitersports nicht akzeptiert.[82] Sie konnten bei den Amerikanern im Frühjahr 1946 noch einmal Namensänderungen dieser „Sportgemeinschaft“ in „Sportvereinigung Grün-Weiß von 1899“ und „TUS Werder von 1945“ erreichen. In diese Phase der politischen Diskussion um die Zukunft des Sportbetriebes und einer nach Meinung vieler Kritiker oft sehr halbherzigen Aufarbeitung der Vergangenheit fielen auch die Entnazifizierungsverfahren verschiedener Werderaner.[83]

Schließlich gelang es den Vertretern Werders, sich endgültig durchzu-

Szene aus dem Spiel Werder gegen den Lokalrivalen BSV, 1949. Torwart Dragan Ilic fängt den Ball.

setzen und den Verein nach ihren Vorstellungen wieder aufzubauen. Konkreter Ausdruck war die Vorstandssitzung am 25.3.46, in der der amtierende Vorsitzende Oßenkop den Beschluß formulierte, „dem Verein seinen alten Namen S.V. 'Werder' v. 1899 wiederzugeben."[84]

Leichtathletik stand bei Werder hoch im Kurs. Bedeutung erlangte sie für und bei Werder in verschiedenen Bereichen. Die an der Wiedergründung Werders maßgeblich beteiligten Leichtathleten schrieben in den späten 40er und in den 50er Jahren (nicht nur Bremer) Sportgeschichte. Erstmals nach dem 2. Weltkrieg gelang es ihnen, im Oktober 1948 in Bremen gegen die Athleten von MAI Malmö anzutreten. Die Schweden wurden daraufhin als Blockadebrecher der internationalen deutschen Isolation gebrandmarkt.

Anders als heute, waren diese zur deutschen Spitze zu zählenden Aktiven in der Lage, auf den gut besuchten Deutschen Meisterschaften Zeichen zu setzen. Eine ihrer herausragenden Vertreterinnen, die vielfache Deutsche Meisterin Marga Petersen, konnte sich bei der Olympiade 1952 in Helsinki 100m-Staffel-Silber erlaufen, was einen „großen Bahnhof" als Empfang in der gesamten Stadt auslöste.

Sportbetrieb unter schlechten Bedingungen

Allen Widrigkeiten des frühen Nachkriegsdeutschlands in der amerikanischen Enklave zum Trotz, wurde der Verein wieder mit Leben gefüllt und sein Sportbetrieb im Herbst 1945 bzw. Frühjahr 1946 wieder aufgenommen.

Wenngleich unterschiedlich schnell, so wurden alle Abteilungen wieder aktiv. Oftmals wurde per „Holzvergaser" und für „Nützliches" wie Brennholz, Nahrungsmittel, aber auch für zerstreuende und von den Alltagssorgen ablenkende Geselligkeit, die Fahrt zu auswärtigen Sportveranstaltungen aufgenommen.

Die Fußballer hatten manche Hindernisse der Besatzungssituation noch vor der Namensklärung aus dem Weg zu räumen. Bereits im Herbst 1945 gewann Werder beispielsweise ein Spiel in Woltmershausen, um (verspätet) ab März 1946 siegreich um die Bremer Stadtmeisterschaft mitzuspielen. Recht schnell wurde für die Saison 1946/47 in Niedersachsen und Bremen eine (zweiteilige) Liga konzipiert. In Ausscheidungsspielen wurde der „Süd-Erste" Eintracht Braunschweig geschlagen und damit die Niedersachsenmeisterschaft 1946/47 gewonnen.

Diese schnelle Wiederbelebung des Werder-Fußballs und die sich einstellenden Erfolge sind besonders mit einem Werder-Funktionär verbunden: Albert („Abbi") Drewes. Seit den 40er Jahren hat dieser rührige Werderaner bis in die 60er Jahre entscheidenden Anteil am guten und erfolgreichen Namen Werders. Ein weiterer Name darf nicht vergessen werden: „Hansi" Wolff. Ohne ihn hätte die Erfolgsleiter nicht so schnell bestiegen werden können.

Schon die Saison 1947/48 brachte, ein Jahr später als im Süden, die Oberliga-Nord hervor, mit Werder als einem der qualifizierten Vereine. Wiederum eine Saison später wurde hier unter Vertragsspielerbedingungen dem runden Leder nachgejagt. „Die langandauernde Diskussion um die Einführung des Vertragsspielerstatuts war kurz vor Beginn der Saison 1949/50 noch zu konkretem Ergebnis gekommen. Werder, sportlich und wirtschaftlich gefestigt, war da, wo nicht wenige Vereinsmitglieder die Mannschaft schon lange haben wollten: unter Berufsspielerbedingungen, von denen der Vertragsspieler eine ’Vorform’ war."[85]

Was bedeutete konkret dieses Vertragsspielerstatut? Es sah ein Monatseinkommen der Spieler von 320 DM vor, was einem Facharbeiterlohn entsprach, so daß dieser „nicht mehr Amateur und noch nicht Profi (war, H.K.) ... ein Kompromiß zwischen zwei Epochen".[86]

Zuschauerandrang beim Spiel Werder gegen den Lokalrivalen BSV am 1. April 1951. Das Foto zeigt die Westkurve und im Hintergrund die alte Südtribüne.

Der insgesamt steigende Verwaltungsaufwand machte den Aufbau einer professionell geführten Geschäftsstelle mit guten Mitarbeitern erforderlich. Begleitet von manchen Schwierigkeiten, wurde Hans (genannt „Hansi") Wolff bezahlter Geschäftsführer des SV Werder Bremen. Er sollte dieses bis zur Umstrukturierung der Vereinsverwaltung durch Rudi Assauer 1975/76 bleiben. Wegen seiner Fähigkeiten, seinem Verhandlungsgeschick und Durchsetzungsvermögen sowie seiner Machtfülle im Verein wurde er in Insiderkreisen weit über Bremen hinaus ehrfurchtsvoll als „Hansi Werder vom SV Wolff" bezeichnet.

Auch in dieser Phase des sportlichen und wirtschaftlichen Etablierens hatte sich Werder erfolgreich um finanzielle Unterstützung aus der Bremer Wirtschaft bemüht. In Anlehnung an die letztlich erfolgreiche Praxis der 30er Jahre griff man auf die bekannten Mäzene zurück. „In der Zeit von Arbeitslosigkeit und stetig wachsenden Ablösesummen für wechselwillige Spieler sind Kaffee Schilling (Eduard Schilling) und die Martin Brinkmann AG (Wolfgang Ritter als Vorsitzender des Aufsichtsrates) als Mäzene und Unterstützer des Vereins gewonnen worden."[87] Trotz der neuen Liga-Bedingungen und trotz verschiedener Aktivitäten in Richtung besserer Finanzierung der Lizenzspielerabteilung sowie Bereitstellung von Arbeitsplätzen für umworbene auswärtige Spieler, blieben Spitzenplazierungen in der Oberliga-Nord zunächst aus. Die nach einer Zigarettenmarke amerikanischen Zuschnitts des Hauses Brinkmann genannte „Texas-Elf", wegen ihrer Launenhaftigkeit auch als „Sphinx des Nordens" bezeichnete Werder-Mannschaft, wurde erst wenige Jahre vor Einführung der Bundesliga zur „Nummer zwei" im Norden (hinter dem HSV).

Großen Spielen mit manchen Siegen gegen die „Übermannschaft" vom HSV folgten indiskutable Leistungen gegen vermeintliche „Provinzmannschaften". Erst mit Trainer Knöpfle sollte sich das ändern. Dieser verstand es, die Mannschaft sportlich zu stärken, manche sport-technische Neuerung einzuführen und das Umfeld professioneller zu führen. Ergebnis war ab der Saison 1958/59 die alljährliche Vize-Meisterschaft in der Oberliga-Nord sowie die damit verbundene Qualifikation zu den Endrundenspielen um die Deutsche Meisterschaft. Diese Leistungssteigerung und Erfolgsserie hatte die problemlose Einstufung als Bundesliga-Mannschaft 1963 zur Folge. Ausdruck der mannschaftlichen Stärke war auch der erste Pokalsieg 1961 in der Gelsenkirchener Glückauf-Kampfbahn, der übrigens beileibe nicht die Massen zum Empfang der Mannschaft auf die Straße brachte wie derjenige 30 Jahre später oder die Meisterschaften 1988 und 1993. Als Ehrung wurde die Mannschaft nach dem 2:0 im Endspiel gegen den 1. FC Kaiserslautern im Bremer Rathaus empfangen.

Die dritte Runde im sich anschließenden europäischen Pokalsieger-Wettbewerb war Endstation, denn mit 1:1 im Weserstadion und einer 1:3 Niederlage in Madrid mußte sich die Mannschaft gegen Atletico geschlagen geben. Die Halbzeitpause im Hinspiel sah übrigens ein Kuriosum, welches einen Einblick in die damalige Freizeit- und Fernsehwelt gibt: Der dreiteilige Fernsehkrimi „Das Halstuch" (ein „Straßenfeger") hatte seine letzte Folge zeitgleich mit dem Spiel in Bremen. Um die Konkurrenz-Situation zu mindern, wurde im Stadion über Lautsprecher zur Halbzeit der Mörder bekanntgegeben.

Der DFB-Pokal und das Jahr 1961 sind für Werder noch aus einem anderen Grund bedeutsam: Am 30.12. gelang Werders Amateurmannschaft ein aufsehenerregender Coup: Mit 3:0 wurde die Vertragsspielermannschaft des HSV im Weserstadion geschlagen und damit aus dem Pokal geworfen.

Schwierigkeiten und Rückschläge bleiben nicht aus

Nach der „Diktatur Schlotte" im Jahr 1922 sollte es 1955 wiederum zu einer besonderen Vorstandssituation kommen: Ein „Notvorstand" mußte die Geschicke des Vereins lenken, weil die wirtschaftlichen Schwierigkeiten überhand genommen hatten. Die Vereinspolitik insgesamt, aber auch besonders die finanziellen Anreize für wechselbereite Spieler hatten eine Krise („die schwerste nach 1945", wie manch alter Werderaner bekannte) ausgelöst, die das noch „zarte Pflänzchen erfolgreiche Fußballmannschaft" zu ersticken drohte. Der Bericht des Vorstands sagt schon 1953 dazu beispielsweise folgendes: „Weit mehr als es nach außen durchgedrungen ist, hatte es den Anschein, als sollten die auf uns eindringenden Ereignisse in ihrer Auswirkung unserem 'Werder' nie wieder gutzumachenden Schaden antun."[88]

Das war noch harmlos im Vergleich zu dem, was den Verein zwei Jahre später erwarten sollte. Persönliche Differenzen, gepaart mit strukturellen und vereinspolitischen Schwierigkeiten, gipfelten im Rücktritt des Vorstands. Am 6.9.55 ließ sich ein „Notvorstand", bestehend aus dem 1. Vorsitzenden Dr. Nicolaus Schierloh und dem 2. Vorsitzenden Dr. Hans Burhorn, ins Vereinsregister eintragen. Juristische Schritte und manches Krisengespräch brachten den Verein schließlich durch diese Phase. Zum zweiten Mal in seiner Geschichte sah sich der SV „Werder" gezwungen, mit Hilfe „halb-legaler" Schritte eine Zerreißprobe durchzustehen. Wie schon 1922 war nicht jedes Mitglied mit einer solchen Entwicklung einverstanden, mancher mag aus diesem Grund den Verein verlassen haben.

Im wesentlichen aus dieser Entwicklung erwuchs eine weitere Parallele zur Werder-Vorkriegsgeschichte. Wiederum ging es um ein sportgerichtliches Verfahren im Zusammenhang mit „Spielerziehung". Was war geschehen? Am talentierten, spielstarken und beim Lokalrivalen Bremen 1860 spielenden Willi Schröder waren diverse Vereine Norddeutschlands interessiert. Fast zwangsläufig gerieten sog. „Handgelder" in die Verhandlungen, und weil ein Autohaus in Bremen 1953 im Schaufenster warb, „Dieses Auto (eine Borgward-Isabella, H.K.) kaufte Willi Schröder", kam die Angelegenheit ins Rollen. „Abbi" Drewes wurde für ein Jahr von jeglicher Vereinstätigkeit, Schröder bis zum 31.12.54 gesperrt und dem HSV vier Punkte zum Saisonende abgezogen.[89]

Einführung der Fußball-Bundesliga – Werder gehört dazu

Endlich also stand 1963/64 die bundesweite Liga mit Namen „Bundesliga". Neben neuen wirtschaftlichen Anforderungen waren verschiedene Rahmenbedingungen verändert und angepaßt worden. So mußte beispielsweise das Weserstadion auf 35.000 Zuschauer erweitert und mit einer modernen Flutlichtanlage versehen werden. Um einen „sauberen Schnitt" zu machen, wurden gleichzeitig für die Vorjahre die nicht wenigen Verstöße gegen das Vertragsspielerstatut aller Vereine amnestiert.

Ab sofort durften die Lizenzspieler monatliche Gesamtbeträge (Grundgehalt plus Leistungsprämie) von 1.200 DM/Monat kassieren, in Ausnahmefällen waren höhere Zahlungen bei gutachterlicher Stellungnahme möglich. Für Meisterschaft oder Pokalsieg durften 2.000 DM extra gezahlt werden. Die Ablösesumme wurde auf 50.000 DM festgelegt.[90] Wichtiger jedoch war: Der Verein half dem Spieler bei der Gründung einer „bürgerlichen Existenz". Im Laufe der folgenden Jahre wurden diese Bestimmungen gelockert und im Nachklapp zum Bestechungsskandal 1971 gänzlich gekippt – vom Amateurgedanken war von da ab keine Spur mehr. Zusätzlich galt es für die Fußballspieler, ethisch-moralischen Kriterien zu genügen: „Der Spieler muß einen guten Leumund haben" oder „Spieler dürfen ihren Namen für Reklamezwecke nicht zur Verfügung stellen."[91]

Das erste Bundesliga-Tor fiel im Spiel Werder Bremen gegen Borussia Dortmund im Bremer Weserstadion nach wenigen Sekunden. Weil das Fernsehen noch mit Filmtechnik arbeitete und der Kameramann im Radio-Bremen-Team mit Reporter Hanns Schulz das rechtzeitige Filmeinlegen verpaßt hatte, gibt es keine Aufnahmen von diesem „historischen" Treffer.[92]

Werder erstmals Deutscher Meister

Schon in der zweiten Saison 1964/65 wurde Werder erstmalig und überraschend umjubelter Deutscher Fußballmeister (die Amateure brachten dieses Kunststück 1966 sowie 1985 und 1991 fertig). Dieser Erfolg basierte auf einem insbesondere auswärts praktizierten Deckungssystem, das nur wenige Gegentore zuließ. Da für das Torverhältnis damals noch das Divisionsverfahren Geltung hatte, gab der günstige Quotient schließlich den Ausschlag für Werder. Im Meisterwettbewerb des darauffolgenden Europa-Pokals war die 2. Runde Endstation. Zwei leichten Auftaktsiegen gegen Apoel Nikosia jeweils mit 5:0 in Hamburg[93] und Bremen

Überschweng-licher Jubel: 1965 wird Werder erstmals Deutscher Meister

folgte der jugoslawische Vertreter von Partizan Belgrad. Nachdem das Hinspiel in Belgrad unter für Bremer ungewohnten Verhältnissen („Hexenkessel" mit manchen politischen Provokationen) mit 0:3 verloren ging, folgte ein denkwürdiges Rückspiel. Entsprechend emotionsgeladen war von fußballerischer Souveränität auf Spielfeld und Rängen wenig zu spüren. „Körperbetontes", hartes Bremer Spiel erbrachte zwei Feldverweise und rigides, teilweise einseitiges Durchgreifen durch den Schiedsrichter. Nach Spielschluß fuhren Polizei-Mannschaftswagen auf das Spielfeld, um die Gemüter zu beruhigen.

Für diese Phase stehen Trainer („Fischken") Multhaupt und beispielsweise Spieler wie Bernard (im Tor), der später erfolgreiche Trainer der dänischen und türkischen Nationalmannschaft Piontek, „Eisenfuß" Höttges, Lorenz, Steinmann, Jagielski, Mannschaftskapitän „Pico" Schütz, Ferner, Matischak.

Der Deutschen Vize-Meisterschaft nach Aufholjagd gegen den 1. FC Nürnberg 1968 folgten die „mageren siebziger Jahre". Nach verschiedenen „Zitterserien" und „Schicksalsspielen" stand 1979/80 der Abstieg aus der höchsten deutschen Fußball-Liga fest. Für die 70er Jahre stehen beispielsweise die schon genannten Spieler Höttges und Schütz zusammen mit Dieter Burdenski (im Tor), der heutige Manager von Schalke 04, Assauer, der bis heute bei Werder tätige Co-Trainer Kamp, Görts[94], Björnmose, Roentved, Bracht, Geils, Reinders, Hasebrink, Weist sowie die heutigen Trainer von Hertha BSC Berlin, Röber, und Eintracht Braunschweig, Möhlmann. Manches Mal konnte nur mit Mühe die DFB-Lizenz erlangt werden. Deswegen übrigens ist die Nord-Tribüne des

Weserstadions 1978 recht zügig zur Sitzplatztribüne umgebaut worden.[95] Auch der spektakuläre Aufbau der „Millionen-Elf" 1971/72 mit Bremer „Speckflaggentrikot" hatte diese sportliche und wirtschaftliche Talfahrt von Verein und Profi-Mannschaft nicht verhindern können. Das frisch gewählte Präsidium um die heute noch amtierenden Dr. Franz Böhmert und Klaus-Dieter Fischer hatte gute, aber erfolgsverwöhnte und am Ende ihrer Fußball-Karriere stehende Spieler verpflichtet, die nicht das hielten, was ihre Namen versprachen. Es handelte sich um die Spieler Laumen, Dietrich (beide von Borussia Mönchengladbach), Weist, Neuberger (beide von Borussia Dortmund), Baumann und Weber.

Werder zweitklassig

Wie sollte es in der Saison 1980/81 in der 2. Liga mit dem Fußball bei Werder weitergehen? Würde man das Schicksal manch anderer traditionsreicher Fußballvereine erleiden? Der inzwischen zum Manager aufgestiegene und damit die „Legende" „Hansi" Wolff verdrängende Rudi Assauer konzipierte mit dem Präsidium eine einjährige „Wiederaufstiegs-Strategie". Unter Erstligabedingungen wollte man den „Betriebsunfall Bundesliga-Abstieg" korrigieren. Nachdem einige Leistungsträger mit sportlicher Perspektive nicht gehalten werden konnten (Röber, Dressel, Geils), verstärkte man sich insbesondere durch Erwin Kostedde und Klaus Fichtel. „Wenn wir sofort wieder nach oben wollen, dann müssen wir eine Mannschaft antreten lassen, die Bundesliga-Qualität hat und entsprechend bezahlt wird...", formulierte die Vereinsspitze.[96] Obwohl am Ende ihrer Karriere, bildeten Kostedde und Fichtel zusammen mit einigen Nachwuchsspielern eine neue Mannschaft. Nach nur einer Spielzeit in der 2. Bundesliga, Gruppe Nord, wurde 1981 der direkte Wiederaufstieg in die Bundesliga geschafft. Sportlich war dieser Erfolg eng mit der Person Otto Rehhagel verbunden, dessen „Pendant" auf der wirtschaftlichen Ebene, Willi Lemke, neue Vermarktungs-Ideen umsetzte. Zunächst freilich hatte die Ablösung von „Hansi" Wolff als Geschäftsführer durch Manager Rudi Assauer 1975/76 sowie die Neubesetzung durch den SPD-Mann Willi Lemke 1982 für manch (politischen) Wirbel in Verein und Stadt gesorgt.

Als Glücksgriff hatten sich insbesondere Jonny Otten, Norbert Siegmann, Norbert Meier und Thomas Schaaf herausgestellt. Letzterer personifizierte übrigens ein System, das als weiter ausgeklügeltes und ausdifferenziertes „Nachwuchskonzept" Werders bekannt geworden ist und das noch heute praktiziert wird. Um von früh an das gleiche Spielsystem wie die Profi-Mannschaft umzusetzen, werden Trainer und Betreuer der ersten Mannschaften (Amateure, 1. A-Jugend, 1. B-Jugend) zusammengeführt.

Wirtschaftlich wurde schon in den 70er Jahren manches Neuland beschritten. „Drittgelder" waren zur Finanzierung des Bundesliga-Betriebs immer notwendiger geworden. Nachdem bereits bei der „Millionen-Elf" auf die traditionelle Trikot-Farbe verzichtet und sie durch das „Bremer Speckflaggentrikot" ersetzt worden war, kam 1976/77 der erste Werbeträger ins Spiel. So lief die Mannschaft im blauen Trikot auf, in Anlehnung an den Sponsor „Norda".[97]

In dieser Form kaum erwartet, dennoch bald immer deutlicher, hatten sich Verein und Mannschaft in der Zweitklassigkeit so regeneriert, daß mit gestärkter Moral und daraus resultierender offensiverer Spielweise vordere Plätze in der 1. Bundesliga belegt werden konnten. So gelang gleich in der folgenden Saison 1981/82 die Teilnahme am Uefa-Cup. Ein weiteres Jahr später lieferte man sich erstmals – mit dem HSV – ein spannendes Finish um den Titel. Auch diese Vize-Meisterschaft wurde begeistert gefeiert. Mancher behauptet sogar, daß diese Feier die letzte des „Fußball-Volkes" war, weil im Rahmen aller späteren Feiern auf dem Marktplatz nicht mehr nur originäres Stadionpublikum die Mannschaft feiern wollte. Diese Erfolge waren beispielsweise verbunden mit den Spielern Uwe Reinders, Norbert Meier und Rudi Völler, um nur die wichtigsten zu nennen. Schon damals jedoch bestachen die „Grün-Weißen" durch mannschaftliche Geschlossenheit und – besonders in Heimspielen – durch spielerischen und begeisternden Offensiv-Fußball.

Die 80er Jahre sind insgesamt als die Phase tiefgreifenden Wandels in Werders Profi-Fußball zu bezeichnen.[98] Einerseits müssen größere Finanzmittel aufgewendet werden, um die Mannschaft stetig zu verstärken, andererseits verlieren die Zuschauereinnahmen immer mehr an Bedeutung. Aus einem Verhältnis von etwa 90:10 (Zuschauereinnahmen zu Geldern von außerhalb des Fußballs) ist 1988 ein Verhältnis von 70:30, wenn nicht 60:40 geworden. In diesem Zusammenhang sei beispielsweise an das „verkaufte" Spiel gegen Waldhof Mannheim im März 1988 erinnert. Ein externes Unternehmen (Citroen) hatte das gesamte Kartenkontingent übernommen und damit sämtliche Vermarktungsrechte im Stadion wahrnehmen können. Daß eine so veränderte wirtschaftliche Situation nicht ohne Konsequenzen im Verein, aber auch in der Struktur der Stadionbesucher bleibt, liegt auf der Hand. Dieses anerkennend, hat der

SV Werder 1980/81 mitgeholfen, ein Fan-Projekt in Bremen einzurichten.[99] Diese jugend- und sozialpädagogische Initiative hat als Vorreiter erstmalig und experimentell versucht, unterstützend und strukturierend auch die Lebenswelt der jugendlichen Werder-Fans (der Ost-Kurve) ins Blickfeld zu rücken und diese als einen spezifischen Bestandteil des Zuschauerpublikums zu erhalten.

Andererseits ist für die Profi-Abteilung des Vereins u.a. das konsum- und damit erfolgsorientierte Sitzplatzpublikum ins Zentrum der Überlegungen gerückt.[100] Mit ihm lassen sich höhere Einnahmen realisieren. Daraus folgt, daß der Bereich der stehenden jugendlichen Werder-Fans insbesondere der Ost-Kurve mehr als folkloristisches Element einer ansonsten marktkonformen Zuschauergruppe verstanden wird. Jugendliche Werder-Fans jedoch sind weniger „junge Konsumenten", sondern viel tiefergehendes Moment distanz- und bedingungsloser Unterstützung der Mannschaft. Folglich ist ein jugendspezifischer Blickwinkel nötig, um Hoffnungen und Sehnsüchte, aber auch Schwierigkeiten und Probleme dieser Fans in die Überlegungen angemessen miteinzubeziehen. Gleichzeitig geht es darum, den „Erlebniswert" für *alle* Stadionbesucher zu steigern. In diesem Zusammenhang ist die bundesweite Diskussion um den Rückbau der Spielfeldzäune und die Steigerung der Erlebnisqualität zu würdigen.[101] „Möglicherweise mag das Abbauen der Zäune dazu führen, daß mehr Invasionen auf das Fußballfeld stattfinden und Schlägereien, was schlecht ist für das Ansehen des Fußballs. Aber normalerweise sind daran nur Leute beteiligt, die auch daran beteiligt sein wollen. Die Zäune sind hingegen für alle gefährlich, die diese angeblich schützen sollen: die unschuldigen und friedlichen Fußball-Fans."[102] Bezieht man die Fans in die Auseinandersetzung um den Abbau der Zäune und den Erhalt von Stehplätzen mit ein und stärkt damit ihre Selbstverantwortung und Mitgestaltung am Fußball-Stadion, so ist weniger zu befürchten, daß der Rasen von Unbeherrschten gestürmt wird.

Werder Bremen: auf dem Weg zu Erfolgen in Europa

In den auf den Wiederaufstieg folgenden Jahren, der bis dahin erfolgreichsten Phase des Vereins, konnte in fast jeder Saison die Qualifikation zu einem europäischen Cup-Wettbewerb erreicht werden. Zehnmal wurde in der Bundesliga ein Platz unter „den großen Fünf" geschafft, davon zweimal als Deutscher Meister und einmal als Vize-Meister. Hinzu kamen Pokalerfolge: zweimal DFB-Pokalsieger und einmal Europapokal-

Hoch hinaus ging's mit Werder in den 80er Jahren. Hier sind Reinders, Schaaf, Sidka, Kutzop und Möhlmann auf dem Weg nach oben. (9.3.1985 beim SV Waldhof Mannheim)

sieger. In diese Phase fiel auch die in den letzten beiden Spielen der Saison 1985/86 „verlorene" Meisterschaft.[103] Wie niedergeschlagen waren Fans/Zuschauer und Spieler, als man am letzten Spieltag noch den FC Bayern München vorbeiziehen lassen mußte, nachdem die entscheidende Partie beim VfB Stuttgart verloren gegangen war. Wer erinnert sich nicht an die teilweise dramatischen Spielverläufe der Begegnungen im Uefa-Cup beispielsweise gegen Dundee United, Malmö FF, Lokomotive Leipzig, RSC Anderlecht, Schwarzmeer Odessa, Atletico Madrid? Daß ebenso spannende gegen Spartak Moskau, Dynamo Ost-Berlin, AC Mailand, SSC Neapel und RSC Anderlecht folgen sollten, ahnte noch keiner.

Absoluter Höhepunkt für den SV „Werder" und die Stadt Bremen war die Erringung der zweiten Deutschen Meisterschaft in der Saison 1987/ 88, schon verbunden mit neuen Spielern wie beispielsweise Oliver Reck, Uli Borowka und Karl-Heinz Riedle und knapp sieben Monate vor den Feierlichkeiten zum 90jährigen Bestehen des Vereins. Bezeichnete man bei Werder diese Jahre als die erfolgreichsten der Vereinsgeschichte, sollten ab 1988 noch größere Erfolge errungen werden.

Literaturliste

Wallenhorst, Hans-Joachim / Klingebiel, Harald, „Neunzig Jahre SV 'Werder' – 1899-1989", Verlag Bremer Tageszeitungen AG, Bremen 1988,

Klingebiel, Harald / Wallenhorst, Hans-Joachim, „SV 'Werder' Bremen von 1899 – Bilder und Dokumente aus der Geschichte", Steintor-Verlag, Bremen 1988

Klingebiel, Harald und Rutkowski, Manfred unter Mitarbeit von Hafke, Thomas und Otterstedt, Matthias, „Das Modell Ost-Kurve oder 'Sitzen ist für'n Arsch' – Einmischung in die Modernisierung des Bremer Weserstadions", Dokumentation einer Initiative des Fan-Projekt Bremen e.V. von 1991-1993, Eigenproduktion, Bremen 1993

Schulze-Marmeling, Dietrich, „Der gezähmte Fußball – Zur Geschichte eines subversiven Sports", Verlag Die Werkstatt, Göttingen 1992

Baroth, Hans Dieter, „Des deutschen Fußballs wilde Jahre", Klartext-Verlag, Essen 1991

Neumann, Frank, „Sozialdemokratische Bildungspolitik im wilhelminischen Deutschland – Heinrich Schulz und die Entstehung d. 'Mannheimer Leitsätze'", Universität Bremen (Koop. Universität/Arbeiterkammer), Bremen 1982

Modellversuch Journalisten-Weiterbildung der Freien Universität Berlin (Hg.), „Der Satz 'Der Ball ist rund' hat eine gewisse philosophische Tiefe – Sport, Kultur, Zivilisation", Transit Buchverlag, Berlin 1983

Horak, Roman/Reiter, Wolfgang (Hg.), „Die Kanten des runden Leders – Beiträge zur europäischen Fußballkultur", ProMedia-Verlag, Wien 1991

Binz, Roland, „Borussia ist stärker – Zur Alltagsbedeutung des Fußballvereins, gestern und heute", Peter Lang, Frankfurt am Main 1988

Gillis, John R., „Geschichte der Jugend – Tradition und Wandel im Verhältnis der Altersgruppen und Generationen", Beltz-Verlag, Weinheim und Basel 1980

Lindner, R./Breuer, H.Th., „Sind doch nicht alles Beckenbauers", Syndikat, Frankfurt/Main 1979

Becker, Peter/Pilz, G. A., „Die Welt der Fans", Copress-Verlag, München 1988

Prüß, Jens R., „Spundflasche und Flachpaßkorken – Die Geschichte der Oberliga Nord 1947-1963", Klartex-Verlag, Essen 1991

Derivaux, Claude / Knaust, M., „Bremer SV von 1906 – Blau-Weiße Kicker aus dem Bremer Westen"; Steintor-Verlag, Bremen 1987 (Reihe Stadtleben)

Busche, Hans-Otto / Fricke, Heinz, „Das große Werderbuch", Verlag Bremer Tageszeitungen AG Bremen, o.J.

Stadtteilgeschichtsgruppe Östliche Vorstadt, „Zwischen Weserwehr und Weserstadion", Steintor-Verlag, Bremen 1986 (Reihe Stadtleben)

Prof. Dr. Horst Überhorst, Dresdner Bank (Hg.), „Sport in Deutschland – von Turnvater Jahn bis zur Gegenwart", Eigenproduktion 1991

Bausenwein, Christoph, „Geheimnis Fußball – Auf den Spuren eines Phänomens", Verlag Die Werkstatt

Schümer, Dirk, „Gott ist rund – Die Kultur des Fußballs", Berlin Verlag

Pfeiffer, Lorenz / Pilz, Gunter A., „Hannover 96 – 100 Jahre Macht an der Leine", Schlütersche (Verlag)

„Libero" (Zeitschrift, 1900-1920), verschiedene Quartale)

Video-Film:

„Werder – Von den ersten Tagen bis zum Beginn der Bundesliga – Geschichte des SV Werder Bremen in Geschichten"; VHS-Video, Artefakt, Bremen 1993

Anmerkungen

(1) „Der Satz 'Der Ball ist rund' hat eine gewisse philosophische Tiefe"; Rolf Lindner, S. 8f

(2) Elias, Norbert; „Der Fußballsport im Prozeß der Zivilisation"; S. 12

(3) Roland Binz beschreibt wohl erstmals differenzierter, „daß das im Zuge der Industrialisierung aufgetretene Strukturwachstum der Gesellschaft eine stark zunehmende Diskontinuität zwischen primärem, in der Familie zentrierten und sekundärem, gesellschaftlich dominierten Lebensbereich entstehen ließ." (Binz, S. 44)

(4) Binz, S. 40f. Gemeinsamkeiten und Unterschiede warten noch auf wissenschaftliche Bearbeitung. Gleichzeitig drängen sich Parallelen zur jugendlichen Gruppenbildung im Zusammenhang mit dem Profi-Fußball seit den 60er Jahren geradezu auf. Ob fester organisierte Fan-Clubs oder informeller agierende Gruppen von Skinheads und Hooligans, mögliche Wiederholungen, Besonderheiten, aber auch Unterschiede warten gleichfalls auf ihre wissenschaftliche Bearbeitung.

(5) In den Jahren 1987 und 1988 unterhielt der SV Werder Bremen ein von Hans-Joachim Wallenhorst und Harald Klingebiel hauptamtlich geleitetes „Projekt zur Vereinsgeschichtsforschung". Daraus ist ein recht umfangreiches Vereinsarchiv entstanden, dessen professionelle Weiterführung oder Entwicklung in Richtung „Sportgeschichtliches Dokumentationszentrum Bremens" bzw. „Bremer Sport- und Fußballmuseum" diskutiert wird.

(6) Die beiden hautpamtlichen Hans-Joachim Wallenhorst und Harald Klingebiel geben hier einen Einblick in die Geschichte dieses facettenreichen Vereins. Anmerkung zur Schreibweise: In den Unterlagen wird der Name wie folgt geschrieben: „Werder". Aus Gründen der Lesbarkeit wird dieses im folgenden nicht immer durchgehalten.

(7) Binz, S. 22

(8) Werder, Brockhaus: das, ..., 1. auch Werth, Wörth, Flußinsel..., 2. Landschaft zwischen Flüssen oder trockengelegte, urbar gemachte Gegend...
Der heutige Stadtwerder in Bremen: So wurde im letzten Jahrhundert eine Flußinsel zwischen zwei Weserarmen und der Werder bezeichnet, die oftmals überflutet war. Hier frönten die Vereinsgründer dem Fußballspiel, daher der Vereinsname.

(9) „Sport in Deutschland – von Turnvater Jahn bis zur Gegenwart", S. 7

(10) Binz, S. 31

(11) Planck, Karl, Fußlümmelei: Über Stauchballspiel und englische Krankheit; Nachdruck der Ausgabe von: Stuttgart 1898, Münster, Lit-Verlag 1982.

(12) Cancan war ein Modetanz um 1900, der als unanständig galt.

(13) Hierunter muß man sich eine Art „Fachoberschule für Kaufmannsberufe" vorstellen, für die die Schüler ein nicht unbeträchtliches Schulgeld zu zahlen hatten. Der Abschluß galt gleichzeitig als „wissenschaftliche Qualifikation" für den „einjährigen freiwilligen militärischen Dienst" und damit einhergehender Offizierslaufbahn. Es gibt auch Hinweise, daß es sich bei dieser Schule um nicht ganz „pflegeleichte" Jugendliche gehandelt hat. Wenngleich das „politische Klima" an dieser Schule nicht übertragbar ist auf die Meinung der Schüler, gibt es zur Lehrerschaft und zu Vorsteher Debbe einige aufschlußreiche Unterlagen über ihre politisch/pädagogische Einstellung. Von 1892/93 war der spätere sozialdemokratische Reichstagsabgeordnete Heinrich Schulz – eine Straße in Bremens Stadtteil „Neue Vahr" ist nach ihm benannt – für ein Jahr an der Privatschule von C.W. Debbe tätig. Die Erfahrungen, die er als damaliger SPD-Symphatiesant hierbei mit Debbe machte, sprechen eher von „Enge" und Festschreibung kaiserlicher Politik-Vorstellungen. „Es ist leicht vorzustellen, welche Belastungen es für Schulz bedeutete, unter einem Schulleiter tätig zu sein, der es sich zur Aufgabe auf Leben und Tod gemacht hatte, die Sozialdemokratie zu bekämpfen." (Neumann, Frank, S. 114)

(14) Wallenhorst/Klingebiel, S. 8 ff.

(15) Wallenhorst/Klingebiel, S. 9. Der „Kuhhirte" umfaßte ein Areal auf dem „Werder", später als „Stadtwerder" bezeichnet.

(16) Wallenhorst/Klingebiel, S. 28. „Kaisertrinksprüchen" folgte die zeitaufwendige sowie zwei allseits akzeptierte Grundregeln aufweisende „Fidelitas": 1. Kein Teilnehmer darf mehr trinken als mit Gewalt

runtergeht. 2. Das Füßebaden in Freibier ist streng verboten. (Fidelitas: Offizielle festlich-feierliche Zusammenkunft; Binz, S. 171)

(17) „Wetten, daß wir unter Beachtung aller anerkannten Regeln mehr Tore erzielen als Ihr!", Wallenhorst/Klingebiel, S. 39

(18) Wallenhorst/Klingebiel, S. 10f

(19) Wallenhorst/Klingebiel, S. 27

(20) Eine sportliche Qualifikation gab es nicht, neben dem späteren Deutschen Meister VfB Leipzig hatten nur der Karlsruher FV, BFC Britannia Berlin, Altona 93, Viktoria Magdeburg, Deutscher Fußball-Club Prag gemeldet; „Jahrhundertfußball" (Deutschland spezial) (Sportillustrierte); Schwaig, 1990, S. 44

(21) Baroth, Hans-Dieter, S.9

(22) Wallenhorst/Klingebiel, S. 24

(23) Der Begriff „dritte Halbzeit" sollte ca. 80 Jahre später für die Hooligangs, die ihr Tun so bezeichnen, eine andere Bedeutung gewinnen.

(24) Wallenhorst/Klingebiel, S. 34, 36; aus: Staatsarchiv Bremen (s. Dok. S. 236)

(25) „Der gezähmte Fußball", S. 72, und „Libero" (1900 bis 1920), S. 11. 1919 wurde er modifiziert in „Bundespokal" und 1933 (auf Vereinsebene) in „Tschammer-Pokal" umbenannt.

(26) Wallenhorst/Klingebiel, S. 37

(27) Wallenhorst/Klingebiel, S. 39

(28) Vgl. zum Folgenden: „Libero" – Der deutsche Fußball (1900 – 1920), No. D3, 1. Quartal, S. 11 ff

(29) Bremen im Mai 1906 erstmals gegen Hannover

(30) „Libero", (1900-1920), S. 112

(31) VN 1.2.1912

(32) „Dreißig Jahre SV Werder" (Vereinschronik), 1929

(33) Wallenhorst/Klingebiel, S. 56

(34) Ein „Vorläufer" der Oberliga Nord von 1948. Für Insider war sie länger erwartet. So steht in Werders Vereinszeitung vom 1. Februar 1913: „Wir müssen auf dem Posten sein und alle Mittel in Bewegung setzen, um Bremens führende Vereine mit denen anderer großer Städte Norddeutschlands wieder auf die gleiche Stufe zu bringen, damit wir, wenn einst der große Tag der Um-

wälzung kommt, nicht achselzuckend übergangen werden können. Was ich damit sagen will, dürfte jeder wissen, nämlich die Einführung der Liga. Diese Liga kommt, und zwar in nicht allzuferner Zeit, das ist meine feste Überzeugung..."

(35) Wallenhorst/Klingebiel, S. 67

(36) Wallenhorst/Klingebiel, S. 63. Im Ergebnisdienst zum Jahr 1923 finden wir darüberhinaus in der Vereinschronik zum 30-jährigen Bestehen: „Die Herstellung einer Stehtribüne ging ihrer Vollendung entgegen."

(37) Klingebiel/Wallenhorst, S. 7

(38) Wallenhorst/Klingebiel, S. 69

(39) Einer der Vereine, die 1919 im Allgemeinen Bremer Turn- und Sportverein (ABTS) aufgingen und später das Weserstadion bauten.

(39a) Wallenhorst/Klingebiel, S. 86f

(40) Wallenhorst/Klingebiel, S. 79

(41) „Libero" (1900-1920), S. 113

(42) Wallenhorst/Klingebiel, S.101; „Libero" (1900-1920), S. 13.

(43) Wallenhorst/Klingebiel, S. 75

(44) Während der frühe Fußball sich seine Entfaltung im Rahmen der Rugby-Bewegung suchen mußte, war dieses nun gänzlich anders geworden. Nun mußte sich der Rugby-Fußball an der Associations-Fußballbewegung orientieren.

(45) Wallenhorst/Klingebiel, S. 109

(46) Manche Verlobungs- und Heiratsannonce kündete von privaten Konsequenzen. Vgl. Wallenhorst/Klingebiel, S. 109

(47) Es ist nicht gänzlich zu klären, was sich hinter diesen Formulierungen konkret verbirgt.

(48) Wallenhorst/Klingebiel, S. 154

(49) Zum Schluß gab es mehrere Abwertungen am Tag. Wegen dieser wirtschaftlichen Schwierigkeiten beispielsweise konnte 1923 keine Vereinszeitung erscheinen, das Papier war zu teuer. Die Zusammenstellung aller Fußballergebnisse war für die „Werder-Archivare" von daher nicht einfach. Wenngleich die nicht unbetuchten Werder-Mitglieder manches durch Umlagen auffangen konnten, war die Vereinsgrundlage gefährdet.

(50) Wallenhorst/Klingebiel, S. 123

(51) Wallenhorst/Klingebiel, S. 123

(52) Wallenhorst/Klingebiel, S. 128

(53) Libero, S.101f

(54) Wallenhorst/Klingebiel, S. 134

(55) Libero, S. 19

(56) Libero, S. 101

(57) Vgl. Wallenhorst/Klingebiel, S. 104

(58) Gemeint sein kann eigentlich nur der Komplex Spielerziehung, vgl. „Die Kanten des runden Leders", S. 221

(59) „Die Kanten des runden Leders", S. 221

(60) „Die Kanten des runden Leders", S. 220/221

(61) Zitiert nach: Horak, Roman/Reiter, Wolfgang, S. 218

(62) Wallenhorst/Klingebiel, S. 163

(63) Busche, Hans Otto/Fricke, Heinz, Das große Werderbuch, Verlag Bremer Tageszeitungen AG, Bremen, o.J., S. 61

(64) Libero, Teil 1, S. 2

(65) Libero 1900 - 1920, S. 3

(66) Sozialdemokraten, Kommunisten und Nationalsozialisten nutzten das Stadion schließlich für verschiedene Massenveranstaltungen in den 20er Jahren.

(67) Stadtteilgeschichtsgruppe Östliche Vorstadt,S. 6. 1909 wurde der „Tribünenplatz Peterswerder" durch den „Verein zur Beförderung des Spiels im Freien" gebaut. Dieser als Teil der „Spielbewegung" entstandene „Trägerverein" sah bedeutende Bremer Persönlichkeiten in Vereinsfunktionen. Mit diesem Verein sollten die materiellen Bedingungen für interessierte Sportler und Sportgruppen verbessert werden. (Siehe auch „Modell Ost-Kurve oder Sitzen ist für'n Arsch – Einmischung in die Modernisierung des Bremer Weserstadions; Dokumentation des Fan-Projekt Bremen e.V., Bremen 1993, S. 19ff.) Inwieweit dieser Verein einen Vorläufer des ab 1929 fungierenden „Weserstadion e.V." und der aktuellen „Bremer Sport und Freizeit GmbH", als Betreiber des Weserstadions, darstellt, kann hier nicht geklärt werden.

(68) Auch die recht starke Bremer Arbeitersportbewegung hatte Interesse an der Übernahme des Stadionkomplexes angemeldet, um ihn in einen „Volkspark" umzugestalten.

(69) Jean-Claude Derivaux / Manfred Knaust, „Bremer SV von 1906 – Blau-weiße Kicker aus dem Bremer Westen"

(70) Schulze-Marmeling, S. 113

(71) Schulze-Marmeling, S. 112

(72) So schreibt er in den ersten „Vereinsnachrichten" nach Beendigung des 2. Weltkrieges im Dezember 1947 einen hier nicht näher zu erwähnenden Grundsatzartikel zu Politik und Sportverein im Nationalsozialismus. Daß dem emigrierten Juden im Korrekturabzug dieser Ausgabe eine entsprechende Formulierung gestrichen wurde, sei hier nur am Rande vermerkt.

(73) Wallenhorst/Klingebiel, S. 161

(74) Wallenhorst/Klingebiel, S. 162

(75) Wallenhorst/Klingebiel, S. 198

(76) Inwieweit Gremien des Vereins, einzelne Mitglieder und der Verein als Ganzes in den Nationalsozialismus verstrickt waren, hat eine bis heute während sportgeschichtliche und sportpolitische Debatte nicht endgültig klären können. So fordern beispielsweise auch neuere Auseinandersetzungen in der freizeitorientierten Alltagskulturforschung dieser Jahre wie Forschungen zur Stadtteilgeschichte und der Betriebe, das (politische) Blickfeld zu erweitern und zusätzliche Differenzierungen einzubringen.

Nicht nur die wissenschaftliche Beschäftigung mit der „sozialen Konstruktion Vereinsgebilde" steckt in den Kinderschuhen. Einen möglichen Weg weist Norbert Elias („Was ist Soziologie?", Juventa-Verlag, Weinheim und München 1986), indem er in grundsätzlicher Weise nach Macht/Ohnmacht, Abhängigkeiten, hierarchischen Funktionsebenen u.ä. fragt und sie ins Verhältnis zu prozeßhaften Verflechtungszusammenhängen setzt. Mit dem Begriff der „Figuration" versucht er in diesem Rahmen den gedanklichen Zwang zur Polarisierung des Menschenbildes „der uns immer von neuem dazu anhält, ein Bild von Menschen als Individuen und ein Bild von Menschen als Gesellschaften nebeneinander zu stellen, ... aufzuheben". Es scheint mir notwendig, eine hierauf basierende „unpolitische" Forschung und Auseinandersetzung zu betreiben.

VEREINSGESCHICHTE ✪ 301

(77) Oktober 1986, S. 18. Nebenbei bemerkt, war Kerrl bis 1933 ein nicht unwichtiger Funktionär der Bremer Arbeitersportbewegung.
(78) November 1971, S. 25
(79) Um Zugang zur Nordsee zu haben, wurde Bremen amerikanische Enklave in der britischen Besatzungszone.
(80) Prof. Dr. Ueberhorst, S. 14
(81) Wallenhorst/Klingebiel, S. 207
(82) Inwieweit die Kontrollratsdirektive Nr. 23 von Ende 1945 einen solchen sportpolitischen Spielraum ließ, kann hier nicht thematisiert werden.
(83) Anhand von 132 Fragen wurden Funktionsträger in den Vereinen nach ihrem (politischen) Werdegang befragt. Wallenhorst/Klingebiel, S. 213
(84) Wallenhorst/Klingebiel, S. 208 ff
(85) Wallenhorst/Klingebiel, S. 253
(86) Schulze-Marmeling, S. 58, nach U. Schröder, „Fußball in Deutschland", in: K.-H. Huba (Hg.). Manchmal modifiziert, betrug das Monatseinkommen Ende der 50er Jahre 400 DM netto zuzüglich Prämien und nachgewiesenem Verdienstausfall.
(87) Wallenhorts/Klingebiel, S. 253
(88) Wallenhorst/Klingebiel, S. 258
(89) Wegen dieses Punktabzuges wurde der Hamburger SV zum einzigen Mal in der gesamten Oberliga-Nord nicht Meister.
(90) Zum Vergleich zu diesen Spielereinkommen die damaligen Eintrittspreise: Sitzplatz Obertribüne: 12 DM; Sitzplatz Untertribüne: 8 DM; Sitzplatz Gegengerade: 6 DM (wenige Reihen auf Spielfeldniveau, direkt hinter der Laufbahn); Stehplatz: 3,50 DM; Körperbehinderte: 2,50 DM; Kinder bis 14 Jahre: 1 DM. Vgl. Wallenhorst/Klingebiel, S. 312
(91) „Kicker-Sonderheft, 25 Jahre Bundesliga, Nürnberg 1988
(92) Für einen Video-Film zur Werder-Geschichte 1995 mit den damals Beteiligten „nachgedreht".
(93) Aus finanziellen Gründen „verkaufte" der zypriotische Meister sein Heimrecht an Werder, so daß dieses Spiel im Hamburger Volksparkstadion ausgetragen wurde.
(94) Woher der von vielen Zuschauern gerufene Spitzname „Anneliese" für Werner

Görts kam, hat sich bis jetzt nicht ermitteln lassen.
(95) Werder sollte keine Bundesliga-Lizenz erteilt werden. Alternative: Der DFB hatte eine günstigere Einnahmeseite angemahnt, die man sich mit mehr Sitzplätzen versprach. Vgl. dazu: „Das Modell Ost-Kurve oder Sitzen ist für'n Arsch", S. 10ff
(96) SV Werder Bremen, Wieder dabei!, Bremen, o.J., S. 3
(97) Es bleibt ungeklärt, ob der Frage-Gesang gegnerischer Fans „Was ist grün und stinkt nach Fisch?" – „Werder Bremen!" mit diesem Sponsor (einem Fisch-Verarbeiter) etwas zu tun hat.
(98) Als Sportgeschichtler sowie Sport- und Sozialwissenschaftler muß man vorsichtig und sensibel sein mit solcher Wortwahl. In der Geschichte des SV Werder Bremen gab es immer wieder Phasen, die Beteiligte als „tiefgreifend", „umwälzend" gar „revolutionierend" bezeichnet haben.
(99) Ohne daß es einen konkreten gewalttätigen oder politischen Vorfall in der Fan-Kurve gab. Der Tod des Werder-Fans Adrian Maleika in Hamburg ereignete sich gut 10 Monate später.
(100) Das Modell Ost-Kurve...; Dokumentation des Fan-Projekt Bremen e.V.
(101) Warum mancher verantwortliche Fußballfunktionär diese Überlegung allerdings mit dem Vorhandensein von ausschließlich Sitzplätzen verbindet, ist nur schwer nachzuvollziehen.
(102) Stollenwerk, 1988; zit. aus: Schulze-Marmeling, S. 223
(103) Erstmals in der Bundesliga wurden die Spiele Werder Bremen gegen Borussia Mönchengladbach und gegen Bayern München wenige Tage später durch den Privatfernsehsender SAT 1 ausgestrahlt, was als „Durchbruch" zu einer neuen „TV-Übertragungslandschaft" zu gelten hat.

Anhang

Werder-Jubel: Bode, Schulz, Ramzy, Basler, Neubarth, Borowka

Kleines Lexikon wichtiger und weniger wichtiger Spieler des SV Werder Bremen

Richard Ackerschott (10.12.21)
Werders erster Ehrenspielführer war zwischen 1948 und 1957 eine der Stützen der Abwehr (Spitzname „Sense") und Teil der berühmten „Texas-Elf". Der gebürtige Wuppertaler kam als Soldat während des 2. Weltkriegs nach Bremen. Nach seiner aktiven Zeit trainierte er im Verein diverse Mannschaften, war Ligaobmann und sprang zweimal als Bundesliga-Ersatztrainer ein. Dabei saß er in Vertretung von „Zapf" Gebhardt auf der Bank, als sich der legendäre Pfostenbruch in Gladbach ereignete.

Klaus Allofs (05.12.56)
Europameister, Vize-Weltmeister, Deutscher Meister, DFB-Pokalsieger, Europapokalsieger, französischer Mei-ster und Cupgewinner – eine stattliche Anzahl an Titeln, die einer der elegantesten Spieler aller Zeiten in mehr als 18 Profijahren sammeln konnte. Zu den überraschenden Wendungen in seiner Laufbahn gehörte das Engagement beim SV Werder, das er 1990 mit 33 Jahren begann. Zuvor spielte er drei Jahre in Frankreich bei Olympique Marseille und Girondins Bordeaux. Geboren in Gerresheim, ging Allofs früh zur Düsseldorfer Fortuna, wechselte später zum 1. FC Köln und dann ins Ausland. Der 56fache Nationalspieler, der heute als Geschäftsmann in der Nähe seiner Heimat lebt, verbindet mit dem SV Werder die besten Erinnerungen: „Bremen war eine tolle Zeit für mich!" Kein Wunder, bei drei Titeln in drei Jahren.

Sanny Aslund (29.08.52)
Er spielte nur eine Saison in Bremen, machte lediglich 19 Spiele und schoß vier Tore. Aber was für welche! Sie führten zu den ganz wenigen Siegen in der Saison 75/76. Als Trainer Burdenski durch Rehhagel abgelöst wurde, gelangen dank Aslunds Treffer die entscheidenden Punktgewinne zum Klassenerhalt; vor allem durch sein 2:0 im Juni 76 gegen Duisburg.

Rudi Assauer (30.04.44)
Nicht nur als Spieler, sondern später als Trainer-Notnagel und Manager für den Verein aktiv. Spielte, nach seinem

Wechsel von Borussia Dortmund, zwischen 1970 und 1976 188mal für den SVW und erzielte vier Tore. Am 1. Juli 76 wurde er Nachfolger von Hansi Wolff als Manager und behielt diesen Posten bis zu seinem (ersten) Engagement beim FC Schalke 1981.

Junior Baiano (14.03.70)
Schade. Der Brasilianer vom FC Sao Paulo hatte die besten Anlagen, einer der Stars der Mannschaft zu werden. Aber die Irrungen der de Mos-Ära zermürbten ihn. Er zelebrierte zumeist Herzinfarktfußball, nicht geeignet für das norddeutsche Gemüt. Nach eininhalb Jahren packte ihn das Heimweh. Werder ließ ihn (zu schnell) nach 32 Spielen (2 Tore) freiwillig zurück nach Sao Paulo ziehen.

Kaes Bakker (Geburtstag unbekannt)
Der knapp zwei Meter große Torwart war der Liebling der Kinder, die ihn umringten und anhimmelten, weil er Späße machte. So saß er vorzugsweise bei Angriffen, ausgerüstet mit einem Regenschirm, auf einer Kiste im Torraum, um diese schnell wegzukicken, sobald es brenzlig wurde. Der Niederländer spielte 1903 für den Verein, als der noch FV Werder hieß.

Mario Basler (18.12.68)
Fluch oder Segen? Die Bewertungen über Baslers Rolle in der Mannschaft des SV Werder konnten gegensätzlicher nicht sein. Eines jedoch bleibt: Der Mann, der durch sein persönliches Verhalten polarisierte, war sportlich einer der schillerndsten, der je grünweiß trug. Gescheitert in Kaiserslautern und bei Rot-Weiß Essen, machte er bei Hertha BSC in der 2. Liga auf sich aufmerksam, bis Rehhagel ihn 1993 verpflichtete. Gleich in der ersten Saison schoß er Werder in die Champions League. Danach folgten unzählige

unvergeßliche Tore, aber auch ebenso viel Ärger und Unruhe. Geradezu grotesk verlief sein selbstinitiierter, letztlich geplatzter Wechsel nach Italien. Seit Sommer 96 spielt er dort, wo er hingehört: beim FC Bayern.

Dietmar Beiersdorfer (16.11.63)
Geboren in Fürth, kam er 1986 über Bamberg und Fürth zum Hamburger SV, bestritt dort 174 BL-Spiele, war Mannschaftskapitän und Integrationsfigur in schweren Zeiten. Die mangelnde sportliche Perspektive brachte ihn dann 1992 zum SVW, für den er bis 1995 spielte. Ein Opfer der de Mos-Ära, das den Club ungern Richtung Köln verließ, dort aber sofort wieder Stammspieler wurde. Ab Saison 96/97 stand er in Diensten des italienischen Erstligisten AC Reggiana.

Günter Bernard (04.11.39)
Schwarzes Haar, lange Koteletten, gelbe Sweater – Günter Bernard war nicht nur ein guter Torwart, er sah auch gut aus. Zwischen 1963 und 1973 stand der gebürtige Schweinfurter 287mal im Werder-Tor und lockte viele weibliche Fans ins Stadion. Die

sportlichen Höhepunkte seiner Karriere waren die Teilnahme an der WM 1966 in England und die Deutsche Meisterschaft mit dem SVW ein Jahr zuvor.

Wladimir Bestchastnykh (01.04.74)

„Ein außergewöhnlicher Spieler, an dem wir noch viel Freude haben werden" prophezeite Otto Rehhagel, als er den 20jährigen im Sommer 94 von Spartak Moskau holte. Vor allem bei Hallenturnieren fiel er seinem Trainer aufgrund der exzellenten Technik auf. Die Verträge zwischen den Clubs wurden bereits im Frühjahr 93 perfekt gemacht. Der Russe kostete 1,6 Mio. Ablöse. Seine Zeit in Bremen verlief insgesamt jedoch recht unglücklich. Kurz nach seiner Ankunft verließ ihn seine Frau Richtung Heimat. Sprachprobleme und das sportliche Abseits unter Aad de Mos ließen ihn resignieren. Der Verein ließ ihn schließlich nach Spanien zu Santander gehen.

Marinus Bester (16.01.69)

Einer der wenigen, der den Club verließ und später wiederkam. Genutzt hat es auch nichts. Bester galt in Amateur-Oberliga-Zeiten (1991 Meister) als Mega-Talent. In der Bundesliga konnte sich der Stürmer jedoch nicht durchsetzen. Der gebürtige Hamburger kam 1990 und pendelte dann zwischen dem HSV, Schalke 04 und Werder hin und her. Mittlerweile lebt er wieder in Hamburg.

Ole Björnmose (07.05.44)

Der gebürtige Däne mußte 1971 weichen, als Werder die „Millionenelf" aufbaute. Er ging nach 137 Spielen und 21 Toren dann zum Hamburger SV, wo er weitere sechs Jahre spielte. Björnmose kam 1966 aus Kopenhagen nach Bremen und war der erste Ausländer mit mehr als 300 Ligaspielen.

Manfred Bockenfeld (23.07.60)

Als Rehhagel den Bocholter 1989 von Waldhof Mannheim holte, hatte „Bocki" seine beste Zeit eigentlich hinter sich. Bildete er doch (zusammen mit Rudi Bommer) bei Fortuna Düsseldorf Anfang der 80er ein Nationalmannschaftsduo. Unvergessen bleibt aus seiner Bremer Zeit dennoch sein entscheidendes Tor zum 2:0 im EP-Halbfinale gegen Brügge. Ging 1994 wieder nach Bocholt.

Marco Bode (23.07.69)

Kam 1988 vom VfR Osterode aus dem Harz und spielte zunächst Oberliga. Ab August 1989 dann die ersten Einsätze in der Bundesliga, in denen er vor allem durch Tore und Schnelligkeit überzeugte. Mittlerweile gehört Bode zu den Stützen in der Mannschaft, für die er in der Vergangenheit wichtige und entscheidende Tore erzielt hat. Seine überdurchschnittlichen Leistungen haben ihn auch in den Kader der Nationalmannschaft und zur Euro 96 gebracht. Und wer weiß, hätte er im Endspiel in London nicht im richtigen Moment dem Torschützen Bierhoff den Tip gegeben, sich umzudrehen, wäre vielleicht alles anders gekommen.

Ulrich Borowka (19.05.62)

Aus Wanne-Eickel kommend, schnupperte er bei Borussia Mö'Gladbach erste Bundesligaluft, bis Rehhagel ihn 1987 an die Weser holte, um den Umbruch der Nach-Völler-Pezzey-Burdenski-Ära zu beginnen und um dem jungen Team einen auch international erfahrenen Abwehrspieler hinzuzufügen. Der sechsfache Nationalspieler war an allen Erfolgen zwischen 1987 und 1994 maßgeblich beteiligt. In Erinnerung bleiben insbesondere sein 35-m-Tor gegen die Bayern im September 91 und der entscheidende Elfmeterschuß im Pokalfinale 1991 gegen

Köln. Mit dem Ende der Rehhagel-Ära war auch Borowkas Uhr abgelaufen. Nach persönlichen Problemen mit Aad de Mos und privaten Eskapaden verschlug es ihn zunächst zu Tasmania Berlin, dann Hannover 96 und schließlich zu Widzew Lodz.

Uwe Bracht (10.07.53)
Einer der gebürtigen Bremer beim SV Werder, der zwischen 1971 und 1984 insgesamt 13 Jahre dabei war, 272 Spiele bestritt und 24 Tore erzielte. Brachts wahre Qualitäten als versierter Spielmacher wurden jedoch erst spät von Rehhagel nach dem Wiederaufstieg entdeckt. Zum Abschluß seiner aktiven Laufbahn half Bracht noch einige Jahre recht glücklos in der Bremer Amateurszene als Spielertrainer aus und coacht jetzt den TSV Nord-Harrislee.

Christian Brand (23.05.72)
Shootingstar der Hinrunde 96/97 und beinahe ein Opfer der Bundesligamaschinerie. Nach einigen guten Spielen in den Medien hochgelobt, doch als die Leistung ausblieb, ließ die Boulevardpresse ihn fallen. Spielte vor seinem Wechsel in Oldenburg, Osnabrück und Bremerhaven.

Rune Bratseth (19.03.61)
„Der fairste und schnellste Libero der Liga", sagte Rehhagel einmal über ihn. Zwei rote Karten in sieben Jahren, beide wegen Meckerns, belegen dies. Der zutiefst religiöse Norweger, der „die Liebe zu Jesus als Motivation" auf dem Platz empfunden hat, widerstand selbst den Verlockungen italienischer Transfermillionen. Es sei im Süden „zu heiß", war stets die Antwort auf Angebote anderer Clubs. Ursprünglich kam Bratseth im Winter 1986 aus Trondheim, um lediglich „zwei Jahre und keinen Tag länger" bleiben zu wollen.

Er ging im Sommer 1994, nachdem er sein Land zur WM in den USA geführt hatte, zurück in seine Heimat und arbeitet heute dort als Manager bei Rosenborg Trondheim.

Bernd Brexendorf (21.10.54)
Kam 1973 von Bremerhaven 93 und blieb zwei Jahre beim SV Werder, bis er nach elf Spielen wieder in der Provinz abtauchte.

Dieter Burdenski (26.11.50)
Kam, wie sein Vater, vom FC Schalke 04 an die Weser und wurde auch gleich „Budde" getauft. Das war 1972, ein Jahr nach dem „Skandalspiel" zwischen Schalke und Arminia Bielefeld und einer kurzen Zwischenstation auf der „Alm". 444mal hütete er Werders Tor bis 1988 – insgesamt bestritt er 546 Einsätze im grün-weißen Trikot, das ist Rekord im Verein! Seinen einzigen Titel, DM 88, holte er als Ersatzmann und verließ den Club frustriert, weil Rehhagel ihm selbst im letzten Spiel (in Gelsenkirchen!) keinen Einsatz gönnte. Nach seinem Weggang nahm der zwölffache Nationalspieler (1977-84) noch einen Aushilfsjob in Stock-

erzielte er mit seiner schlitzohrigen und herzerfrischenden Art insgesamt 34 Treffer; darunter auch die legendären „steals". Sehr erfolgreich auch seine Zeit beim BVB (76-83), in der er seine Position als einer der Topscorer der Liga festigte. Nach dem Karriereende 1990 heuerte er bei den „Düsseldorf Rhinefires" in der American Football-League als Freistoßspezialist an.

Rudolfo Esteban Cardoso (17.10.68)
Mit 6,5 Millionen Mark Ablöse der teuerste Einkauf der Vereinsgeschichte. Und leider auch ein Flop. Der Argentinier, der zunächst in Homburg und dann vor allem beim SC Freiburg mit phantasievollem Fußball auf sich aufmerksam machte, konnte sich in Bremen nie voll entfalten. Weder paßte das de Mos-Spielsystem, noch das Klima in der Mannschaft und der Stadt. Abgeschottet, unglücklich ob des viel zu hohen Erwartungsdruckes und häufig verletzt, resignierte Cardoso zunehmend und wurde nach nur 32 BL-Spielen zu Saisonbeginn 96/97 an den Hamburger SV ausgeliehen.

Egon Coordes (13.07.44)
Zwischen 1969 und 1971 spielte er 50mal für den SVW, erzielte dabei ein Tor. Der gebürtige Burhaver rannte zuvor für den Leher TS und Bremerhaven 93 den „Zolli" rauf und runter. Nach seiner Zeit in Bremen machte er Station beim VfB Stuttgart, bevor er ins Trainergeschäft einstieg. Hier zunächst bei Bremerhaven 93 (76/78), Bayern München (Co-Trainer), VfB Stuttgart, Hamburger SV, Hannover 96, CD Tenerife. Da es immer wieder genannt wurde, soll es auch an dieser Stelle nicht unerwähnt bleiben, daß Coordes als „Schleifer" gilt und zumeist im Streit von seinen Clubs schied.

holm an; lebt heute als Geschäftsmann und Organisator von Hallenturnieren in der Nähe von Bremen und betreibt vier Fußballinternate.

Herbert Burdenski (15.09.22)
In den 40er Jahren an der Seite der Legenden Szepan, Kuzorra & Co. mehrfacher Meister mit Schalke 04 und 1950 erster Torschütze beim ersten Nachkriegsländerspiel der Deutschen. Spielte dann zwischen 1949 und 1954 noch 140mal für den SV Werder. Später wurde „Budde" Trainer u.a. bei Borussia Dortmund, dem MSV Duisburg, Rot-Weiß Essen und beim SV Werder, deren Mannschaft er nur kurz, zwischen 1975 und dem 28.2.76 leitete. Nach der halben Saison wurde Burdenski durch Otto Rehhagel wegen Erfolglosigkeit ersetzt.

Manfred Burgsmüller (22.12.49)
Als Rehhagel den damals 35jährigen direkt von der Ersatzbank bei Kickers Offenbach verpflichtete, glaubten alle an einen Flop. Doch gleich in seinem ersten Spiel erzielte der gebürtige Essener den Siegtreffer gegen Mönchengladbach. In weiteren 114 Spielen

Dimitrios Daras (21.04.56)
Werders einziger Grieche, der 1974 über Olympiakos nach Bremen kam. Blieb bis 1979 und spielter später u.a. für Atlas Delmenhorst.

Peter Dietrich (06.03.44)
Kam 1971 als amtierender Deutscher Meister von Borussia Mönchengladbach in die „Millionenelf", um Großes zu vollbringen. Dietrich blieb seiner Linie jedoch treu: unauffällig im Mittelfeld aufzuräumen. Bis 1976 bestritt er noch 82 Spiele für den SV Werder, erzielte 7 Tore und ging dann wieder zurück zu seiner ersten Fußballstation in Neu-Isenburg.

Werner Dressel (30.08.58)
Kam als bayerischer Jugendmeister 1977 vom 1. FC Nürnberg und blieb bis zum Abstieg. Der „blonde Blitz" erzielte in 94 Spielen immerhin 20 Tore, bevor es ihn für zwei Jahre zum HSV zog. Später dann Nürnberg und Dortmund.

Dieter Eilts (13.12.64)
Daß ausgerechnet Dieter Eilts nach Höttges und Völler der erfolgreichste Nationalspieler aus Bremen werden würde, ahnte wohl kaum jemand, als der 19jährige 1984 vom ostfriesischen SV Hage zum SV Werder wechselte. Doch schon schnell entwickelte er sich zur Stütze in der Oberliga und wurde 1985 Deutscher Meister der Amateure. Ab 88/89 spielte er in der Bundesligamannschaft und ist seitdem deren fester Bestandteil. Vor allem im Meisterschaftsjahr 1993 und als Nationalspieler während der EURO 96 in England zeigte Eilts seine Qualitäten als defensiver Mittelfeldspieler und bekam aufgrund seiner famosen Leistungen sogar drei Stimmen bei der Wahl zum „Worldplayer" 96. Stets im Dienst der Mannschaft, solide, kraft-

raubend und effektiv, bisweilen extrem unauffällig – aber immer am richtigen Platz. Sein Ex-Trainer Rehhagel sagte einmal: „Wenn andere im Rampenlicht der Kameras stehen, dann ist er es, der unter dem Kabel durchläuft."

Diethelm Ferner (13.07.41)
Zwischen 1963 und 1969 ein absoluter Dauerbrenner. Bei fast jedem Spiel in diesen sechs Jahren dabei, insgesamt 188mal (20 Tore). Der gebürtige Bottroper zog dann jedoch ins Ruhrgebiet zu Rot-Weiß Essen. Früh, mit 33 Jahren, stieg er ins Trainergeschäft ein; u.a. bei Hannover 96, St. Pauli, Schalke 04. Jetzt in Ägypten.

Klaus Fichtel (19.11.44)
„Der Wald stirbt, die Tanne steht" – Fichtel kam in der Saison 80/81, um mit Werder den Direktaufstieg zu schaffen. Trainierte zunächst unter Kuno Klötzer, der sein Amt aus Krankheitsgründen an Rehhagel abtreten mußte. Fichtel blieb weitere drei Jahre in Bremen und kehrte dann wieder zurück zum FC Schalke 04, wo er bereits zuvor zwischen 1965 und 1980 spielte. Der mehrfache Nationalspieler und WM-Teilnehmer (Mexico 70), mußte

1972 für ein Jahr wegen seiner Beteiligung am Bundesligaskandal pausieren. Nachdem er den SV Werder wieder verlassen hatte, sprang er als 43jähriger im Mai 88 als Notnagel ein, ausgerechnet für ein Spiel gegen den SV Werder, und verbuchte damit sein 552. Ligaspiel. Nur Karl-Heinz Körbel und Manni Kaltz haben häufiger gespielt.

Havard Flo (04.04.70)
Norwegischer Nationalspieler, der in der Winterpause 96/97 vom dänischen Erstligisten Aarhus IF geholt wurde, um Werders Angriff zu stärken.

Thorsten Frings (22.11.76)
Kam in der Winterpause 96/97 von Alemannia Aachen, um perspektivisch die Sturmprobleme in Bremen zu lösen.

Karl-Heinz Geils (20.05.55)
Der Feinmechaniker aus Ritterhude (bei Bremen) kam 1974 zum SV Werder. Aber erst zwei Jahre später unter Trainer Tilkowski, der ihn in die Abwehr stellte, avancierte Geils zu einer Stütze der Mannschaft, auch in der Weber-Ära. Nach dem Abstieg verließ er den Verein Richtung Bielefeld. Bei der Arminia packte er dann 1984 die Koffer, ging für drei Jahre zum 1. FC Köln und von dort zu seiner letzten Bundesligastation, Hannover 96.

Horst Gernhardt (17.11.23)
Der Mittelstürmer kam 1946 vom MTV Saalfeld und erzielte in 113 Spielen 63 Tore. Gernhardt galt als Liebling der Frauen und war gleichzeitig ein guter Leichtathlet. Eine seiner Spezialitäten war es, weite Abschläge von Torwart Höger direkt anzunehmen und daraus Tore zu erzielen. 1953 wechselte er zum SSV Reutlingen.

Werner Görts (15.01.42)
Wenn der Blondschopf auf dem linken Flügel mit Ball dem gegnerischen Tor

zustürmte, dann rief das ganze Stadion: „Anneliese!" Warum ausgerechnet dieser Spitzname? Görts: „Ich weiß es auch nicht." Mit seinen 73 Toren in 363 Ligaspielen gehört der gebürtige Rheinländer zu den erfolgreichsten Stürmern des SVW. Vom SC Cronenberg, über Bayer Leverkusen und Borussia Neunkirchen kam Görts 1966 nach Bremen und blieb bis 1978. Arbeitet heute als Banker in Bremen.

Rigobert Gruber (14.05.61)
1981 holte Rehhagel den talentierten, aber unzufriedenen Bankdrücker von

der Frankfurter Eintracht. Der damalige U21-Nationalspieler entwickelte sich schnell zu einer Stütze der Abwehr und einem gefürchteten Kopfballspezialisten. Viel zu früh, nach nur 89 Spielen und 12 Toren, mußte Gruber seine Karriere aufgrund einer schweren Sportverletzung aufgeben. Heute betreibt er ein Herrenmodegeschäft in Bremen.

Hans-Jürgen Gundelach (23.11.63)
Rehhagel holte den Hessen als Nachfolger von Rollmann vom FC Homburg. Er wollte einen ruhigen, besonnenen und erfahrenen Keeper. Er bekam einen ziemlich nervösen, der in seiner Anfangszeit noch Hoffnungen hatte, die Nr. 1 zu werden. Doch der Platz war an Reck vergeben. Als de Mos auch noch den jungen Amateurtorwart Rost mit einem Profivertrag ausstattete und ihn für Reck spielen ließ, mußte Gundelach die Zeichen der Zeit erkennen. Er ließ sich reamateurisieren und spielt nun in der Regionalliga für den SVW.

Hans-Hermann Hagenacker (01.10.24)
Zwischen 1949 und 1959 absolvierte der Halbstürmer und Verteidiger 267 Spiele (63 Tore) für Werder, nachdem er zuvor bei Eintracht Braunschweig gespielt hatte. Zur Saison 58/59 ließ er sich noch für ein Jahr reamateurisieren.

Klaus Hänel (23.02.36)
Der gebürtige Chemnitzer spielte nach seiner Lehre als Kaffeeröster zwischen 1956 und 1968 in der Oberliga (147) und Bundesliga (68) für grünweiß im Mittelfeld und gewann mit der Mannschaft den Pokal und die Meisterschaft.

Christoph Hanses (06.10.64)
Kam 1983 vom Bremer Vorortclub

Dörverden und wurde Deutscher Amateurmeister 1985. Danach stets im Bundesligakader, Rehhagel setzte ihn aber lediglich viermal ein. Seine große Stunde schien 1989 im Europapokal gekommen zu sein, als er gegen den AC Mailand in San Siro eingesetzt wurde. Leider verletzte er sich nach wenigen Minuten schwer. Ging am Ende der Saison zum SV Meppen.

Uwe Harttgen (06.07.64)
Kam 87 aus der Verbandsliga Bremen zum SVW, spielte bei den Amateuren und weckte Rehhagels Interesse als „Oberligaspieler der Saison" 88/89 mit 22 Toren. Danach kam der steile Aufstieg (der „Kicker" wählte ihn zu einem der besten offensiven Mittelfeldspieler 90/91) und der rasante Abstieg nach der Verpflichtung von Andreas Herzog. Verletzungen folgten und schließlich auch der Wechsel zu Hannover 96. Dort spielte er zusammen mit Günther Hermann, bis der Verein in die 3. Liga abglitt. Seitdem ist Harttgen wieder beim SV Werder in der Regionalligamannschaft.

Heinz-Dieter Hasebrink (28.08.41)
Über Rot-Weiß Essen und den 1. FC Kaiserslautern kam Hasebrink 1969 zum SVW. Der Freistoßspezialist erzielte in 114 Spielen 15 Tore und blieb bis 1973.

Günther Hermann (05.12.60)
Der „Weltmeister" kam 1980 als 20jähriger aus Loccum zum SVW. Über die Oberligamannschaft schaffte er bereits ein Jahr später den Sprung in die Bundesliga. Bis Ende der 80er bildete Hermann zusammen mit Norbert Meier ein dribbelstarkes Mittelfeld mit Ideen und Spielwitz; mit das Beste, was je grün-weiß trug. 1990 gehörte „Jimmy" zum WM-Aufgebot in Italien, ohne jedoch eingesetzt zu werden. Im

Bernd Hobsch (07.05.68)
Werders „Sachsenexpreß" kam 1992 vom VfB Leipzig. Rehhagels Geniestreich, sich mit ihm in der Winterpause zu verstärken, brachte den nötigen Schub, um die Meisterschaft 1993 einzufahren. Hobsch verstand sich prächtig mit Andreas Herzog. Sein erstes Bundesligajahr brachte ihm sogar ein Länderspiel. Doch dann folgte der Filmriß. Nichts mehr gelang, Verletzungen folgten, und am Ende stand eine rätselhafte Krankheit, die ihn für Monate außer Gefecht setzte. Mittlerweile ist er wieder um den Anschluß bemüht.

Winter 92/93 nahm er seinen Abschied und ging zunächst zu Wattenscheid 09, später dann zu Hannover 96. Hermann lebt in der Nähe von Bremen und ist Spielertrainer beim Fünftligist Rothenburger SV.

Andreas Herzog (10.09.68)
Einer der drei Spieler (neben Mario Basler und Jürgen Röber), die den SV Werder verlassen haben, um beim FC Bayern anzuheuern. Doch Fehler sind dazu da, wieder ausgebügelt zu werden. Der Österreicher spielte in seiner Jugend bei Admira/Wacker, später dann bei Rapid in Wien. 1992 holte ihn Rehhagel und setzte damit einen Grundstein für die Meisterschaft 1993. Der technisch starke und extrem offensivfreudige Mittelfeldspieler folgte seinem Trainer 1995 in die bayerische Landeshauptstadt und verlebte dort ein unglückliches, aber lehrreiches Jahr. Seit 1996 wieder in grün-weiß.

Franz Hiller (22.10.50)
Zwischen 1974 und 1980 ein unauffälliger aber beständiger Mittelfeldspieler mit 162 Spielen. Zuvor bei München 1860 und FC Elche/Spanien, später in Linz.

Horst-Dieter Höttges (10.09.43)
Ein Denkmal in Bremen. 420 Bundesligaspiele, 55 Tore (vor allem Elfmeter), 65 Länderspiele. Schade, daß ausgerechnet der letzte Bundeseinsatz während der WM 74 beim 0:1 gegen die DDR stattfand; das Bild der stolpernden Vogts und Höttges bleibt unvergessen. Davor standen große Erfolge: Vizeweltmeister 66, WM- Dritter 70, Europameister 72. Der gebürtige Mönchengladbacher spielte in seiner Heimatstadt zunächst bei Blau-Weiß und dann bei der Borussia. 1964 kam er an

die Weser, wurde Deutscher Meister und blieb bis zu seinem Abschied 1978 seinem Spitznamen „Eisenfuß" treu. Heute lebt und arbeitet er in der Nähe von Bremen.

Eduard Hundt (03.08.09)
Ursprünglich kam „Edu" vom Bremer Stadtteilverein SV Hemelingen; spielte aber zwischendurch für Schwarz-Weiß Essen und ab 1933 dann beim SV Werder. Hundt wurde mehrfacher Meister der Gauliga und 1947 Niedersachsenmeister. Ein Jahr danach beendete er die aktive Laufbahn, stieg aber später noch als Ligaobmann bei Werder ein.

Dragomir Ilic (16.08.25)
Der Vorgänger von Günter Bernard spielte in der Bundesliga nur ganze viermal. Der Grund: eigentlich hatte er sich bereits zur Ruhe gesetzt, doch sein Nachfolger hatte sich verletzt. So kamen die Zuschauer noch einmal in den Genuß der eleganten Torhüter-Kunst. Ilic, mindestens so gutaussehend wie Bernard, kam auf kuriose Art zum SV Werder, als den Grün-Weißen bei einem Freundschaftsspiel der gegnerische Torhüter auffiel. Das war 1948 und der Anfang einer wundervollen Karriere. Bis 1961 machte der Serbe 311 Spiele in der Oberliga.

Helmut Jagielski (15.03.34)
Kam 1961, noch zu Oberliga-Zeiten, vom FC Schalke 04, wo er unter Szepan spielte. Der gebürtige Wattenscheider blieb zwar bis 1967 beim SVW, wurde aber in den letzten beiden Spielzeiten nur noch sporadisch eingesetzt.

Karl-Heinz Kamp (26.09.46)
361 Spiele für den SV Werder, damit steht er in der ewigen Bundesliga-Liste auf Platz 4. 1970 kam Kamps als 24jäh-

riger von Opel Rüsselsheim nach Bremen, gehörte der „Millionen-Elf" an und trainierte in 14 Jahren unter insgesamt zehn Trainern (Gebhardt, Piontek, Multhaup, Langner, Burdenski, Rehhagel, Tilkowski, Assauer, Weber, Klötzer und wieder Rehhagel). Nach dem Ende der aktiven Laufbahn, 1983 als Vizemeister, stieg er als Rehhagels Assistent ein, wurde mit den Amateuren zweimal Deutscher Meister (1985 und 1991), ist aber seit 1995 ausschließlich Co-Trainer der Profis.

Kuno Klötzer (19.04.22)
„Ritter Kuno" wurde weniger als Spieler des SV Werder bekannt. Sein großer Erfolg war die Zeit als Trainer beim Hamburger SV zwischen 1973 und 1977, mit dem er den Europapokal holte. Der gebürtige Sachse kam über Helmstedt 1949 zum SV Werder und spielte hier zwei Jahre. Bereits mit 29 Jahren übernahm er seinen ersten Trainerjob. In der Saison 1980/81 engagierte Rudi Assauer ihn, um den direkten Wiederaufstieg mit dem SVW zu schaffen. Ein schwerer Autounfall setzte ihn jedoch solange außer Gefecht, daß er im April 81 durch Rehhagel ersetzt wurde.

Otto Knefler (05.09.23)
Stammte aus Bernburg und spielte in Bremen 15mal in den Jahren 1953-56. Bei keiner seiner Stationen war Knefler Stammspieler, so daß er das Kicken aufgab und Trainer wurde. Dies allerdings sehr viel erfolgreicher. U.a. in Düsseldorf, Braunschweig, Dortmund und Frankfurt. Knefler verstarb am 30.10.86.

Stefan Kohn (09.10.65)
Der „Wandervogel" spielte in Bremen zwischen 1991 und 1993, holte zwei Titel und machte in insgesamt 58 Pflichtspielen 23 Tore, darunter wichtige im Europacup. Nach Streitereien mit Rehhagel zog es ihn nach Köln. Zuvor spielte der technisch versierte Stürmer u.a. in Leverkusen, Hannover und Bochum.

Max Konopka (24.12.26)
1951 kam der rechte Läufer vom VfB Oldenburg nach Bremen und machte in acht Jahren 136 Spiele.

Hartmut Konschal (02.04.53)
Kam 1976 von Eintracht Braunschweig (damals mit Paul Breitner), um den Bremer Angriff zu verstärken; erzielte in 133 BL-Spielen aber nur 12 Tore. Er blieb dem Verein bis 1982 treu und trainiert heute in der 3. Liga den Bremer Vorortclub Atlas Delmenhorst.

Mario Kontny (07.04.53)
Stammspieler unter Piontek. In der turbulenten Saison 75/76 hatte der Abwehrspieler bei Burdenski schlechte Karten, rettete aber unter Rehhagel den Klassenerhalt. Danach verließ er nach insgesamt 76 Spielen den Verein.

Erwin Kostedde (21.05.46)
Seine wechselvolle Biographie verhinderte, daß aus ihm ein ganz Großer

wurde. Früh litt er unter rassistischen Anfeindungen, auch in der Liga. Über die Stationen Münster, Duisburg, Lüttich, Offenbach, Hertha, Dortmund, Solingen, wieder Lüttich und Laval kam er zu Rehhagel in die 2. Liga. Nach seinem Abschied in Bremen spielte er noch in Osnabrück und hier und da in der Provinz für ein bißchen Geld. Der dreifache Nationalspieler rutschte jedoch immer weiter ab und mußte sich sogar wegen eines angeblichen Raubüberfalls vor Gericht behaupten. Der Wiederaufstieg 1981 ist mit seinem Namen besonders verbunden. In den 42 Zweitligaspielen erzielte er 29 Tore und zeigte als damals 35jähriger seine Scorerqualitäten. Im darauf folgenden Erstligajahr war er noch neunmal erfolgreich. Erwin, wir danken Dir!

Michael Kutzop (24.03.55)
15 Elfmeter hat der Mann für den SV Werder verwandelt. Können Sie sich noch an einen erinnern? Das ist das Schicksal von Kutzop, daß ausgerechnet der eine Strafstoß, den er nicht verwandelte, der berühmteste bleiben wird. Der 22. April 1986 und der „Kutzop-Elfer" an den Pfosten des Bayern-

Tores kostete Werder die Meisterschaft. Dabei begann für „Kutze" alles ganz anders. Rehhagel holte den alten Freund von Rudi Völler von den Offenbacher Kickers. Gleich in seinem ersten Spiel im August 84 erzielte er das entscheidende Tor im Ligaspiel gegen Uerdingen. Zusammen mit Pezzey bildete der immer etwas hölzern wirkende Stopper ein Abwehrbollwerk und beendete 1990 seine Karriere beim SV Werder.

Bruno Labbadia (08.02.66)

Bevor der gebürtige Darmstädter im Winter 95/96 zum SVW kam, gab es eher schlechte Erinnerungen an ihn. Schließlich war es der zweifache Nationalspieler, der im Pokalfinale 1990 mit seinen beiden Treffern für Kaiserslautern die Bremer Niederlage besiegelte. Labbadias erste Station war Darmstadt 98, dann folgte der Hamburger SV. Er wurde 1991 Meister mit dem FCK, wechselte dann zu Bayern München und 1994 zum 1. FC Köln; von dort an die Weser.

Herbert Laumen (11.08.43)

Auch ein Mönchengladbacher (wie Dietrich), der 1971 aus der Meisterelf freigekauft wurde, um den Erfolg nach Bremen zu holen. Er trug nur zwei Jahre das vielleicht schönste Werder-Trikot („Speckflagge"), erzielte in 60 Spielen immerhin 18 Tore und ging dann zum 1. FC Kaiserslautern.

Thorsten Legat (07.11.68)

Na ja, irgendwie hatte er schon Unterhaltungswert. Rehhagel lag mit seiner Einschätzung daneben, daß Legat die guten Leistungen, die er beim VfL Bochum brachte, konservieren könne. Doch in Bremen blieb er ein Mitläufer. Nach 72 BL-Spielen war Schluß. Er ging zunächst zu Eintracht Frankfurt, dann zum VfB Stuttgart.

Paul Linz (04.01.56)

Der Trierer Angreifer spielte nur zehnmal für den SV Werder in der Saison 78/79, bevor er zu Waldhof Mannheim wechselte. Heute ist er Trainer beim SV Meppen.

Max Lorenz (19.08.39)

Einer der beliebtesten Bremer Spieler, nicht nur bei den Fans, auch bei den Kollegen der Liga. „Maxe", gebürtiger Bremer, kam 1960 vom SV Hemelingen zum SV Werder und mauserte sich gleich zu einer großen Stütze in der Oberliga-Mannschaft und beim Pokalsieg 61. Den erfolgreichen Bundesligastart, die Meisterschaft 1965 und insgesamt 19 Länderspiele konnte er verbuchen, bevor er zum Ende der Karriere 1969 noch für drei Jahre zu Eintracht Braunschweig ging. Lorenz lebt heute als Geschäftsmann in Bremen.

Joseph Lutter (06.04.1886)

Ab 1904 spielte der Mittelläufer insgesamt 25 Jahre in Werders 1. Mannschaft; zeitweise zusammen mit drei Brüdern (Philip, Theo, Heinrich) und seinem Vetter Hennes. 1909 war er Mitglied der Auswahlmannschaft des norddeutschen Fußballverbandes und nahm am Kronprinzenpokal teil.

Robert Mahlstedt
(Geburtstag unbekannt)

„Ick schiet die Tore, und de Edu kriegt die Piepen!" Mahlstedt, genannt „Boy", der aus ärmlichen Verhältnissen stammte, zielte mit seiner Bemerkung auf Edu Hundt, der sehr viel geschäftstüchtiger war. 1933 kam der Mittelstürmer vom VfB Komet aus dem Bremer Stadtteil Huckelriede zum SV Werder, gewann mit dem Verein drei Gauligameisterschaften, blieb bis 1937 und arbeitete danach als Chauffeur bei der Bremer Tabakfirma Brinkmann.

Klaus Matischak (24.10.38)
In jedem zweiten Spiel ein Tor (42/20) – die Quote von „Zick-Zack-Matischak", der 1964 als Torjäger vom FC Schalke 04 eingekauft und diesem Ruf auch gerecht wurde, konnte bisher nur von Rudi Völler überboten werden. Zwischen 1965 und 1972 brachte Matischak die Stadion-Zeitung „Werder-Echo" heraus. Heute lebt er in New Jersey/USA.

Norbert Meier (20.09.58)
Einer der erfolgreichsten Werder-Spieler in der frühen Rehhagel-Ära. Der gebürtige Hamburger kam 1980 von Bergedorf 85 an die Weser und war wesentlicher Bestandteil des Wiederaufstiegs. Danach wirbelte der kleine Mittelfeldmann die Liga durcheinander. Er zauberte und dribbelte und harmonierte prächtig mit Rudi Völler. Seine Torgefährlichkeit (66) brachte ihn 1981 in Derwalls Nationalelf, wo er bis zur Katastrophen-EM 84 Stammspieler war. Unter Franz Beckenbauer hatte er keine Chance mehr und bestritt die letzten zwei seiner insgesamt 16 Einsätze. Nach der Meisterschaft 88 bekam Meier zunehmend Probleme mit Rehhagel und wurde nur noch sporadisch eingesetzt („Heimspiel-Meier"). Er zog die Konsequenz und wechselte im Winter 89/90 nach Mönchengladbach, spielte dort bis 1992 und arbeitet heute als Jugendcoach bei der Borussia.

Karlheinz Meininger (01.02.53)
Der Finanzangestellte aus Zwiesel kam über München 1860 nach Bremen und spielte bis 1978 im Mittelfeld 52mal (12 Tore). Danach ging er zu Rot-Weiß Essen.

Benno Möhlmann (01.08.54)
Als der gebürtige Lohner, der zuerst bei Blau-Weiß Lohne, später bei Preußen Münster und ab 1978 in Bremen spielte, nach neun Jahren den SV Werder verließ, konnte er nicht ahnen, daß er die Meisterschaft verpassen würde. Nach 230 BL-Spielen und 33 Toren verlor er seinen Stammplatz im Mittelfeld. Der HSV wollte ihn; zunächst als Spieler, dann als Co- und Amateurtrainer und schließlich als Chefcoach. Nach einer bitterbösen und unwürdigen Kampagne wurde Möhlmann jedoch entlassen und arbeitet jetzt bei Eintracht Braunschweig.

Frank Neubarth (29.07.62)
Der gebürtige Hamburger kam in der Saison 82/83 von der Concordia zum SV Werder. Beinahe wäre er beim HSV gelandet, Ernst Happel lehnte ihn jedoch als „zu lang" ab. Über seine anfängliche Joker-Rolle hinaus machte Rehhagel ihn mit 97 Toren zum erfolgreichsten Stürmer des SV Werder (neben Rudi Völler) mit einem A-Länderspieleinsatz (1988) und vielen vergeblichen Abwerbungsversuchen des FC Bayern. „Sokrates" oder „Mr. Europa-Cup" trainiert seit dem Ende der aktiven Laufbahn 1996 die Verbandsligamannschaft des SV Werder.

Willi Neuberger (15.04.46)
Neben Assauer und Weist kam er als
Verstärkung für die „Millionenelf" aus
Dortmund. An seine dortigen Erfolge
konnte er in 63 Spielen (11 Tore) zwischen 1971 und 1973 nicht anknüpfen.
Danach noch für den Wuppertaler SV
und Eintracht Frankfurt aktiv, wo er
sich die stattliche Anzahl von insgesamt 520 Bundesligaeinsätzen erspielte.

Yasuhiko Okudera (12.03.52)
Der erste Japaner (Furukawa Tokyo) in
der Bundesliga spielte zunächst für
Hertha BSC, zwischen 1977 und 1981
beim 1. FC Köln und danach in Bremen. Rehhagel holte ihn als eine der
ersten Verstärkungen nach dem Wiederaufstieg. Fünf Jahre spielte Oku
einen soliden Abwehrpart und erzielte
in 159 Spielen 11 Tore. Mittlerweile ist
er längst wieder in seiner Heimat,
besucht aber gelegentlich und gern die
Hansestadt.

die Bremer bis 1992. Danach ging er
zum VfB Oldenburg, mußte seine Karriere aber wegen eines Kreuzbandris-
ses aufgeben. Zu seinen größten Erfolgen gehören die 6 Länderspiele zwischen 1983/84 unter Trainer Jupp Derwall. Otten betreibt heute in der Nähe
von Bremen ein Sportgeschäft.

Frank Ordenewitz (25.03.65)
Kam 1981 vom TSV Dorfmark für
30.000 DM Ablöse und verließ den
Verein acht Jahre später für 1,6 Mill.
zum 1. FC Köln als Deutscher Meister
und etablierter Mittelstürmer. Doch
der zweifache Nationalspieler (1986)
agierte bei seinen weiteren Stationen
glücklos („Mach et, Otze"). Nach Köln
kam der Wechsel in die japanische
J-League und zum Hamburger SV.
Spielt jetzt bei Günther Hermann's
Rothenburger SV in der 5. Liga.

Jonny Otten (31.01.61)
Er kam 1979 aus Hagen (bei Bremerhaven), als Wolfgang Weber noch Trainer war, und stieg mit dem SV Werder
in die 2. Liga ab. Danach gehörte der
16fache Jugendnationalspieler zu den
Stützen bei Rehhagels Neuaufbau und
bestritt insgesamt 308 Ligaspiele für

Bruno Pezzey (03.02.55)
Eine der typisch Rehhagel'schen Maßnahmen: ältere Spieler, die enormes
Potential haben, aber unzufrieden bei
ihren Clubs sind, zu verpflichten. Auch
bei dem gebürtigen Bregenzer ging
diese Rechnung auf, als der damals
28jährige von Eintracht Frankfurt
weggelotst wurde. Bis zu seinem
Abschied 1987 überzeugte Pezzey als
spielerisch starker und eleganter
Libero und sorgte so für die Erfolgs-
strähne der frühen Rehhagel-Ära. Ein
Titel blieb ihm an der Weser mehrfach
knapp versagt, vor allem in der Saison
85/86 nach dem „Kutzop-Elfer".
Bevor er 1978 nach Frankfurt ging,
spielte er bei Wacker Innsbruck. Nach
seiner Zeit in Bremen kehrte er in die
Heimat zurück und spielte bis 1990 bei
Swarovski Tirol unter Ernst Happel,
danach betreute er die U21-Auswahl

Österreichs. Viel zu früh, am Silvesterabend 1994, verstarb Bruno Pezzey. Fünf Wochen vor seinem 40. Geburtstag brach er nach einem Eishockeyspiel zusammen und erlag kurz darauf dem plötzlichen Herztod.

Heimo Pfeifenberger (29.12.66)
Nach Steinkogler, Herzog und Pezzey der vierte Österreicher in Werders Bundesligageschichte. Wobei er gelegentlich darauf aufmerksam macht, daß Herzog eigentlich Wiener, und nicht Österreicher sei. Dörner holte ihn zur Saison 96/97 von Casino Salzburg. Der 30fache Nationalspieler startete seine Karriere jedoch bei Rapid Wien. Mittlerweile wurde der Angreifer zum Verteidiger umfunktioniert.

Pico I und II
Zwischen 1963 und 1985 immer der zwölfte Mann auf dem Platz. Werders Maskottchen, zwei Heidschnuckenböcke, waren ein Geschenk der Fleischergesellenbruderschaft Bremen. Der erste wurde Kapitän Arnold „Pico" Schütz überreicht. So kam's zum Namen. Über all die Jahre stand ein Betreuer mit Bock vor Spielbeginn im Mittelkreis, während der 90 Minuten hinter dem Tor des SV Werder. Bis auf das Pokalspiel gegen die Bayern 1974, als Pico vor Scham mitten im Spiel auf das Feld lief und alles durcheinanderbrachte. Beide hängen jetzt ausgestopft im Bremer Ausflugslokal „Zur Schleuse".

Werder-Maskottchen „Pico"

Josef Piontek (05.03.40)
Früher bodenständig – heute ein Weltenbummler. Geboren in Polen, aufgewachsen in Ostfriesland, sammelte „Sepp" bei Germania Leer erste Fußballerfahrungen, bevor er 1960 zum SV Werder kam und 15 Jahre blieb. Die ersten 12 als Spieler, wobei der gelernte Stürmer erfolgreich zum Abwehrspieler umfunktioniert wurde. Pokalsieger 61, Meister 65 – seine größten Erfolge in grün-weiß. Als er in der Saison 71/72 Trainer Willi „Fischken" Multhaup vertreten mußte, erkannte Piontek offensichtlich sein Talent als Sportlehrer. Zwischen 1972 und 1975 wurde er als Trainer verpflichtet, ging danach zu Fortuna Düsseldorf und begann dann seinen Bummel über den Erdball, über Haiti, den FC St. Pauli nach Dänemark, wo er sehr erfolgreich als Nationaltrainer arbeitete. Weitere Stationen: Türkei und wieder Dänemark. 1995 war er kurz als Rehhagel-Nachfolger im Gespräch.

Hans Pöschl (11.07.21)
Als Pöschl 1951 zum SV Werder in die „Texas-Elf" kam, war er bereits Deutscher Meister mit dem 1. FC Nürnberg geworden und hatte in Zürich bei den Grashoppers gespielt. In Bremen machte er bis 1957 noch 146 Spiele und beendete mit 36 Jahren die Karriere. Danach arbeitete er als Trainer u.a. in Nordenham und Nienburg.

Karl-Heinz Preuße (22.01.26)
Spitzname „Wilhelm" – wie der Kaiser. Er kam 1949 zusammen mit Tünnermann vom Panzenberg in Bremen, vom damaligen großen Werder-Konkurrenten Bremer SV. Glaubt man der Statistik, erzielte Preuße in seiner Werder-Zeit (49-57) in 198 Spielen 136 Tore.

Hany Ramzy (10.03.69)
Der erste Ägypter in der Bundesliga, der von seinem Ex-Trainer Uli Stielicke ein dickes Lob mit auf den Weg bekam: „Ein perfekter Spieler". Der gebürtige Kairoer machte bei der WM 90 in Italien auf sich aufmerksam und wechselte danach in die Schweiz zu Xamax Neuchatel. Rehhagel, der ihn erstmals auf einem Jugendturnier 1985 in Bremen beobachtete, erinnerte sich bei der Nachfolge-Suche für Rune Bratseth an den Techniker. Zu Saisonbeginn 1994 kam der über 70fache Nationalspieler zum SV Werder.

Pasi Rautiainen (18.07.61)
Der kleine Finne kam von der Ersatzbank des FC Bayern in Werders Zweitligamannschaft und wirbelte dort kräftig im Mittelfeld. Dieses tat er auch noch in der Erstliga-Saison 81/82, bevor zu Arminia Bielefeld wechselte.

Oliver Reck (27.02.65)
„Es gibt keinen Torwart, der nicht irgendwann Fehler macht" – lange Jahre mußte Reck sich selbst Mut zusprechen; schließlich galt er als „Pannen-Olli" und fand, trotz der Erfolge zwischen 1988 und 1994, wenig Anerkennung außerhalb seines Vereins. Erst als sein ehemaliger Jugendnationaltrainer

Berti Vogts ihn wieder in den internationalen Kreis berief, gewann er die Souveränität und Ruhe, die ihn zum Teilnehmer der EURO 96 machte. Der gebürtige Frankfurter, der 1985 aus Offenbach von den Kickers zum SV Werder kam, hält übrigens nach wie vor einen der vielen Statistik-Rekorde der Liga: 640 Minuten ohne Gegentor.

Uwe Reinders (19.01.55)

Bewegte Karriere und bewegtes Privatleben. Der gebürtige Essener, 1977 von Schwarz-Weiß geholt, erspielte sich in Bremen schnell den Ruf des Lebemanns. Nach anfänglichen sportlichen Schwierigkeiten konnte Reinders seine Stärken nach dem Wiederaufstieg unter Rehhagel voll entfalten. Dabei entwickelte er sich zu einem torgefährlichen, schnellen und schlitzohrigen Außenstürmer mit 67 Toren in 206 BL-Spielen und vier Länderspielen (1982). Legende: sein Einwurf, den der damalige Bayern-Keeper Pfaff direkt ins eigene Tor faustete. Nach Differenzen mit Rehhagel und finanziellen Problemen wechselte Reinders 1985 zu Girondins Bourdeaux, später zu Stade Rennes. Zwei Jahre später heuerte er als Spielertrainer für drei

erfolgreiche Jahre in Braunschweig an. 1990 gelang ihm schließlich als Trainer mit Hansa Rostock die letzte DDR-Oberligameisterschaft und damit die Qualifikation für die Bundesliga. Reinders trainiert heute Sachsen Leipzig.

Karl-Heinz Riedle (16.09.65)

Er wolle nicht mit Rudi Völler verglichen werden, waren die ersten Worte, als der gebürtige Allgäuer 1987 über den FC Augsburg und Blau-Weiß Berlin nach Bremen kam. Der Schatten seines Vorgängers war in der Tat sehr lang. Doch Rehhagels weitere Top-Entdeckung sprang auf Anhieb an die Spitze der Torjäger und holte mit Werder die Meisterschaft. Nach der WM 90 ging er, wie so viele, nach Italien. Lazio Rom zahlte für den 38fachen BL-Torschützen (86 Spiele) die Rekord-Ablöse von 15 Millionen. Glücklich wurde Riedle in der Seria A jedoch nicht. Nach drei Jahren und vielen Verletzungen kehrte er in die Bundesliga zurück. Borussia Dortmund kaufte damals fast jeden deutschen Spieler aus Italien zurück; Riedle für immerhin 9,5 Millionen. Aber auch beim BVB lief es nicht mehr so gut wie zu seiner besten Zeit in Bremen.

Jürgen Röber (25.12.53)
Er war der erste, der es wagte, vom SV Werder zu den Münchener Bayern zu wechseln. Aber jeder hatte wohl Verständnis, schließlich mühte sich einer der besten Spielmacher des SV Werder zwischen 1974 und 1980 im Bremer Mittelfeld und konnte den Abstieg doch nicht verhindern. Beim FC Bayern wurde er jedoch nicht glücklich; nach nur 14 Ligaspielen verkrümelte er sich für ein halbes Jahr in die North American Soccer League zu den Calgary Boomers. Als die pleite machten, heuerte der gebürtige Harzer in England bei Nottingham Forest an. Aber auch hier hielt es ihn nur sechs Monate. Etwas länger, von 1982-86 spielte er dann wieder in der Bundesliga bei Bayer Leverkusen. Nach der aktiven Laufbahn feierte er frühe Erfolge als Trainer. Mit Rot-Weiß Essen wurde er Amateurmeister und stieg in die 2. Liga auf. Beim VfB Stuttgart bekam er als Nachfolger von Christof Daum seinen ersten BL-Trainerjob, den er jedoch wegen Erfolglosigkeit wieder abgeben mußte. Seitdem trainiert er Hertha BSC Berlin.

Per Roentved (27.01.49)
In der heutigen Zeit wäre der Däne ein absoluter Star in Europa. Er spielte den Libero moderner Prägung, erwischte jedoch genau Werders flaue Zeit in den 70ern. Dabei gehörte der Erfinder des „Flatterschusses" zu den herausragenden Spielern in seiner Zeit. Bestritt zwischen 1972 und 1979 149 Spiele (40 Tore).

Jürgen Rollmann (17.10.66)
Eine bewegte Karriere, die in erster Linie durch Turbulenzen in Erinnerung bleibt. Der gebürtige Gelnhauser spielte zunächst bei den Offenbacher Kickers, danach bei München 1860, FSV Frankfurt und ab 1988 für den SV Werder. Vier Jahre blieb Rollmann die Nr. 2 hinter Reck, ohne echte Chance, den umstrittenen Torwart ablösen zu können. Als Genugtuung empfand er dann seinen Abschied: Reck hatte sich kurz vor dem Europapokalfinale in Lissabon verletzt, so daß sämtliche Erinnerungsphotos an den größten Vereinstriumph auf ewig mit Rollmann geschmückt sind. Danach ging er zum MSV Duisburg, spielte dort noch zwei Jahre, schied im Streit von Trainer Lienen und stand dem SV Werder zu Saisonbeginn 95/96 als Vertragsamateur für wenige Spiele in der Regionalliga als Notnagel zur Verfügung. Mittlerweile hilft er beim FC Augsburg aus und studiert in München Journalismus. Zu Rollmanns wichtigen Tätigkeiten gehörte die Präsidentschaft der Spielergewerkschaft VdV zwischen 1992 und 1996.

Frank Rost (30.06.73)
Seit 1992 wartet der gebürtige Markkleeberger auf seine Chance. Neben vielen erstklassigen Drittligaeinsätzen, zeigte er in der kurzen de-Mos-Ära, was in ihm steckt. Muß jedoch Platz 2 hinter Oliver Reck einnehmen und warten...

Wynton Rufer (29.12.62)
Als 18jähriger verließ „Kiwi" Rufer seine Heimat Neuseeland und spielte ein Jahr in England bei Norwich City. Während der WM 82 entdeckte ihn der FC Zürich, den er nach vier Jahren verließ, um zunächst in Aarau bei Trainer Ottmar Hitzfeld und dann bei den Grashoppers Zürich anzuheuern. 1989 wechselte der streng gläubige Christ dann zum SV Werder. Neben vielen unvergeßlichen Aktionen, der unverwechselbaren Art, Elfmeter zu schießen, und seiner entscheidenden Rolle beim EP-Finale 92, machte Rufer vor allem aufgrund seiner lockeren und

witzigen Art Punkte bei den Fans. Nach dem tränenreichen Abschied vom SV Werder 1995 spielte der Sohn einer Maori in Japans J-League, um dann Anfang 97 in die Arme von Otto Rehhagel beim 1. FC Kaiserslautern zurückzukehren.

Hermann Rülander (21.11.60)
Nur zwei Bundesligaeinsätze – einer davon ist Geschichte. Burdenskis Ersatzmann mußte in der Saison 81/82 am 13. Spieltag erstmals einspringen. Eine Woche später, beim Auswärtsspiel in Frankfurt war er die Nr. 1. Es war der 14. November 81, als Werder neun Tore kassierte. Den Schlußpfiff erlebte der völlig entnervte Keeper nicht mehr auf dem Platz. Danach verließ er den Verein.

Matthias Ruländer (16.08.64)
Mit viel Talent ausgestattet, rutschte Ruländer 1985 in Rehhagels Kader. Doch seine labile Gesundheit erlaubten ihm nur 24 Einsätze, bis er nach der Meisterschaft voller Hoffnung nach Dortmund wechselte. Bei einem Zusammenprall ausgerechnet mit Karl-Heinz Riedle zog er sich jedoch einen Kreuzbandriß zu, kam beim

BVB lediglich zu 11 Einsätzen und beendete danach seine Profilaufbahn. In der Saison 95/96 half er mit seinem Comeback, daß Werders Regionalliga-Team nicht absteigen mußte, wechselte dann für kurze Zeit in die Nachbarschaft zu Atlas Delmenhorst. Im Hauptberuf ist er Galerist.

Bernd Rupp (24.02.42)
Zwei erfolgreiche Jahre verbrachte der Mittelstürmer an der Weser und erzielte zwischen 1967 und 1969 in 58 Spielen 23 Tore. In seiner ersten Saison wurde der aus Mönchengladbachs Traumelf (mit Netzer, Heynckes und Trainer Weisweiler) abgeworbene Burgsolmser Vizemeister. Danach ging er zunächst zum 1. FC Köln, 1972 wieder an den Bökelberg.

Gunnar Sauer (11.06.64)
Am Anfang stand die Bilderbuchkarriere: 1979 mit 15 Jahren der Wechsel aus Cuxhaven an die Weser. Danach Jugendinternat, Oberliga und Deutscher Amateurmeister 1985. Drei Jahre später – mit dem ersten Profivertrag ausgestattet – Deutscher Meister mit Werder und Olympiateilnehmer mit Bronzemedaille. Doch schon während der Spiele in Seoul kam der Knick: Rätselhafte Verletzungen warfen den Libero zurück. Vier Operationen, zweieinhalb Jahre Pause; das nagte an der Einstellung. Nach dem umständlichen Weg über die Amateurmannschaft erkannte Sauer unter Aad de Mos endlich die Zeichen der Zeit und wechselte 1996 zu Hertha BSC Berlin.

Thomas Schaaf (30.04.61)
Gebürtiger Bremer und als 11jähriger 1972 von Union Bremen zum SV Werder gewechselt (wie vier Jahre zuvor auch Dieter Zembski). Er durchlief alle Jugendmannschaften, war in der DFB-Jugendauswahl und ab 1979 in der

Bundesligaelf. Zehn Jahre verkörperte er den Spielertypus, den Rehhagel bevorzugte: zuverlässig, unermüdlich, fair. Seit 1987 arbeitet Schaaf im Trainerstab des Vereins und trat 1995 die Nachfolge von Kalli Kamp als Chefcoach der Amateure an.

Björn Schierenbeck (12.07.74)
Kam vom Bremer Vorortclub SC Weyhe, um in der Regionalliga zu spielen. Nach einigen vielversprechenden Auftritten beim Hallenmasters 97 holte Trainer Dörner ihn in den Bundesligakader.

Hermann Schlengemann (06.12.1888)
Von ihm gibt es die Mär, den Ball oft samt Torwart ins Netz gedroschen zu haben. Der Mittelstürmer spielte zwischen 1905 und 1913 für den FV Werder. In seinem letzten Jahr war „Aunti" gleichzeitig Präsident des Vereins.

Dieter Schlindwein (07.02.61)
Stellt jemand die Frage nach einem Fehleinkauf in der Rehhagel-Ära, wird sein Name stets genannt. Er hatte auch ein denkbar unglückliches Jahr in Bremen, so daß er am Ende selbst froh war, schnell wieder gehen zu können. Spielte vor seiner Zeit in Bremen (3 Spiele) bei Waldhof Mannheim; später in Frankfurt und beim FC St. Pauli.

Bernd Schmidt (01.12.43)
Machte zwischen 1967 und 1974 150 Spiele für den SV Werder und bildete als Außenverteidiger eine Konkurrenz zu Höttges.

Heiko Scholz (07.01.66)
Der gebürtige Dresdener hatte seinen Durchbruch beim Nachbarn Lokomotive Leipzig zwischen 1986 und 1990. Danach spielte er aber wieder für Dynamo, bevor er zwei Jahre später in

den Westen zu Bayer Leverkusen ging. Der kleine Mittelfeldmann bestritt 7 Länderspiele für den DFV und eines für den DFB. Seit 1995 spielt er in Bremen.

Willi Schröder (28.12.28)
Toptorjäger in frühen Tagen. Zwischen 1954 und 1962 erzielte der gebürtige Bremer 129 Tore. Bevor er zum SVW kam, wurde er 1951 mit Bremen 1860 erster Deutscher Amateurmeister. Daß er nie die ganz große Karriere machte, schreiben viele seinem mangelnden Trainingseifer zu. Dennoch bestritt er 12 A-Länderspiele und gewann 1961 den DFB-Pokal.

Arnold Schütz (19.01.35)
Mit insgesamt 504 Pflichtspielen hat „Pico" nach Dieter Burdenski die meisten Einsätze für den SV Werder. Geboren im Bremer Stadtteil Walle, spielte in seiner Jugend zunächst beim TUS Walle, wechselte dann 1955 zum SVW, wo er bis zu seinem Karriereende 1972 blieb. Der kampfstarke Mittelfeldspieler wurde Pokalsieger 1961 und Deutscher Meister 1965 und absolvierte in der Bundesliga 253 Spiele (69 Tore). Nicht minder erfolg-

reich seine Oberligazeit: 220 Spiele und 109 Tore. Ältere Stadionbesucher werden sich noch erinnern: Der SV Werder hatte viele Jahre ein Maskottchen – einen Heidschnuckenbock, der an der Leine treu hinter dem Tor der Mannschaft die Hufen drückte. Sein Name: „Pico".

Michael Schulz (03.09.61)
Der ehemalige Polizist wechselte 1987 vom VfB Oldenburg zum 1. FC Kaiserslautern. Blieb zwei Jahre, ging zur Dortmunder Borussia und organisierte sich dort den zweifelhaften Ruf als „böser Bube" und Spieler mit den meisten Platzverweisen. Sein größter internationaler Erfolg: bei den Olympischen Spielen 1988 in Seoul gewann der gebürtige Sulinger die Bronzemedaille zusammen mit Gunnar Sauer. Erst seit 1994 im Werder-Trikot, obwohl Rehhagel ihn häufig verpflichten wollte.

Norbert Siegmann (20.05.53)
Der 14. August '81 wird ihm nie aus dem Gedächtnis gehen: Siegmann foulte beim Heimspiel gegen Bielefeld den Stürmer Ewald Lienen und schlitzte mit seinem Stollen dessen Oberschenkel auf. Danach folgten tumultartige Szenen, Morddrohungen gegen Rehhagel und ein jahrelanger Streit. Sonst eher sachlich, aber stets kompromißlos, verrichtete Siegmann seine solide Abwehrarbeit zwischen 1976 und 1984 für den SVW. Zuvor spielte er für TB Berlin und den VfB Stuttgart.

Wolfgang Sidka (26.05.54)
Geboren in Lengerich (Westfalen), aber aufgewachsen in Berlin, spielte Sidka für Hertha BSC, wurde 1975 Vizemeister, wechselte fünf Jahre später zu München 1860 und nur zwei Jahre darauf, zusammen mit Rudi Völler, zum SV Werder. Nach 115 Spielen nahm er nach der Vizemeisterschaft 1986 seinen Abschied, um dann als (Spieler-)Trainer tätig zu werden; u.a. Oldenburg, TB Berlin, Arm. Bielefeld, FC Oberneuland-Bremen.

Vegard Skogheim (28.04.66)
Drei Bundesligaspiele, ein denkbar unglücklicher Auftritt im Europapokal (0:3 gegen Berlin), viel ist für den kleinen Norweger zwischen 1986 und 1989 beim SV Werder nicht herausgekommen. Dabei hatten sich alle viel von Bratseths Empfehlung versprochen. So ging er nach zwei Jahren wieder in seine Heimat.

Victor Skripnik (19.10.69)
Wurde in der Saison 96/97 als Ersatz für Baiano verpflichtet. Der mehrfache ukrainische Nationalspieler kam von Dnjepr Dnjepropretowsk.

Horst Stange (28.01.29)
Flüchtete Anfang der 50er Jahre aus der damaligen Ostzone nach Celle und spielte dort beim TUS zwischen 1951/52. Danach heuerte „Schnalle" beim SV Werder an, spielte 33mal in der Oberliga und danach bis 1961 bei der Amateurmannschaft. Heute ist Stange täglich im Weserstadion anzutreffen; dort kümmert er sich um die Fanpost der Spieler.

Heinz Steinmann (01.02.38)
Kam 1964 vom 1. FC Saarbrücken zum SV Werder und machte bis 1971 insgesamt 184 Spiele.

Ibrahim Sunday (01.08.50)
Der erste schwarzafrikanische Spieler in der Bundesliga. Geboren in Ghana (66 Länderspiele), kam der ausgebildete Sportlehrer 1975 vom FC Komasi. Nach nur einer Saison und einem einzigen Bundesligaspiel (12.6.76) zog es ihn wieder in die Ferne.

Adalbert Theilen (07.01.1889)
Der „eiserne Ado" kam ursprünglich aus einem Rugby-Verein und brachte entsprechende Voraussetzungen mit, um ein harter, kompromißloser Abwehrspieler zu werden. Er spielte zwischen 1906 und 1915 in der norddeutschen Verbandsliga, danach noch in der „Liga Reserve".

Hennes Tibulski (22.02.09)
Es war die große Arbeitslosigkeit, die den Jungen aus dem Pütt nach Norddeutschland trieb. 1933 kam er mit seinem Kumpel Hugo Scharmann vom FC Schalke 04 und blieb bis 1948. Der ältere Bruder von Otto Tibulski gewann mit Werder vier Gauliga- und eine Niedersachsenmeisterschaft.

Jens Todt (05.01.70)
Zur Unterstützung des unglücklichen Rudolfo Cardoso holte der SV Werder den gebürtigen Nienburger zur Saison 96/97 an die Weser. Mit dem Argentinier hatte Todt in gemeinsamen Freiburger Tagen ein „Dream-Team" gebildet, das so nicht wiederholbar war. Der talentierte Basketballspieler wurde von seinem ehemaligen Sportlehrer Volker Finke zum weiteren Fußballspielen überredet und folgte ihm 1989 zum Drittliga-Club TSV Havelse. Danach gingen beide zum SC Freiburg, schafften den Bundesligaaufstieg und das „Phänomen Freiburg". Mittlerweile gehört Todt mit seiner soliden, zuweilen torgefährlichen Spielweise zum Nationalmannschaftskader und war Teilnehmer (ohne Einsatz) an der EURO 96.

Heinrich Tünnermann (04.11.23)
1949 wechselte „Heini" vom Bremer SV zum SV Werder ins Mittelfeld. Er blieb bis 1958, absolvierte 125 Spiele und arbeitete nach seiner aktiven Laufbahn als Trainer, u.a. beim Bremer Fußballverband.

Lars Unger (30.09.72)
Seit 1989 beim SVW. Der einstige Lieblingsschüler von U21-Trainer Löhr mußte lange um seine Chance bangen; Rehhagel ließ ihn zum ewigen Talent erstarren. Unger spielte zuvor in Malente, Neustadt.

Arie van Lent (31.08.70)
Ähnlicher Werdegang wie Lars Unger. Seit 1989 in Bremen, zuvor Sparta Oepheusden. Der gebürtige Niederländer war zwischenzeitlich beim VfB Oldenburg engagiert, wurde aber durch Verletzungen zurückgeworfen und ist mittlerweile wieder beim SV Werder.

Rudi Völler (13.04.60)
Die Bremer sind stolz, daß diese außergewöhnliche Karriere ihren Ursprung in ihrer Stadt nahm. Als Rehhagel den gebürtigen Hanauer 1982 vom TSV 1860 München holte (zuvor spielte er bei Kickers Offenbach), zeigte er schnell, welch Potential in ihm steckt. „Fußballer des Jahres", Torschützenkönig und Nationalelfdebütant – all das in der ersten Saison. Ein Titel blieb ihm mit dem SV Werder leider verwehrt; vor allem, weil der Münchener Augenthaler ihn mit einem der übelsten Fouls der BL-Geschichte für fast die gesamte Saison 85/86 außer Gefecht setzte. Am Ende stand der Kutzop-Elfer. Völler ging für 7 Millionen Ablöse 1987 zu AS Rom in die Seria A. Doch das Verletzungspech blieb ihm treu. Ebenfalls ohne Vereinstitel wechselte er dann 1992 zu Olympique Marseille. In Frankreich wurde er dann endlich Landesmeister und holte sogar noch den Europacup der Meister gegen den AC Mailand. Als OM pleite ging, erhörte Rudi den Ruf von Bayer Leverkusen zurück in die Bundesliga. Dort arbeitet er jetzt, nach zwei Spielzeiten, als Sportdirektor. Völlers beeindruk-

kende Bilanz beim SV Werder: 137 Bundesligaspiele, 97 Tore. Er bestritt 90 Länderspiele, nahm an drei Welt- und zwei Europameisterschaften teil und wurde 1990 Weltmeister in Italien.

Albert Voss (08.09.51)

Ersatztorhüter hatten es beim SV Werder immer schwer. Voss auch. Sein einziges Erstligaspiel bestritt er am 26.11.75, als Burdenski ausfiel. Ansonsten saß er auf der Bank und kam lediglich zu acht Zweitliga- und einem Pokaleinsatz. Kam 1975 über Oldenburg aus Emden nach Bremen und blieb bis 1981.

Mirko Votava (25.04.56)

1968 kam der gebürtige Prager nach den politischen Unruhen in seiner Heimat nach Deutschland. 1973 heuerte er bei der Dortmunder Borussia an, mit der er 1976 in die Bundesliga aufstieg. Zwei Jahre später ließ Votava sich einbürgern und absolvierte im November 79 sein erstes von insgesamt 4 Länderspielen. Auf seine spielerische Klasse wurden schnell ausländische Clubs aufmerksam, und 1982 bekam Atletico Madrid für eine Million Ablöse den Zuschlag. Drei erfolgreiche Jahre (Vizemeister und Pokalsieger) spielte Votava in Spanien, bis Rehhagel ihn zum SV Werder lockte. Dort blieb er bis zum Winter 1996, und ging – mit 40 Jahren und über 540 Bundesligaspielen als ältester Aktiver der Liga – zum VfB Oldenburg. Nach elf Jahren Bremen jedoch ein etwas bitterer Abschied. Geplant war Votavas Einstieg in den Trainerstab des Vereins; nur den Zeitpunkt wollte er selbst bestimmen.

Dave Watson (05.10.46)

Der Engländer verteilte am 18. August 79 eine Ohrfeige an seinen Münchener Gegner. Das war's dann für ihn. Nach zwei Spielen für den SV Werder ging er wieder zurück auf die Insel.

Werner Weist (11.03.49)

Mit 53 Treffern in 145 Spielen einer der erfolgreichsten Torschützen. Kam 1971 von Borussia Dortmund in die „Speckflaggen"-Elf und blieb bis 1977;

länger als die meisten. Sein Spitzname „Acker" war ein mehr als dezenter Hinweis auf seine Spielweise.

Andree Wiedener (14.03.70)

Kam 1987 aus Velpke/Wolfsburg zum SV Werder in die A-Jugend. Dort wurde er einer der herausragenden Spieler, was ihm schnell einen Stammplatz bei der Amateurmannschaft einbrachte, mit der der gelernte Werkzeugmacher 1991 Deutscher Meister wurde. Seinen Galaauftritt erlebte er am 19. Sept. 93, als Rehhagel ihn in Karlsruhe vier Minuten vor Schluß einwechselte, um die Abwehr zu verstärken, er aber noch zwei Tore zum 3:0 macht.

Günter Wilmovius (30.08.29)

Der rechte Läufer kam 1956 vom FC Schalke und verbrachte sechs erfolgreiche Jahre beim SV Werder. Nach 154 Spielen, 60 Toren und dem Pokalsieg ging er 1962 nach Berlin.

Thomas Wolter (04.10.63)

„Hier bei Werder habe ich einen Verein gefunden, wie es ihn vom Umfeld nur zwei-, dreimal gibt." Kein Wunder, daß der 1984 vom Hamburg-Eimsbütteler Fußball-Club (HEBC) zum SV Werder gewechselte Wolter diesen Club bis heute nicht verlassen wollte. In der Umbruchphase unter Trainer Dörner gehört Wolter zu den Integrationspunkten in der Mannschaft und schaffte so zeitweise den Sprung zum Libero. War an allen Titeln in der Rehhagel-Ära maßgeblich beteiligt und hatte lediglich Pech mit seiner Nationalmannschaftskarriere. Als Mitwirkender einer peinlichen 1:3-Niederlage gegen Brasilien während der Südamerika-Reise 1992 war sein erster Einsatz auch gleichzeitig sein letzter.

Klaus Wunder (13.09.50)

Wunder brachte auch er nicht zustande nach seinem Wechsel 1978 von Hannover 96. Zuvor spielte der Duisburger beim FC Bayern München, konnte aber nie an seine gute Zeit beim MSV anknüpfen. In 56 Spielen für Werder erzielte er 12 Tore und ging im Abstiegsjahr.

Gerhard Zebrowski (25.04.40)

Er wurde 1972 der Nachfolger von Klaus Matischak als Herausgeber der Stadion-Zeitung „Werder-Echo", an dessen Nachfolger „Werder-Magazin" er noch heute mitarbeitet. Zwischen 1959 und 1969 spielte Zebrowski 71mal in der Oberliga (27 Tore) und 145mal in der Bundesliga (40 Tore) und danach noch für Bremerhaven 93.

Dieter Zembski (06.11.46)

Der Hobby-Schlagzeuger kam 1968 vom Bremer Stadtteil-Club BBV Union und blieb bis 1975, bevor er nach 149 Spielen für fünf Jahre zur erfolgreicheren Eintracht nach Braunschweig wechselte.

Einige Porträts entstanden in Zusammenarbeit mit dem Werder-Archiv.

TREFFPUNKT

Weserpark
Kaufen und Erleben am Bremer Kreuz

HIER FINDEN SIE ALLES UNTER EINEM DACH

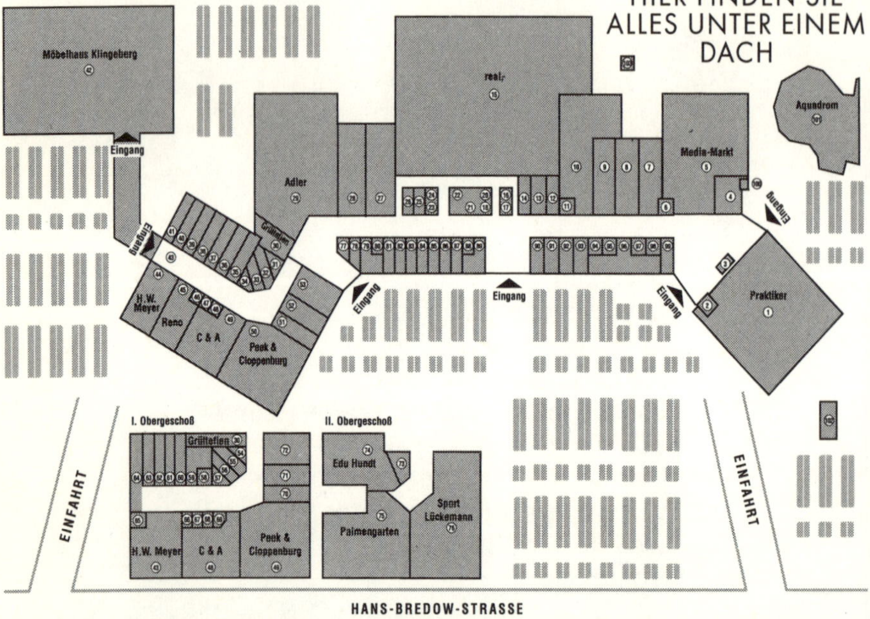

Möbelhaus Klingeberg

real,-

Aquadrom

Eingang

Media-Markt

Adler

Praktiker

H.W. Meyer

Reno

C & A

Peek & Cloppenburg

Eingang

Eingang

Eingang

EINFAHRT

I. Obergeschoß

Grüttefien

II. Obergeschoß

Edu Hundt

Sport Lückemann

H.W. Meyer

C & A

Peek & Cloppenburg

Palmengarten

EINFAHRT

HANS-BREDOW-STRASSE

ALLE FACHGESCHÄFTE IM ÜBERBLICK

1 Praktiker Baumarkt
2 Prontophot
3 Mister Minit
4 Zoo Zemke
5 Media Markt
6 IGA-Optik, Kopp & Diekmann
7 Sport Voswinkel
8 Drogerie Fuchs
9 Jeans Fritz
10 Hennes & Mauritz
11 Reise Quelle
12 Buddelei Mode
13 Grüttefien Papier
14 blume aktuell
15 real,- SB-Warenhaus
16 Borchers Schlachterei
17 Tenter´s Backhaus
18 Pizza & Vino
19 Teehaus Bremen
20 Bremer Ratskeller
21 Köcher Puten

22 Nordsee
23 Schinkenkate/Bayr. Schmankerl
24 fit & fruchtig
25 Eduscho
26 Hussel
27 Deichmann Schuhe
28 Alfatex Stoffland
29 Adler Modemarkt
30 Grüttefien Bücher
31 Exotica Blumen
32 The Body Shop
33 Annes Geschenkartikel
34 Juwelier Meyer Swatch Shop
35 Johanné Schuhe
36 Street One Mode
37 inbetween Mode
38 Parfümerie Royal
39 Photo Dose
40 Reinigung / Änd.-Schneiderei
41 Sparkasse Bremen
42 Möbel Klingeberg

43 Treffpunkt Espressobar
44 H.W. Meyer Mode
45 Reno Schuhzentrum
46 Gold Maier
47 L´Uomo Diesel Shop
48 Antonella Schuhe
49 C & A
50 Peek & Cloppenburg
51 Fielmann
52 Outfit by Asendorf Mode
53 Parkrestaurant
54 Bella Donna Dessous
55 MANstore
56 Hunkemöller
57 Lesmana Mode
58 Meik Naseweis
59 Spielhaus
60 Fleck Haushaltswaren
61 Deutsche Telekom
62 Mode-Na
63 Krieter Geschenke

64 Dall 'Italiano Restaurant
65 Party Time Geschenke
66 La Galeria del Arte
67 Articola Glas-Design
68 Vox Wood-Art Holzartikel
69 Crash Textildruck
70 Shaline Mode
71 Ulla Popken
72 Café im Park
73 Wilhelmi Alarmanlagen
74 Edu Hundt Sonnenschutz
75 Palmengarten Blumen
76 Sport Lückemann
77 Sonnek Lederwaren
78 aktiv-schuh
79 Friseur Klier
80 ibelle Mode
81 Nanu Nana
82 Ingrid S. Mode
83 Boutique A Schuhe
84 Orsay

85 Apotheke
86 family fit Reformhaus
87 Benetton
88 Niemeyer Lotto/Zeitschr.
89 Eiscafé
90 Parfümerie Douglas
91 Juwelier Weiss Uhren
92 André Schuhe
93 Post
94 Bijou Brigitte
95 Gol Reisen
96 Grillpfanne Restaurant
97 Luftschloß Geschenke
98 Robert's Mode
99 Photo Porst
100 Polizei
101 Aquadrom

102 Mc Donald's

103 Wertstoffannahme

SERVICELEISTUNGEN

 3.600 Parkplätze

Toiletten

 Telefon

 Wickelraum

 Aufzug

 Post

In vielen Geschäften gerne akzeptiert.

CM Center-Management

Toiletten für Behinderte

Bank EC-Automat

Kinderspielfläche

Rolltreppe

POLIZEI Polizei-station

Weserpark
ÖFFNUNGSZEITEN:
Mo.- Fr. **9–20** Uhr
Samstag **8–16** Uhr

Statistisches zum SV Werder Bremen

Daten zum Verein

Gegründet: 4. Februar 1899

Sportarten:
Fußball, Handball, Leichtathletik, Schach, Tischtennis, Turnspiele und Gymnastik.

Mitglieder: 2.900

Vereinsfarben: Grün-Weiß

Spielkleidung: grüne Hose, weißes Hemd, grün-weiße Stutzen
(Ersatz: ganz in Weiß / ganz in Grün / auswärts: blau)

Titel:
Europapokalsieger der Pokalsieger 1992
Deutscher Pokalsieger 1961, 1991, 1994
Deutscher Meister 1965, 1988, 1993
Deutscher Vizemeister 1968, 1983, 1985, 1986, 1995
Deutscher Amateurmeister 1966, 1985, 1991
Super-Cup-Gewinner 1988, 1993, 1994

Ehrenspielführer:
Richard Ackerschott, Horst-Dieter Höttges, Arnold „Pico" Schütz

Präsidium:
Präsident: Dr. Franz Böhmert
Vizepräsident: Klaus-Dieter Fischer
Schatzmeister: Manfred Müller
Fanservice GmbH: Manfred Blöhm
Manager: Willi Lemke
Cheftrainer: Hans-Jürgen Dörner
Co-Trainer: Karl-Heinz Kamp
Geschäftsführer: Wolfgang Barkhausen
Presse- und Öffentlichkeitsarbeit: Marita Hanke
Mannschaftsarzt: Dr. Karl Meschede
Masseur: Holger Berger

Vorsitzende, Manager, Trainer

Vereinsvorstand: Struktur und Größe der Vorstände des SV „Werder" – ab 1972 als Präsidium bezeichnet – haben sich in seiner Geschichte oftmals geändert. Für einen Überblick sollen deshalb die Namen derjenigen aufgeführt werden, die in die Spitze des Vereins gewählt wurden: Für die unmittelbare Anfangszeit lassen sich heute keine Angaben mehr machen. In den ersten Jahrzehnten fanden oftmals mehrere Mitgliederversammlungen mit Vorstandswahlen statt.

1902 u. 1903	E. Bücking	1929 u. 1930	Alfred Ries
1904	A. Schröder	1931 u. 1932	Bernhard Stake
1905	C. Berghof	1933	Bernhard Stake (im Nationalsozialismus als Vereinsführer bezeichnet)
1906	A. Schröder		
1906 - 1908	Fritz Düring, sen.		
1908 u. 1909	Otto Trennert	1934 - 1936	Willy Stöver
1909	Carl Ahrenbeck	1937 - 1939	Adolf Hecht
1912 u. 1913	Hermann Schlengemann	1939 u. 1940	Karl-Heinz Schulz
1913 u. 1914	Otto Trennert	1943 - 1946	Albert („Abbi") Drewes
1914 u. 1915	Walter Rieckeheer	1946	Richard Oßenkop
1916 - 1918	Fritz Düring, sen.	1946	Fritz Düring
1919	Walter Rieckeheer	1947 - 1951	Alfred Ries
1919	Hermann Schlengemann	1952 u. 1953	Albert („Abbi") Drewes
1919	Otto Trennert	1954	Heinz Fedde
1919 u. 1920	Fritz Schlotte	1955	Dr. Nicolaus Schierloh („Notvorstand")
1920	Wilhelm Gerking		
1920 - 1922	Fritz Schlotte	1956	Dr. Nicolaus Schierloh
1923	Alfred Ries	1957 - 1962	Dr. Hans Burhorn
1924	Fritz Schlotte („Diktatur Schlotte")	1963 - 1967	Alfred Ries
		1968 u. 1969	Fritz Düring, jun.
1925	Henry Schierloh	seit 1970	Dr. Franz Böhmert
1926 u. 1927	Alfred Ries		*(mit Klaus-Dieter Fischer*
1927 u. 1928	Henry Schierloh		*als Vizepräsidenten)*

Präsident Dr. Franz Böhmert (rechts) mit Vizepräsident Klaus-Dieter Fischer

Geschäftsstelle: Nachdem 1944 Werders Geschäftsstelle in der Bahnhofstraße zerbombt worden war, mußte man sich bis 1946 provisorisch helfen. Dann zog die Geschäftsstelle (ein Raum) in den 1. Stock über der Vereinsgaststätte bei „Mutti Franzmeier", Auf dem Peterswerder 6 (heute „Taubenschlag"), wo sie bis 1955, dem Umzug ins Weserstadion (Süd-Tribüne), blieb. Im September 1988 Umzug der Geschäftsstelle (und der Spielerkabinen) von der Süd-Tribüne in die fertiggestellte West-Kurve. Nachdem in den 20er, 30er und auch in den Jahren des 2. Weltkriegs Verwaltungsaufgaben hauptsächlich ehrenamtlich, meist nach Feierabend, erledigt wurden, beschäftigte Werder ab 1945 bezahlte Verwaltungskräfte:

Nov. 1945 bis 30. Juni 1976:	Geschäftsführer Hans („Hansi") Wolff
1. Juli 1976 bis 30. Juni 1981:	Manager Rudi Assauer
	Geschäftsführer Wolfgang Barkhausen
9. November 1981 bis heute:	Manager Willi Lemke
	Geschäftsführer Wolfgang Barkhausen

Sportplätze: Nachdem in den ersten Wochen und Monaten des Bestehens auf dem Kuhhirten (Stadtwerder), im Neuenlander Feld und am Krähenberg (Stadtwerder) gespielt worden war, kehrte der Verein 1900 zum Kuhhirten zurück. 1906 bis ca. 1930: Huckelriede, danach bis heute: Weserstadion.

Bundesligatrainer des SV Werder

Willi „Fischken" Multhaup	1963 – 1965
Günther Brocker	1965 – 04.09.67
Fritz Langner	09.09.67 – 1969
Fritz Rebell	1969 – 16.03.70
Hans Tilkowski	17.03.70 – 1970
Robert „Zapf" Gebhardt	1970 – 26.09.71
Willi Multhaup	27.09.71 – 24.10.71
Josef „Sepp" Piontek	25.10.71 – 07.05.72
Fritz Langner	08.05.72 – 1972
Josef Piontek	1972 – 1975
Herbert Burdenski	1975 – 28.02.76
Otto Rehhagel	29.02.76 – 1976
Hans Tilkowski	1976 – 22.12.77
Fred Schulz	02.01.78 – 1978
Wolfgang Weber	1978 – 29.01.80
Fritz Langner	20.02.80 – 1980
Kuno Klötzer	1980 – 1981
Otto Rehhagel	01.04.81 – 1995
Aad de Mos	1995 – 09.01.96
Hans-Jürgen Dörner	seit 14.01.1996

Zuschauerzahlen des SV Werder

Saison	Gesamt-zuschauerzahl	Heim-spiele	Zuschauer-durchschnitt	
1963/64	311.000	15	20.730	
1964/65	407.000	15	27.130	Meister
1965/66	372.000	17	21.880	
1966/67	296.000	17	17.410	
1967/68	358.000	17	21.060	Vizemeister
1968/69	313.000	17	18.410	
1969/70	261.000	17	15.350	
1970/71	312.000	17	18.350	
1971/72	316.000	17	18.590	
1972/73	256.000	17	15.060	
1973/74	270.000	17	15.880	
1974/75	326.000	17	19.175	
1975/76	353.000	17	20.765	
1976/77	320.000	17	18.825	
1977/78	339.000	17	19.940	
1978/79	298.000	17	17.530	
1979/80	300.000	17	17.650	Abstieg
1980/81	220.000	21	10.475	2. Liga
1981/82	412.000	17	24.235	
1982/83	452.000	17	26.590	Vizemeister
1983/84	395.000	17	23.235	
1984/85	375.000	17	22.060	
1985/86	425.000	17	25.000	Vizemeister
1986/87	389.000	17	22.880	
1987/88	378.000	17	22.235	Meister
1988/89	352.000	17	20.705	
1989/90	327.000	17	19.235	
1990/91	346.000	17	20.350	DFB-Pokal
1991/92	329.000	19	17.315	Europapokal
1992/93	368.000	17	21.650	Meister
1993/94	413.000	17	24.295	DFB-Pokal
1994/95	527.000	17	31.000	Vizemeister
1995/96	451.000	17	26.530	Abriß Ostkurve

Zuschauerkurve

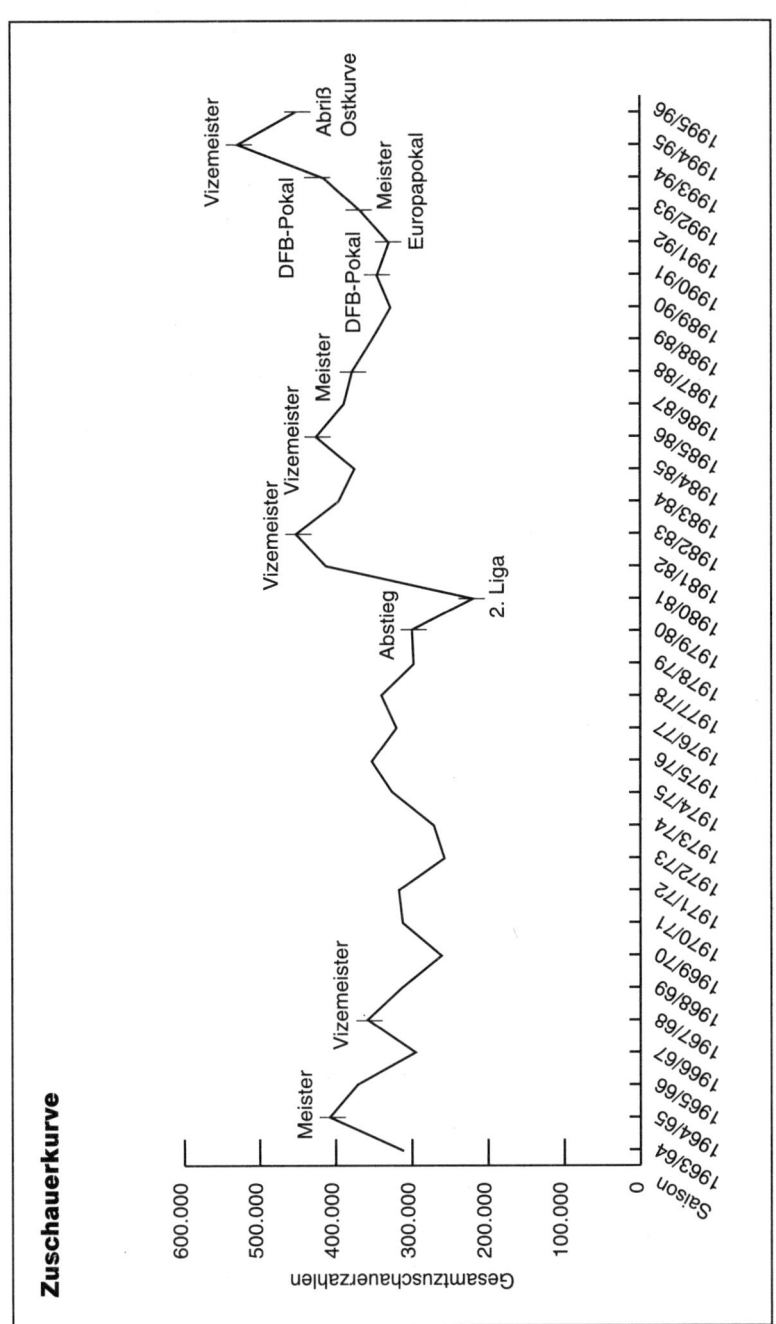

Top-Listen

Top Ten der Einsätze in der Bundesliga

Rang	Name	Gesamt	Bundes-liga	Pokal	Europa-pokal
1.	Dieter Burdenski	511	444	51	16
2.	Horst-D. Höttges	468	420	44	4
3.	Mirko Votava	467	357	49	61
4.	Karl-H. Kamp	418	361	52	5
5.	Werner Görts	408	363	45	–
6.	Frank Neubarth	403	316	39	48
7.	Oliver Reck	391	295	46	50
8.	Jonny Otten	385	308	40	37
9.	Thomas Wolter	384	299	37	48
10.	Thomas Schaaf	339	262	36	41

Top Ten der Torschützen

Rang	Name	Gesamt	Bundes-liga	Pokal	Europa-pokal
1.	Frank Neubarth	135	97	25	13
2.	Rudi Völler	107	97	5	5
3.	Wynton Rufer	99	59	20	20
4.	Werner Görts	86	73	13	–
5.	Uwe Reinders	85	67	16	2
6.	Norbert Meier	83	66	10	7
7.	Marco Bode	76	55	8	13
8.	Arnold Schütz	74	69	3	2
9.	Horst-D. Höttges	68	55	11	2
10.	Werner Weist	63	53	10	–

Top Five der Bundesliga-Elfmeter

Horst-Dieter Höttges	40
Pico Schütz	19
Uwe Reinders	16
Michael Kutzop	15
Jürgen Röber	15

Die folgenden Statistiken entstanden in Zusammenarbeit mit Jürgen Jordan.

**alles über
Werder und die
Fußball-Bundesliga
täglich auf der
Hansawelle**
**Bremen 93.8
Bremerhaven 89.3**

gut toHRsinnig

HANSAWELLE

RADIO
BREMEN

VOLLER EINSATZ

Wer den Erfolg will, braucht starke Partner, auf die man sich verlassen kann. Und zwar jederzeit und mit vollem Einsatz. Das gilt auf dem Spielfeld genauso wie im „richtigen Leben".

Wir spielen den Werder-Fans die richtigen Bälle zu, damit Sie bei Ihrer Versicherung, Finanzierung oder Kapitalanlage in Zukunft nur noch Volltreffer landen.

Fordern Sie jetzt Infos an! Selbstverständlich kostenlos und unverbindlich. Anruf genügt.

„DBV-Winterthur und Werder Bremen, ein echt starkes Team."
Willi Lemke, DBV-Winterthur-Kunde

DBV-Winterthur
Versicherungen

Zentraldirektion
Frankfurter Straße 50
65178 Wiesbaden
Telefon (0611) 363-0
Telefax (0611) 363-6565

Partner der Commerzbank

Aufgebote des SV Werder seit 1963

1963/64:
Bernard, Lambertz, Illic, Piontek, Lorenz, Schütz, Jagielski, Jung, Nachtwey, Schimeczek, Thun, Dudjahn, H. Schulz, D. Meyer, Soya, Zebrowski, Schwierzke, Ferner, Klöckner, Bordel.

1964/65:
Bernard, Lambertz, Piontek, Bordel, Lorenz, Jagielski, Schimeczek, Ferner, Klöckner, Soya, Hänel, Schütz, Zebrowski, Schulz, Höttges, Steinmann, Matischak, Jung, Thun.

1965/66:
Bernard, Lambertz, Piontek, Schütz, Höttges, Bordel, Steinmann, Schimeczek, Jagielski, Lorenz, Matischak, Hänel, Schulz, Dausmann, Soya, Ferner, Danielsen, Podlich, Zebrowski, Bordel.

1966/67:
Bernard, Lambertz, Teupel, Piontek, Bordel, Steinmann, Ferner, Jagielski, Schimeczek, Zebrowski, Hänel, Danielsen, Björnmose, Schweighöfer, Schütz, Schröder, Görts, Podlich, Lorenz, Höttges, Matischak.

1967/68:
Bernard, Loweg, Piontek, Schimeczek, Höttges, Lorenz, Ferner, Danielsen, Zebrowski, Björnmose, Schmidt, Görts, Hänel, Steinmann, Rupp, Schütz.

1968/69:
Bernard, Loweg, Piontek, Schimeczek, Höttges, Schmidt, Steinmann, Lorenz, Görts, Ferner, Björnmose, Danielsen, Zebrowski, Schütz, Roder, Rupp, Schweighöfer.

1969/70:
Bernard, Stefens, Piontek, Schmidt, Höttges, Zembski, Schütz, Steinmann, H. Meyer, Hasebrink, Görts, Deterding, Björnmose, Coordes, Windhausen, Danielsen, Lorenz, Hoyer, Kiefert.

1970/71:
Bernard, Stefens, Schmidt, Coordes, Steinmann, Schütz, Zembski, Görts, Assauer, Windhausen, H. Meyer, Björnmose, Lorenz, Deterding, Kamp, Götz, Thelen, Hasebrink, Schöttner, K. Müller.

1971/72:
Bernard, Haak, Zembski, Höttges, Piontek, Assauer, Schütz, Schmidt, Dietrich, Laumen, Weber, Hasebrink, Weist, Görts, Kamp, Baumann, Neuberger, Starzak, H. Schröder, Götz.

1972/73:
Bernard, Burdenski, Rosenberger, Zembski, Schmidt, Höttges, Kontny, Assauer, Kamp, Görts, Dietrich, Weist, Laumen, Tippertl, Hasebrink, Neuberger, Baumann, Roentved, Erkenbrecher.

1973/74:
Bernard, Burdenski, Zembski, Schmidt, Höttges, Assauer, Kamp, Dietrich, Weist, Görts, Roentved, Bracht, Erkenbrecher, Kontny, Schildt, Dreyer, Brexendorf, Thygesen, Ohling, Ripke, Zembski.

1974/75:
Burdenski, Meyer, Roentved, Kamp, Kontny, Görts, Assauer, Zembski, Höttges, Dietrich, Weist, Bracht, Brexendorf, Erkenbrecher, Thygesen,

Röber, Klausmann, Hiller, Geils,
Ohling, Ripke.

1975/76:
Burdenski, Voß, Kontny, Kamp,
Höttges, Assauer, Weist, Bracht,
Ohling, Görts, Röber, Hiller, Sunday,
Roentved, Aslund, Müllner, Schlief,
Daras, Geils, Rütten.

1976/77:
Burdenski, Voß, Kamp, Höttges,
Siegmann, Roentved, Röber, Hiller,
Bracht, Ohling, Weist, Görts, Müll-
ner, Konschal, Meininger, Geils,
Petrovic, Mense, Daras.

1977/78:
Burdenski, Voß, Geils, Kamp, Hött-
ges, Roentved, Meininger, Hiller,
Konschal, Röber, Reinders, Dreßel,
Bracht, Görts, Siegmann, Daras, Glo-
wacs, Mense, Wessel, Kontny.

1978/79:
Burdenski, Voß, Roentved, Kamp,
Hiller, Siegmann, Geils, Reinders,
Konschal, Linz, Daras, Bargfrede,
Dreßel, Möhlmann, Bracht, Wunder,
Röber.

1979/80:
Burdenski, Voß, Kamp, Geils, Sieg-
mann, Konschal, Watson, Otten,
Offermanns, Haskamp, Schaaf,
Bracht, Röber, Hiller, Möhlmann,
Feldhaus, Reinders, Dressel, Wunder,
Linz, Steinkogler.

1980/81 (2. Liga)
Burdenski, Voß, Rülander, Kamp,
Siegmann, Konschal, Schaaf, Otten,
Fichtel, Bracht, Möhlmann, Offer-
manns, Maszthaler, Reinders, Jank,
Behrens, Meier, Kostedde

1981/82:
Burdenski, Rülander, Frese, Funk,
Otten, Okudera, Siegmann, Möhl-
mann, Kostedde, Haskamp, Behrens,
Gruber, Reinders, Bracht, Fichtel,
Meier, Schaaf, Jank, Kamp, Rautia-
inen, Böhnke, Konschal.

1982/83:
Burdenski, Funk, Otten, Okudera,
Siegmann, Möhlmann, Völler,
Haskamp, Sidka, Gruber, Reinders,
Bracht, Fichtel, Meier, Schaaf, Neu-
barth, Kamp, Böhnke, Hermann.

1983/84
Burdenski, Funk, Siegmann, Otten,
Gruber, Schaaf, Fichtel, Ruländer,
Bracht, Möhlmann, Kamp, Sidka,
Okudera, Herrmann, Reinders,
Meier, Völler, Neubarth, Böhnke,
Lellek.

1984/85
Burdenski, Funk, Otten, Gruber,
Schaaf, Okudera, Lellek, Ruländer,
Schaaf, Noruschat, Sauer, Pezzey,
Siegmann, Möhlmann, Sidka, Meier,
Hermann, Wolter, Völler, Reinders,
Neubarth, Ordenewitz.

1985/86
Burdenski, Funk, Otten, Gruber,
Schaaf, Okudera, Ruländer, Kutzop,
Pezzey, Sauer, Siegmann, Votava,
Möhlmann, Sidka, Meier, Hermann,
Eilts, Wolter, Völler, Neubarth,
Ordenewitz.

1986/87
Burdenski, Reck, Otten, Schaaf, Pez-
zey, Kutzop, Ruländer, Votava, Sauer,
Noruschat, Meier, Möhlmann, Sidka,
Hermsnn, Wolter, Eilts, Hanses,
Klobke, Völler, Burgsmüller, Neu-
barth, Ordenewitz.

1987/88
Reck, Burdenski, Borowka, Bratseth, Kutzop, Otten, Ruländer, Sauer, Schaaf, Eilts, Hermann, Meier, Möhlmann, Votava, Wolter, Burgsmüller, Hanses, Neubarth, Ordenewitz, Riedle.

1988/89
Reck, Rollmann, Borowka, Bratseth, Kutzop, Otten, Sauer, Schaaf, Eilts, Hermann, Meier, Votava, Wolter, Burgsmüller, Hanses, Neubarth, Ordenewitz, Riedle.

1989/90
Reck, Rollmann, Bockenfeld, Borowka, Bratseth, Kutzop, Otten, Sauer, Schaaf, Wiedener, Eilts, Freund, Harttgen, Hermann, Meier, Skogheim, Votava, Wolter, Bode, Burgsmüller, Hanses, Neubarth, Riedle, Rufer.

1990/91
Reck, Rollmann, Bockenfeld, Borowka, Bratseth, Malchow, Otten, Sauer, Schaaf, Wiedener, Eilts, Harttgen, Hermann, Votava, Wolter, Allofs, Bester, Bode, van Lent, Neubarth, Rufer.

1991/92
Reck, Rollmann, Bockenfeld, Borowka, Bratseth, Kolbuch, Malchow, Orten, Sauer, Schaaf, Wiedener, Witossek, Deering, Eilts, Harttgen, Hermann, Legat, Przondziono, Unger, Votava, Wolter, Allofs, Bester, Bode, Kohn, van Lent, Neubarth, Rufer, Wenschlag.

1992/93
Reck, Gundelach, Beiersdorfer, Bokkenfeld, Borowka, Bratseth, Otten, Sauer, Schaaf, Wiedener, Deering, Eilts, Harttgen, Hermann, Herzog, Legat, Przondziono, Unger, Votava, Wolter, Allofs, Bode, Kohn, van Lent, Neubarth, Rufer, Wenschlag, Hobsch.

1993/94
Reck, Rost, Gundelach, Beiersdorfer, Bockenfeld, Borowka, Bratseth, Goldschmidt, Sauer, Schaaf, Basler, Eilts, Harttgen, Herzog, Legat, Przondziono, Unger, Votava, Wiedener, Wolter, Bester, Bode, Hobsch, van Lent, Neubarth, Rufer.

1994/95
Reck, Rost, Gundelach, Beiersdorfer, Borowka, Goldschmidt, Lellek, Ramzy, Sauer, Schulz, Basler, Bode, Eilts, Herzog, Unger, Votava, Wiedener, Wolter, Bestchastnykh, Hobsch, Neubarth, Rufer, Simonsen.

1995/96
Reck, Rost, Gundelach, Rollmann, Baiano, Beiersdorfer, Borowka, Ramzy, Sauer, Schulz, Barten, Basler, Bode, Eilts, Scholz, Unger, Votava, Wiedener, Wolter, Albayrak, Bestchastnykh, Cardoso, Hobsch, van Lent, Neubarth, Dogu, Vier, Labbadia.

1996/97
Reck, Rost, Gundelach, Baiano, Penshorn, Schulz, Ramzy, Wolter, Wiedener, Barten, Bode, Cardoso, Eilts, Herzog, Scholz, Schultz, Todt, Unger, Votava, Bestchastnykh, Hobsch, Labbadia, van Lent, Pfeifenberger, Frings, Flo, Schierenbeck, Völzke, Skripnik.

Übersicht der Plazierungen des SV Werder in der Oberliga Nord

Saisonübersicht

Saison	Platz	Tore	Punkte	Zuschauer
47/48	4	43–38	26:18	209.000
48/49	8	49–50	19:25	188.000
49/50	4	78–44	36:24	152.000
50/51	6	79–59	36:28	235.000
51/52	7	85–52	33:27	164.000
52/53	3	71–55	37:23	185.000
53/54	5	53–43	31:29	157.000
54/55	3	68–46	38:22	179.000
55/56	6	74–54	32:28	116.000
56/57	5	65–53	31:29	104.000
57/58	7	76–70	31:29	121.000
58/59	2	89–57	42:18	165.000
59/60	2	71–47	41:19	170.000
60/61	2	73–47	43:17	153.000
61/62	2	87–33	44:16	132.000
62/63	2	102–44	47:13	184.000

Gesamt:

Spiele	466
Siege	246
Unentschieden	75
Niederlagen	145
Tore	1163:792
Tordifferenz	+ 371
Punkte	567:365
Zuschauer	2.614.000
Schnitt pro Spiel	11.219

Schutzgebühr 2,– DM

November 1996

DER FAN-KATALOG

WERDER BREMEN

Bestell-Adresse Werder Bremen Fan-Service GmbH
Postfach 286101 · 28361 Bremen

Telefon wählen Sie einfach: **01 80 – 5 43 56**
Fax **01 80 – 5 26 25 24**

Besuchen Sie unsere offiziellen Werder Bremen Fan-Shops

**Werder Bremen Fan-Shop
(Weserstadion)**
Auf dem Peterswerder 32
28205 Bremen

Bundesliga Fan-Shop
Bahnhofstraße 10
28195 Bremen

**Werder Bremen Fan-Shop
Oldenburg**
Lambertihof
Markt 22/23
26122 Oldenburg

Fan-Shop Weserpark
bei Möbel Klingeberg
Hans-Bredow-Straße
28307 Bremen

Schaufenster Bremen
Faulenstraße 19
28195 Bremen

City-Fan-Shop
Obernstraße 34
28195 Bremen

Werders Weg durch die Bundesliga

Saison	Platz	Tore	Punkte	Zuschauer
1963/64	10	53:62	28–32	311.000
1964/65	1	54:29	41–19	407.000
1965/66	4	76:40	45–23	372.000
1966/67	16	49:56	29–39	296.000
1967/68	2	68:51	44–24	358.000
1968/69	9	59:59	34–34	313.000
1969/70	11	38:47	31–37	261.000
1970/71	10	41:40	33–35	312.000
1971/72	11	63:58	31–37	316.000
1972/73	11	50:52	31–37	256.000
1973/74	11	48:56	31–37	270.000
1974/75	15	45:69	25–43	326.000
1975/76	13	44:55	30–38	353.000
1976/77	11	51:59	33–35	320.000
1977/78	15	48:57	31–37	339.000
1978/79	11	48:60	31–37	298.000
1979/80	17	52:93	25–43	300.000
1981/82	5	61:52	42–26	412.000
1982/83	2	76:38	52–16	452.000
1983/84	5	79:46	45–23	395.000
1984/85	2	87:51	46–22	375.000
1985/86	2	83:41	49–19	425.000
1986/87	5	65:54	40–28	389.000
1987/88	1	61:22	52–16	378.000
1988/89	3	55:32	44–24	352.000
1989/80	7	49:41	34–34	327.000
1990/91	3	46:29	42–26	346.000
1991/92	9	44:45	38–38	329.000
1992/93	1	63:30	48–20	368.000
1993/94	8	51:44	36–32	413.000
1994/95	2	70:39	48–20	527.000
1995/96	9	39:42	44	451.000
			(3-Punkte-Regel)	

THINKING AHEAD -
MOVING FORWARD

**WIR SIND INTERNATIONAL,
WEIL UNSERE KUNDEN ES SIND:**

und genauso vielfältig sind die Aufgaben, die wir für Sie lösen. Von der weltweiten Beschaffungslogistik über vollautomatisches Warehousing ganz nach Ihren individuellen Wünschen bis hin zur Distribution und Auslieferung – wir koordinieren und bündeln Ihre Warenströme. Thinking ahead - moving forward: unsere Philosophie setzen wir für Sie tagtäglich in effiziente Leistungen um. Mit innovativen Ideen. Mit maßgeschneiderten Lösungen. Und mit höchster Service-Qualität. Dafür sorgen mehr als 4.800 eigene Mitarbeiter und 128 Partner-Unternehmen in 120 Ländern weltweit.

Wenn Sie im Detail wissen wollen, was wir für Sie tun können, fordern Sie unseren Produkt-Folder an:
Gebr. Hellmann GmbH & Co. KG, GVZ, Ludwig-Erhard-Str. 7, 28197 Bremen, Tel.: 04 21/522-32 27, Fax: 04 21/522-32 20

hellmann
The Logistics Partnership Company

Die DFB-Pokalspiele des SV Werder

1935
SV Werder – Hamburger SV   4:5

1936
Algermissen 1911 – SV Werder   1:4
SV Werder – RW Oberhausen   3:2 n.V.
Wacker 04 Berlin – SV Werder   1:3   Heidemann, Stürmer, Scharmann
SV Werder – Schalke 04   2:5   Ziolkewitz, Eigentor

1937
RSV Harburg – SV Werder   2:5   Ziolkewitz (2), Mahlstedt (2)
                                         U. Wittenbecher
SV Werder – Borussia Dortmund   3:4 n.V. Heidemann, Maier, Mahlstedt

1938
SpVgg Röhlinghausen – SV Werder   1:2   Mahlstedt, Ziolkewitz
SV Werder – Rot Weiß Essen   2:3   Mayer (2)

1940
Blau Weiß 90 Berlin – SV Werder   1:2   Stürmer, Kokott
Schalke 04 – SV Werder   4:0

1941
TV Eimsbüttel – SV Werder   1:2   Ziolkewitz, Edelbüttel
SV Werder – Holstein Kiel   1:2   Gornick

1942
SV Werder – Viktoria Hamburg   5:1   Heinrich, Gornick (2), Ziolke-
                                         witz, H. Tibulski
VfL Köln 99 – SV Werder   1:2   Fehrmann (2)
SV Werder – Kickers Offenbach   6:1   Lotz, Heinrich, H. Tibulski,
                                         Gornick (3)
SV Werder – LSV Stettin   4:1   Ziolkewitz, Gornick, Lotz (2)
Schalke 04 – SV Werder   2:0   (Halbfinale)

1960/61
1. FC Saarbrücken – SV Werder   0:1   Schröder
SV Werder – 1. FC Köln   3:2   Hänel (3)
SV Werder – Karlsruher SC   3:2 n.V. Soya, Wilmovius, Schütz
SV Werder – 1. FC Kaiserslautern 2:0   Schröder, Jagielski (Finale)

1962/63
SV Werder – VfB Lohberg   4:3   Schütz, Meyer (3)
SV Werder – Tasmania Berlin   1:0   Zebrowski
Borussia Dortmund – SV Werder   2:0   (Halbfinale)

1963/64
SV Werder – Schalke 04   0:2

1964/65
FSV Mainz 05 – SV Werder   1:0

1965/66
SV Werder – TSV 1860 München   4:0   Dausmann (2), Zebrowski,
                                        Schütz
SV Werder – Concordia Hamburg   2:0   Ferner, Schütz
1. FC Kaiserslautern – SV Werder 3:1   Danielsen

1966/67
Hessen Kassel – SV Werder   2:2 n.V. Ferner, Schimeczek
Wiederholungsspiel:
SV Werder – Hessen Kassel   2:1 n.V. Höttges (2)
Borussia Neunkirchen – SV Werder 1:1 n.V. Görts
Wiederholungsspiel:
SV Werder – Bor. Neunkirchen   1:2   Hänel

1967/68
SV Völklingen – SV Werder   4:2   Görts, Rupp

1968/69
Rot Weiß Essen – SV Werder   1:2   Danielsen, Görts
SV Werder – Eintr. Braunschweig 5:0   Schweighöfer, Björnmose,
                                        Görts (2), Rupp
1. FC Kaiserslautern – SV Werder 3:0

1969/70
Tennis Borussia Berlin – SV Werder 0:2   Hasebrink (2)
Alemannia Aachen – SV Werder   1:1 n.V. Thelen
Wiederholungsspiel:
SV Werder – Alem. Aachen   1:1 n.V. Assauer
Losentscheid für Alem. Aachen

1970/71
Fort. Düsseldorf – SV Werder   3:1 n.V. Schütz

1971/72
SpVgg Bad Pyrmont – SV Werder   1:4   Assauer, Laumen, Weist,
                                        Zembski
Rückspiel:
SV Werder – SpVgg Bad Pyrmont   6:0   Schmidt, Weist (3), Zembski,
                                        Kamp
SV Werder – Hamburger SV   4:2   Kamp, Neuberger, Höttges
Rückspiel:
Hamburger SV – SV Werder   1:0

Hannover 96 – SV Werder	0:2	Weist, Görts
Rückspiel:		
SV Werder – Hannover 96	2:1	Laumen, Hasebrink
1. FC Kaiserslautern – SV Werder	2:1	Hasebrink
Rückspiel:		
SV Werder – 1.FC Kaiserslautern	1:2	Hasebrink
(Halbfinale)		

1972/73

Wacker 04 Berlin – SV Werder	1:5	Hasebrink (2) Kamp, Weist (2)
Rückspiel:		
SV Werder – Wacker 04 Berlin	4:0	Neuberger, Hasebrink (2), Höttges
VfL Bochum – SV Werder	4:4	Neuberger (2), Laumen, Görts
Rückspiel:		
SV Werder – VfL Bochum	2:1	Höttges, Kamp
SV Werder – Hertha BSC Berlin	2:0	Eigentor, Weist
Rückspiel:		
Hertha BSC Berlin – SV Werder	2:2	Neuberger, Görts
SV Werder – Bor. M'gladbach	1:3	Laumen
Rückspiel:		
Bor. M'gladbach – SV Werder	4:2	Laumen (2) Halbfinale

1973/74

VfL Bochum – SV Werder	2:2 n.V.	Höttges (2)
Wiederholungsspiel:		
SV Werder – VfL Bochum	2:1	Zembski, Erkenbrecher
SV Werder – Bayern München	1:2	Görts

1974/75

SV Werder – BSC Grünhöfe	11:1	Thygesen (3), Erkenbrecher (2), Görts (2), Bracht (2), Ohling (2)
VfL Wolfsburg – SV Werder	1:4	Weist (2) Ohling, Roentved
SV Werder – FC Augsburg	2:2 n.V.	Röber, Ohling
Wiederholungsspiel:		
FC Augsburg – SV Werder	1:2	Görts, Bracht
VfB Eppingen – SV Werder	0:2	Röber, Kamp
SV Werder – MSV Duisburg	0:2	

1975/76

SV Werder – Bor. M'gladbach	0:3	

1976/77

SV Werder – SW Ludwigshafen	4:0	Bracht, Röber, Kamp, Eigentor
SV Werder – Wattenscheid 09	4:1	Röber (3), Petrovic
SV Werder – Bayer 04 Leverkusen	3:0	Röber, Görts, Meininger
Bayer 05 Uerdingen – SV Werder	2:0	

1977/78

Blumenthaler SV – SV Werder	1:5	Höttges (2), Roentved, Bracht (2)
Röchling Völklingen – SV Werder	0:4	Reinders (2), Höttges
DSC Wanne-Eickel – SV Werder	0:2	Dressel, Mense
SV Werder – TSV 1860 München	2:1	Röber, Eigentor
SV Werder – Bor. M'gladbach	2:1	Dressel, Höttges
1. FC Köln – SV Werder	1:0	(Halbfinale)

1978/79

SV Werder – SV Holzwickede	5:0	Roentved, Wunder (3), Röber
SV Werder – Eintracht Frankfurt	2:3	Dressel, Wunder

1979/80

Alemannia Aachen – SV Werder	0:1	Röber
SV Werder – Hertha BSC Berlin	0:2	

1980/81

SV Werder – Viktoria Köln	6:3 n.V.	Möhlmann (2), Meier (2), Kostedde, Reinders
Hannover 96 – SV Werder	5:5 n.V.	Möhlmann, Fichtel, Kostedde, Otten, Reinders
Wiederholungsspiel:		
SV Werder – Hannover 96	1:0	Möhlmann
FC Augsburg – SV Werder	1:3	Reinders, Kostedde (2)
Fortuna Düsseldorf – SV Werder	2:0	

1981/82

SV Werder – 1.FC Kaiserslautern	1:0	Reinders
FSV Salmrohr – SV Werder	0:3	Gruber (2), Kostedde
SV Darmstadt 98 – SV Werder	1:3	Gruber (2), Reinders
SV Werder – SpVgg Bayreuth	2:0	Kostedde (2)
SV Werder – Bayern München	1:2 n.V.	Reinders

1982/82

Offenburger FV – SV Werder	1:4	Völler (2), Reinders, Möhlmann
Hamburger SV – SV Werder	3:2	Schaaf, Otten

1983/84

SV Werder – SV Darmstadt 98	5:0	Neubarth (2), Sidka, Völler, Meier
ASV Burglengenfeld – SV Werder	0:3	Reinders (2), Möhlmann
Alemannia Aachen – SV Werder	0:1 n.V.	Meier
SV Werder – VfB Stuttgart	1:0	Sidka
Bor. M'gladbach – SV Werder	5:4 n.V.	Meier, Möhlmann, Sidka, Reinders (Halbfinale)

1984/85

OSC Bremerhaven – SV Werder	0:4	Möhlmann (2), Reinders, Otten
SV Werder – SV Darmstadt 98	5:0	Neubarth (2), Reinders, Pezzey, Völler
SC Jülich 1910 – SV Werder	2:4	Reinders, Sidka, Pezzey, Meier
Bayer 05 Uerdingen – SV Werder	2:1	Reinders

1985/86

SV Weil – SV Werder	0:7	Meier (2), Neubarth, Eigentor, Ordenewitz (2), Völler
DSC Wanne-Eickel – SV Werder	0:4	Sidka, Möhlmann, Neubarth (2)
VfB Stuttgart – SV Werder	2:0	

1986/87

SV Werder – Alemannia Aachen	0:0 n.V.	
Wiederholungsspiel:		
Alem. Aachen – SV Werder	0:0 n.V.	
Elfmeterschießen:	7:6	für Alem. Aachen

1987/88

SV Werder – Hannover 96	4:1	Neubarth (2), Burgsmüller (2)
SV Werder – SpVgg Bayreuth	6:1	Burgsmüller, Riedle (3), Votava, Hermann
SV Werder – Fortuna Köln	3:1 n.V.	Neubarth (2), Burgsmüller
Hamburger SV – SV Werder	0:1	Riedle
B. Leverkusen – SV Werder	1:2	Bratseth, Eilts
Borussia Dortmund – SV Werder (Finale)	4:1	Riedle

1989/90

FC St. Pauli – SV Werder	1:2	Burgsmüller, Rufer
Stuttgarter Kickers – SV Werder	2:3	Rufer (3)
TSV 1860 München – SV Werder	1:2	Bode, Riedle
SV Werder – VfB Stuttgart	3:0	Neubarth (2), Rufer
SV Werder – Eintr. Braunschweig	2:0	Eilts, Riedle
SV Werder – 1. FC Kaiserslautern (Finale)	2:3	Neubarth, Burgsmüller

1990/91

SpVgg Weiden – SV Werder	1:2	Neubarth, Allofs
SV Werder – FC St. Pauli	2:0	Harttgen, Hermann
SV Werder – Schalke 04	3:1	Allofs, Borowka, Rufer
KSV Hessen Kassel – SV Werder	0:2	Harttgen, Neubarth
Eintracht Frankfurt – SV Werder	2:2 n.V.	Eigentor, Bode
Wiederholungsspiel:		
SV Werder – Eintr. Frankfurt	6:3	Rufer (3), Bratseth, Neubarth, Allofs

SV Werder – 1. FC Köln	1:1	n.V.	Eilts
Elfmeterschießen:	4:3		für Werder Bremen
(Finale)			

1991/92
Freilos

SV Werder – Hamburger SV	3:1		Rufer, Kohn (2)
Fortuna Düsseldorf – SV Werder	1:3		Kohn, Allofs, Bockenfeld
SV Werder – Dynamo Dresden	4:1		Neubarth (2), Kohn (2)
SV Werder – 1.FC Kaiserslautern	2:0		Eigentor, Kohn
Hannover 96 – SV Werder	1:1	n.V.	Bratseth
Elfmeterschießen:	6:5		für Hannover 96

1992/93

SC Jülich 1910 – SV Werder	1:5	n.V.	Rufer (2), Kohn (2), Allofs
SpVgg Beckum – SV Werder	0:7		Legat, Bode (2), Beiersdorfer, Allofs, Kohn, Herzog
SV Werder – FSV Mainz 05	3:1		Bode, Rufer, Kohn
SV Werder – Borussia Dortmund	2:0		Rufer (2)
Chemnitzer FC – SV Werder	2:1	n.V.	Allofs

1993/94
Freilos

SV Werder – Stuttgarter Kickers	2:1	n.V.	Eigentor, Bockenfeld
Kickers Offenbach – SV Werder	1:1	n.V.	Rufer
Elfmeterschießen:	5:3		für Werder Bremen
SV Werder – Hamburg	4:2		Herzog, Hobsch, Neubarth, Rufer
SV Werder – Kaiserslautern	2:2	n.V.	Rufer, Bode
Elfmeterschießen:	4:3		für Werder Bremen
Dynamo Dresden – SV Werder	0:2		Rufer, Neubarth
SV Werder – Rot Weiß Essen	3:1		Beiersdorfer, Herzog, Rufer
(Finale)			

1994/95

| Bayern München (A.) – SV Werder | 2:1 | | Bestchastnykh |

1995/96

Bayern München (A.) – SV Werder	0:1		Bestchastnykh
Mainz 05 – SV Werder	2:3		Bode, Bestchastnykh (2)
1. FC Nürnberg – SV Werder	3:2		Bestchastnykh, Basler

1996/97

SV Werder – Bayer Leverkusen	1:1	n.V.	Cardoso
Elfmeterschießen:	5:3		für Werder Bremen
VfB Oldenburg – SV Werder	1:2		Brand, Labbadia
Bayern München – SV Werder	3:1		Bode

Europapokalspiele des SV Werder Bremen von 1961/62 bis 1996/97

1961/62: Pokalsieger-Wettbewerb

1. Runde: Freilos

SV Werder – Aarhus GF	2:0	Barth, Schütz
Aarhus GF – SV Werder	2:3	Barth, Hänel, Lorenz
SV Werder – Atletico Madrid	1:1	Soya
Atletico Madrid – SV Werder	3:1	Schröder

1965/66: Landesmeister

Apoel Nikosia – SV Werder	0:5	Matischak (2), Podlich, Schulz, Zebrowski
SV Werder – Apoel Nikosia	5:0	Danielsen (2), Ferner, Höttges (2)
Partizan Belgrad – SV Werder	3:0	
SV Werder – Partizan Belgrad	1:0	Schütz

1982/83: Uefa-Pokal

Vorw. Frankfurt/Oder – SV Werder	1:3	Meier, Reinders, Völler
SV Werder – Vorwärts Frankfurt/O.	0:2	
SV Werder – Brage Borlänge	2:0	Meier, Sidka
Brage Borlänge – SV Werder	2:6	Völler (3), Meier (2), Gruber
Dundee United – SV Werder	2:1	Meier
SV Werder – Dundee United	1:1	Völler

1983/84: Uefa-Pokal

SV Werder – Malmö FF	1:1	Reinders
Malmö FF – SV Werder	1:2	Pezzey, Sidka
Lokomotive Leipzig – SV Werder	1:0	
SV Werder – Lok. Leipzig	1:1	Eigentor

1984/85: Uefa-Pokal

RSC Anderlecht – SV Werder	1:0	
SV Werder – RSC Anderlecht	2:1	Sidka (2)

1985/86: Uefa-Pokal

Schwarzmeer Odessa – SV Werder	2:1	Meier
SV Werder – Schwarzmeer Odessa	3:2	Kutzop, Pezzey, Neubarth

1986/87: Uefa-Pokal

Atletico Madrid – SV Werder	2:0	
SV Werder – Atletico Madrid	2:1 n.V.	Neubarth, Meier

1987/88: Uefa-Pokal

Mjöndalen IF – SV Werder	0:5	Riedle (2), Ordenewitz, Sauer, Wolter
SV Werder – Mjöndalen IF	0:1	
Spartak Moskau – SV Werder	4:1	Burgsmüller
SV Werder – Spartak Moskau	6:2 n.V.	Neubarth (2), Ordenewitz, Sauer, Riedle, Burgsmüller
SV Werder – Dynamo Tiflis	2:1	Neubarth, Riedle
Dynamo Tiflis – SV Werder	1:1	Schaaf
Hellas Verona – SV Werder	0:1	Neubarth
SV Werder – Hellas Verona	1:1	Sauer
Bayer Leverkusen – SV Werder	1:0	
SV Werder – Bayer Leverkusen	0:0	

1988/89: Landesmeister

Dynamo Ost-Berlin – SV Werder	3:0	
SV Werder – Dynamo Ost-Berlin	5:0	Kutzop, Hermann, Riedle, Burgsmüller, Schaaf
Celtic Glasgow – SV Werder	0:1	Wolter
SV Werder – Celtic Glasgow	0:0	
SV Werder – AC Mailand	0:0	
AC Mailand – SV Werder	1:0	

1989/90: Uefa-Pokal

Lilleström SK – SV Werder	1:3	Eilts, Bode (2)
SV Werder – Lilleström SK	2:0	Neubarth, Sauer

SV Werder – Austria Wien	5:0	Neubarth, Hermann, Riedle, Rufer, Kutzop
Austria Wien – SV Werder	2:0	
SSC Neapel – SV Werder	2:3	Neubarth, Riedle, Rufer
SV Werder – SSC Neapel	5:1	Riedle (2), Rufer, Sauer, Eilts
FC Lüttich – SV Werder	1:4	Bockenfeld, Riedle (2), Rufer
SV Werder – FC Lüttich	0:2	
SV Werder – AC Florenz	1:1	Eigentor
AC Florenz – SV Werder	0:0	

1991/92: Pokalsieger

FC Bacau – SV Werder	0:6	Rufer (3), Bratseth, Votava, Neubarth
SV Werder – FC Bacau	5:0	Kohn (2), Eilts, Bratseth, Bode
SV Werder – Ferencvaros Budapest	3:2	Neubarth (2), Allofs
Ferencvaros Budapest – SV Werder	0:1	Bode
SV Werder – Galatasaray Istanbul	2:1	Kohn, Bester
Galatasaray Istanbul – SV Werder	0:0	
FC Brügge – SV Werder	1:0	
SV Werder – FC Brügge	2:0	Bode, Bockenfeld

Endspiel:

SV Werder – AS Monaco	2:0	Allofs, Rufer

1992/93: Pokalsieger

SV Werder – Hannover 96	3:1	Rufer (2), Bratseth
Hannover 96 – SV Werder	2:1	Rufer
SV Werder – Sparta Prag	2:3	Neubarth, Rufer
Sparta Prag – SV Werder	1:0	

1993/94: Landesmeister

SV Werder – Dynamo Minsk	5:2	Hobsch (3), Rufer (2)
Dynamo Minsk – SV Werder	1:1	Rufer
Levski Sofia – SV Werder	2:2	Bode, Rufer
SV Werder – Levski Sofia	1:0	Basler

Champions League:

FC Porto – SV Werder	3:2	Hobsch, Rufer
SV Werder – RSC Anderlecht	5:3	Rufer (2), Bratseth, Hobsch, Bode
AC Mailand – SV Werder	2:1	Basler
SV Werder – AC Mailand	1:1	Rufer
SV Werder – FC Porto	0:5	
RSC Anderlecht – SV Werder	1:2	Bode

1994/95: Pokalsieger

Maccabi Tel Aviv – SV Werder	0:0	
SV Werder – Maccabi Tel Aviv	2:0	Bode, Basler
Feyenoord Rotterdam – SV Werder	1:0	
SV Werder – Feyenoord Rotterdam	3:4	Bestchstnykh (2), Basler

1995/96: Uefapokal

FC Glenavon – SV Werder	0:2	Cardoso, Vier
SV Werder – FC Glenavon	5:0	Hobsch (3), Basler, Borowka
SV Werder – Dynamo Minsk	5:0	Basler (2), Hobsch, Bode, Eigentor
Dynamo Minsk – SV Werder	2:1	Bode
PSV Eindhoven – SV Werder	2:1	Bode
SV Werder – PSV Eindhoven	0:0	

1996/97: UI-Cup

Apollon Limassol – SV Werder	0:2	Labbadia, Herzog
SV Werder – Djurgardens Stockh.	3:2	Brand, Hobsch, Pfeifenberger
Tofta IFB 68 – SV Werder	0:2	Pfeifenberger, Labbadia
SV Werder – Linzer ASK	1:3	Herzog

Finals – Deutsche Amateurmeisterschaften

1966 Meister	SV Werder – Hannover 96	5:1
	Trainer: Hans-Wilhelm Loßmann	
	Torschützen: Baumann (3), Schröder, Ey	

| 1982 Vizemeister | Mainz 05 – SV Werder | 3:0 |
| | Trainer: Karl-Heinz Kamp | |

1985 Meister	SV Werder – DSC Wanne-Eickel	3:0
	Trainer: Karl-Heinz Kamp	
	Torschützen: Lellek, Ordenewitz, Sauer	

1991 Meister	SV Werder – Spvgg. 07 Ludwigsburg	2:1
	Trainer: Karl-Heinz Kamp	
	Torschützen: Przondziono, Bester	

| 1993 Vizemeister | SV Sandhausen – SV Werder | 2:0 |
| | Trainer: Karl-Heinz Kamp | |

Medien- und Fan-Adressen

Medienadressen

Weser-Kurier
Sportredaktion
Heinz Fricke
Martinistraße 43
28195 Bremen
0421 - 36 710

Radio Bremen Hörfunk
Sportredaktion
Bürgermeister-Spitta-Allee 45
28323 Bremen
0421 - 24 60

Radio Bremen Fernsehen
Sportredaktion
Hans-Bredow-Str. 10
28307 Bremen
0421 - 24 60

Werder-Magazin
Weserstadion
28205 Bremen
0421 - 43 45 917

Pico (Fanzine)
Uwe Jahn, Kai Bogena
Weserstadion
28205 Bremen

Fanadressen

Fanprojekt Bremen e.V.
M. Rutkowski, H. Klingebiel,
T. Hafke
Weserstadion
28205 Bremen
0421 - 49 92 780
Fax - 49 84 787

Dachverband Bremer Fanclubs
c/o Uwe Jahn
Fleetrade 65
28207 Bremen
0421 - 49 86 319
Fax - 49 84 787

Mitgliederverwaltung/Anmeldung
René Knapp-Kluge
Elbstraße 41
28199 Bremen
0421 - 59 17 99

Fanservice GmbH
SV Werder Bremen
Manfred Blöhm
Stresemannstraße 54
28207 Bremen
0421 - 49 99 555
Fax - 49 99 599

DAS KAISERSLAUTERN-BUCH

Seit den 70er Jahren verbindet die Fans des SV Werder Bremen und des 1. FC Kaiserslautern eine außergewöhnliche Freundschaft. Das Buch über den Pfälzer Verein ist nicht nur deshalb für Bremer Fußballbegeisterte von großem Interesse. Es erinnert an die Jahre mit der legendären Fritz-Walter-Elf und über Höhen und Tiefen in der Bundesliga. Zugleich verdeutlicht es, wie stark der »Betzenberg« mit dem Umland verbunden ist und warum er nicht zufällig viele Jahre als schier uneinnehmbare Festung galt. In gewohnter Klarheit meinte das St. Pauli-Fanzine »Übersteiger« zu dem Buch: »Lest dieses Werk oder sterbt dumm.«

Günter Rohrbacher-List: 1. FC Kaiserslautern.
Der Berg, das Land und der Ball
384 Seiten, mit Fotos, Spielerporträts und statistischem Anhang.
ISBN 3-89533-125-2, DM 39,80 / sFr 35,80 / öS 290,–

VERLAG DIE WERKSTATT

LOTZESTR. 24a · 37083 GÖTTINGEN

Literaturtips

Beiersdorfer, Golz, u.a.
„Fußball und Rassismus"
Die Werkstatt, Göttingen

Helmut Böttiger:
„Kein Mann, kein Schuß, kein Tor"
Beck, München

Edwin Klein:
„Rote Karte für den DFB"
Droemer-Knaur, München

Rutkowski, Hafke, u.a.:
„Ostkurve –
Das Modell Sitzen ist für'n Arsch"
Dokumentation Fan-Projekt Bremen

Dietrich Schulze-Marmeling:
„Der gezähmte Fußball"
Die Werkstatt, Göttingen

Norbert Seitz:
„Bananenrepublik und Gurkentruppe"
Eichborn, Frankfurt/Main

Viv Simson, Andrew Jennings:
„Geld, Macht und Doping"
Knaur, München

Hans-Joachim Wallenhorst,
Harald Klingebiel:
„Neunzig Jahre SV Werder",
1899-1989
Verlag Bremer Tageszeitungen AG

Rohr, Simon:
Fußball-Lexikon
Copress Verlag, München

Nick Hornby: Ballfieber
Rogner & Bernhard, Hamburg

Kropp:
Werder Bremen
Agon Verlag Statistik, Kassel

Spiegel Special 6/96:
Gold und Spiele
Spiegel Verlag, Hamburg

Ein Aufruf an Interessierte der Sport- und Vereinsgeschichte

»100 Jahre Werder im Februar 1999«

Im Februar 1999 wird der „SV Werder Bremen von 1899" hundert Jahre alt. Dieses Ereignis und die bereits erarbeiteten Grundlagen aus der „Vereinsgeschichtsforschung" seit 1987 (Ergebnisse in dem Buch „Neunzig Jahre SV 'Werder'") sind Anlaß und Bedingung, eine mehrere Wochen andauernde Ausstellung im Fockemuseum, Bremen, durchzuführen. Vorarbeiten dieser Art (konzeptionelle Bearbeitung und Materialsuche) haben einen langen Vorlauf. Aus diesem Grund sind wir mittendrin in der Arbeit. Natürlich können wir – insbesondere Hans-Joachim Wallenhorst und Harald Klingebiel – Mitstreiter gebrauchen, die uns behilflich sind.

Genauso suchen wir weiterhin nach vereinsgeschichtlichen Unterlagen besonders zu Werder Bremen. Das kann manches Foto, mancher Zeitungsausschnitt, manches Protokoll, können aber auch Fan-Utensilien, Eintrittskarten, Spielankündigungsplakate u.ä. sein.

Interessierte Mitarbeiter und Personen, die Geschichtliches zur Verfügung stellen wollen, wenden sich bitte an: SV Werder Bremen, Geschäftsstelle Weserstadion, Auf dem Peterswerder 44, z.Hd. Wolfgang Barkhausen oder Harald Klingebiel, 28205 Bremen.

Zu den Autoren

Norbert Kuntze

Geboren 1961, wuchs im Schatten des Weserstadions auf. Ausbildung zum Seegüterkontrolleur, danach Zivildienst und Journalistenausbildung. Spricht und schreibt für Radio Bremen, ZDF und Printmedien.

Harald Klingebiel

Geboren 1951 in Bremen, dort aktiver Tischtennis-Spieler und Anhänger des SV Werder Bremen von Jugend an. Kaufmännische Lehre, Studium der Volkswirtschaft und der Sozialwissenschaft in Hamburg und Bremen. Ehrenamtliche und hauptamtliche Tätigkeit im Fan-Projekt Bremen seit 1981. Daneben ehrenamtliche sowie hauptamtliche Tätigkeit im „Projekt Vereinsgeschichte Werder Bremen" seit 1987. Neben anderen mit Vorbereitungen für eine Ausstellung „Hundert Jahre SV Werder Bremen" befaßt.

Fotonachweis

Andreas Kalka: Seiten 9, 15, 19, 20, 31, 44, 59, 63, 65, 93, 97, 100, 119, 123, 132, 139, 142, 145, 149, 154, 163, 308

Jürgen Stroscher: Seiten 33, 76, 110, 165, 189, 195, 198, 201, 203, 205, 209, 217, 220, 223, 228, 229, 233, 235, 236/237, 238, 303, 305, 309, 313, 314, 315, 317, 318, 321, 327, 332

Walter Schumann: Seiten 293, 319

Hermann Westermann: Seite 73

Wilfried Witters: Seiten 146/147

Wolfhard Scheer: Seite 187

Vereinsarchiv Werder Bremen: Seiten 245 (Georg Schmidt), S. 255 u. 261 (Gerhard C. Will), S. 265, S. 269, S. 274 (Christel Preis), S. 280 (H. Gloge), S. 287 und 289 (Georg Schmidt), S. 297 (Lorenz Baader)

Titelfoto: Jürgen Stroscher

Titelrückseite: Walter Schumann